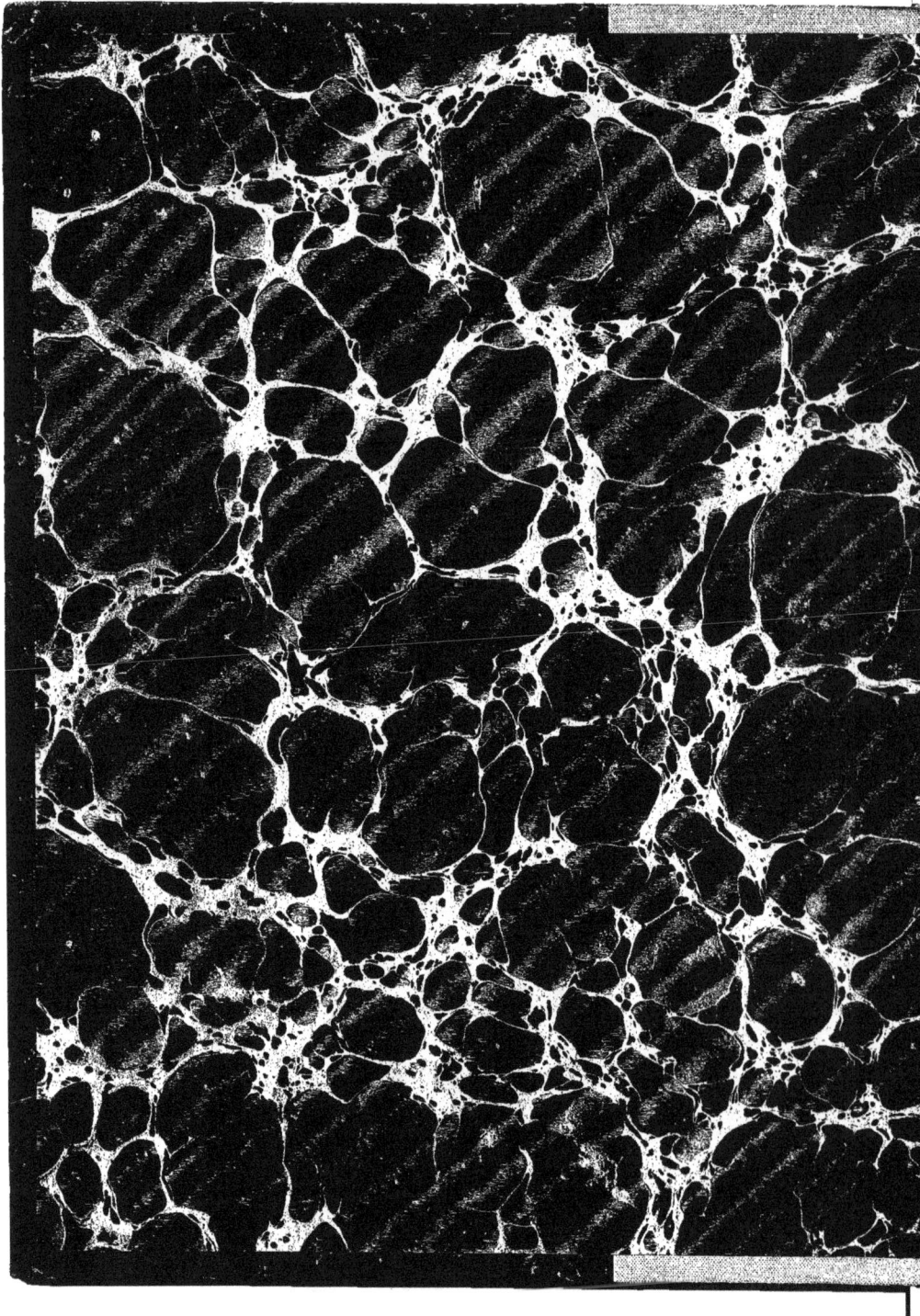

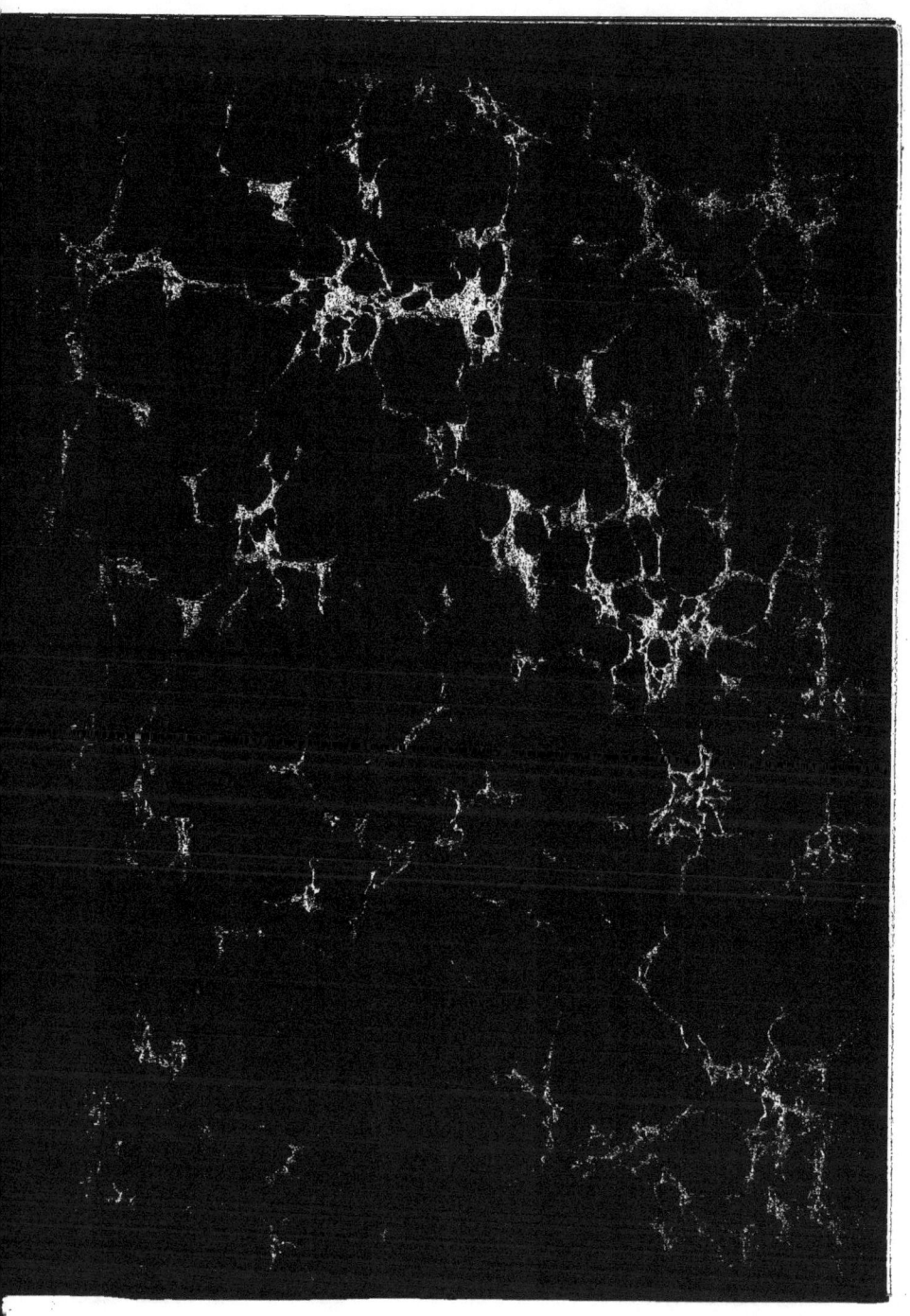

# LE PALAIS IMPÉRIAL
## DE
# CONSTANTINOPLE
### ET SES ABORDS,
## SAINTE-SOPHIE, LE FORUM AUGUSTÉON
### ET L'HIPPODROME,

TELS QU'ILS EXISTAIENT AU DIXIÈME SIÈCLE;

PAR

JULES LABARTE.

PARIS,
LIBRAIRIE ARCHÉOLOGIQUE DE VICTOR DIDRON,
23, RUE SAINT-DOMINIQUE.

MDCCCLXI

# LE PALAIS IMPÉRIAL
## DE
# CONSTANTINOPLE
### ET SES ABORDS.

L'auteur de cet ouvrage se réserve le droit de le faire traduire; il poursuivra, en vertu des lois, décrets et traités internationaux, toute contrefaçon ou toute traduction au mépris de ses droits. Il en sera de même pour la reproduction des planches.

PARIS. — TYPOGRAPHIE HENRI PLON, IMPRIMEUR DE L'EMPEREUR, 8, RUE GARANCIÈRE 8.

# LE PALAIS IMPÉRIAL

DE

# CONSTANTINOPLE

ET SES ABORDS,

## SAINTE-SOPHIE, LE FORUM AUGUSTÉON

### ET L'HIPPODROME,

TELS QU'ILS EXISTAIENT AU DIXIÈME SIÈCLE

PAR

JULES LABARTE.

PARIS,
LIBRAIRIE ARCHÉOLOGIQUE DE VICTOR DIDRON,
23, RUE SAINT-DOMINIQUE.

MDCCCLXI

# INTRODUCTION.

L'histoire de l'empire byzantin est une de celles auxquelles on attache aujourd'hui le moins d'intérêt, et cependant il n'en existe pas de plus curieuse ni de plus dramatique. Durant le moyen âge, aucun peuple de l'Europe n'a soutenu de plus grandes guerres que les Grecs du Bas-Empire, aucun n'a subi des révolutions intérieures plus fréquentes, aucun n'a été plus agité par les querelles religieuses. Si l'on excepte l'époque de Charlemagne, on peut dire que du cinquième siècle au onzième l'Europe a été plongée dans la barbarie, tandis que la civilisation existait encore dans l'empire d'Orient. Les Grecs avaient seuls conservé dans les arts les belles traditions de l'antiquité, et c'est par eux que s'opéra la renaissance de l'art en Occident, à la fin du huitième siècle d'abord, puis au onzième. Après la prise de Constantinople par les Turcs, au milieu du quinzième siècle, l'Italie donna asile aux émigrés byzantins. Malgré la décadence complète qui depuis longtemps avait atteint l'empire d'Orient, la ville impériale avait conservé quelques savants qui apportèrent en Italie les riches monuments de leur antique littérature et dirigèrent les premiers efforts que l'on fit pour restaurer l'étude de la langue grecque. Les bibliothèques s'enrichirent par eux d'un assez grand nombre de manuscrits qu'avaient laissés les historiens byzantins du moyen âge. Lorsqu'au dix-septième siècle le goût des études historiques eut repris faveur, on comprit qu'il était indispensable de combler l'immense lacune qui séparait l'histoire ancienne de l'histoire moderne. L'histoire de l'empire d'Orient occupait une place importante dans cette longue période. Des savants également versés dans la connaissance des langues grecque et latine se mirent donc à rechercher les manuscrits encore inédits des historiens et des chroniqueurs du Bas-Empire, et s'occupèrent à les traduire du grec en latin et à les commenter. Les deux Meursius, Goar, Combéfis, Du Cange, Henri de Valois, Gretser, prirent part à ce grand travail et furent les premiers auteurs de cette collection des historiens byzantins qui, continuée par plusieurs savants hellénistes, fut imprimée au Louvre en trente-six volumes in-folio de 1644 à 1711. Du Cange, le plus illustre de ces érudits, indépendamment des traductions de plusieurs auteurs, produisit encore, sous le titre de *Historia byzantina*, un ouvrage du plus haut intérêt, qui est divisé en deux parties. La première comprend l'histoire en abrégé et la généalogie des empereurs d'Orient; la seconde, la description de la ville de Constantinople à l'époque de la domination des empereurs chrétiens. A l'aide de ces travaux importants, Lebeau put écrire l'*Histoire du Bas-Empire*, et Gibbon son *Histoire de la décadence et de la chute de l'Empire romain*. Le travail de Lebeau, revu et augmenté par M. de Saint-Martin, offre une narration complète des grands événements qui se sont passés dans l'empire d'Orient; celui de Gibbon met à même d'en apprécier la partie philosophique et morale. Malgré ces éléments d'étude, l'histoire byzantine, qui durant onze siècles offrait un tableau du plus puissant intérêt, restait complètement négligée et n'était guère connue que de quelques savants; mais les événements qui se sont produits dans l'empire ottoman depuis l'émancipation de la Grèce, et surtout ceux des dix dernières années, ont ramené tous les regards vers l'Orient, et une vive préoccupation s'est manifestée en Europe en faveur des populations chrétiennes de l'ancien empire byzantin. Quelques esprits, devançant la marche des événements, ont même discuté la restauration d'un empire grec et le rétablissement de la croix sur la grande église de Sainte-Sophie. Il faudra donc absolument qu'on étudie l'histoire d'un peuple dont un grand nombre de chrétiens désirent la régénération.

L'archéologie doit venir au secours des études historiques. De très-beaux travaux ont été déjà exécutés. Le plan de Sainte-Sophie et des autres églises anciennes de Constantinople a été relevé avec un soin tout particulier par M. de Salzenberg, dont les belles planches ont fait connaître le système de décoration de cet édifice [1]. Le savant ouvrage de M. Charles Texier sur l'Asie Mineure, l'excellente notice de M. Brunet de Presle sur les tombeaux des empereurs de Constantinople, le mémoire de M. Albert Lenoir sur l'architecture byzantine, *les Églises de la terre sainte*, par M. de Vogüé, et d'autres ouvrages encore, ont révélé beaucoup de faits. Mais ces travaux se rapportent presque tous à l'étude de l'architecture. Le travail que nous avons entrepris, sans négliger de faire connaître le système de décoration employé dans les palais et dans les églises par les architectes byzantins, se rattache plus particulièrement à l'histoire, en cherchant à rendre plus intelligible le récit des historiens grecs sur les faits qui se sont passés à Constantinople. Les révolutions du palais tiennent en effet beaucoup de place dans l'histoire de l'empire d'Orient. Il s'en rencontre plusieurs dans chaque siècle. Les historiens mentionnent souvent certaines parties du palais et de ses abords où ces grands événements se sont passés. Dans l'ignorance absolue où l'on est de la disposition des lieux cités, le récit devient obscur pour le lecteur, et nous avons souvent remarqué dans les traductions latines des auteurs byzantins des contre-sens qui ne provenaient absolument que du défaut de connaissance de la localité où s'agitait l'action qui faisait l'objet du récit.

[1] *Alt-Christliche Baudenkmale von Constantinopel vom V bis XII Jahrhundert*. Berlin, 1854.

## INTRODUCTION.

Malheureusement, on ne peut faire avec exactitude pour l'ancienne Constantinople ce qu'on a exécuté pour l'ancienne Rome. Guidés par des ruines imposantes que l'on déblaye chaque jour davantage, plusieurs savants, et récemment M. Dezobry avec le concours de M. Leveil[1], ont pu donner une description de Rome au temps d'Auguste et appuyer cette description d'un plan de la ville où les grandes places et les principaux monuments sont exactement retracés. Il en est tout autrement pour Constantinople. A l'exception de l'ancienne basilique de Saint-Jean-de-Studios, des églises de Saint-Serge-Saint-Bacchus et de Sainte-Sophie édifiées par Justinien, de celles de Sainte-Irène, de la Mère-de-Dieu-de-Lips et du Pantocrator, toutes plus ou moins maltraitées, des restes de la salle de l'Hebdomon, des deux obélisques et de la colonne des Serpents de l'Hippodrome, et enfin de la colonne Théodosienne, il ne reste plus rien des magnifiques monuments que les empereurs avaient élevés pendant onze siècles dans la ville de Constantin. Les ruines mêmes ont disparu, et l'on ne retrouve aucun vestige du superbe palais impérial bâti par ce prince, reconstruit presque en entier par Justinien, embelli par plusieurs empereurs, et auquel Justinien II, Théophile et Basile le Macédonien avaient ajouté d'importantes constructions.

Ce n'est pas de la prise de Constantinople par les Turcs qu'il faut dater la destruction de ce palais. Dès le milieu du douzième siècle, il était fort négligé par les empereurs. Bien qu'il eût été fortifié, dans la seconde moitié du dixième siècle, par Nicéphore Phocas[2], l'étendue de son enceinte n'en faisait pas une place assez sûre pour des souverains qui avaient sans cesse à se défendre contre des révolutions intérieures et des ennemis acharnés à la destruction de l'empire. Aussi Manuel Comnène (1143 † 1180), après avoir reconstruit avec magnificence le palais des Blaquernes, situé à l'extrémité nord-ouest de la ville, sur le port de la Corne-d'or, en fit une véritable forteresse qu'il habitait. Il n'avait pas encore abandonné tout à fait cependant le palais de Constantin, et c'est là qu'il reçut d'abord Amauri, roi de Jérusalem, lorsque ce prince vint à Constantinople (1170) pour obtenir le secours de l'empereur contre Saladin; mais après quelques jours passés dans ce palais, l'empereur et le roi allèrent habiter les Blaquernes[3]. Benjamin de Tudela, qui écrivait à la même époque, en donnant la description de la ville de Constantinople, ne parle plus du palais de Constantin, et ne cite que celui des Blaquernes. Il en vante les magnifiques colonnes et la décoration[4]; il est probable que l'ancien palais avait déjà été en partie dépouillé de ses richesses au profit de ce château du moyen âge.

Trente-trois ans après le voyage d'Amauri à Constantinople, lorsque les croisés français et vénitiens arrivèrent devant cette ville (1203), le palais de Constantin n'était plus la résidence des empereurs : Isaac, tiré de sa prison, fut conduit au château des Blaquernes, et

---

[1] M. Ch. Dezobry, *Rome au siècle d'Auguste*, t. I, p. I. Paris, 1846.
[2] Leonis Diaconi *Hist. lib. decem*, e recensione Hasii, lib. IV, § 6, pag. 64. Bonnæ.
[3] Willelmus Tyr. Arch., *Hist. rerum in partibus transmar. gest.*, ap. Bongars, *Gesta Dei per Francos*, p. 989 et 990. Han. 1611.
[4] Benjamini Tudelensis *Itinerarium* cum vers. et not. Const. l'Emp., p. 23. Lugd. Bat., 1633.

## INTRODUCTION.

c'est là que les députés des croisés le trouvèrent, assis sur le trône impérial, lorsqu'ils vinrent le féliciter de sa restauration et réclamer de lui l'exécution des traités faits avec son fils Alexis[1]. Lorsque quelques mois plus tard, en mars 1204, les croisés eurent pris d'assaut Constantinople et élu Baudouin de Flandre pour empereur, celui-ci vint habiter le riche palais du Boucoléon[2]. Cependant les empereurs français paraissent avoir occupé tantôt le palais des Blaquernes, tantôt le monastère de Pantocrator[3]. Baudouin II, le dernier empereur français, avait sa résidence dans le château des Blaquernes, au moment où le général de l'empereur grec Michel Paléologue s'emparait de Constantinople (1261); mais l'ancien palais existait encore, et c'est là que Baudouin se retira d'abord afin d'assurer sa fuite et d'être plus près de la mer. A son arrivée à Constantinople, Michel Paléologue y fut conduit, parce que le palais des Blaquernes était encore tout noirci, dit l'historien Pachymère, par la fumée des cuisines de Baudouin[4]. Cependant les Blaquernes redevinrent bientôt la demeure des empereurs; c'est là qu'était la résidence de Jean Paléologue I<sup>er</sup> et de sa mère l'impératrice Anne, lorsque Cantacuzène (1347) pénétra dans Constantinople à la tête de ses troupes et fut associé à l'empire[5]; c'est dans la chapelle de ce palais que le nouvel empereur fut couronné.

L'ancien palais de Constantin fut sans doute abandonné et démoli peu à peu, afin de fournir des matériaux aux nouveaux palais impériaux. Toujours est-il qu'il n'en restait plus rien lorsque le Florentin Christophe Bondelmonti visita Constantinople, soixante-quinze ans environ après ces événements, et plus de trente ans avant la prise de Constantinople par Mahomet II[6]. Lorsque Pierre Gylli, qui a laissé un excellent ouvrage sur l'ancienne Constantinople, visita cette ville en 1550, près de cent ans après que les Turcs en eurent fait la capitale de leur empire, il ne trouva plus même de vestiges de l'ancien palais de Constantin. Après avoir décrit ce qui restait de l'Hippodrome, il ajoute que le palais impérial était placé sur un tertre voisin qui s'étendait jusqu'à la mer. Plus loin il ajoute qu'il est difficile de déterminer la circonscription de la première région de la ville, où s'élevait le palais impérial, parce qu'il ne subsiste plus aucun vestige des édifices qui s'y trouvaient compris[7].

---

[1] JOFFROI DE VILLEHARDOUIN, *De la conqueste de Constantinople*; édit. PAULIN-PARIS, § 86, page 58. Paris, 1838.

[2] *Idem*, § 112, p. 86.

[3] DU CANGE, *Hist. de l'emp. de Const. sous les Français*, livre V.

[4] G. PACHYMERIS *Andronicus Palæol. sive hist. rer. ab Andronico sen. gest.*, lib. II, cap. XXVII et XXXI. Romæ, 1669.

[5] NICEPHOR. GREGORAS, *Hist. Const.*, t. II, cap. XV, p. 787. Bon.

[6] *Descriptio urbis Constantinopoleos* ex CHRISTOPHORI DE BONDELMONTIBUS Florentini opere ms. quod ad card. Jordanum de civitate Rhodi Romam misit an. Ch. 1422; publiée par DU CANGE, à la suite de CINNAME, édit. roy., p. 179, Paris, 1670; et dans l'édit. de Bonn, 1836, p. 179, sur un manuscrit de la Bibliothèque impériale, n° 4825, ancien fonds. Un autre manuscrit plus exact que celui-ci existe dans la même Bibliothèque, sous le n° 4824; nous nous en sommes servi.

[7] PETRI GYLLII *De topographia Constantinopoleos et de illius antiquitatibus libri quatuor*, lib. I, cap. VII; lib. II, cap. II; apud BANDURI, *Imperium Orientale*, t. I, p. 357 et 367. Parisiis, 1711.

## INTRODUCTION.

C'est cependant ce palais et ses abords que nous allons tâcher de restituer d'après les écrits des anciens historiens, et nous appuierons cette restitution d'un plan. On nous trouvera peut-être bien hardi d'avoir tenté une pareille restitution sans avoir été guidé par aucune ruine subsistante; mais sans le plan notre description aurait eu peu d'intérêt et aurait certainement manqué de clarté. Nous n'avons pas étudié l'architecture, et les architectes pourront sans doute trouver à reprendre dans les dispositions de détail que nous avons indiquées; notre but a été surtout de faire comprendre la situation relative de Sainte-Sophie, du palais et de l'Hippodrome, et la corrélation qui existait entre les différentes parties du palais, d'indiquer la situation des pièces principales, leur usage, leur disposition, et de faire connaître, autant que possible, l'ornementation qui les enrichissait. Nous avons voulu aussi rappeler les bâtiments qui furent élevés durant le cours de plusieurs siècles dans l'enceinte de la demeure impériale, et dont les auteurs byzantins font si souvent mention; nous nous sommes efforcé d'en déterminer l'emplacement, si utile à connaître pour obtenir l'explication de certains faits historiques. Nous n'avons rien fait au hasard, rien imaginé, et lorsque les monuments nous ont manqué, ce sont les renseignements puisés dans les auteurs byzantins qui ont déterminé les indications de notre plan. On comprendra que nous n'avons pas pu toujours acquérir une certitude absolue et qu'il nous a fallu quelquefois rester dans le doute. Nous ne manquerons pas de signaler nos incertitudes.

Du Cange, dans un ouvrage très-remarquable que nous avons déjà cité, la *Constantinopolis christiana* [1], a cherché à faire revivre la ville de Constantinople avec ses monuments telle qu'elle existait sous les empereurs chrétiens. Le travail de Du Cange a consisté à rassembler et à classer méthodiquement tous les passages des auteurs byzantins et des auteurs latins du moyen âge qui avaient trait à la fondation de Constantinople, à sa situation, à ses murs, à ses portes, à ses forums, à ses ports, à son hippodrome, à ses théâtres, à ses palais et à ses églises. Du Cange, avec toute l'autorité de la science archéologique qu'il possédait à un si haut degré, a souvent tiré de ces extraits d'auteurs des conséquences sur la situation et sur l'importance de ces édifices. Cependant son travail sur le grand palais impérial se réduit à moins de dix pages, et il n'a pas cherché à donner un corps à ce palais ni à le restituer. Les documents qu'il avait à sa disposition étaient insuffisants pour cela; le manuscrit de l'ouvrage qui nous a fourni en grande partie les éléments de la restitution que nous avons faite n'avait pas encore été découvert et n'a pas été connu de Du Cange. Cet ouvrage, écrit presque en entier par l'empereur Constantin Porphyrogénète (911 † 959), a pour sujet le cérémonial de la cour de Byzance [2]. Son but est de prescrire, ou, pour mieux dire, de constater les cérémonies en usage à la cour byzantine aux différentes fêtes

---

[1] *Historia Byzantina duplici commentario illustrata. Prior familias ac stemmata imperatorum Const. complectitur, Alter, descript. urbis Const. qualis extitit sub imp. Christianis.* Parisiis, 1680; Venetiis, 1729.

[2] CONSTANT. PORPHYR. IMP. *De cerimoniis aulæ Byzantinæ libri duo.* Lipsiæ, 1751-1754; Bonnæ, 1829. Le

religieuses et civiles de l'année, d'indiquer celles à observer dans diverses circonstances, et notamment lors de la réception par l'empereur des ambassadeurs étrangers, lors de sa sortie du palais pour se rendre soit à Sainte-Sophie, soit aux autres églises de Constantinople, ou bien encore lorsque l'empereur allait présider aux courses de l'Hippodrome. On comprend tout de suite qu'en expliquant l'ordre des cérémonies de la cour, l'auteur ait fait connaître les différentes parties de la demeure impériale, et que nous ayons pu arriver, à l'aide de ce livre et des autres documents puisés dans les auteurs byzantins, à restituer le palais de Constantin tel qu'il existait à la fin du dixième siècle. Le livre des Cérémonies de la cour de Byzance donne encore de précieux renseignements sur les grands dignitaires de l'État et de la cour à l'époque de Constantin VII, sur les différents corps de troupes qui composaient sa garde, sur les costumes de l'empereur et de ses officiers, et sur ceux des dignitaires de l'État. On y trouve des détails intéressants sur les mœurs et les usages. Ce livre fournit aussi, d'après des documents plus anciens, des détails sur les cérémonies observées lors de l'élection de plusieurs des empereurs et lors de leur entrée triomphale à Constantinople au retour des guerres terminées par des succès éclatants sur les ennemis de l'empire[1].

L'époque du dixième siècle, que nous avons choisie pour notre restitution, est celle de la splendeur de Constantinople, et surtout du palais impérial. Dans la première moitié du neuvième siècle, le dernier des empereurs iconoclastes, Théophile (829 † 842), quoiqu'il n'eût pas toujours été heureux dans ses guerres contre les Sarrasins, fut un intrépide guerrier et sut donner quelque sécurité à l'empire; il protégea les lettres et les sciences et devint le promoteur de la restauration des arts. Il fit bâtir à grands frais de magnifiques palais dans l'intérieur de Constantinople et hors de la ville, et dépensa des sommes considérables pour ajouter de somptueuses constructions au palais impérial.

Basile le Macédonien (867 † 886), qui était parvenu au trône par des bassesses et par le meurtre de son bienfaiteur, Michel III, fils de Théophile, sut, une fois empereur, déployer de grandes vertus et acquérir une gloire bien méritée. Par des impôts sagement répartis, il rétablit les finances et fit renaître la richesse dans l'empire. Il reconstitua l'administration et organisa une formidable armée avec laquelle, toujours invincible, il chassa les Sar-

---

manuscrit de cet ouvrage a dû appartenir à la bibliothèque des rois de Hongrie, ainsi que le constate sa reliure, où l'on voit les armes de ces princes, qui avaient, depuis le dixième siècle, des relations constantes avec les empereurs d'Orient. Il tomba en la possession du savant bibliophile Uffenback, et de ses mains passa dans la bibliothèque du sénat de Leipzig. La publication et la traduction latine de cet important ouvrage avaient d'abord été confiées au professeur Leich. Sa mort prématurée fit donner ce travail au savant philologue Reiske. Le premier volume, comprenant le premier livre du texte et la traduction, fut publié in-folio à Leipzig en 1751; un second volume, publié en 1754, contient le second livre et une partie des Commentaires de Reiske. L'édition de Bonn, donnée par Niebuhr, renferme la totalité des Commentaires.

[1] Nous espérons pouvoir donner un jour une traduction de ce livre, avec le concours d'un savant helléniste, M. Guiguet, traducteur d'Homère, d'Hérodote et de la Bible des Septante. Cette traduction serait accompagnée d'un Commentaire qui traiterait spécialement les questions d'archéologie et de topographie.

rasins des côtes de l'Italie et les poursuivit en personne jusqu'au delà de l'Euphrate. La paix étant rendue à l'empire, son économie lui ménagea des fonds pour exécuter de grands travaux. La demeure impériale s'enrichit, sous son règne, de nombreux bâtiments; il y construisit aussi des églises et des oratoires d'une richesse inouïe.

Constantin VII, surnommé Porphyrogénète (911 † 959), se trouva, à l'âge de six ans, seul héritier de son père, Léon le Philosophe, fils de Basile, mais il resta de fait en tutelle pendant trente-trois années. D'abord son oncle Alexandre se fit empereur, puis à la mort de celui-ci (912), sa mère, Zoé, s'empara du gouvernement de l'État. A l'âge de quinze ans, il associa à l'empire l'amiral Romain Lecapène, dont il avait épousé la fille, et celui-ci prit les rênes du gouvernement en ne laissant à son gendre que le titre d'empereur. Ce ne fut qu'en 944, lorsque Romain Lecapène eut été détrôné par ses propres enfants, que Constantin commença réellement à régner. Mais il avait employé à l'étude des sciences, des lettres et des arts, ces trente-trois années durant lesquelles il avait porté la couronne sans exercer le pouvoir souverain. Reconnu pour le plus habile peintre de son temps, il était devenu chef d'école; il dirigeait encore les architectes, les ouvriers mosaïstes, les émailleurs sur or, les orfévres, les ciseleurs sur fer, tous les artistes enfin qui produisent les œuvres que le goût des arts met en honneur. On conçoit que le palais impérial ne put que s'embellir sous un tel prince. C'est à lui que nous devons, comme nous l'avons dit, cet écrit sur les cérémonies en usage à la cour d'Orient, dans lequel nous avons puisé de si bons renseignements sur la distribution du palais.

Nicéphore Phocas et Jean Zimiscès, vaillants capitaines, qui s'emparèrent successivement du gouvernement de l'État, et se firent couronner empereurs pendant la minorité des enfants de Romain II (959 † 963), fils de Constantin VII, se couvrirent de gloire par leurs victoires sur les Sarrasins et les autres barbares, et surent faire respecter l'empire. Comme leurs prédécesseurs, ils aimèrent et protégèrent les arts et ajoutèrent au palais impérial de splendides monuments.

Basile II, fils de Romain, fut investi du gouvernement de l'État à la mort de Zimiscès (976). Il devint un intrépide guerrier, et après avoir vaincu des généraux rebelles, il donna, par ses victoires en Bulgarie et en Asie, un nouvel éclat à la couronne impériale. A la fin du dixième siècle, l'empire d'Orient, qui avait joui pendant près de cent cinquante années d'un certain calme à l'intérieur, n'avait rien à redouter des ennemis de l'État; aussi les arts y fleurissaient-ils, et Constantinople était arrivée à son plus haut degré d'éclat et de puissance.

LE
# PALAIS IMPÉRIAL DE CONSTANTINOPLE

ET SES ABORDS,

## SAINTE-SOPHIE, LE FORUM AUGUSTÉON

ET L'HIPPODROME,

TELS QU'ILS EXISTAIENT AU DIXIÈME SIÈCLE.

## CHAPITRE PREMIER.

ÉLÉMENTS DU PLAN DE LA RESTITUTION.

### I

CONSTANTINOPLE; PLAN DE KAUFFER; POINTS DE REPÈRE.

L'ancienne Byzance, d'après l'opinion la plus accréditée, fut fondée six cent cinquante-six ans avant Jésus-Christ, par une colonie grecque de Mégare, conduite par Byzas, qui lui donna son nom. Deux cents ans plus tard, au commencement du règne de Darius fils d'Hystaspe, les Perses la prirent; mais après les victoires de Salamine et de Platée, ils en furent chassés par les Spartiates, commandés par Pausanias. Les Athéniens en disputèrent la possession aux Lacédémoniens et s'en emparèrent à leur tour. Byzance s'étant alliée avec les Romains dans les guerres contre Philippe et contre Antiochus, fut déclarée ville libre par le sénat romain. Plus tard, la république byzantine prit parti pour Niger contre Septime Sévère; celui-ci s'étant rendu maître de la ville après un siège de trois années (196), abattit ses murailles, détruisit ses monuments et enleva une grande partie des habitants. Mais bientôt cet empereur, à la prière de Caracalla, releva Byzance et la rétablit dans ses anciens droits.

En 325, Constantin résolut de donner une nouvelle capitale à l'empire romain. L'admirable position de Byzance lui fit choisir cette ville, dont il entreprit la reconstruction. L'empereur en traça lui-même la nouvelle enceinte, qui comprit une étendue d'environ cinq lieues. La ville s'éleva comme par enchantement. Des places publiques, des palais, des aqueducs, des marchés, des fontaines, des cirques et des théâtres furent construits ou agrandis, et couvrirent bientôt l'immense emplacement que Constantin avait donné à la nouvelle Rome, qui prit alors le nom de Constantinople. Les villes de la Grèce, celles de l'Asie et Rome elle-même, furent dépouillées pour son embellissement d'une quantité considérable de chefs-d'œuvre de la statuaire antique; tout ce qui pouvait, en un mot, contribuer à la magnificence d'une capitale s'y trouva réuni; elle put être dédiée en 330.

Théodose II (408 † 450) l'agrandit en reportant plus à l'occident les murs du côté de la terre, et l'empereur Héraclius (610 † 641) fit enclore dans son enceinte le quartier des Blaquernes, situé à l'extrémité nord-ouest de la ville, sur le port. Depuis lors, cette enceinte n'a pas subi de changement; les murailles et les tours qui la défendent sont encore celles qui ont été bâties par les empereurs byzantins.

Constantinople s'élève sur un promontoire de forme triangulaire, dont le centre était occupé par sept collines inégales en hauteur. Le sommet du triangle, de forme arrondie, s'avance dans le Bosphore de Thrace, qui joint le Pont-Euxin (la mer Noire) à la Propontide (la mer de Marmara). Le côté nord de ce triangle est bordé par un golfe qui s'avance dans les terres à une profondeur de deux lieues, et forme le plus beau port de l'univers. On lui donnait dans l'antiquité le nom de Chrysocéras ou Corne-d'or, qu'il a conservé. Le côté sud est baigné par les flots de la Propontide; la base du triangle, à l'occident, est formée du côté de la terre par les anciens murs byzantins, qui s'étendent du port de la Corne-d'or à la mer de Marmara.

Le plan de Constantinople, levé géométriquement en 1776, rectifié et augmenté en 1786 par Kauffer, ingénieur attaché à M. de Choiseul-Gouffier, ambassadeur de France à Constantinople, nous a servi à établir celui de la restitution que nous voulons reproduire. La position du dôme de Sainte-Sophie, dans le plan de Kauffer, avait été fixée d'après les observations astronomiques faites à Thérapia en 1785, par Tondu, astronome. Melling, dans son grand ouvrage sur Constantinople[1], a publié le plan de Kauffer à l'échelle de 5 millimètres pour 100 mètres, et il a donné sur la même planche, à l'échelle beaucoup plus grande de 18 millimètres pour 100 mètres, la partie de la ville qui comprend le sérail, Sainte-Sophie et la place de l'At-meïdan. Nous avions voulu d'abord nous servir de ce dernier plan, mais nous avons reconnu bientôt qu'il était défectueux; les contours n'étaient point d'une exactitude rigoureuse, et il contenait une erreur bien plus grave. Deux obélisques antiques existent encore, en effet, sur la place de l'At-meïdan, l'ancien Hippodrome; l'un, de granit égyptien, s'élevait au centre de l'Hippodrome, et devient dès lors un point certain de repère de la plus haute importance; l'autre, de pierre et à demi ruiné, est plus au midi et plus éloigné de Sainte-Sophie que celui de granit : eh bien, dans le plan augmenté joint à l'ouvrage de Melling, l'obélisque qui est le plus au nord des deux et le

---

[1] *Voyage pittoresque de Constantinople et des rives du Bosphore d'après les dessins de* MELLING, *archiviste de l'empereur Sélim III.* Paris, 1819.

plus près de Sainte-Sophie est indiqué comme étant l'obélisque de pierre, et l'obélisque de pierre est désigné comme étant celui de granit. Le centre de l'ancien Hippodrome est donc déplacé par cette fausse énonciation. Nous avons recherché le plan original de Kauffer, et nous l'avons trouvé au dépôt des cartes de la marine[1]. Nous avons fait faire de ce plan un calque d'une exactitude rigoureuse, en y laissant les anciennes dénominations inscrites par Kauffer. Notre planche première reproduit donc exactement la partie de la carte dressée par cet ingénieur qu'il était utile de faire connaître; nous y avons seulement ajouté quelques numéros de renvoi à une légende qui donne les noms de différentes localités omises par Kauffer ou par lui indiquées autrement qu'on ne le fait habituellement. Les lieux ont changé depuis 1786, par suite des incendies et des reconstructions; mais ce qui n'a pas changé, ce sont les points de repère antiques dont nous allons nous servir pour établir notre restitution. M. de Hammer, dans son grand ouvrage sur Constantinople, a fait usage du plan de Kauffer et l'a publié de nouveau comme étant le meilleur qu'on pût obtenir[2]. Nous ne pouvions établir notre restitution sur une aussi petite échelle que celle de 5 lignes pour 100 toises adoptée par Kauffer; nous avons donc fait agrandir son plan avec un soin minutieux à l'échelle de 36 millimètres pour 100 mètres. La configuration du terrain et la position relative de tous les points de repère antiques qui devaient nous guider ont été conservées dans cette reproduction telles qu'elles ont été fixées géométriquement par Kauffer. Notre planche deuxième donne donc l'ensemble de la restitution à cette échelle de 36 millimètres pour 100 mètres. Nous présentons dans la troisième planche le plan du grand palais impérial, à l'échelle d'un millimètre pour un mètre.

Les Turcs ont détruit presque tous les monuments qui décoraient encore Constantinople lorsqu'ils s'en emparèrent en 1453; mais les fréquents désordres dont cette ville avait été le théâtre sous les empereurs grecs, le pillage que les croisés y exercèrent en 1204, et surtout les incendies et les tremblements de terre, avaient concouru, antérieurement à la domination des Turcs, à la ruine des édifices qui n'avaient pas la même solidité que ceux de l'antiquité grecque et romaine. Aussi les jalons dont nous allons nous servir pour établir la restitution du palais impérial et de ses abords sont-ils peu nombreux, mais ils ont une grande importance. Ces points de repère sont le corps de la grande église de Sainte-Sophie convertie en mosquée, les deux obélisques de l'ancien Hippodrome, l'ancienne église Saint-Serge-Saint-Bacchus et l'église Sainte-Irène. L'atrium qui précédait le premier vestibule occidental de Sainte-Sophie a été détruit ou modifié, de même que les bâtiments qui s'élevaient au midi sur le flanc de l'église; mais le corps de l'édifice (n° 1 B à H) existe encore aujourd'hui tel qu'il a été bâti par Justinien. L'obélisque de granit égyptien, placé au milieu de l'ancien Hippodrome (n° 17 A), et l'obélisque de pierre (n° 17 B), qui sub-

---

[1] Portefeuille 98 bis, 8ᵉ division, pièce 9ᵃ.
[2] *Constantinopolis und der Bosporos, oertlich und geschichtlich beschrieben von* Jos. von Hammer. Pesth, 1822.

sistent encore, s'élevaient sur la Spina, sorte de plate-forme de peu de largeur, qui occupait en longueur le centre de l'Hippodrome, et autour de laquelle tournaient les chars et les cavaliers dans les jeux du Cirque. Ces deux obélisques, placés sur la même ligne, nous donnent donc d'une manière certaine et le centre de l'Hippodrome et la direction de son grand axe. L'ancienne église Saint-Serge-Saint-Bacchus, bâtie par Justinien, a été convertie en mosquée et porte aujourd'hui le nom de Kutschuk aja Sofia; mais le corps de l'édifice n'a subi aucun changement depuis le sixième siècle. L'église Sainte-Irène, bâtie par Constantin, ayant été brûlée, fut reconstruite par Justinien. Renversée par un tremblement de terre sous Léon l'Isaurien († 741), elle fut rebâtie[1] et subsiste encore aujourd'hui au nord de Sainte-Sophie dans la première cour du sérail.

Avant d'en arriver à la description du palais impérial et de ses abords, nous devons expliquer et justifier les dispositions générales de notre plan.

## II

### DISPOSITIONS GÉNÉRALES DU PLAN.

La position que nous avons assignée sur notre plan aux édifices, aux emplacements qui les séparent et aux différentes pièces du palais impérial, résulte de l'ensemble des documents que nous avons recueillis et du rapprochement de ces documents qui s'éclairent par la comparaison. Ce n'est donc que par une étude complète de notre travail que l'on pourra acquérir une pleine conviction de la justesse de nos dispositions. Cependant nous devons faire connaître dès à présent les motifs qui nous ont conduit à déterminer la situation relative, la direction et l'étendue du Forum, de l'Hippodrome et des parties intermédiaires du grand palais.

Comme on le voit en consultant notre seconde planche, une place existe au sud de la grande église Sainte-Sophie (n° 1), entre cette église et le palais. C'est le forum Augustéon (n° 2), qui servait tout à la fois d'atrium aux bâtiments fort importants adossés au mur méridional de l'église et au palais impérial qui s'élevait en face. Dans cette partie du palais touchant au Forum, on trouve le vestibule de la Chalcé (n° 20) qui en était la principale entrée de ce côté, et à la suite, les tricliniums des scholaires, des excubiteurs et des candidats (n°s 23, 27 et 28), corps de la garde prétorienne; au delà, le grand triclinium des Dix-neuf-lits (n° 38), puis le péripatos du palais (n° 52) qui passait en arrière de l'abside de la Chalcé, et conduisait du palais de Daphné à l'église Saint-Étienne (n° 54). Nous avons tracé, en face du champ de course (n° 17), le palais de l'Hippodrome (n° 56), qu'on appelait aussi le palais du Cathisma, du nom de la tribune (n°s 18 et 19) du haut de laquelle l'empereur présidait aux jeux. Les murs d'enceinte de la demeure impériale se pro-

---

[1] Du Cange, *Const. Christ.*, lib. IV, § 7, n° 20, p. 147.

longent jusqu'à la mer, à l'est de l'Hippodrome. Au-dessous de l'Hippodrome, on voit l'ancienne église Saint-Serge-Saint-Bacchus, qui subsiste encore.

Les dissertations qui vont suivre justifieront la contiguïté et la situation relative de toutes ces localités ; nous nous contenterons de rapporter ici quelques documents suffisants pour constater la situation générale. « Il y a au-devant du palais, dit Procope, une place en- » tourée de colonnes à laquelle les Byzantins ont donné le nom d'Augustéon[1]. » L'auteur ajoute que c'est dans cette place qu'est érigée la statue équestre de Justinien. Cette statue existait encore à l'époque du voyage à Constantinople de Christophe Bondelmonti, qui l'a vue érigée au midi de l'église, sur la place[2]. La Chronique Pascale nous apprend aussi que le forum Augustéon était situé sur le flanc de la grande église[3], et l'on verra plus loin, dans la description que nous donnerons des bâtiments adossés au mur méridional de Sainte-Sophie, qu'en sortant de ces bâtiments l'empereur entrait dans le Forum[4]. De nombreuses citations viendront démontrer que la porte du vestibule de la Chalcé s'ouvrait sur l'Augustéon; nous nous contenterons ici d'en rapporter une seule. Le livre des Céré- monies de la cour, décrivant la marche de l'empereur pour se rendre de ses appartements à Sainte-Sophie, en termine ainsi la narration : « L'empereur traverse le triclinium des » scholaires (n° 23), passe par la grande porte de la Chalcé (n° 20 D) et s'avançant par » le milieu (de l'édifice), il entre dans l'Augustéon[5]. » Il est donc parfaitement établi que cette place s'étendait entre le palais et le flanc méridional de l'église.

Quant à la position que nous avons assignée au vestibule de la Chalcé, aux tricliniums des gardes prétoriennes et au palais du Cathisma, relativement à l'Hippodrome (n° 17), un grand nombre de citations en établiront l'exactitude. Un fait historique qui les résume toutes, et dont nous empruntons le récit à Procope et à d'autres auteurs byzantins, suffira pour le moment à justifier les dispositions de notre plan à cet égard.

La cinquième année du règne de Justinien (532), une grande sédition s'éleva à Constan- tinople. Quelques-uns des chefs ayant été arrachés par le peuple des mains des gardes qui les conduisaient au supplice, les deux factions du Cirque, celle des bleus et celle des verts, se réunirent pour aller au palais demander à l'empereur la grâce des condamnés. N'ayant pu l'obtenir, les factieux se répandirent dans la ville, ouvrirent les prisons et mirent le feu à la maison du préfet. La flamme, poussée par un vent violent, se communiqua aux édifices voisins. L'église Sainte-Sophie, bâtie par Théodose, les bains de Zeuxippe (n° 15), le vestibule de la Chalcé, les Nouméra (n° 22), les tricliniums

---

[1] *De ædificiis*, lib. I, § 10. Paris., p. 23; Bon., p. 202.
[2] *Descript. urbis Constant.*
[3] *Chronicon Paschale*. Paris., p. 742; Bon., p. 593.
[4] Voyez chap. II, § 1.
[5] CONSTANT. PORPHYR. *De cerimoniis aulæ Byzant.*, lib. I, cap. XXIII. Bonnæ, p. 132.

des scholaires, des excubiteurs et des candidats furent incendiés[1]. Ainsi, toute la partie du palais qui était au niveau du Forum fut détruite.

Le cinquième jour de la sédition, le peuple se porta en foule à la maison d'Hypatius, neveu de l'empereur Anastase (✝ 518) et le proclama empereur. On lui posa, faute de diadème, un collier d'or sur la tête, et, malgré sa résistance, on le conduisit à l'Hippodrome, où il s'assit sur le trône disposé dans le Cathisma. Le cri de ralliement des factieux était Νίκα, qui signifie: Triomphez, soyez vainqueurs! et c'est de là que les auteurs modernes appellent ordinairement cette sédition la sédition des Victoriats. Pendant ce temps, l'empereur était renfermé dans le palais[2] avec des troupes commandées par Bélisaire, Mundus et Narsès. Après quelques hésitations sur le parti qu'il convenait de prendre, l'empereur et ses officiers, ranimés par les discours énergiques de l'impératrice Théodora, résolurent de triompher de l'émeute. Bélisaire fit une première tentative pour arriver directement jusqu'au trône impérial où siégeait Hypatius, τὰ μὲν πρῶτα εὐθὺς αὐτοῦ τε Ὑπατίου καὶ θρόνου τοῦ βασιλείου ἀνέβαινεν, mais n'ayant pu se faire ouvrir la porte du palais de l'Hippodrome par les soldats qui étaient à l'intérieur, et qui voulaient attendre le résultat de l'événement avant de se prononcer pour Justinien ou pour Hypatius, il retourna auprès de Justinien, qui alors « lui » donna l'ordre de se porter de nouveau contre Hypatius par la Chalcé et par les » portiques adjacents. Bélisaire, après avoir couru des dangers et surmonté de grands » obstacles, parvint, en traversant des bâtiments en ruine et à demi incendiés, à » pénétrer dans le Cirque, et arriva à la galerie de la faction des bleus, qui est à » droite du trône de l'empereur[3]. »

Ainsi, Bélisaire cherche d'abord à se porter contre Hypatius par la voie la plus courte qui conduisait en ligne droite εὐθύς, du palais de Daphné où résidait Justinien (nº 48 à 51), à la tribune des jeux (nº 18), c'est-à-dire par le péripatos du palais et l'église Saint-Étienne (nºs 52 et 54). C'est en effet le chemin que suivaient les empereurs lorsqu'ils allaient présider aux jeux du Cirque[4]. Mais n'ayant pu se faire ouvrir la porte qui donnait accès de l'église dans le palais de l'Hippodrome[5], il est obligé de passer par les bâtiments incendiés, et après avoir traversé la Chalcé

---

[1] Procopius, *De bello Persico*, lib. I, § 24, Paris., p. 70; Bonnæ, p. 121. — *Chronicon Paschale*, Paris., p. 778; Bon., p. 621.

[2] On verra plus loin que le vestibule de la Chalcé et les salles des gardes qui l'avoisinaient n'étaient considérés que comme des dépendances du palais. Le palais de Daphné (nºs 48 à 51), que les empereurs habitaient alors, était séparé de ces salles par les cours de l'Onopodion et de l'Exaéron (nºs 36 et 37) et bâti dans une situation plus élevée, au-dessus d'un soubassement. Cette position dut le préserver des atteintes de l'incendie.

[3] Procopius, *De bel. Pers.*, lib. I, § 24, Parisiis, p. 73; Bonnæ, p. 127.

[4] Voyez plus loin chap. IV, § VIII et IX.

[5] Voyez chap. IV, § IX.

(n° 20) et les édifices adjacents, à demi ruinés par le feu, c'est-à-dire les Nouméra et les bains de Zeuxippe (n°s 22 et 15), il finit par arriver à l'angle nord-ouest du Cirque (n° 17 F), qui était à la droite du trône (n° 18). On voit que, par cette manœuvre, il avait tourné le palais de l'Hippodrome (n° 56), qu'Hypatius occupait avec les conjurés. Notre plan est donc en rapport parfait avec le récit de Procope et celui des autres auteurs byzantins.

Dans sa relation de la sédition des Victoriats, Lebeau, ajoutant au texte des auteurs, s'exprime ainsi : « Justinien conseilla à Bélisaire de sortir par la porte d'airain[1], dont » le vestibule s'ouvrait sur une rue qui conduisait au Cirque[2]. » La rue, qui ferait supposer que le Cirque était séparé du palais par une voie publique, est le produit de l'imagination de Lebeau, et c'est ainsi que, faute d'une connaissance suffisante des localités, les faits de l'histoire byzantine ont été souvent altérés par les auteurs modernes.

C'est à Pierre Gylli que nous devons le document qui nous a permis de tracer les murs d'enceinte de la demeure impériale, à peu de distance de l'Hippodrome.

Lorsque Gylli visita Constantinople, le palais n'existait plus, mais le souvenir n'en était pas entièrement éteint. Après avoir décrit l'Hippodrome, il ajoute : « Le palais » était situé sur un tertre, d'environ cent pas de hauteur, qui s'étendait jusqu'à la » mer[3]. » Cette notion, fournie par Gylli, est confirmée par le livre des Cérémonies, qui nous apprend qu'une terrasse s'étendait jusqu'aux murs du palais, en face du flanc oriental de l'Hippodrome, et que du haut de cette terrasse l'empereur, dans certaines occasions, bénissait le peuple réuni dans le Cirque[4]. Le tertre indiqué par Gylli, que l'on voit figurer sur le plan de la restitution, a dû être détruit, en grande partie, lors de la construction, en 1610, de la mosquée du sultan Achmet qui couvre, à l'est des obélisques, non-seulement le terrain qui séparait l'Hippodrome du palais, mais même un espace compris dans l'enceinte de la demeure impériale au temps des empereurs byzantins.

La direction qu'il fallait donner au Forum, à l'Hippodrome et à la partie intermédiaire du palais était d'une grande importance, mais sur ce point nous avons eu de bons guides.

Avant que Constantin eût pris la résolution d'agrandir Byzance pour en faire la nouvelle capitale de l'empire, Septime Sévère, qui avait entrepris de relever cette ville de ses ruines, avait commencé l'Hippodrome. Ce n'avait pas été un médiocre travail que de l'établir sur l'emplacement qui fut alors choisi, puisqu'il avait fallu, pour obtenir

---

[1] Le vestibule de la Chalcé prenait son nom d'une porte de bronze qui s'ouvrait entre ce vestibule et le triclinium des scholaires. Lebeau a confondu la porte avec l'édifice auquel elle avait donné son nom.

[2] *Histoire du Bas-Empire*, livre XLI, édition de M. de Saint-Martin, t. VIII, p. 193. Paris, 1827.

[3] *De topogr. Constant.*, lib. I, cap. VII, apud BANDURI, *Imp. Orient.*, t. I, p. 357.

[4] Voyez ci-après chap. IV, § XX.

un champ de course suffisamment étendu, construire des voûtes pour asseoir le terrain à partir de l'endroit où s'éleva depuis l'obélisque de pierre.

En outre, Sévère avait déjà construit vers le nord le côté rectiligne formant la tête du Cirque et une grande partie des gradins qui s'élevaient à droite et à gauche de l'arène, lorsqu'il fut obligé de retourner à Rome, laissant ainsi ce grand ouvrage imparfait [1]. Constantin n'eut plus qu'à terminer les gradins et la partie hémicirculaire de l'extrémité méridionale. Il fit aussi construire la Spina et la tribune des jeux [2] qui était établie au-dessus du mur rectiligne qui fermait le Cirque au nord [3]. Depuis, sous Théodose le Grand, on éleva sur la Spina, au centre de l'Hippodrome, l'obélisque de granit égyptien [4]. Un peu plus tard, sur la même ligne, vers l'extrémité sud de la Spina, on plaça un obélisque de pierre qui était entièrement revêtu de bronze [5]. Ces deux obélisques, fort dégradés, subsistent encore aujourd'hui. L'obélisque égyptien nous a donné le point central de l'Hippodrome, et une ligne tirée de cet obélisque à l'obélisque de pierre, indique d'une manière certaine la direction de son grand axe.

Les jeux du Cirque étaient entrés dans la vie du peuple romain, et l'Hippodrome avait remplacé le Forum de l'ancienne République. Le Cirque était le théâtre des grands événements; c'est là que le peuple ou l'armée proclamait les empereurs, et ceux-ci ne manquaient jamais de présider aux jeux quand ils se trouvaient dans la capitale. Constantin résolut donc de rattacher l'Hippodrome au palais impérial qu'il voulait bâtir. On comprend, dès lors, que toutes les constructions qu'il allait entreprendre durent se ressentir de la direction que Septime Sévère avait donnée à l'Hippodrome. Constantin éleva d'abord, en arrière du Cathisma, un palais [6] dans lequel les empereurs faisaient des réceptions avant l'ouverture des jeux; de là, ils montaient dans le Cathisma, où leur trône était disposé [7]. Ce palais (n° 56), qui faisait face au champ de course, dut être établi, nécessairement, sur une ligne perpendiculaire au grand axe de l'Hippodrome. La religion était, à cette époque, associée à tous les actes de la vie, et même aux jeux. Constantin édifia, au-dessus du mur septentrional de l'Hippodrome, une église sous le vocable de Saint-Étienne, et c'est des fenêtres de cette église que les dames de la cour, qui ne siégeaient jamais avec les hommes dans les cérémonies publiques, pouvaient assister aux jeux [8]. L'axe de Saint-Étienne fut donc également disposé perpendiculairement à l'axe de l'Hippodrome. Le palais que se

---

[1] GEORGII CEDRENI *Historiarum compendium*, Parisiis, p. 252; Bon., p. 442. — CODIN., *De originibus*, Paris., p. 7; Bon., p. 14.

[2] CODIN., *De originibus*, Paris., p. 9; Bon., p. 19. — *Chronicon Paschale*, Paris., p. 284; Bon., p. 527.

[3] Voyez ci-après chap. II, § x.

[4] MARCELLINI COM. ILL. *Chronicon*, p. 7. Lut. Paris. — PET. GYLLII *De topogr. Const.*, lib. II, cap. xi, ap. BANDURI, *Imp. Orient.*, t. I, p. 374.

[5] CODIN., *De originibus*, Paris., p. 7; Bon., p. 14. — BONDELMONTI, *Descript. Constant.*

[6] CODIN., *De ædificiis*, Paris., p. 51; Bon., p. 100.

[7] Voyez ci-après chap. II, § x.

[8] BONDELMONTI, *Descript. urbis Constant.*

construisit Constantin auprès du Cirque [1], et qu'on nomma le palais de Daphné (n^os 48 à 51), dut recevoir la même direction, afin d'avoir la vue de la mer; et ce qui le prouverait, c'est que le chemin que fit faire ce prince pour aller de ce palais au Cathisma, était en ligne droite, εὐθύς, comme nous l'apprend le récit que fait Procope de la sédition des Victoriats. Ce chemin, qu'on appelait le péripatos du palais (n° 52), bordait le flanc méridional du grand triclinium des Dix-neuf-lits (n° 38), ce qui indique assez la position de cet édifice [2]. Enfin, les salles des gardes prétoriennes (n^os 23, 27 et 28), construites en avant des Dix-neuf-lits et des cours (n^os 36 et 37) qui servaient d'atrium au palais de Daphné, devaient avoir reçu la direction donnée aux principaux bâtiments du palais impérial. A défaut d'autres renseignements, nous aurions pu supposer, sans trop de témérité, que la façade du palais sur le Forum avait été tracée sur une ligne perpendiculaire au grand axe de l'Hippodrome. Cette conjecture aurait d'ailleurs acquis une grande vraisemblance de tous les documents que nous avons recueillis sur les différentes parties du palais; mais, sur ce point important, nous n'en sommes pas heureusement réduits à des conjectures, et un monument qui subsiste va nous apporter une preuve irrécusable.

Il est, en effet, une remarque fort importante à faire, c'est que le grand axe de l'Hippodrome et le grand axe de Sainte-Sophie étant prolongés, forment un angle droit à leur point d'intersection. Cette disposition ne peut être l'effet du hasard; les motifs qui ont engagé les architectes de Justinien à donner cette direction à l'axe de la nouvelle Sainte-Sophie sont évidents et vont éclairer la question.

L'incendie allumé pendant la sédition des Victoriats avait détruit entièrement l'église Sainte-Sophie élevée par Théodose, et les portiques du Forum, mais il n'avait atteint que le vestibule et les dépendances du palais qui touchaient à cette place; le palais du Cathisma, le palais de Daphné, le grand triclinium des Dix-neuf-lits avaient été préservés, et ces édifices, encore debout, durent avoir une grande influence sur le plan de la reconstruction des bâtiments qui avaient péri par le feu.

Quant à l'église, qui allait être réédifiée sur un plan beaucoup plus vaste, les architectes de Justinien avaient à peser deux considérations importantes. D'une part, d'après les usages adoptés par l'Église dès cette époque, le sanctuaire devait être tourné vers l'orient; d'autre part, l'édifice devait faire face au palais sur le nouveau Forum. L'élévation du palais sur cette place étant tournée vers le nord, il n'était pas possible d'y placer l'entrée principale de l'église, puisqu'en faisant face au palais elle se serait ouverte au midi, ce qui aurait donné au sanctuaire une direction septentrionale. En dirigeant le sanctuaire vers l'est, c'était, de toute nécessité, le mur méridional de l'édifice qui devait faire face au palais impérial. Mais si les architectes avaient été entièrement libres, s'ils n'avaient pas été dominés par une cause préexistante, ils auraient orienté la nouvelle Sainte-Sophie

---

[1] *Chron. Paschale*, Paris., p. 284; Bon., p. 527.
[2] Voyez chap. IV, § VI.

exactement dans la direction de l'est, en se conformant aux constitutions apostoliques, et auraient ensuite donné à l'élévation du palais sur le Forum une direction parallèle à celle de la grande église. Mais, au lieu de tracer l'axe de Sainte-Sophie de l'ouest à l'est, ils furent obligés de l'incliner vers le sud et de donner au sanctuaire la direction de l'est-sud-est. Le seul motif qui puisse expliquer ce fait, c'est qu'il fallait remplir la seconde condition imposée à la construction de la nouvelle Sainte-Sophie, c'est-à-dire élever son mur méridional sur le Forum, en face du palais impérial, dans une direction parallèle à ce palais.

Il est donc évident que du moment que le grand axe de Sainte-Sophie forme un angle droit avec le grand axe prolongé de l'Hippodrome, l'élévation du palais sur le Forum, qui faisait face au mur méridional de l'église, devait être établie, comme ce mur, dans une direction perpendiculaire au grand axe de l'Hippodrome.

Il faut reconnaître aussi que si les architectes de Justinien furent obligés de relever dans cette direction les bâtiments du palais qui avaient été incendiés, c'est que les parties importantes du palais qui subsistaient leur en faisaient une obligation; il y a lieu de croire dès lors que la direction de l'ancienne élévation constantinienne était la même que celle qui fut adoptée par eux.

Le mur méridional du corps de l'édifice de Sainte-Sophie nous a, comme on le voit, fourni d'une manière certaine la direction que nous avons donnée sur notre plan aux côtés nord et sud du Forum. Quant à la direction à donner aux lignes qui devaient le fermer à l'orient et à l'occident, elle était indiquée par celle des deux premiers côtés; ces lignes devaient tomber perpendiculairement sur la face septentrionale du palais et sur la face méridionale de Sainte-Sophie.

La direction du grand axe du Cirque qui avait déterminé la direction donnée au palais de Constantin et celle que les architectes de Justinien adoptèrent, plus tard, pour Sainte-Sophie, dut avoir également une grande influence sur l'orientation des divers bâtiments que les empereurs, successeurs de ce prince, ajoutèrent successivement à l'ancien palais.

Nous avons cru, par conséquent, devoir adopter comme base de notre plan l'axe de l'Hippodrome et celui de Sainte-Sophie; ils nous ont servi à déterminer la direction des divers édifices qui formèrent l'ensemble du palais impérial.

Venons-en, maintenant, à l'étendue que nous avons donnée à l'Hippodrome, au Forum et à la partie intermédiaire du palais.

Sur ce point important, les auteurs grecs nous ont fait défaut. Écrivant à une époque où ces lieux n'avaient pas encore subi de déformation, ils n'ont pas supposé qu'il fût nécessaire d'en indiquer la dimension. L'Anonyme du onzième siècle, qui a donné des notions importantes sur les monuments de Constantinople, dit seulement que le circuit du Forum était de la dimension de la tente que Constantin le Grand avait fait dresser en cet endroit lorsqu'il arriva de Rome à Byzance [1]. En supposant qu'on dût prendre le mot grec dont se sert l'auteur dans le sens de campement et non de tente [2], la comparaison, dans aucun des deux cas, ne donnerait l'idée d'une grande dimension pour le Forum, puisqu'en cette occasion Constantin ne vint pas à Byzance avec une armée, mais en voyageant et seulement avec sa maison. Cette notion était, au surplus, beaucoup trop vague pour nous guider en rien; mais nous avons trouvé des renseignements assez concluants dans les écrits de Christophe Bondelmonti et de Pierre Gylli. A l'époque où ces voyageurs archéologues visitèrent Constantinople, les gradins et les murailles de l'Hippodrome étaient déjà en ruine, mais il en restait debout une grande partie, et le périmètre du Cirque était parfaitement tracé. Nous avons donc pu, d'après ce qu'ils disent, en déterminer les dimensions en longueur et en largeur, et, partant de là, assigner une étendue au Forum et à la partie intermédiaire du palais.

Pierre Gylli, qui visita Constantinople en 1550, nous a principalement guidé. Ce consciencieux voyageur s'exprime ainsi : « En dehors de l'enceinte du palais (le sérail), » s'élève l'édifice de Sainte-Sophie, qui se trouve à une distance de 70 pas des portes » de cette enceinte [3]. Toutes les pentes, depuis l'enceinte du palais jusqu'à l'Hippodrome, » sont légèrement inclinées. Depuis Sainte-Sophie, un terrain plan s'étend au sud-ouest » jusqu'à l'extrémité de l'Hippodrome, sur une longueur de plus de 700 pas. La » longueur de l'Hippodrome dépasse deux stades, sa largeur égale un stade. Le terrain » a été mis de niveau plutôt par le travail de l'homme que par la nature. La partie » méridionale qui regarde la Propontide est environnée de trois côtés par des pentes » qui sont douces à l'est, abruptes et profondément creusées à l'ouest; du côté de la » Propontide, elles sont non-seulement ardues et en précipice, mais même presque » perpendiculaires et élevées de 50 pieds, plus ou moins.... Entre l'Hippodrome et la » Propontide se développe une plaine de 400 pas de large, dans laquelle est situé le » temple de Bacchus et Serge [4]. »

La mesure du stade paraît avoir varié selon les lieux et selon les temps. Le stade pythique était en usage à Delphes et dans la Phocide; le stade nautique était celui

---

[1] *Antiq. Constant.*, ap. BANDURI, *Imp. Orient.*, lib. I, p. 14.

[2] Du Cange donne au mot κόρτη, dont se sert l'Anonyme, la signification de *tentorium* et de *castrorum impedimenta*. Il nous semble qu'on peut entendre ici par κόρτη la réunion des tentes qui abritaient l'empereur et sa suite.

[3] Gylli veut sans doute désigner la porte Impériale (Bab-i humaïoun) qui donne entrée dans la première cour du sérail et se trouve au nord-est de Sainte-Sophie. Cette porte, d'après le plan de Kauffer, serait à 80 mètres environ du corps de l'édifice, ce qui ferait un peu plus de 70 pas. Mais cet édifice est entouré de bâtiments accessoires, et c'est sans aucun doute jusqu'à ces bâtiments, qui formaient une annexe du temple, que Pierre Gylli a compté les 70 pas de distance qu'il indique.

[4] *De topographia Constantinopoleos*, lib. I, cap. VII, ap. BANDURI, *Imper. Orientale*, t. I, p. 357.

de l'Égypte et des navigateurs; le stade olympique, le plus usité de tous, servait à déterminer les distances dans le Péloponnèse et dans l'Attique. Cette mesure itinéraire, qui, d'après tous les auteurs anciens, formait la huitième partie du mille romain, devait être en usage à Constantinople, et c'est sans doute du stade olympique que Pierre Gylli a voulu parler. On n'a pas toujours été d'accord sur la dimension de ce stade. Paucton, qui fixait la valeur du mille romain à 792 toises 6 dixièmes, portait celle du stade olympique à 99 toises 75 centièmes, ou 193 mètres 18 centimètres [1]. Mais, d'après des travaux répétés et minutieux faits sur la voie Appienne, le mille romain est évalué aujourd'hui à 1481 mètres 75 centimètres [2], et le stade à 185 mètres, somme ronde.

Adoptant donc 185 mètres pour la valeur du stade, et mesurant sur le grand axe de l'Hippodrome 185 mètres au nord de l'obélisque de granit qui s'élevait au centre, et 185 mètres au midi, nous avons ainsi fixé d'une manière assez certaine la longueur de l'Hippodrome.

Le Florentin Christophe Bondelmonti s'est également expliqué sur l'étendue de l'Hippodrome : « Hippodromus sexcentum octuaginta in longitudine brachiorum et centum viginti » quatuor in latitudine ampliatur [3]. — L'Hippodrome se déploie sur une étendue de » six cent quatre-vingt bras en longueur et de cent vingt-quatre bras en largeur. » Le bras ordinaire de construction, mesure usitée à Florence, équivaut à 0 m. 5481 [4]. Si la longueur actuelle du bras était la même au quinzième siècle, ce qui est probable, les 680 bras de Bondelmonti représenteraient 372 mètres pour la longueur de l'Hippodrome, au lieu de 370 que nous donnent les deux stades mesurés par Pierre Gylli. La différence est sans importance, et l'on peut dire que les deux voyageurs sont entièrement d'accord sur la longueur. Quant à la largeur, Gylli et Bondelmonti diffèrent l'un de l'autre. Celui-ci donne à la largeur l'étendue de 124 bras. Cette largeur ne serait donc pas tout à fait le cinquième de la longueur, tandis qu'elle est de moitié d'après Gylli. Nous avons adopté la largeur indiquée par Pierre Gylli, dont les travaux sur Constantinople sont beaucoup plus importants que ceux de Bondelmonti. Ce qui fait difficulté, c'est surtout la répartition entre les différentes localités dont nous nous occupons de l'espace existant entre l'extrémité de l'Hippodrome et Sainte-Sophie.

L'extrémité méridionale de l'Hippodrome étant fixée, d'après Gylli, à 185 mètres

---

[1] Paucton, *Métrologie ou traité des mesures, poids et monnaies*, p. 163 et 168. Paris, 1780. — M. Bouillet, *Dict. univ. des sciences*, fixe la valeur du mille romain à 1479=26, et celle du stade à 184=955.

[2] M. Desjardins, *Topogr. du Latium*, p. 90 et 253, 1854.

[3] Du Cange a publié dans la *Byzantine*, à la suite de l'historien Cinname, la description de Constantinople de Bondelmonti, sur un manuscrit aujourd'hui à la Bibliothèque impériale, ancien fonds, n° 4825 ; mais dans ce manuscrit la phrase citée est incomplète, nous avons emprunté notre citation au manuscrit de la même bibliothèque, n° 4824, ancien fonds.

[4] Balbi, *Nouveau traité des monnaies et poids et mesures*, à la suite de l'Abrégé de géographie, p. 1331. Paris, 1833.

## DISPOSITIONS GÉNÉRALES DU PLAN.

de l'obélisque de granit, si l'on mesure [1] sur le grand axe prolongé de l'Hippodrome la distance qui existe depuis ce point extrême jusqu'au point de rencontre d'une ligne tirée en prolongement du mur méridional de Sainte-Sophie, on trouve que cette distance est de 591 mètres. Comme on l'a vu, Pierre Gylli estimait à 700 pas la distance à parcourir depuis Sainte-Sophie jusqu'à l'extrémité de l'Hippodrome. Ce mesurage approximatif concorde avec la levée géométrique du plan des lieux. La mesure qu'il indique, déterminée par le pas, est, il est vrai, assez vague. Le pas a été pris souvent pour une mesure de longueur : le pas grec renfermait 2 pieds et demi et valait 0 m. 77; le pas romain valait 1 m. 47. Cette mesure variait donc suivant les pays. Mais il y a tout lieu de penser que par le mot pas, Gylli n'entendait point parler d'une mesure itinéraire. Les Turcs, à cette époque, n'auraient pas permis à un chrétien de prendre, à l'aide d'un instrument quelconque, les mesures des diverses localités et des monuments de Constantinople, et Gylli lui-même nous apprend que c'est en cachette et par ruse qu'il put mesurer quelques parties de la statue de bronze de Justinien, déjà brisée et portée à la fonderie pour être convertie en canons [2]. Spon, qui explorait Constantinople plus de cent ans après Pierre Gylli, dit aussi que s'il n'a pas dessiné les bas-reliefs du piédestal de l'obélisque, c'est qu'il n'y avait pas trop de sûreté à s'arrêter longtemps sur la place, parce que les Turcs, ne comprenant pas bien les raisons de sa curiosité, lui auraient peut-être fait quelque insulte [3]. Le pas indiqué par Gylli ne peut donc être autre chose que le pas de marche, c'est-à-dire l'espace parcouru par lui dans son mouvement de progression en avant. Les 700 pas de Pierre Gylli étant représentés par 591 mètres, somme ronde, on trouve pour chaque pas 84 centimètres, ce qui présente un grand pas de marche; mais ce pas peut être fait facilement par un homme de taille ordinaire mesurant un terrain. Le point auquel nous avons fixé l'extrémité méridionale du mur extérieur de l'Hippodrome, est donc encore en rapport avec la seconde indication fournie par Pierre Gylli.

Si des 591 mètres qui représentent la distance existant entre l'extrémité méridionale de l'Hippodrome et le point de rencontre d'une ligne tirée en prolongement du mur méridional de Sainte-Sophie, on retranche 370 mètres pour la longueur de l'Hippodrome, il ne reste plus que 221 mètres pour le Forum et la partie intermédiaire du palais. Nous avons donné au Forum 140 mètres et 81 mètres à cette partie du palais, y compris le mur de clôture qui le fermait sur le Forum; ce n'est pas trop pour le Forum et c'est peu pour le palais; mais l'espace était restreint.

Pour ne rien laisser en arrière des objections que peuvent faire naître les documents fournis par Gylli, nous devons nous expliquer sur un point de ces documents qui de

---

[1] Sur le plan levé géométriquement par Kauffer, et sur notre plan de la restitution, planche II, qui est à l'échelle de 36 millimètres pour 100 mètres.

[2] *De topograph. Constant.*, lib. II, cap. xvii, ap. Banduri, p. 382.

[3] *Voyage d'Italie, de Grèce et du Levant*, t. I, p. 254. Lyon, 1678.

prime abord pourrait paraître en opposition avec le plan de la restitution que nous produisons. « Entre l'Hippodrome et la Propontide, dit Gylli, se développe une plaine de 400 pas de large, dans laquelle est situé le temple de Bacchus et Serge[1]. »

Pierre Gylli a-t-il pris la largeur de cette plaine du nord au sud ou de l'est à l'ouest? Ce voyageur nous a appris que la partie « méridionale de l'Hippodrome qui regarde la Propontide était environnée par des pentes douces à l'est, abruptes et profondément creusées à l'ouest et du côté de la Propontide (au midi), non-seulement ardues et en précipice, mais presque perpendiculaires et élevées de cinquante pieds plus ou moins. » Certes Gylli n'a pu donner le nom de plaine à ces pentes qui touchaient à l'Hippodrome, et il a dû mesurer la plaine de l'est à l'ouest; elle s'étendait ainsi le long de la mer depuis le tertre sur lequel le palais était bâti, jusqu'au delà de Saint-Serge-Saint-Bacchus. En admettant cette interprétation de la phrase de Gylli, elle ne contrarie en rien notre plan. Si, au contraire, on voulait prendre cette plaine du nord au sud, c'est-à-dire de l'extrémité méridionale de l'Hippodrome à la mer, notre plan paraîtrait en contradiction avec le texte de Gylli; mais en réalité, même en ce cas, la contradiction ne serait qu'apparente. En effet, pour marcher de l'Hippodrome à la mer, Gylli n'aurait pu suivre la direction du grand axe, car, de ce côté, des pentes presque perpendiculaires l'en auraient empêché. Partant de l'extrémité de l'Hippodrome pour atteindre la Propontide, il aurait dû se diriger, en inclinant un peu au sud-ouest, vers le temple de Saint-Serge-Saint-Bacchus, et la mention qu'il fait de cette ancienne église augmenterait la présomption. Or, les 400 pas de Pierre Gylli, comptés à 84 centimètres, comme nous les avons évalués, donneraient au terrain qu'il aurait parcouru en ce sens une étendue de 336 mètres, tandis qu'on ne trouve que 290 mètres environ en le mesurant sur le plan de la restitution. Mais il faut faire attention qu'en sortant de l'Hippodrome on trouvait des pentes abruptes et profondément creusées; or, il est constant que sur un terrain de cette nature on doit, en marchant d'un point à un autre et en suivant toutes les inégalités du sol, parcourir une distance plus considérable que celle mesurée à vol d'oiseau. La différence de 46 mètres environ entre l'étendue indiquée par Gylli et celle que l'on trouverait au plan n'aurait donc rien qui dût étonner, si même l'on voulait mesurer la plaine du nord au sud.

Nous croyons donc avoir suffisamment justifié les dispositions d'ensemble que nous avons données au Forum, à l'Hippodrome et à la partie intermédiaire du palais impérial. Les dissertations qui vont suivre sur ce palais et ses abords fourniront au surplus un grand nombre d'autres preuves justificatives de ces dispositions. Avant d'aborder la description détaillée de la demeure impériale, nous devons faire connaître Sainte-Sophie et ses bâtiments annexes, le forum Augustéon et les monuments qui s'élevaient sur cette place, les bains de Zeuxippe et l'Hippodrome, édifices et emplacements qui tenaient au grand palais ou s'y rattachaient nécessairement.

[1] *De topographia Constant.*, lib. I, cap. VII, p. 357.

## CHAPITRE DEUXIÈME.

### LES MONUMENTS SITUÉS AUX ABORDS DU PALAIS.

### I

#### ÉGLISE SAINTE-SOPHIE.

Après avoir agrandi l'enceinte de Byzance, Constantin, dans la vingtième année de son règne, fit édifier, en face du palais impérial, une basilique qu'il dédia à la Sagesse divine, τῇ ἁγίᾳ Σοφίᾳ. C'est de là que les Byzantins donnèrent à ce temple le nom de Sainte-Sophie. L'empereur Constance, fils de Constantin, en fit agrandir l'enceinte et le reconstruisit en partie, mais il ne subsista en cet état que soixante-quatorze ans. En 404, sous le règne d'Arcadius, il fut incendié le jour même de l'exil de saint Jean Chrysostome, sans qu'on ait pu découvrir les véritables auteurs de l'incendie. Sainte-Sophie fut réparée par Théodose le Jeune (408†450), qui en fit faire la dédicace dans la septième année de son règne[1]. Mais en 532, l'église de Théodose fut entièrement brûlée durant la sédition des Victoriats dont nous avons déjà parlé.

Justinien entreprit aussitôt de reconstruire ce temple, non plus dans la forme des anciennes basiliques romaines qui avait été adoptée par Constantin et Théodose II, mais dans un style nouveau, avec des voûtes qui devaient le mettre à l'abri du feu; il n'épargna rien pour en faire le plus bel édifice de l'univers. Il rassembla de toutes les parties de l'empire les matériaux les plus précieux et les meilleurs ouvriers : Anthémius de Tralles et Isidore de Milet, les plus habiles architectes de ce temps, furent choisis pour diriger les travaux[2]. Le nouveau temple conserva le nom de Sainte-Sophie; on lui donnait aussi celui de Grande-Église[3].

Il existe un grand nombre de descriptions de ce temple célèbre[4] : la meilleure de toutes

---

[1] Du Cange, *Const. Christ.*, lib. III, § 2, n°² 1, 2 et 3; Paris., p. 6 et seq.
[2] Pauli Silentiarii *Descript. S. Sophiæ*; Paris., II° pars, v. 135; Bonnæ, 1839, v. 552, p. 28. — Procopius, *De ædificiis*, lib. I, cap. ɪ; Paris., p. 5; Bon., p. 174.
[3] Procopius, *De ædificiis*, lib. I, cap. ɪ; Paris., p. 8; Bon., p. 179. — Constant. Porphyr., *De cer. aul. Byz.*, passim.
[4] On trouvera des plans de l'édifice et de bonnes descriptions dans Du Cange, *Constantinopolis Christiana*, lib. III; Banduri, *Imp. Orient.*, lib. IV, t. I, p. 64, et t. II, p. 744; Parisiis, 1711; Bonnæ, 1837; M. Batissier, *Histoire de l'art monumental*; Paris, 1860, p. 395.

est celle de M. de Salzenberg[1], qui a fourni à l'appui de son texte vingt-sept planches présentant plusieurs plans de l'édifice, la coupe en couleur du monument, son élévation sur ses différentes faces, et les détails, dans une assez grande proportion, de ses colonnes, de ses portes, de ses fenêtres, ainsi que des marbres et des mosaïques qui en décorent les parois. Nous aurions donc pu nous borner à décrire les parties que nous voulons restituer, et ne pas parler du corps de l'édifice qui subsiste encore; nous en donnerons cependant ici une description succincte, afin d'y rattacher les parties dont nous avons à faire la restitution et de présenter un ensemble à nos lecteurs.

En avant du temple était l'atrium (planche II, n° 1 A). C'était une cour rectangulaire entourée de trois côtés par des portiques, et du côté du temple par un premier vestibule, l'exonarthex, dans lequel on pénétrait par cinq portes[2]. Les portiques étaient supportés du côté de la cour, où ils étaient ouverts, par des colonnes de marbre et des piliers carrés de briques portant des arceaux. Les piliers occupaient les angles nord-ouest et sud-ouest de la cour, puis, au delà de ces piliers, on trouvait deux colonnes pour porter les arceaux et ensuite un pilier; cette disposition alternative se déployait sur trois côtés de la cour[3]. A l'intérieur, les portiques étaient voûtés en berceau. Au centre de l'atrium existait un vaste bassin de marbre précieux, où l'eau se renouvelait sans cesse[4]. Les portiques de l'atrium étaient fermés sur l'extérieur par des murs de brique, percés de diverses ouvertures munies de portes. On lit en effet dans Nicétas que les troupes impériales qui combattaient en faveur du jeune empereur Alexis II, fils de Manuel Comnène, après avoir chassé du Forum les partisans de la princesse Marie, femme du césar Jean, qui étaient venus attaquer le palais, brisèrent les portes de l'Augustéon donnant accès dans l'atrium, afin de déloger les soldats du césar réfugiés dans le narthex de Sainte-Sophie[5].

De l'exonarthex on pénètre dans un second vestibule voûté en berceau, qui portait le nom de narthex. Ces deux vestibules s'étendent sur toute la largeur de l'église, dans laquelle on entre par neuf portes, dont trois donnent accès à la nef et trois à chacun des bas côtés. Si l'on en excepte l'abside orientale, dont nous parlerons plus loin, l'église est renfermée dans un espace rectangulaire de 77 mètres de longueur sur 71 mètres 70 centimètres de largeur, y compris l'épaisseur des murs. Cet intérieur est divisé en une partie centrale, la nef, et deux parties latérales. Au centre de l'édifice s'élève une

---

[1] *Alt-Christliche Baudenkmale von Constantinopel*; Berlin, 1854. La figure que nous donnons dans notre seconde planche du plan de Sainte-Sophie a été relevée, quant aux dimensions, sur le grand plan de M. de Salzenberg, planche 6 de son ouvrage.

[2] PAULI SILENTIARII *Descript. S. Sophiæ*, II² p., v. 174; Bonnæ, v. 590, p. 29.

[3] M. de Salzenberg a pu constater cette disposition des portiques au milieu des constructions diverses qui les encombrent aujourd'hui.

[4] PAULUS SILENT., loc. cit.

[5] NICETÆ CHONIATÆ *Historia. De Alex. Man. fil.*; Paris., p. 153; Bonnæ, p. 307.

coupole de 31 mètres de diamètre inscrite dans un carré. Elle s'appuie sur quatre grands arcs d'une ouverture égale à son diamètre, lesquels reposent sur quatre gros piliers. D'immenses encorbellements triangulaires, qui ont reçu le nom de pendentifs, se projettent sur le vide, remplissent l'espace entre les grands arcs et viennent saisir la coupole. Sur les deux arcs perpendiculaires à la nef, l'arc oriental et l'arc occidental, s'appuient deux demi-coupoles couvrant des parties hémisphériques qui prolongent la partie centrale de l'église à l'orient et à l'occident, en lui donnant ainsi une forme ovoïde. Au contraire, au nord et au midi de la grande coupole, les grands arcs sont fermés par un mur plein soutenu par des colonnades.

Autour de l'hémicycle, que recouvre la grande demi-coupole orientale, s'ouvrent trois absides : au centre, l'abside principale, qui se prolonge à l'orient et se termine par une voûte en cul-de-four, et deux absides secondaires à droite et à gauche de l'abside principale. Le fond des deux absides secondaires est ouvert sur les bas côtés et leur voûte est soutenue dans cette partie par deux colonnes. Le pourtour de l'hémicycle occidental est pénétré de la même manière, mais l'arcade centrale n'est pas terminée en cul-de-four, la voûte se prolonge jusqu'au mur de face dans lequel sont percées les trois portes d'où l'on sort dans le narthex. Les parties latérales, ou bas côtés, ne s'élèvent pas au delà de la naissance des grands arcs ; elles sont divisées en deux étages, qui portaient l'un et l'autre le nom de Catéchumènes [1] ; c'est de là que la partie du narthex qui précédait le rez-de-chaussée des bas côtés s'appelait les Catéchumènes du narthex [2]. L'étage supérieur, qui recevait encore le nom de Gynécée [3], s'étend au-dessus du narthex, ce qui relie entre elles les deux parties latérales supérieures. Les voûtes sont soutenues par les quatre piliers de la grande coupole, par quatre autres piliers qui, avec les premiers, reçoivent la retombée des arcs ouverts dans les deux hémicycles, et par quarante colonnes. On compte soixante colonnes dans l'étage supérieur, qui était occupé en grande partie par le gynécée où se tenaient les femmes ; c'est au total cent colonnes de porphyre ou de marbre précieux dont l'église est enrichie à l'intérieur. Quarante fenêtres sont pratiquées à la base de la grande coupole ; d'autres fenêtres, en grand nombre, sont ouvertes dans les murs qui remplissent les grands arcs du nord et du midi, dans les demi-coupoles et dans les absides. Tous les murs à l'intérieur sont couverts de marbres précieux, et les voûtes revêtues de mosaïques aux brillantes couleurs.

Le corps de l'édifice que nous venons de décrire existe encore aujourd'hui. Arrivons aux parties qui ont été détruites et dont nous allons essayer de faire la restitution.

Dans la partie circulaire au-dessous de la grande coupole (le naos), entre le point milieu de l'édifice et l'hémicycle oriental (la solea), s'élevait l'ambon [4], qui avait été construit avec

---

[1] Du Cange, *Const. Christ.*, lib. III, § 38, p. 33.
[2] Const. Porphyr. *De cer. aul. Byz.*, lib. I, cap. x, § 7, p. 80.
[3] Du Cange, *Const. Christ.*, lib. III, § 42.
[4] Pauli Silentiarii *Descript. ambonis*, v. 50, p. 50; Bonnæ, 1837.

les marbres les plus rares enrichis de pierres précieuses et d'ornements en or émaillé[1]. Cette tribune, assez vaste pour qu'on pût y faire le sacre des empereurs[2], était couronnée par un dôme revêtu de plaques d'or rehaussées de pierreries; une grande croix ornée de rubis et de perles rondes complétait la décoration[3]. Cette magnifique construction fut écrasée sous les décombres de la grande coupole, dont la partie orientale s'écroula à la suite d'un tremblement de terre, dans la trente-deuxième année du règne de Justinien. La coupole ayant été réédifiée, l'ambon fut également reconstruit, mais d'une façon moins splendide. De beaux marbres enrichis d'ornements en argent furent uniquement employés dans cette reconstruction[4].

Après avoir traversé la solea, on arrivait à l'entrée de l'abside principale renfermant le sanctuaire, qui recevait des Grecs le nom de Béma. C'est dans ce lieu saint, dont l'accès n'était permis qu'aux prêtres et à l'empereur, que l'orfévrerie déployait toute sa magnificence.

Le Béma était séparé de la solea par une clôture[5], composée d'un soubassement qui portait douze colonnes surmontées d'une architrave. Le tout était d'argent. Dans des médaillons elliptiques creusés sur les colonnes, on voyait les images du Christ, de la Vierge, et celles d'une foule d'anges inclinant la tête, et encore celles des apôtres et des prophètes qui avaient prédit la venue du Messie. Ces figures étaient rendues par une fine gravure[6]. Sur le soubassement, on voyait aussi gravé le monogramme de Justinien, celui de l'impératrice Théodora, et des boucliers orbiculaires qui renfermaient l'image de la croix. Trois portes étaient ouvertes dans cette clôture[7].

L'autel, auquel on montait par quelques degrés revêtus d'or, s'élevait au milieu du Béma[8]. Le dessous n'était pas plein; la sainte table, dont la surface était tout en or et enrichie de pierres fines et d'émaux, reposait sur des colonnes d'or ornées de pierreries, et le sol sur lequel les colonnes s'appuyaient était également recouvert de plaques de même métal[9].

Un magnifique ciborium s'étendait au-dessus de l'autel et de ses degrés. Paul le Silentiaire, poëte contemporain[10], et l'auteur anonyme qui a décrit les monuments de

---

[1] G. Codinus, *De structura templi S. Sophiæ*; Paris., p. 70; Bonnæ, 1843, p. 142.
[2] Codinus, *De officialibus palatii Const.*, p. 89; Bonnæ, 1839.
[3] Anonym., *Antiq. Const.*, lib. IV; apud Banduri, *Imp. Orient.*, t. I, p. 75.
[4] Codinus, *De struct. S. Sophiæ*; Paris., p. 72; Bon., p. 144.
[5] Paul le Silentiaire donne à la clôture du Béma le nom de ἕρκος; Sozomène celui de δρύφακτα; mais le nom qui prévalut plus tard fut celui de κιγκλίδες, employé par Constantin Porphyrogénète dans la description qu'il donne de la nouvelle basilique bâtie par l'empereur Basile. Les Latins appelaient la clôture du sanctuaire du nom de Cancelli.
[6] Pauli Silentiarii *Descript. S. Sophiæ*; Paris., II⁶ pars, v. 265; Bonnæ, v. 682 et seq., p. 33.
[7] *Idem*; Paris., II⁶ pars., v. 295; Bon., v. 712, p. 35.
[8] Codinus, ap. Du Cange, *Constant. Christ.*, lib. III, § 54; Parisiis, 1711, p. 49.
[9] Pauli Silentiarii *Descript. S. Sophiæ*, Paris., II⁶ pars, v. 335; Bonnæ, v. 752, p. 36. — Anonym., *Ant. Const.*, lib. IV, ap. Banduri, *Imp. Orient.*, t. I, p. 74.
A l'égard des émaux et de la manière dont la sainte table de Sainte-Sophie était faite, consulter nos *Recherches sur la peinture en émail*, Paris, 1846, p. 102.
[10] Pauli Silent. *Descript. S. Sophiæ*; Parisiis, II⁶ pars, v. 303; Bonnæ, v. 720, p. 35.

Constantinople au onzième siècle[1], en ont laissé des descriptions assez détaillées pour qu'on puisse se le représenter parfaitement. Quatre colonnes d'argent doré d'une grande élévation portaient quatre arcades qui soutenaient un dôme à huit pans de forme triangulaire. Un cordon noueux[2] qui se déroulait en suivant la courbure des arcades, serpentait à la base des pans du dôme et se redressait sur leurs arêtes jusqu'au faîte. Ce dôme, en argent rehaussé d'ornements niellés[3], se terminait, comme on le voit, d'une façon aiguë : c'était une espèce de pyramide ; il portait à son sommet une sorte de coupe dont les bords recourbés étaient découpés en forme de fleur de lis ; cette coupe recevait un globe, image de la sphère céleste. Une grande croix d'or, enrichie des pierres précieuses les plus rares, s'élevait au-dessus du globe et dominait tout l'édifice. Huit candélabres d'argent placés à la base du dôme, au point où les différents pans s'unissaient l'un à l'autre, complétaient la décoration. Ces candélabres, simples motifs d'ornementation, n'étaient pas destinés à porter des lumières.

Au fond de l'abside, en arrière de l'autel, s'élevait le trône du patriarche ; à droite et à gauche, des siéges réservés aux prêtres en garnissaient tout le pourtour. Quatre colonnes entraient dans la décoration de cet hémicycle ; trône, siéges et colonnes, tout était d'argent doré[4].

Ainsi, dans ce sanctuaire, les constructions qui appartenaient à l'architecture, comme le mobilier, tout était en métaux précieux. Procope, après avoir donné la description du temple de Sainte-Sophie, dit qu'il lui serait impossible d'énumérer toutes les richesses dont Justinien le dota, et, pour en donner une idée à ses lecteurs, il ajoute que dans le sanctuaire seulement il y a quarante mille livres pesant d'argent[5].

Les bâtiments adossés au mur méridional de Sainte-Sophie et qui s'élevaient sur le forum Augustéon avaient une grande importance. Jamais, en effet, l'empereur n'entrait à Sainte-Sophie par l'atrium de l'église et l'exonarthex. Du vestibule de la Chalcé, il se dirigeait vers l'une des salles que renfermaient ces bâtiments, et c'est de là qu'il pénétrait dans la Grande-Église. S'il voulait y entrer en cérémonie par les grandes portes impériales qui s'ouvraient du narthex sur la nef, il gagnait le vestibule du narthex (pl. II, n° 1, I), et, de là, il pénétrait dans le narthex, qu'il parcourait

---

[1] *Antiq. Constant.*, ap. BANDURI, *Imp. Orient.*, lib. IV, t. I, p. 74.
[2] Le Silentiaire (Paris., II° pars, v. 314; Bonnæ, v. 731) désigne d'abord cet ornement par le mot ῥάχις, qui signifie épine du dos, échine, et par extension le dos d'une feuille, et plus bas (v. 322 ou 739) par ἄκανθα, qu'on traduit par épine, plante épineuse, chardon, arête de poisson. L'ornement d'argent ainsi désigné, qui couvrait la ligne de jonction des pans avec les arcades, devait être une sorte de cordon noueux ou de torsade.
[3] Ἀργυρόέγκαυστον, dit l'Anonyme.
[4] PAULI SILENTIARII *Descript. S. Sophiæ*; Paris., II° pars, v. 229; Bonnæ, v. 362, p. 19. — ANONYM., *Antiq. Const.*, lib. IV, ap. BANDURI, t. I, p. 74.
[5] *De ædificiis*, lib. I, cap. I; Paris., p. 8; Bonnæ, p. 179.

jusqu'à ces portes; sinon, il entrait dans l'église par le Puits-sacré ou par le Métatorion (n° 1, L et M).

Commençons la description de ces différentes salles en partant du narthex.

En sortant du narthex par son extrémité méridionale, on trouvait une pièce qui portait le nom de Vestibule du narthex (n° 1, I), τὸ προπύλαιον τοῦ νάρθηκος [1].

Une magnifique porte de bronze, qui subsiste encore aujourd'hui, fermait ce vestibule sur le narthex. On lit dans le haut de l'un des battants : ΜΙΧΑΗΛ ΝΙΚΗΤΩΝ, MICHEL VAINQUEUR. Cette belle porte a été reproduite par M. de Salzenberg [2]. A droite du vestibule du narthex existait une pièce qui portait le nom de Didascalios; les cycles pascals étaient gravés sur ses murs. Le Didascalios servait d'entrée à un grand escalier tournant qui conduisait à l'étage supérieur des Catéchumènes méridionaux. Ce lieu a été altéré par les Turcs; mais un passage du cérémonial à observer le jour de la fête de l'Exaltation de la sainte Croix, nous apprend que le Didascalios et l'escalier devaient exister sur l'emplacement qu'occupe le minaret sud-ouest, l'un des quatre qui flanquent aujourd'hui l'édifice de Sainte-Sophie. Après l'adoration de la vraie Croix, qui s'était faite dans les Catéchumènes supérieurs de l'église, « l'empereur descend par le grand escalier en limaçon, et inclinant » à gauche, il passe par le Didascalios, où les cycles pascals sont gravés, et, descendant » les degrés, il entre par les grandes portes du narthex, et étant parvenu aux portes » impériales, il s'arrête.... Ensuite, il traverse avec le patriarche le milieu du naos, et » entre par la solea dans la partie droite de l'ambon [3]. »

Ainsi, après avoir descendu le grand escalier en limaçon, l'empereur se trouvait dans la salle nommée Didascalios, et, de là, il passait évidemment dans le vestibule du narthex, puisqu'il en franchissait les belles portes avant de parvenir aux portes impériales qui donnaient accès dans la nef de l'église.

A gauche du vestibule du narthex existait (n° 1, J) un passage éclairé sur une petite cour qui subsiste encore aujourd'hui. Une porte du Baptistère, dont nous parlerons plus loin, s'ouvrait sur ce passage, qui conduisait aussi à l'Horologion, τὸ Ὡρολόγιον (n° 1, K). C'était une vaste salle qui touchait au Baptistère [4]. Elle s'ouvrait sur le Forum. Lorsque l'empereur sortait de son palais par le vestibule de la Chalcé pour aller à Sainte-Sophie, il entrait ordinairement par cette salle après avoir traversé le Forum [5]; il y faisait souvent des réceptions de fonctionnaires avant de pénétrer dans l'église [6]. Elle recevait son nom d'une horloge solaire qui s'y trouvait placée, et il est à croire, d'après une inscription

---

[1] Const. Porphyr. *De cerim. aul. Byzant.*, lib. I, cap. I, p. 14.
[2] *Alt-Christliche Baud. von Constant.*, blatt 19.
[3] *De cer. aul. Byz.*, lib. I, cap. XXII, p. 126.
[4] Codin., *De S. Sophia*; Paris, p. 66; Bon., p. 135.
[5] Const. Porphyr. *De cerim. aul. Byz.*, lib. I, cap. IX, § 5, p. 63.
[6] *Idem*, lib. I, cap. I, § 8 et 9, et appendix ad lib. I, p. 14 et 502.

qui se trouve dans le livre IV de l'Anthologie grecque[1], que cette horloge avait été faite sur l'ordre de Justin II et de sa femme Sophie.

À la suite de l'Horologion se trouvait le Puits-sacré, τὸ Ἅγιον Φρέαρ (n° 1, L), autre grande salle qui recevait ce nom, au dire de l'Anonyme[2], de la margelle d'un puits qu'on y conservait; elle avait été rapportée de Samarie, et on la regardait comme étant celle du puits auprès duquel le Christ avait conversé avec la Samaritaine. Du Cange[3] a contesté le récit de l'Anonyme et rapporté le texte de divers auteurs qui disent que ce n'était pas la margelle du puits qui existait dans la salle du Puits-sacré, mais seulement un tableau où la scène du Christ conversant avec la Samaritaine était reproduite. Mais un passage du livre des Cérémonies de la cour de Byzance ne laisse aucun doute sur le fait rapporté par l'Anonyme. On y voit en effet qu'avant d'entrer dans l'église, l'empereur se prosternait devant le puits sacré[4]. De la grande salle du Puits-sacré on entrait dans l'église[5]. Ce ne pouvait être que par la grande porte méridionale qui subsiste encore au centre de l'édifice. Le Puits-sacré avait aussi une porte qui s'ouvrait directement sur les portiques du Forum, et l'empereur entrait quelquefois par cette porte en venant du palais, ou en sortait pour traverser le Forum[6]. L'emplacement du Puits-sacré nous est donc indiqué par ces renseignements puisés dans les auteurs et par la disposition des portes qui existent encore.

Du Puits-sacré, on passait dans le Métatorion, τὸ Μητατώριον[7]. Justinien avait fait construire cette salle (n° 1, M) pour lui servir de lieu de repos lorsqu'il sortait du temple après les offices[8]. Elle servait à l'empereur de vestiaire et de salle à manger[9]. Le Métatorion communiquait avec l'église[10]. Le siège de l'empereur étant situé dans la partie droite du Béma[11], il n'avait, lorsqu'il voulait quitter l'église, que quelques pas à faire pour gagner cette salle destinée à son service particulier. La communication entre l'église et le Métatorion devait être établie par une porte ouverte dans le mur méridional en face du gros pilier de droite vers l'orient. Cette porte existe encore aujourd'hui, ainsi qu'on peut le voir sur le grand plan de Sainte-Sophie relevé par M. de Salzenberg[12]. Du Métatorion,

---

[1] *Ant. Const.*, ap. Banduri, *Imp. Orientale*, p. 151.
[2] *Antiq. Const.*, ap. Banduri, *Imp. Orient.*, lib. IV, p. 75.
[3] *Const. Christiana*, lib. III, § 76; Paris., p. 69.
[4] *De cer. aul. Byz.*, lib. I, cap. I, § 22, et cap. x, § 2, p. 27 et 74.
[5] *Idem*, et appendix ad lib. I, p. 506.
[6] *Idem*, lib. I, cap. xxiii, § 6, p. 135.
[7] *Idem*, lib. I, cap. I, § 12, p. 18, et cap. xxiii, § 5, p. 135.
[8] Anonym., *Antiq. Constant.*, lib. IV, ap. Banduri, *Imp. Orient.*, p. 77.
[9] *De cerim. aul. Byz.*, lib. I, cap. I, § 12, p. 18, et cap. xxiii, § 5, p. 135. — Codin., *De S. Sophia*; Paris., p. 66; Bonnæ, p. 135.
[10] *Idem*, lib. I, cap. I, § 11 et 12, p. 17 et 18.
[11] Paul. Silent. *Descript. S. Sophiæ*; Parisiis, II° pars, v. 163; Bonnæ, v. 582, p. 29. — Du Cange, *Const. Christ.*, lib. III, § 42, p. 36.
[12] *Alt-Christliche Baudenkmate von Const.*, bl. 6.

l'empereur montait dans les Catéchumènes, c'est-à-dire à l'étage supérieur des bas côtés méridionaux de l'église, par un escalier tournant qui ne servait qu'à lui[1]. Des Catéchumènes, il pouvait rentrer dans son palais par un escalier de bois (n° 13) qui touchait à l'extrémité orientale de ces catéchumènes, et par les terrasses couvertes[2] existant au-dessus de portiques (n° 117) qui se prolongeaient jusqu'au grand triclinium de la Magnaure, ainsi qu'on le verra dans la description que nous donnerons plus loin de la demeure impériale.

A l'extrémité orientale de cet étage supérieur des Catéchumènes méridionaux, il existe une pièce qui se trouve au-dessus du vestibule du narthex (n° 1, I); de cette pièce, on arrivait au grand escalier tournant dont nous avons parlé, par lequel on descendait vers ce vestibule.

Au delà du Métatorion se trouvait le triclinium Thomaïtès, ὁ τρίκλινος Θωμαΐτης (n° 1, N). Le livre des Cérémonies de la cour nous apprend en effet qu'une patricienne, promue à la haute dignité de Zostès, après avoir reçu la bénédiction du patriarche dans Sainte-Sophie, était conduite dans le Métatorion, qui est auprès du Thomaïtès[3]. Ce triclinium s'élevait sur l'Augustéon, comme les autres salles dont nous venons de parler, et avait deux étages. Cette situation est indiquée par différents auteurs. Ainsi, Codin, rendant compte des cérémonies du couronnement de l'empereur, dit qu'après avoir fait dans l'église sa profession de foi, l'empereur montait dans le triclinium Thomaïtès, d'où l'on avait vue sur l'Augustéon, πρὸς τὸν Αὐγουστεῶνα ἀφορῶντα, et que là, élevé sur un bouclier, il était acclamé par le peuple et par l'armée, qui se tenaient au-dessous dans la place publique[4]. On voit aussi dans la relation que fait Nicétas du combat que se livrèrent les impériaux et les soldats du césar Jean, que ceux-ci, du haut de la galerie des Catéchumènes et de l'étage supérieur du Thomaïtès, cherchaient à défendre leurs compagnons des attaques des soldats d'Alexis qui venaient de s'emparer du Forum[5].

Le triclinium Thomaïtès était une dépendance des appartements du patriarche, et renfermait la bibliothèque patriarcale[6].

Un portique ouvert sur l'Augustéon régnait au-devant de toutes les salles que nous venons de décrire. En sortant de l'église, l'empereur montait à cheval sous ce portique[7].

Un petit édifice (n° 1, O), de forme quadrilatérale à l'extérieur, joignait les bâtiments qui couvraient la face méridionale de l'église, et faisait saillie sur le Forum, près du Milliaire[8]. Cet édifice[9], qui subsiste encore aujourd'hui, servait de baptistère. Il avait été

[1] *De cerim. aul. Byz.*, lib. II, cap. x, p. 548.
[2] Idem et Codin., *De S. Sophia;* Paris., p. 67; Bonnæ, p. 135.
[3] *De cer. aul. Byz.*, lib. I, cap. L, p. 260.
[4] Codin., *De off. pal. et de off. magn. ecclesiæ*, cap. XVII; Paris., p. 121; Bonnæ, p. 88.
[5] Nicetæ *Historiæ, De Alex. Man. Com. fil.;* Paris., p. 153; Bonnæ, p. 307.
[6] Du Cange, *Const. Christ.*, lib. II, § 8, p. 143, et lib. III, § 23, p. 21.
[7] *De cer. aul. Byz.*, lib. I, cap. I, § 21 et 26; cap. XXIII, § 6, p. 27, 32 et 135.
[8] *De cer. aul. Byz.*, lib. I, cap. x, § 3, et cap. XXXV, § 4, p. 74 et 185.
[9] M. de Salzenberg a reproduit, dans sa sixième planche, cet édifice dans une assez grande proportion.

construit par Justinien[1] et renfermait une chapelle précédée d'un vestibule qui s'ouvrait sur le Forum à l'occident. Cette espèce de narthex portait le nom d'athyr, ἀθύρ[2], sans doute parce que sa porte d'entrée n'était pas fermée par des huis. Le sanctuaire offre la forme d'un octogone inscrit dans un carré. Chacune des quatre faces qui correspondent aux angles de l'édifice est percée d'une niche. La porte de la chapelle s'ouvre dans la face tournée vers l'occident du côté du vestibule. Sur la face orientale, à l'opposé, existe également une niche formant une petite abside où un autel était placé. Dans la face à gauche, du côté du nord, se trouve une porte aujourd'hui fermée ; elle s'ouvrait sur le passage existant en arrière du baptistère, à la suite du vestibule du narthex. C'est par cette porte qu'entrait l'empereur lorsqu'il voulait retourner au palais en passant par le baptistère. Dans ces circonstances, l'empereur traversait le temple, sortait par la porte impériale, parcourait le narthex et le vestibule du narthex, puis montant l'escalier qui était à gauche, il arrivait à la porte ouvrant sur le baptistère, le traversait, sortait par l'athyr, et montait à cheval sous la porte de ce vestibule donnant sur le Forum[3].

## II

### LE FORUM AUGUSTÉON.

Les citations précédemment faites ont établi que le forum Augustéon (n° 2), Αὐγουσταιον, Αὐγουσταιών, Αὐγουστεών[4], s'étendait du nord au sud entre les bâtiments annexés au mur méridional de Sainte-Sophie et le mur septentrional du palais[5]. Il nous reste à justifier le tracé de sa délimitation orientale et occidentale. Du côté oriental, on trouvait les murs du palais avec une porte dite Monothyros qui s'ouvrait sur le Forum, puis le Sénat et Sainte-Marie Chalcopratiana[6]. On a vu plus haut que de l'extrémité orientale des Catéchumènes supérieurs de la Grande-Église[7], l'empereur pouvait passer dans son palais par un escalier de bois[8]. D'un autre côté, Sainte-Marie Chalcopratiana communiquait aussi à Sainte-Sophie par cet escalier[9]. Il est donc évident que le Forum ne pouvait pas s'étendre à l'orient au delà du corps de l'édifice de Sainte-Sophie. Nous avons même reconnu qu'il

---

[1] Anonym., Ant. Constant., ap. Banduri, lib. IV, p. 68.
[2] De cer. aul. Byz., lib. I, cap. x, § 3; cap. xxx, § 2, et cap. xxxv, § 4, p. 75, 164 et 185.
[3] De cer. aul. Byz., lib. I, cap. i, § 2, et cap. x, § 3 et 7; cap. xxx, § 2, et cap. 35, § 4, p. 74, 80, 164 et 185.
[4] Ces différentes formes du nom se trouvent dans les auteurs.
[5] Voyez plus haut, chap. I, § ii, p. 12 et 13; chap. II, § i, p. 27 et suiv.; et plus bas, chap. III, § x.
[6] Voyez ci-après dans le présent § et les §§ iii et vi.
[7] Il ne faut pas oublier que les bas côtés de Sainte-Sophie portaient le nom de Catéchumènes, tant au rez-de-chaussée qu'au premier étage. Il s'agit des Catéchumènes méridionaux.
[8] Voyez plus haut, § i, p. 30, et plus bas, chap. IV, § xxi.
[9] Voyez ci-après § vi.

ne devait pas atteindre tout à fait l'extrémité de cet édifice, parce qu'alors les murs septentrionaux du palais sur le Forum se seraient étendus au-devant de toute la façade du triclinium des candidats (n° 28), tandis que l'une des portes de ce triclinium faisait face à celle de l'atrium du grand triclinium de la Magnaure (n° 115)[1]. Nous avons donc tracé la délimitation orientale du Forum par une ligne dont le point de départ est situé à dix mètres de l'extrémité orientale des bâtiments annexés à Sainte-Sophie.

La limite occidentale de l'Augustéon était indiquée par celle du palais impérial qui se terminait de ce côté aux Nouméra (n° 22). Cet édifice s'élevait sur le Forum et touchait aux Bains de Zeuxippe (n° 15), mais ces bains étaient situés en dehors du Forum. L'on verra plus loin en effet que le peuple, attendant l'empereur qui allait sortir dans le Forum par la Chalcé (n° 20), se tenait devant les Nouméra, et qu'en sortant du Forum par la porte sud-ouest pour aller à l'Hippodrome, on rencontrait immédiatement les Thermes de Zeuxippe, dont on suivait le côté latéral[2]. Les Nouméra étant sur le Forum, et les Thermes de Zeuxippe en dehors, c'est entre les deux édifices que nous avons placé le point de départ de la ligne qui limitait l'Augustéon à l'occident. Dans l'état où il est figuré au plan de la restitution, le Forum présente donc une étendue de 140 mètres du nord au sud et de 170 mètres de l'est à l'ouest. On trouvera peut-être que cette étendue est exiguë en raison de l'importance de cette place, mais il faut faire attention que l'espace entre Sainte-Sophie et la Propontide est assez resserré, et que l'Augustéon était moins une place publique qu'une vaste cour fermée, qui était commune à Sainte-Sophie et au palais impérial[3]. Au surplus, les plus petits côtés du Forum, fixés à 140 mètres, présentent encore ainsi une dimension supérieure à ceux de la place Vendôme, à Paris.

Tout tend à prouver d'ailleurs que les architectes de Justinien n'ont pas dû donner au Forum une autre forme que celle d'un quadrilatère. Quelques auteurs ont prétendu que l'Augustéon avait une forme circulaire; Codin, dans son livre sur les édifices, dit que ces auteurs se trompent[4], et il a été reconnu que le passage de Zosime sur lequel ils s'appuyaient se rapportait au Forum de Constantin, situé dans une autre partie de la ville[5].

Les portiques de l'Augustéon, originairement édifiés par Constantin, avaient été détruits pendant la sédition des Victoriats, mais le Forum fut agrandi, et les portiques furent reconstruits par Justinien ; ils étaient soutenus par des colonnes doubles et bordaient les quatre faces de la place[6].

Le sol était pavé de marbre[7]. De nombreuses statues enrichissaient l'Augustéon. On

---

[1] Voyez ci-après chap. IV, § III et XXI.
[2] Voyez chap. II, § VIII et IX, et chap. IV, § II.
[3] Du Cange, *Const. Christ.*, lib. I, § 14, p. 70.
[4] Codin, *De ædificiis*; Paris, p. 39; Bon., p. 75.
[5] Du Cange, *Const. Christ.*, lib. I, § 24, p. 70.
[6] Procop., *De ædificiis*, lib. I, cap. x; Paris, p. 23; Bon., p. 202. — Christ. Bondelmonti, *Descript. Constant.*
[7] Codin., *De signis*; Paris, p. 17; Bon., p. 28

## LE MILLIAIRE.

les trouve mentionnées dans les auteurs[1]. Comme elles furent élevées et renversées à différentes époques, nous ne parlerons que des plus importantes qui sont indiquées dans notre plan et qui subsistèrent jusqu'à la ruine de l'Augustéon. Mais, avant tout, nous devons nous occuper du Milliaire, τὸ Μίλιον (n° 3), qui existait au centre de la place.

A Rome, le Milliaire était une simple colonne qu'Auguste avait fait placer au milieu de la ville, et d'où l'on commençait à compter les milles pour tous les grands chemins de l'empire ; à Constantinople, le Milliaire offrait un monument important qui devait avoir la forme des arcs de triomphe et être percé d'arcades sur ses quatre faces. C'est au moins ce que l'on doit conjecturer de différents passages des auteurs.

Il est d'abord constant qu'un grand arc donnant naissance à une voûte existait dans le Milliaire. En effet, l'Anonyme nous apprend que les statues de Constantin et de sa mère Hélène, avec la croix entre eux, étaient placées dans la voûte du Milliaire, ἐν τῇ καμάρᾳ τοῦ Μιλίου[2], et Codin, qui donne le même renseignement en précisant davantage, dit que ces statues étaient élevées dans l'arc de la voûte, ἐν τῇ ἀψῖδι τῆς καμάρας[3]. Enfin on voit dans Cédrénus que l'arcade qui renfermait les statues de Constantin et de sa mère était tournée vers l'orient[4]. Dans ces auteurs, il n'est question que d'une seule arcade, mais Nicétas[5], dans le récit qu'il fait du combat livré dans le Forum par les soldats du jeune empereur Alexis II à ceux du césar Jean, dit que les premiers, après avoir chassé leurs adversaires du Milliaire, plantèrent leurs étendards dans les arcades. L'auteur, en se servant là du pluriel, nous apporte la preuve que le Milliaire en avait plusieurs. Si une arcade donnant naissance à une voûte s'ouvrait à l'orient, on peut admettre qu'une arcade correspondante s'ouvrait aussi du côté de l'occident. D'une autre part, le livre des Cérémonies vient nous apprendre que le Milliaire offrait non-seulement des voûtes sous lesquelles un assez grand nombre de personnes se réunissaient, mais encore que le monument était percé de part en part et pouvait être traversé dans plusieurs sens. Ainsi, le second jour de la semaine de Pâques, l'empereur, sortant de l'église Sainte-Sophie par le Baptistère, traversait le Milliaire et de là s'avançait dans le Forum jusqu'à la colonne portant une croix qui se trouvait en face de l'oratoire Saint-Constantin, dont nous parlerons plus loin[6]. La même marche de l'empereur est indiquée dans la cérémonie de la fête de l'Annonciation[7]. Dans ces circonstances, l'empereur, sortant du Baptistère, se trouvait donc au nord du Forum ; voulant aller à

---

[1] Anonym., *Antiq. Constant.*, ap. Banduri, *Imp. Orientale*, lib. I. — Cedreni *Comp. Histor.*; Paris., p. 322 et seq.; Bon., p. 564. — Codin., *De signis*, Paris., p. 23; Bon., p. 41.
[2] Anonym., *Ant. Const.*, ap. Banduri, lib. I, p. 10.
[3] Codin., *De signis*; Paris., p. 16; Bon., p. 28.
[4] Cedreni *Hist. comp.*; Paris., p. 322; Bon., p. 564.
[5] Nicetæ *Hist.*; Paris., p. 153; Bon., p. 307.
[6] *De cer. aul. Byz.*, lib. I, cap. x, § 3, p. 74.
[7] *Idem*, lib. I, cap. xxx, § 2, p. 164.

la colonne de Saint-Constantin (n° 5), qui s'élevait dans le Forum plus bas que le Milliaire, c'est-à-dire au midi, il ne pouvait traverser ce monument autrement que dans la direction du nord au sud. Dans d'autres occasions, on voit l'empereur passer à travers le Milliaire dans le sens opposé, c'est-à-dire du sud au nord. Ainsi, le jour de la Pentecôte il sortait du palais par la grande porte du vestibule de la Chalcé (n° 20) pour aller à Sainte-Sophie, et partant par conséquent du midi pour se diriger vers le nord, il traversait dans ce sens le Milliaire et l'Augustéon pour se rendre à la salle de l'Horologion, par laquelle il entrait dans la Grande-Église [1]. L'empereur Basile, faisant son entrée à Constantinople, arriva au Forum par le sud, et après avoir prié Dieu dans l'oratoire Sainte-Marie du Forum (n° 9), il se dirigea par le milieu de la place vers le Milliaire, qu'il traversa pour entrer à Sainte-Sophie par l'Horologion [2], qui s'élevait, comme on l'a vu, dans la partie nord du Forum. Le Milliaire avait donc été traversé dans ces occasions du sud au nord. Nous croyons donc pouvoir admettre que le Milliaire élevé au milieu du Forum était un monument rectangulaire, ouvert sur ses quatre faces par des arcades donnant entrée à des voûtes qui s'entre-croisaient.

Du reste, on voit souvent dans le livre des Cérémonies que l'empereur, en allant à Sainte-Sophie, ou bien en sortant de l'église pour rentrer au palais, recevait les hommages de certains fonctionnaires et des chefs des factions du Cirque sous les voûtes du Milliaire [3]. Les grands dignitaires qui accompagnaient l'empereur se rendant à Sainte-Sophie descendaient quelquefois de cheval dans le Milliaire. Dans la relation que donne le livre des Cérémonies de l'entrée triomphale de Théophile (829†842), il est dit que l'empereur étant arrivé au Milliaire, les sénateurs descendirent de cheval dans ce monument, qu'ils s'organisèrent en procession avec les principaux officiers du palais, et que tous, à pied, précédèrent l'empereur jusqu'à la porte du Puits-sacré (n° 1, L), où il descendit de cheval [4]. On voit par là, et par les citations que nous avons faites plus haut, que le Puits-sacré, de même que l'Horologion et le Baptistère, étaient assez rapprochés du Milliaire, mais qu'ils en étaient cependant séparés par une certaine étendue de terrain à parcourir dans l'Augustéon.

Un autre édifice s'élevait dans le Forum, entre le Milliaire et le palais impérial. C'était un oratoire consacré sous le vocable de saint Jean l'Évangéliste, Εὐκτήριον τοῦ Ἰωάννου θεολόγου (n° 6). Cet oratoire avait été bâti par Phocas (602†610), qui l'avait consacré à saint Phocas, son patron ; mais lorsque Héraclius, après avoir renversé ce tyran, eut été proclamé empereur à sa place, il dédia ce petit temple à saint Jean l'Évangéliste. La situation nous en est parfaitement indiquée par les auteurs. L'Anonyme du onzième

---

[1] *De cer. aul. Byz.*, lib. I, cap. ix, § 5, p. 63.
[2] *De cer. aul. Byz.*, appendix ad lib. I, p. 502.
[3] *De cer. aul. Byz.*, lib. I, cap. i, § 26, et cap. xvii, § 5, p. 32 et 106.
[4] *De cer. aul. Byz.*, appendix ad lib. I, p. 506.

## STATUE ÉQUESTRE DE JUSTINIEN. 35

siècle, qui a écrit sur les antiquités de Constantinople, dit que cet oratoire avait été construit très-près du Milliaire, mais en dehors des voûtes de ce monument[1]. Constantin Porphyrogénète nous apprend que l'oratoire Saint-Jean l'Évangéliste se trouvait près de l'entrée du palais à laquelle on donnait le nom de Monothyros[2]. Cette entrée (n° 118) s'ouvrait sur le Forum, près du Sénat, comme on le verra dans la description du palais. Enfin Nicétas, dans sa narration du combat livré (1182) dans le Forum par les troupes de l'empereur Alexis à celles du césar, qui était venu attaquer le palais, ne nous laisse aucun doute sur l'emplacement qu'occupait l'oratoire Saint-Jean. Les soldats du césar s'étaient emparés du Milliaire, et, du haut de l'arcade orientale, ils lançaient des flèches contre les impériaux; mais ceux-ci, dit notre auteur, s'étant, dès le point du jour, élancés hors du palais et ayant occupé cet oratoire, finirent par déloger leurs adversaires de l'arcade du Milliaire et par s'en emparer[3]. Du texte des auteurs, il résulte donc que l'oratoire Saint-Jean était édifié dans le Forum en dehors des murs du palais, et qu'il faisait face au Milliaire, puisque les impériaux, lançant des flèches du haut de cet oratoire, obligèrent les soldats du césar à l'abandonner.

Ce petit monument avait été construit dans un endroit du Forum qui recevait le nom de Diippion, à cause de deux statues de chevaux que Phocas y avait placées[4], et de là le monument lui-même reçut le nom de Diippion[5].

Parmi les monuments de la statuaire dont le Forum était enrichi, le plus important de tous était la statue équestre, en bronze, de Justinien (n° 4). Elle était érigée en face du palais du Sénat, sur un piédestal revêtu de bronze et élevé au-dessus de sept degrés de marbre blanc[6]. Le cheval, d'un admirable modèle, était tourné vers l'orient. Procope, qui nous fournit ces renseignements, fait ainsi la description de la statue : « Sur ce cheval » de bronze s'élève la statue colossale de l'empereur, également en bronze, elle est » remarquable par son costume, qui est celui d'Achille; ses brodequins ne couvrent » pas le talon; sa cuirasse est celle que portent les héros; sa tête est couverte d'un » casque..... Il a le visage tourné vers l'orient[7], comme pour marcher contre les Perses

---

[1] *Antiquit. Constant.*, ap. BANDURI, *Imp. Orient.*, lib. I, p. 11.
[2] CONSTANT. PORPHYR., *De Basilis. Maced.*, ap. *Script. post Theoph.*; Paris., p. 207; Bon., p. 336.
[3] NICETÆ *Historia, de Alexio Manuelis fil.*; Paris., p. 153; Bon., p. 307.
[4] ANONYM., ap. BANDURI, loc. cit.
[5] NICETAS, loc. cit.
[6] PACHYMERIS *Descript. August.*, ap. BANDURI, *Ant. Const.*, lib. VI, p. 114. *Imp. Orient.*
[7] Dans la coupe que M. de Salzenberg a donnée de l'église de Sainte-Sophie dans les planches 9 et 10 de son grand ouvrage, *Alt-Christliche Baudenkmale von Constantinopel*, il a placé la statue de Justinien dans l'atrium même de l'église qui précède l'exonarthex, et cependant tous les auteurs sont d'accord, comme on l'a vu, que cette statue s'élevait dans l'Augustéon. Ce qui a pu induire M. de Salzenberg en erreur, c'est que Zonaras dit qu'elle était élevée ἐν τῷ προαυλίῳ τοῦ μεγάλου ναοῦ, *dans la cour en avant de la grande église*; mais il est constant, ainsi que Du Cange le fait remarquer (*Const. christ.*, lib. I, § 23, et lib. III, § 24), que l'Augustéon était considéré comme le principal atrium de Sainte-Sophie. Tous les auteurs sont également d'accord sur ce point, que la tête de Justinien était tournée vers l'orient, en sorte qu'il semblait menacer les Perses et

» Il tient un globe de la main gauche...... et étend la main droite vers l'orient pour
» commander aux barbares de ne pas sortir de leurs limites¹. » Cette statue avait pris
la place d'une statue d'argent de Théodose le Grand, pesant 7,400 livres, que Justinien
avait fait fondre². Bondelmonti dit que le piédestal de la statue n'avait pas moins de
soixante-dix coudées (environ trente et un mètres) de hauteur³. Lorsque Gylli visita
Constantinople, ce piédestal subsistait encore, mais la statue, brisée en morceaux, avait
été portée à la fonderie, où il en vit encore quelques pièces : la jambe de l'homme était
plus haute que lui, et le nez avait plus de neuf pouces; il put mesurer le sabot du cheval
qui avait aussi neuf pouces⁴. D'après ces renseignements, on peut juger que cette statue
était d'une très-grande proportion. L'emplacement que nous lui avons donné est parfaitement justifié par les auteurs. Procope nous a appris qu'elle était élevée dans l'Augustéon en face du palais du Sénat. Bondelmonti, qui avait encore vu la statue sur son
piédestal, lors de son voyage à Constantinople en 1422, la place en dehors de l'église,
au midi; Pierre Gylli, qui n'avait plus trouvé debout que le piédestal, est plus précis;
il en fixe l'emplacement non loin de l'angle de l'église Sainte-Sophie qui regarde
l'occident⁵.

Nous avons déjà parlé de la colonne de Constantin (n° 5), qui devait se trouver
plus bas que le Milliaire, vers le sud, puisqu'en venant de Sainte-Sophie l'empereur
traversait le Milliaire avant d'y parvenir. Cette colonne, en porphyre, était érigée
en face de la chapelle Saint-Constantin sur un piédestal de marbre placé en haut
de plusieurs degrés; elle portait une croix⁶. L'Anonyme parle d'une croix élevée
dans le Forum, et sur le milieu de laquelle on lisait : Ἅγιος, Ἅγιος, Ἅγιος, Saint,

---

marcher contre eux. Dans les planches indiquées, M. de Salzenberg a cependant tourné la statue de Justinien
vers l'occident. Son erreur est venue sans doute de ce que dans la description de Constantinople par Bondelmonti que Du Cange a fait imprimer à la suite de l'historien Cinname (Paris, 1670, p. 179), on lit :
« Ad occidentem cum dextra minatur. » Bondelmonti avait vu la statue, et cette contradiction avec tous
les auteurs anciens depuis Procope nous a paru si singulière, que nous avons dû consulter le manuscrit de
Bondelmonti que Du Cange a fait imprimer; or nous avons vu que ce manuscrit, conservé à la Bibliothèque impériale (ancien fonds latin, n° 4825, f° 36), porte « ad orientem » et non « ad occidentem », comme l'a
imprimé Du Cange; Bondelmonti est donc d'accord avec les écrivains byzantins. Cette faute de transcription
ou de typographie est la seule cause de l'erreur de M. de Salzenberg.

¹ Procop., *De œdificiis*, lib. I, cap. II; Paris, p. 10; Bon., p. 181.
² Joh. Zonaræ *Comp. histor. Basilæ*, 1557, t. III, p. 5.
³ Celui des manuscrits de Bondelmonti que Du Cange a publié à la suite de l'historien Cinname (Bibl.
impér., ancien fonds latin, n° 4825) porte bien « septingentorum cubitorum alta videtur », mais il est évident
qu'un piédestal qui supportait une statue équestre colossale ne pouvait avoir 700 coudées (environ 310 mètres)
de hauteur. La leçon en effet est mauvaise; c'est « septuaginta » qu'il faut lire; c'est ce mot qui est écrit dans
un autre manuscrit de Bondelmonti, appartenant aussi à la Bibliothèque impériale, ancien fonds latin,
n° 4824. On lit « septuagintorum » dans un troisième manuscrit n° 4823.
⁴ Pet. Gyllii *De topog. Constantinopol.*, lib. II, cap. XVII, ap. Banduri, *Imp. Orient.*, t. I, p. 381.
⁵ Idem, loc. cit.
⁶ *De cer. aul. Byz.*, lib. I, cap. I, § 23; cap. XXX, § 2; et lib. II, cap. XIX, p. 28, 164, 609 et 610.

Saint, Saint. Les statues de deux anges et celles de Constantin et d'Hélène étaient disposées à droite et à gauche [1]. Cette description doit sans doute s'appliquer au monument dont nous nous occupons. On verra plus loin que la chapelle Saint-Constantin devait être édifiée dans la partie occidentale du Forum; nous avons donc placé de ce côté la colonne portant une croix.

Un autre monument fort intéressant décorait le Forum. C'était une colonne de porphyre au-dessus de laquelle s'élevait une très-grande statue d'Apollon, chef-d'œuvre de la statuaire antique apporté de Phrygie (n° 7). Constantin avait donné son nom à cette statue, et en avait orné la tête d'une couronne de rayons qu'on disait être les clous qui avaient attaché le Christ à la croix. Cette statue, renversée par un vent impétueux sous Alexis Comnène, fut brisée, et détruisit dans sa chute plusieurs autres statues qui étaient au-dessous [2]; cela n'a rien qui doive étonner, car le forum Augustéon était un véritable musée et renfermait, comme nous l'avons déjà dit, un grand nombre de statues et d'objets d'art. L'emplacement de cette statue d'Apollon, convertie en Constantin, ne nous ayant pas été indiqué par les auteurs, nous avons cru devoir la placer en pendant de celle qui portait une croix.

Voyons maintenant quels étaient les principaux édifices qui s'élevaient sur le forum Augustéon.

Le plus important de tous était le palais du Sénat.

## III

### LE SÉNAT.

Le Sénat, τὸ Σενάτον (n° 12), qui recevait aussi le nom de Basilique, avait été originairement bâti par Constantin sur le Forum, au midi de l'église Sainte-Sophie. Après avoir été incendié et reconstruit sous Arcadius et sous Léon le Grand [3], il fut de nouveau livré aux flammes sous Justinien, pendant la sédition des Victoriats. Ce prince fit relever cet édifice avec une grande magnificence à l'orient du Forum [4], dans la partie septentrionale de la place [5], près du palais impérial. Le portique qui s'ouvrait sur le Forum était enrichi de six grandes colonnes de marbre blanc, dont deux soutenaient le mur de façade exposé à l'ouest; les quatre autres, en arrière de celles-ci, portaient la voûte, qui était également de marbre blanc et enrichie de

---

[1] *Ant. Const.*, lib. I, p. 15, ap. Banduri, *Imp. Orient.*
[2] *Chronicon Paschale*, t. I; Paris., p. 284; Bon., p. 527. — Anonym., *Antiq. Const.*, lib. I, p. 14. — Zonaræ Compend. hist., t. III, p. 8; Basilæ, 1557.
[3] Du Cange, *Const. Christ.*, lib. II, § 9, p. 144.
[4] Procop., *De ædif.*, lib. I, cap. x; Paris., p. 23; Bon., p. 202. — *Chron. Paschale*, t. I; Paris., p. 778; Bon., p. 621.
[5] G. Cedreni Comp. histor., t. I; Paris., p. 322; Bon., p. 565.

sculptures [1]. Les portiques à colonnes qui entouraient l'Augustéon conduisaient du palais impérial au Sénat. Nous en trouvons la preuve dans le livre des Cérémonies, qui, en rendant compte d'un repas qui avait lieu le jour de l'Annonciation, s'explique ainsi : « Si le temps est mauvais ce jour-là, les patrices passent par les portiques » et montent dans le Sénat du Forum où la table est dressée [2]. »

## IV

### LA CHAPELLE SAINT-CONSTANTIN.

La chapelle Saint-Constantin, ὁ ναὸς τοῦ ἁγίου Κωνσταντίνου (n° 8), était aussi appelée l'oratoire de la Colonne, τὸ εὐκτήριον τοῦ Κίονος [3], parce qu'elle se trouvait élevée sur le Forum, en arrière de la grande colonne de porphyre portant une croix qui existait dans la partie méridionale du Forum, ainsi que nous en avons justifié plus haut. Quant à la position occidentale de la chapelle, relativement à l'Augustéon, elle est indiquée par la relation que l'on trouve dans le livre de Constantin Porphyrogénète, des cérémonies à observer à l'occasion des hommages et des supplications que les ennemis captifs devaient rendre à l'empereur dans le Forum [4]. On y voit, en effet, que le palais du Sénat, qui s'élevait à l'orient du Forum, était situé du côté opposé à celui où avait été édifié l'oratoire Saint-Constantin. Cette cérémonie, qui révèle des usages que la civilisation a fait rejeter depuis plusieurs siècles, nous a paru par cela même assez intéressante pour nous engager à en faire connaître les principaux détails à nos lecteurs. L'empereur étant sorti du palais par le vestibule de la Chalcé (n° 20), se rendait d'abord à Sainte-Sophie, où il entrait par le Puits-sacré. Après avoir entendu le chant de plusieurs hymnes en l'honneur de la Vierge et avoir fait ses prières, il sortait dans le Forum précédé par un officier qui portait la bannière impériale, et suivi de toute sa cour; il se dirigeait vers la colonne de porphyre qui portait une croix, et s'arrêtait au haut des degrés de la plate-forme sur laquelle était assis le piédestal de la croix. Le patriarche sortait aussi de la Grande-Église avec son clergé, montait les mêmes degrés; mais après avoir adoré la croix, il entrait dans l'oratoire Saint-Constantin, et l'empereur restait seul auprès de la croix. Pendant ce temps, les prisonniers de guerre attachés par les mains et tenus par des soldats triomphateurs étaient rangés dans le Sénat et dans le prétoire; d'autres soldats portaient les étendards enlevés aux ennemis. Un officier d'un rang élevé,

---

[1] Procop., *De ædif.*, loc. cit.
[2] *De cer. aul. Byz.*, lib. I, cap. xxx, § 6, p. 169.
[3] *De cer. aul. Byz.*, lib. I, cap. xxx, § 2, et lib. I, cap. I, § 24, p. 164 et 30.
[4] *De cer. aul. Byz.*, lib. II, cap. xix, p. 607.

le protonotaire du Drome [1], amenait alors au milieu du Forum autant de prisonniers que ce lieu en pouvait contenir; après quoi, le chef des chanteurs entonnait un hymne triomphal que tout le peuple répétait en chœur. Ensuite, celui des prisonniers qui possédait le plus haut rang était conduit devant l'empereur et se prosternait devant lui. L'empereur lui mettait le pied droit sur la tête et lui appuyait sa lance sur le cou. A ce moment, tous les prisonniers tombaient à terre, et les soldats qui tenaient les drapeaux des ennemis les renversaient dans la poussière. Les captifs restaient dans cette triste position tant que durait le chant d'un psaume analogue à la circonstance; entre chaque verset le peuple répétait : Kyrie, eleison. Mais enfin le patriarche ayant entonné une hymne qui commençait par ces paroles : « Tu es Dieu, » parce que tu es miséricordieux et que tu aimes les hommes », ils se relevaient, et le chef que l'empereur avait foulé aux pieds, regagnait à reculons et sans détourner la tête la place qu'il occupait auparavant. Les assistants récitaient ensuite les louanges de l'empereur, qui, après avoir déposé son costume triomphal dans la chapelle Sainte-Marie du Forum, montait à cheval pour retourner au palais. Le patriarche rentrait au patriarcat sur son âne.

## V
### SAINTE-MARIE DU FORUM.

La chapelle Sainte-Marie du Forum (n° 9), ὁ ναὸς τῆς ὑπεραγίας Θεοτόκου ἐν τῷ φόρῳ [2], était élevée sur le Forum, comme l'indique son nom. Il paraît résulter de la marche de l'empereur dans la cérémonie que nous venons de faire connaître, qu'elle était voisine de Saint-Constantin et plus rapprochée du palais que cet oratoire. On voit aussi dans la relation de l'entrée triomphale de Basile le Macédonien à Constantinople, que ce prince, après être entré par la Porte dorée, ouverte dans les murs occidentaux de la ville, arriva au Forum; dès qu'il y eut mis pied à terre, il entra dans la chapelle Sainte-Marie du Forum, où il changea son costume militaire contre la tunique et la chlamyde impériale; puis, passant par le milieu du Forum et traversant le Milliaire, il entra à Sainte-Sophie par l'Horologion [3]. La même marche fut suivie par l'empereur Nicéphore Phocas [4]. Il résulte de là que Sainte-Marie du Forum était située du côté occidental de la place et plus bas que le Milliaire. La situation que nous avons donnée à cette chapelle est donc suffisamment justifiée. On doit remarquer qu'elle servait de vestiaire aux empereurs. Ce temple avait été construit

---
[1] Protonotarius publici cursus, Du Cange, Gloss. græcum.
[2] De cer. aul. Byz., lib. II, c. xix, p. 612.
[3] De cer. aul. Byz., appendix ad lib. I, p. 501.
[4] De cer. aul. Byz., lib. I, c. xcxvi, p. 439.

par Basile le Macédonien (867 ┼ 886), ainsi que le constate l'empereur Constantin VII dans la vie qu'il a écrite de son aïeul[1].

## VI
### SAINTE-MARIE CHALCOPRATIANA.

L'empereur, dans certaines cérémonies, après avoir prié dans l'oratoire Saint-Constantin[2], traversait la place pour se rendre à la chapelle Sainte-Marie Chalcopratiana, ὁ ναὸς τῆς ὑπεραγίας Θεοτόκου τῶν Χαλκοπρατείων, ou ἐν τοῖς Χαλκοπρατείοις (n° 11). Cette chapelle était située entre le Sénat et Sainte-Sophie, ainsi que le constate Du Cange par une citation de Théophanes[3]. Ce fait est confirmé par le livre des Cérémonies, où l'on voit que l'empereur, après avoir prié dans cette chapelle, montait par les degrés de bois dans les Catéchumènes de Sainte-Sophie[4]. Dans une autre circonstance, après avoir prié dans l'église Sainte-Marie, il descendait par l'escalier de bois et montait à cheval sous les portiques du Forum pour rentrer au palais[5]. Cet escalier de bois devait donc exister en dehors et sur le flanc de la chapelle Sainte-Marie Chalcopratiana. Nous avons déjà parlé d'un escalier de bois (n° 13) par lequel l'empereur passait de son palais dans les Catéchumènes de la Grande-Église; et nous en parlerons de nouveau quand nous nous occuperons du grand triclinium de la Magnaure. Les escaliers de bois mentionnés dans ces deux circonstances doivent être identiques, et l'on voit par là que le naos de Sainte-Marie Chalcopratiana avoisinait tout à la fois Sainte-Sophie et les murs du palais.

Le naos de Sainte-Marie avait été restauré et agrandi par Basile le Macédonien. Il résulte du récit que fait Constantin Porphyrogénète dans son livre des Cérémonies qu'elle possédait un narthex, une nef et un sanctuaire. Elle renfermait en outre une grande chapelle dans laquelle se trouvait un tombeau vénéré, et une autre chapelle particulière. Le jour de la fête de l'Annonciation, l'empereur déposait son offrande tant sur l'autel du sanctuaire que sur les autels des deux autres chapelles annexées à l'église[6].

## VII
### SAINT-ALEXIS.

Des différents édifices que nous avons indiqués dans notre plan de restitution comme s'élevant sur le Forum, il ne nous reste plus à parler que de la chapelle Saint-Alexis

---

[1] Const. Porphyr., *De Basil. Maced.*, ap. *Script. post Theoph.*, Paris., p. 208; Bon., p. 339. — Codin., *De ædif.*, Paris., p. 58; Bon., p. 116.

Du Cange (*Const. Christ.*, lib. IV, § 11, n° 22) a placé ce temple dans le Forum de Constantin; c'est une erreur, et l'on voit par le livre des Cérémonies qu'il était édifié sur le forum Augustéon.

[2] *De cer. aul. Byz.*, lib. I, cap. I, § 34, et cap. xxx, § 3, p. 30 et 165.

[3] Du Cange, *Const. Christ.*, lib. II, § 16, n° 22, p. 169, et lib. IV, § 11, n° 9, p. 86.

[4] *De cer. aul. Byz.*, lib. I, cap. xxx, § 4, p. 166.

[5] *De cer. aul. Byz.*, lib. I, cap. xxxv, p. 185.

[6] *De cer. aul. Byz.*, lib. I, cap. xxx, § 3 et 4, p. 165

(n° 14), au nord de la place. Le combat qui eut lieu dans le Forum, entre les soldats de l'empereur Alexis II et ceux du césar Jean, combat que Nicétas a rapporté avec de grands détails, nous fait encore connaître la situation de cet édifice. Le césar avait fait son quartier général de l'église Sainte-Sophie. Pour attaquer le palais et repousser les impériaux, il fit occuper par ses troupes la grande arcade du Milliaire et la chapelle Saint-Alexis, qui est jointe, dit notre auteur, à l'atrium de l'Augustéon, τοῦ Αὐγουστεῶνος αὐλαίᾳ; et de ces positions élevées elles accablèrent de traits les soldats de l'empereur qui sortaient du palais dans le Forum, et en tuèrent un grand nombre[1]. Nous ne pouvons voir dans cet atrium de l'Augustéon que l'atrium même de Sainte-Sophie (n° 1, A), qui servait aussi d'avant-cour au Forum. Saint-Alexis touchait donc à cet atrium et occupait ainsi le nord de la place. La position de cette chapelle explique parfaitement les dispositions militaires prises par le césar Jean contre les soldats d'Alexis. Ceux-ci, renfermés dans le palais, ne pouvaient en sortir que par deux portes, celle, à l'est de la place, qu'on nommait Monothyros (n° 118), et la grande porte du vestibule de la Chalcé. Les soldats du césar, du haut de l'arcade orientale du Milliaire (n° 3), couvraient de flèches ceux qui sortaient par la porte Monothyros, et quant à ceux qui entraient dans le Forum par la Chalcé (n° 20, A), ils se trouvaient exposés aux traits des soldats logés dans Saint-Alexis, qui faisait face à la Chalcé.

## VIII

### GALERIES DE L'ACHILLEUS ET PORTES DE L'AUGUSTÉON.

Avant de quitter l'Augustéon, nous allons rapporter, en l'abrégeant, le récit que nous trouvons, dans le livre des Cérémonies, de l'entrée triomphale de l'empereur Théophile († 842) à Constantinople, à son retour de l'Asie, après avoir vaincu les Sarrasins en Cilicie. Ce récit nous amènera de la Porte dorée, ouverte dans les murs de la ville du côté de la terre, à celle par laquelle on entrait dans la partie méridionale du Forum, en venant de l'occident, et nous conduira de là aux Thermes de Zeuxippe et à l'Hippodrome.

Les captifs et les soldats qui portaient les trophées enlevés aux ennemis ouvraient la marche du cortége; puis venait, en bon ordre, un corps de cavalerie revenu de l'Asie avec l'empereur; tous les cavaliers avaient le clibanion en or[2], et étaient armés de l'épée et de la lance. A quelques pas en avant de l'empereur, on voyait les officiers attachés à sa personne et les eunuques protospathaires couverts d'armures d'or et portant des hallebardes. Théophile était monté sur un cheval blanc dont le harnais et la housse étaient enrichis de pierreries. Son costume consistait en une cotte d'armes tissue d'or, qui recouvrait sa cuirasse; son épée était attachée à une riche ceinture; il avait sur la tête

---

[1] Nicetæ *Historia*; Paris., p. 153; Bon., p. 307.
[2] Nous sommes tenté de voir dans le clibanion cette brigandine à écailles qu'on rencontre fréquemment dans les peintures des manuscrits byzantins des neuvième, dixième et onzième siècles.

une tiare, τιάραν, et sa main droite portait un sceptre. Alexis, gendre de l'empereur, qui avait été élevé à la dignité de césar, se tenait à côté de lui sur un cheval dont l'équipement était également chargé de pierres précieuses; l'armure complète qu'il portait était une œuvre d'orfévrerie; le clibanion, les gantelets, les genouillères et le cimier du casque étaient d'or; son épée pendait à sa ceinture, et sa main était armée d'une lance où l'or avait remplacé le fer. Les membres de la famille impériale et les sénateurs, couverts de riches vêtements tissus d'or, que l'empereur avait fait faire, suivaient le triomphateur [1].

A quelque distance de la Porte dorée, l'empereur descendit de cheval, et, le visage tourné vers l'orient, il se prosterna trois fois pour adorer Dieu. Puis il remonta à cheval et entra dans la ville par cette porte. L'éparque qui l'y attendait lui offrit une couronne d'or, rehaussée de pierres fines et de perles du plus grand prix. De là, l'empereur, passant par la place du Sigma et devant Saint-Mocien, arriva à l'Augustéon. Les sénateurs qui accompagnaient Théophile descendirent de cheval sous le Milliaire; là ils s'organisèrent en procession, avec les dignitaires qui avaient accompagné l'empereur en Asie et les officiers de sa maison, et tous, à pied, le précédèrent jusqu'à Sainte-Sophie. Théophile descendit de cheval à la porte du Puits-sacré (n° 1, L), et pénétra dans l'église par cette salle. Après avoir fait ses prières, l'empereur sortit de l'édifice et traversa tout le Forum à pied jusqu'à la porte du vestibule de la Chalcé (n° 20, A). En avant de cette porte, on avait élevé une estrade sur laquelle était placé le trône impérial, qui était en or et enrichi de pierreries. Dès que Théophile s'y fut assis, le premier magistrat de la ville lui offrit des bracelets d'or. L'empereur les accepta en le remerciant par quelques paroles gracieuses, et les attacha à ses bras. Après un discours dans lequel il raconta les combats qu'il avait livrés et l'heureuse issue de la guerre, il descendit du trône aux acclamations de la foule. Alors remontant à cheval, il traversa les galeries de l'Achilleus, et, longeant la face latérale des Thermes de Zeuxippe (n° 15), il s'avança dans l'Hippodrome [2].

Ces galeries de l'Achilleus, διαβατικὰ τοῦ Ἀχιλλέως, qui prenaient sans doute leur nom des Bains d'Achille, situés dans le voisinage [3], ne nous paraissent être autres que les portiques occidentaux du Forum. Nous trouvons en effet dans le livre des Cérémonies que l'empereur, en allant à Sainte-Sophie le jour de Noël, et recevant, suivant la coutume, les hommages des différents corps de fonctionnaires dans certaines localités qui se trouvaient sur son passage, faisait la troisième réception dans l'intérieur du vestibule de la Chalcé (n° 20), la quatrième en dehors de ce vestibule, et par conséquent dans l'Augustéon, la cinquième dans l'Achilleus, près de la grande porte de Mélétion (n° 10, A),

---

[1] De cer. aul Byz., appendix ad lib. I, p. 503. — GEORGIUS MON., ap. Script. post Theoph., Paris., p. 516; Bonn., p. 793.

[2] De cer. aul. Byz., appendix ad lib. I, p. 505 et seq.

[3] DU CANGE, Const. Christ., lib. I, § 27, p. 88.

et la sixième dans l'Horologion de Sainte-Sophie [1]. On verra sur notre plan de la restitution que le vestibule de la Chalcé était très-rapproché de la galerie occidentale du Forum, et l'on doit remarquer que l'empereur fait cette réception dans l'Achilleus, sans que le cérémonial ait indiqué sa sortie de l'Augustéon. Ce n'est donc pas une conjecture dénuée de probabilité que de regarder la porte de Mélétion comme une de celles par lesquelles on entrait dans le Forum. C'est par cette porte que durent passer les empereurs Basile et Théophile, dans les circonstances que nous avons mentionnées plus haut, lorsque, arrivant par le bas de l'Augustéon, ils traversèrent le Milliaire pour se rendre à Sainte-Sophie.

Nous trouvons dans le livre des Cérémonies l'indication d'une autre porte. Elle était située à l'angle nord-est, entre Sainte-Marie Chalcopratiana (n° 11) et les bâtiments annexés au mur méridional de Sainte-Sophie (n° 1, N). En effet, l'empereur, après avoir prié dans cette chapelle le jour du Samedi saint, descendait par l'escalier de bois qui s'élevait à l'extérieur (n° 13), et passant dans les portiques du Forum, sous lesquels il montait à cheval, il rentrait dans le palais par le vestibule de la Chalcé [2].

Le cérémonial observé pour la réception faite par l'empereur des ambassadeurs sarrasins, nous donne le nom de cette porte. « Étant sortis de la maison qu'ils occu-
» paient dans la ville pour se rendre au palais, ils descendirent par la pente qui
» existait du côté des écuries impériales, et passant par la voûte qu'on appelle
» Anéthas, τὴν καμάραν τὴν λεγομένην τὸν Ἀνηθᾶν (n° 10, B), et, de là, auprès du
» Puits-sacré (n° 1, L), ils allaient descendre de cheval en dehors de la porte
» de la Chalcé [3]. » A partir de Sainte-Sophie, le terrain s'élevait encore un peu au delà vers le nord [4], et les ambassadeurs sarrasins, qui étaient sans doute logés dans la vieille ville, sur le plateau de la colline, devaient descendre pour parvenir au Forum; passant derrière le chevet de la Grande-Église, ils arrivaient à la porte Anéthas, qui, d'après la qualification de camara que lui donne le livre des Cérémonies, devait être une arcade ouverte sur les portiques du Forum. Sa proximité avec les bâtiments annexés à Sainte-Sophie est bien indiquée par le récit de la marche des Sarrasins. On pénétrait donc dans l'Augustéon par la porte du Mélétion, par l'arcade Anéthas et par plusieurs portes ouvertes sur l'atrium de Sainte-Sophie (n° 1, A) qui, comme on l'a vu, était commun à cette église et à l'Augustéon.

IX

LES THERMES DE ZEUXIPPE.

Les Thermes de Zeuxippe, τὸ Βαλανεῖον ὁ Ζεύξιππος, τὸ Ζεύξιππον Λοῦτρον (n° 15),

---

[1] De cer. aul. Byz., lib. I, cap. II, § 3 et 4, p. 37.
[2] De cer. aul. Byz., lib. I, cap. XXXV, p. 185.
[3] De cer. aul. Byz., lib. II, cap. XV, p. 583.
[4] P. GYLLII De topogr. Const., lib. I, cap. VII, ap. BANDURI, Imp. Orient., p. 355 et 357.

étaient situés en dehors du palais impérial [1], mais ils touchaient aux Nouméra [2], qui étaient, du côté occidental, le dernier des bâtiments du palais élevés sur le Forum. Originairement construits par Sévère [3], Constantin les embellit et en fit un véritable musée, où l'on voyait de magnifiques chefs-d'œuvre de la statuaire antique [4]. Ces thermes furent brûlés pendant la sédition des Victoriats, avec les Nouméra et le vestibule de la Chalcé. Justinien les fit reconstruire avec magnificence [5]. On a vu plus haut qu'en sortant du Forum pour aller à l'Hippodrome, il fallait passer devant ces thermes; ils étaient donc situés très-près du Cirque, mais ils n'y touchaient pas : une belle maison s'élevait entre les Bains de Zeuxippe et l'Hippodrome (n° 16), ainsi que le constate une inscription en vers du poëte Léonce, rapportée dans l'Anthologie grecque [6]. La situation que nous avons donnée aux Bains de Zeuxippe est donc parfaitement justifiée. Quant aux dispositions intérieures indiquées sur le plan, elles sont de pure fantaisie. Supposant qu'à l'époque de Justinien on suivait encore dans la construction des bains les usages de l'antiquité, nous avons emprunté ces dispositions à une restitution de M. Mazois [7]. A l'époque où Pierre Gylli visita Constantinople, il ne restait aucun vestige des Bains de Zeuxippe [8].

## X

### L'HIPPODROME.

Nous n'avons rien à ajouter à ce que nous avons dit plus haut [9] de l'emplacement et de la dimension de l'Hippodrome, ὁ Ἱππόδρομος, τὸ Ἱππικόν (n° 17). Il nous reste à parler de quelques particularités relatives à sa construction, de ses dispositions intérieures et de sa corrélation avec le palais impérial. L'obélisque de granit et l'obélisque de pierre qui nous ont donné la direction du grand axe de l'Hippodrome, sont, avec la colonne des Serpents dont nous parlerons plus loin, les seuls vestiges subsistants de l'Hippodrome; mais on sait que ce cirque, qui avait été commencé par Sévère, fut terminé par Constantin à l'imitation de celui de Rome [10]. La restitution que le

---

[1] Procop., *De ædif.*, lib. I, cap. x; Paris., p. 23; Bon., p. 202.
[2] Niceph. Callist., ap. Du Cange, *Const. Christ.*, lib. I, § 27, n° 2, p. 90. — Anonym., *Ant. Const.*, ap. Banduri, lib. V, p. 103.
[3] Georg. Cedreni *Comp. hist.*; Paris., p. 252; Bon., t. I, p. 442.
[4] *Chronic. Paschale*, Paris., p. 664; Bon., t. I, p. 527. — Cedreni *Hist. comp.*, Bon., t. I, p. 648. — Anonym., *Ant. Const.*, lib. V, p. 103 et 105. — Du Cange, *Const. Christ.*, lib. I, § 27, n° 2, p. 89.
[5] Procop., *De ædif.*, lib. I, cap. x; Paris., p. 23; Bon., p. 202.
[6] Ex libro quarto ap. Banduri, *Imp. Orientale*, *Ant. Const.*, lib. VII, p. 146.
[7] *Le palais de Scaurus*, p. 251; Paris, 1822.
[8] P. Gyllii *De topogr. Const.*, lib. II, ap. Banduri, p. 373.
[9] Voyez chap. I, § II, p. 13 et suiv.
[10] Codin., *De originibus*, Paris., p. 7; Bon., p. 14.

savant antiquaire Onuphre Panvinio a faite du Circus-Maximus de la vieille capitale du monde romain, d'après les ruines qui subsistent, les médailles antiques et les textes des auteurs, nous a donc fourni la forme générale de l'Hippodrome de Constantinople. Cependant les dispositions de détail ne purent être absolument les mêmes dans les deux cirques. La péninsule sur laquelle devait s'élever Constantinople, couverte de collines et de vallées étroites, n'offrait pas un espace convenable à l'établissement d'un grand cirque. L'emplacement qui avait été choisi par Sévère pour l'Hippodrome ne présentait de surface plane que jusqu'à l'endroit où fut élevé plus tard l'obélisque de pierre; au delà, le sol était escarpé. Sévère construisit donc des piliers et des voûtes pour asseoir le terrain sur lequel s'étendit le champ de course et les gradins. On fit arriver de l'eau sous ces voûtes, qui formèrent une vaste citerne à laquelle on donna le nom de Citerne froide [1].

De même que le grand Cirque de Rome, l'Hippodrome était de forme oblongue. L'extrémité méridionale, qui se terminait en hémicycle, portait le nom de Sphendoné, Σφενδόνη; l'extrémité septentrionale était rectiligne. Des gradins garnissaient les deux grands côtés latéraux et la Sphendoné. Les auteurs nous apprennent qu'ils furent brûlés une première fois en 406 sous Arcadius, et une seconde fois en 498 sous Anastase [2]. Depuis, on les reconstruisit en marbre [3]. Une galerie, περίπατος, enrichie de colonnes, régnait au haut des gradins et servait de promenade aux spectateurs des jeux [4]. Les gradins de la faction des bleus, à laquelle appartenaient ordinairement les empereurs, étaient à la droite du trône [5]. Ceux de la faction verte étaient à gauche. Au centre de la face septentrionale du Cirque, se trouvait la tribune du haut de laquelle l'empereur assistait aux jeux, et, de chaque côté de cette tribune, des arcades qui formaient l'entrée des loges où les chevaux et les chars étaient réunis avant la course. Ces loges, qui avaient à Rome le nom de Carceres, portaient à Constantinople celui de Manganon, τὸ Μάγγανον [6]. Nous avons figuré sur notre plan deux cours (K), sorte de compluvium, dans lesquelles on entrait par ces arcades. Elles étaient dominées par les terrasses (n° 57) du palais du Cathisma. On trouvait autour de ces cours, au-dessous des terrasses, toutes les dépendances du Manganon.

La tribune des jeux (n°s 18 et 19), qui recevait le nom de Cathisma, τὸ Κάθισμα, était placée en avant d'un palais qui, prenant son nom de cette tribune,

---

[1] Codin., *De originibus*, Paris., p. 7; Bon., p. 14. — Bondelmonti, *Descript. urb. Constant.*

[2] *Chron. Paschale*, Paris., p. 715 et 761.

[3] Bondelmonti, *Descript. urb. Constant.*

[4] Anonym., *Ant. Const.*, ap. Banduri, *Imp. Orient.*, lib. III, p. 42. — P. Gyllii *Topogr. Constant.*, lib. II, cap. XIII, p. 377.

[5] Procop., *De bello Persico*, lib. I, cap. XXV; Paris., p. 73; Bon., t. I, p. 128.

[6] *De cer. aul. Byz.*, lib. II, cap. XX, p. 613. Du Cange (*Gloss. Græc.*) n'a pas donné cette acception au mot Μάγγανον. Nous la trouvons dans le livre des Cérémonies de la cour.

s'appelait le palais du Cathisma (n⁰ˢ 56 et 57). Il était renfermé dans l'enceinte de la demeure impériale. Ce palais, de même que la tribune des jeux et l'église Saint-Étienne (n° 54), dont nous parlerons plus loin, devaient dominer l'Hippodrome.

Un dessin reproduisant une vue à vol d'oiseau de l'Hippodrome, publié par Panvinio [1], et, plus tard, d'après lui, par Banduri [2], en fournit la preuve, et justifie les principales dispositions que nous avons données à notre Hippodrome. Panvinio dit qu'il a emprunté ce dessin à une topographie de Constantinople écrite peu de temps avant que les Turcs se fussent emparés de cette ville, et le titre placé au bas de la gravure l'indique comme reproduisant les ruines du Cirque, telles qu'elles existaient cent ans avant cette époque. Mais le savant archéologue n'indique pas le manuscrit auquel il a emprunté ce dessin. L'Hippodrome y est représenté comme étant déjà à peu près détruit. On voit encore cependant au midi, du côté de la Propontide, l'extrémité en hémicycle qui est portée par ces arcades édifiées pour créer une arène plane sur un terrain qui, d'après Pierre Gylli, présentait « des pentes non-seulement ardues et en précipice, mais même perpendiculaires et » élevées de cinquante pieds plus ou moins. » A l'opposite de l'hémicycle, la face septentrionale est occupée par un mur rectiligne percé d'arcades qui donnaient entrée aux loges où se tenaient les chevaux et les chars avant la course. Le champ de course est rempli de monticules provenant de la démolition des gradins; des maisons sont même déjà bâties dans son enceinte; quoique la plate-forme qui en occupait le centre ait disparu sous les décombres, on voit les obélisques, ainsi que plusieurs colonnes, disposés sur une même ligne.

Revenons au Cathisma. Cette tribune était très-élevée au-dessus de l'arène. Nous en trouvons la preuve dans un fait historique. L'impératrice Zoé, arrière-petite-fille de Constantin Porphyrogénète, avait donné la pourpre à Michel IV, un ancien banquier qu'elle avait épousé; à la mort de Michel, elle avait été reléguée dans l'île du Prince, rasée et revêtue de l'habit monastique, par ordre du neveu de Michel, qu'elle avait eu la faiblesse de laisser proclamer empereur sous le nom de Michel V (1042). Le peuple de Constantinople ne put voir sans indignation l'ingratitude du nouvel empereur envers Zoé; il se mit en révolte ouverte et se porta dans l'Hippodrome pour attaquer le palais. Afin de conjurer sa colère, Michel fit ramener Zoé de l'île du Prince et la revêtit de la robe impériale. Puis étant monté dans le Cathisma, il s'efforça de parler à la multitude, en lui annonçant que Zoé était rétablie dans ses droits. Mais il ne put faire entendre raison aux insurgés, et fut obligé de fuir, chassé par une grêle de pierres et de flèches qu'on lui lançait d'en bas, dit Cédrénus, à qui nous empruntons ce récit [3]. On voit par là que le Cathisma devait être assez élevé au-dessus du sol de

---

[1] *De ludis circens.*, p. 56; Venet., 1600.
[2] *Imp. Orient.*, t. II, p. 664; Parisiis, 1711.
[3] *Hist. comp.*; Paris.; p. 751; Bon., t. II, p. 538.

l'Hippodrome. Bondelmonti constate aussi que le lieu où se tenait l'empereur avec sa cour était porté par de hautes colonnes [1].

La tribune des jeux se composait de deux parties distinctes, le Cathisma proprement dit (n° 18) et le Stama, τὸ Στάμα (n° 19).

Au centre du Cathisma existait une plate-forme à laquelle on montait par quelques degrés en sortant du palais du Cathisma. A droite et à gauche se trouvaient deux loges garnies de degrés. Le trône de l'empereur était établi sur la plate-forme, les grands dignitaires qui l'accompagnaient se tenaient dans les deux loges. Cette partie de la tribune ne dépassait pas le mur de terrasse qui fermait l'Hippodrome au nord.

Le Stama, qui prenait aussi le nom de Pi, de sa ressemblance avec cette lettre (Π), faisait saillie sur le champ de l'Hippodrome; il était placé au-dessous du Cathisma, et l'on y descendait des deux loges situées à droite et à gauche de la plate-forme. C'est dans le Stama que se plaçaient les soldats de la garde de l'empereur et ceux qui portaient les étendards.

Divers passages des auteurs nous ont fait connaître les dispositions de la tribune des jeux. Ainsi le livre de Constantin Porphyrogénète, en rendant compte des cérémonies à observer lorsque des courses avaient lieu dans l'Hippodrome, nous apprend que l'empereur, après avoir reçu les hommages des hauts dignitaires dans le palais du Cathisma, sortait de ce palais accompagné par eux, et montait dans le Cathisma; là, se tenant debout devant le trône, il bénissait le peuple par trois fois, d'abord au milieu, puis du côté de la faction des bleus, enfin du côté de celle des verts; il s'asseyait ensuite sur le trône. Alors le Préposé, ὁ Πραιπόσιτος, qui était le chef de tous les officiers du palais, se tenant au haut des degrés du Cathisma, appelait les patrices. Chacun d'eux entrant à son tour dans le Cathisma, se prosternait devant l'empereur, puis se retirait au bas des degrés. Lorsque tous avaient ainsi rendu hommage à l'empereur, le Préposé les invitait à gagner leurs siéges [2].

Quant à l'identité du Stama et du Pi, et à la position de cette partie de la tribune des jeux, nous en trouvons encore l'indication dans le livre des Cérémonies. On y voit, en effet, que lorsqu'il s'agissait d'indiquer une course, le Tesséraire, sur l'ordre du Préposé, se rendait dans le Stama, c'est-à-dire, ajoute l'auteur, dans le Pi, εἰς τὸ Στάμα ἤγουν εἰς τὸ Π [3]. On lit aussi dans la relation que donne ce livre de l'inauguration d'Anastase (491), que le nouvel empereur, ayant revêtu le costume impérial dans le triclinium où les sénateurs font leur cour à l'empereur lorsqu'il y a des courses (le palais du Cathisma), entra dans le Cathisma, et que les chefs des troupes se tinrent au-dessous dans le Stama [4].

---

[1] *Descript. urbis Const.*
[2] *De cer. aul. Byz.*, lib. I, cap. LXVIII, § 3 et 4, p. 305.
[3] *De cer. aul. Byz.*, lib. I, cap. LXIX, p. 310.
[4] *De cer. aul. Byz.*, lib. I, cap. XCXII, p. 423.

Un monument encore subsistant, quoique fort dégradé, vient justifier les dispositions que les auteurs nous avaient indiquées pour la tribune des jeux. Chacune des faces du piédestal qui porte l'obélisque de granit, érigé par Théodose au milieu du Cirque, est enrichie d'un bas-relief qui représente cet empereur assistant aux jeux du Cirque dans le Cathisma[1]. On voit par ces bas-reliefs que la tribune des jeux est divisée en deux étages. Au centre de l'étage supérieur se trouve la plate-forme sur laquelle est placé l'empereur sur son trône; à droite et à gauche du trône, une loge où sont des dignitaires revêtus de la toge. Dans l'étage inférieur, le Stama, se tiennent divers personnages. Cet étage inférieur est encore assez élevé au-dessus du sol du Cirque, qui est reproduit avec ses principaux monuments sur le stylobate du piédestal[2]. Dans le bas-relief qui décore la face méridionale du piédestal existe un escalier qui indique, autant qu'une sculpture en bas-relief pouvait le faire, qu'on descendait du Cathisma dans le Stama, et que cette partie inférieure de la tribune des jeux faisait saillie en avant. Les loges n'auraient pu contenir tous les sénateurs qui accompagnaient l'empereur lorsqu'il présidait aux jeux du Cirque. En effet, Marcellinus nous apprend dans sa Chronique que Justinien reconstruisit la tribune des jeux, et qu'il fit, de chaque côté, des galeries où les sénateurs prenaient place suivant l'usage[3]. Ces galeries (n° 18, B) étaient donc établies sur la terrasse que nous avons figurée au-devant du palais du Cathisma (n° 57).

Nous avons dit qu'à droite et à gauche du Cathisma on trouvait des arcades qui formaient les entrées du Manganon, lieu où les chevaux et les chars étaient renfermés avant la course. Lorsqu'il y avait des courses, le Manganarios, officier qui, d'après son nom, devait être chargé de la police du Manganon, établissait au-devant des arcades des barrières qui s'ouvraient au moment où le signal du départ était donné[4].

Le centre du champ de course était occupé, comme dans le Circus-Maximus de Rome, par une plate-forme de peu d'élévation et de peu de largeur[5], mais qui tenait en longueur une assez grande étendue (n° 17, A à E). Les deux extrémités en étaient arrondies. A Rome, on donnait à cette plate-forme le nom de Spina, l'épine. On l'appelait ainsi parce que, comme l'épine du dos partage le corps de l'homme, de même elle partageait en deux le champ de course. Les deux extrémités de la plate-forme, sur lesquelles étaient placées les bornes, s'appelaient camptos, καμπτός. L'extrémité septentrionale, qui était en face du trône de l'empereur (n° 17, D), portait le nom de camptos des bleus; l'extrémité opposée,

---

[1] D'Agincourt (*Hist. de l'art par les monuments*) a donné, t. IV, sculpture, pl. 10, la gravure de ces bas-reliefs d'après les dessins d'un habile artiste, M. Fauvel; ils lui avaient été envoyés par M. le comte de Choiseul, ambassadeur de France à Constantinople. Ces bas-reliefs ont subi de nouvelles dégradations depuis l'exécution de ces dessins.

[2] Spon et Wheler, *Voyage d'Italie, de Grèce et du Levant*, ont fourni la gravure de ce stylobate. T. I, p. 232; Lyon, 1678.

[3] Marcellini comm. Ill. *Chronicon*, p. 62. Lut. Paris., 1619.

[4] *De cer. aul. Byz.*, lib. I, cap. LXIX, p. 310.

[5] « Humilis murus, » dit Bondelmonti.

vis-à-vis de la Sphendoné (n° 17, E), celui de camptos des verts [1]. Par métonymie, nous donnerons donc le nom de borne à l'ensemble de chacune de ces extrémités de la Spina. Ce mot καμπτός était sans doute une dégradation de καμπτήρ, qui, dans la haute grécité, signifiait courbure, inflexion, et, par extension, borne du Cirque. Les Byzantins employèrent le pluriel καμπτῆρες pour exprimer l'ensemble de la plate-forme; ce mot équivalait dès lors à celui de Spina. On trouve ce vocable pluriel avec cette acception chez l'auteur anonyme qui a écrit au onzième siècle sur les antiquités de Constantinople; la phrase où il l'emploie ne peut laisser aucun doute à cet égard. Après avoir donné l'énumération des statues et objets d'art qu'on voyait de son temps dans l'Hippodrome, il ajoute : « Les colonnes de marbre et de pierre des camptères, les obélisques de bronze, les sculptures du monolithe (l'obélisque de granit égyptien) des camptères et les statues.... portent des inscriptions qui indiquent d'où tous ces objets ont été apportés [2]. » Nous continuerons cependant à donner à la plate-forme centrale de l'Hippodrome le nom de Spina, qui est consacré.

Au centre du Cirque [3] s'élevait, sur la Spina, l'obélisque de granit égyptien (n° 17, A), qui subsiste encore. Il y avait été placé par ordre de Théodose le Grand, sous le consulat de Valentinien et de Néotérius [4], en l'année 390. Cet obélisque est assis sur quatre dés de bronze, qui reposent sur un piédestal dont la base reçoit de Gylli le nom de stylobate. Cette base est supportée par deux degrés. Le degré supérieur, immédiatement au-dessous du stylobate, aurait, suivant Gylli, deux pieds de hauteur, et dépasse le stylobate de quatre pieds quatre doigts (environ 1 mètre 25 centimètres) [5]; le degré inférieur aurait un pied de hauteur, et dépasserait d'un pied le degré supérieur. Aujourd'hui ces deux degrés sont enfouis sous les décombres. Le stylobate même est en partie caché par l'élévation du sol. Chacune des quatre faces du dé du piédestal est décorée d'un bas-relief qui en occupe les deux tiers environ en hauteur. Dans trois de ces bas-reliefs, l'empereur est représenté assis sur son trône dans le Cathisma; dans le quatrième, il est debout et tient à la main une couronne qu'il va décerner au vainqueur de la course. La partie inférieure du dé offre aux angles des parties lisses, et au centre des cannelures.

Au-dessous de ces cannelures sont sculptés, sur le stylobate, des bas-reliefs qui reproduisent les travaux exécutés pour l'érection de l'obélisque, et encore les jeux de l'Hippodrome [6]. Sur la face orientale du stylobate il existe une inscription latine, et sur

---

[1] *De cer. aul. Byz.*, lib. II, cap. xx, p. 613 et 614.
[2] *Ant. Const.*, ap. BANDURI, *Imp. Orient.*, lib. III, p. 42;—CODIN., *De signis*; Paris, p. 30; Bon., p. 54.
[3] PET. GYLLII *De topogr. Const.*, lib. II, cap. II, ap. BANDURI, *Imp. Orient.*, p. 374.
[4] MARCELLINI COM. ILLYR. *Chronicon.*; Lut. Paris., 1619, p. 7.
[5] Le terme de doigt fait supposer que Gylli se servait du pied romain, divisé en seize doigts, et qui, d'après M. BOUILLET, *Dict. des sciences*, serait de 0$^m$2958.
[6] Ils sont reproduits par D'AGINCOURT, *Hist. de l'art*, t. IV, Sculpture, pl. 10.

la face occidentale une inscription grecque[1]. Ces inscriptions constatent que cet obélisque fut érigé par les ordres de Théodose, sous l'administration de Proclus. Le fût de l'obélisque est couvert d'hiéroglyphes.

L'obélisque de pierre (n° 17, B), élevé à plus de cinquante mètres au sud de l'obélisque égyptien et sur la même ligne, est fort dégradé. Il était revêtu de bronze. Codin lui donne le nom de Colonne quadrilatère de bronze, τοῦ χαλκοῦ κίονος τοῦ τετραπλεύρου [2]. Le bronze avait été déjà enlevé avant la prise de Constantinople par les Turcs, et lorsque Bondelmonti visita cette ville au commencement du quinzième siècle, la colonne quadrilatère de bronze ne présentait plus que les pierres sur lesquelles le bronze avait été originairement fixé [3]. Cet obélisque est construit sur un piédestal qui est aujourd'hui presque complétement enterré par l'exhaussement du sol. D'après Gylli, ce piédestal a sept pieds et trois doigts de hauteur, plus de deux mètres, et est supporté par trois degrés, dont le premier a deux pieds de hauteur, et les deux autres un pied et deux doigts; une inscription de six vers grecs, gravée sur le piédestal, constate que Constantin Porphyrogénète († 959) avait rétabli dans son premier état de splendeur l'obélisque, détruit par les injures du temps. Les deux derniers vers comparent l'admiration que provoquait ce monument à celle qu'excitait le colosse de Rhodes [4]. De là, Pierre Gylli, et d'après lui Du Cange, ont donné à l'obélisque de pierre le nom de Colosse, qu'il n'a jamais porté dans l'antiquité.

Il existe encore entre les deux obélisques les restes d'une colonne de bronze, formée de trois serpents entrelacés (n° 17, C). Les têtes à gueules béantes formaient un triangle au-dessus du corps de la colonne. Ce triangle portait le trépied enlevé au temple de Delphes [5]. Thevet, qui visita Constantinople en 1550, attribue à cette colonne une hauteur d'environ six brasses; il en a donné un médiocre dessin [6]. Aujourd'hui les serpents sont privés de leurs têtes, et la colonne, enfouie sous les décombres, ne s'élève plus que de trois mètres environ au-dessus du sol.

Outre ces trois monuments mutilés qui sont encore debout, la Spina de l'Hippodrome était décorée d'un grand nombre de colonnes de marbre et de bronze [7] disposées dans l'axe des deux obélisques. A l'un des bouts de la Spina, du côté du nord, on voyait encore, à l'époque où Bondelmonti vint à Constantinople, un bassin d'eau auprès duquel on transportait ceux qui étaient blessés dans les jeux, et à l'autre extrémité, quatre petites

---

[1] Elles sont reproduites par P. Gylli, ap. Banduri, *Imp. Orient.*, p. 375; et par Du Cange, *Const. Christ.*, p. 105.

[2] Codin., *De originibus;* Paris., p. 7; Bon., p. 14.

[3] Bondelmonti, *Descript. Const.*

[4] P. Gyllii *De topogr. Const.*, lib. II, cap. xii, ap. Banduri, *Imp. Orient.*, p. 376.

[5] Bondelmonti, *Descript. Const.* — P. Gyllii *De topogr. Const.*, lib. II, p. 377. — Spon, *Voyage d'Italie et du Levant*, t. I, p. 234; Lyon, 1678. — M. Brunet de Presle, *Notice sur les tombeaux des empereurs de Constantinople*, 1856.

[6] *Cosmographie du Levant;* Lyon, 1556, p. 64.

[7] Anonym., *Ant. Const.*, lib. III, ap. Banduri, p. 42.

colonnes de marbre où, suivant lui, se trouvait la loge de l'impératrice dans les jours de course[1]. Ce bassin doit être celui auquel l'Anonyme du onzième siècle donne le nom de Phiale de l'Hippodrome, et qui était enrichi de la statue de l'impératrice Irène, élevée sur une petite colonne[2]. Pierre Gylli vit encore sur l'emplacement de la Spina sept grandes colonnes de marbre; l'une de ces colonnes n'avait pas moins de dix-sept pieds et huit doigts, environ quatre mètres soixante-dix-sept centimètres, de circonférence; elle portait une statue d'Hercule en bronze[3].

Dans le Circus-Maximus de Rome, une grande porte était ouverte au centre de la partie hémicirculaire. Dans la partie rectiligne opposée à l'hémicycle, il y avait au centre une grande porte, et de chaque côté six portes plus petites servant d'entrée aux carcères[4]. Il ne pouvait en être ainsi dans l'Hippodrome de Constantinople. En effet, au delà de la Sphendoné, au midi, les pentes du terrain, ainsi que le dit Gylli, étaient « non-» seulement ardues et en précipice, mais presque perpendiculaires et élevées de cinquante » pieds plus ou moins; » du côté du nord, le Cathisma occupait le centre du mur rectiligne qui fermait l'Hippodrome, et prenait la place de la grande porte qu'on voyait à cet endroit dans le Cirque romain. De chaque côté du Cathisma, comme à Rome de chaque côté de cette grande porte, l'espace était occupé par les loges où les chevaux et les chars étaient renfermés avant la course. Les portes de l'Hippodrome étaient donc placées sur les grands côtés latéraux, et très-probablement aux deux extrémités de chaque côté. Le récit que fait Procope de la sédition des Victoriats nous fournit quelques renseignements sur ces portes. Les insurgés, comme nous l'avons déjà dit, avaient conduit Hypatius à l'Hippodrome et l'avaient fait asseoir sur le trône du Cathisma. Ils remplissaient le champ de course et acclamaient l'empereur de leur choix, lorsque Bélisaire, après avoir traversé le vestibule de la Chalcé et les bâtiments adjacents, à demi ruinés par le feu, arriva à la galerie de la faction des bleus, qui était à la droite de l'empereur lorsqu'il était assis dans le Cathisma[5]. On voit par là qu'il dut occuper le nord-ouest du Cirque, et la suite du récit de Procope établit qu'arrivé à la galerie des bleus, il n'était pas très-éloigné du trône où siégeait l'usurpateur. Bélisaire, ajoute notre auteur, résolut d'abord de marcher droit à Hypatius, mais faisant attention que les portes du palais du Cathisma étaient très-étroites et défendues par les soldats d'Hypatius, il craignit d'être écrasé par la masse du peuple lorsqu'il serait engagé dans les passages qu'il fallait traverser; il renonça donc à ce projet. Mais voyant que la multitude qui remplissait l'Hippodrome était compacte et en désordre, et que les gens qui la composaient s'entre-poussaient les uns les autres, il mit l'épée à la main et se précipita sur la foule avec ses soldats.

[1] Bondelmonti, Descript. Const.
[2] Anonym., Ant. Const., lib. III, apud Banduri, p. 42.
[3] P. Gyllii De topogr. Const., lib. II, cap. xiii, ap. Banduri, Imp. Orient., p. 376.
[4] On. Panvinius, De lud. circens., p. 10. — M. Dezobry, Rome au siècle d'Auguste, p. 158.
[5] Procop., De bello Persico, lib. I, cap. xxiv; Paris., p. 74; Bon., p. 128.

Mundus, autre général de Justinien, était sorti du palais par un autre côté que Bélisaire ; il se tenait en dehors de l'Hippodrome, attendant le moment favorable de prendre part au combat. Dès qu'il eut jugé que Bélisaire en était venu aux mains avec les insurgés, ajoute Procope, il fit aussitôt irruption dans l'Hippodrome par la porte qu'on appelle Porte de la Mort. « Ainsi les soldats d'Hypatius, frappés des deux côtés avec » énergie, furent massacrés, et tout le peuple prit la fuite[1]. » Les issues qui restaient aux insurgés pour échapper à la mort devaient être en bien petit nombre, car on sait par les historiens que trente mille hommes périrent sous les coups des soldats de Justinien.

Il résulte évidemment du récit de Procope que Bélisaire, arrivé au Cirque par l'angle nord-ouest, avait tout le peuple devant lui, et que Mundus, au contraire, fit irruption dans l'Hippodrome par une porte qu'on nommait Porte de la Mort, et qui était située à l'opposite du point d'où était parti Bélisaire, et par conséquent à l'extrémité sud-est du champ de course. S'il y avait là une porte (n° 17, I), il devait également en exister une au côté opposé, à l'angle nord-ouest d'où était parti Bélisaire, qui dut l'occuper (n° 17, F). L'existence de ces deux portes étant établie, nous avons dû en admettre deux autres en regard des deux premières (G et H). La porte nord-est (G), qui était située du côté du palais, dut être occupée par Narsès, qui, d'après les historiens, combattit pour Justinien dans cette occasion[2], et l'on comprend que les insurgés, n'ayant pour fuir que la porte sud-ouest (H), aient été massacrés en très-grand nombre.

Le livre des Cérémonies, qui nous signale aussi quelques-unes des portes de l'Hippodrome, vient à l'appui de la position que nous leur avons donnée. Nous avons déjà cité l'entrée triomphale de l'empereur Théophile à Constantinople[3]. On a vu qu'étant arrivé au Forum, il était monté sur une estrade dressée en avant de la porte du vestibule de la Chalcé, et qu'après avoir harangué le peuple, il était rentré dans son palais en traversant l'Hippodrome. Nous traduisons littéralement le récit de l'auteur du livre des Cérémonies sur l'itinéraire suivi par Théophile : « Descendant du trône, il
» monta de nouveau à cheval, traversa les galeries de l'Achilleus, et suivant le flanc de
» Zeuxippe, il s'avança dans l'Hippodrome à ciel ouvert, et passant au-dessous du
» Cathisma, il descendit à travers Daphné (n° 41) dans l'Hippodrome couvert qui
» était plus bas (n° 42), et descendant de cheval, il entra au palais par la salle des
» trophées[4]. »

Il est évident que si l'empereur Théophile fut obligé de passer au-dessous de la tribune des jeux, en traversant l'Hippodrome, pour se rendre des Bains de Zeuxippe à son palais, c'est que cette tribune se trouvait dans la direction des portes par lesquelles il était entré et sorti. On conçoit d'ailleurs que les portes durent être établies en face des espaces

---

[1] Procop., *De bello Persico,* lib. I, cap. xxiv; Paris., p. 74; Bon., p. 128.
[2] Theophan., *Chronogr.*, Paris., p. 157; Bon., t. I, p. 285.
[3] Voyez chap. II, § viii, p. 41.
[4] Const. Porphyr., *De cer. aul. Byz.*, app. ad lib. I, p. 507.

libres ouverts dans l'Hippodrome, et non dans un endroit où le passage direct d'une porte à la porte correspondante de l'autre côté aurait été interrompu par la Spina.

On a vu que la porte sud-est portait le nom de Porte de la Mort. Une porte du grand Cirque de Rome, placée dans la même position, s'appelait Porte de Libitine, du nom de la déesse qui présidait aux funérailles, parce qu'elle était affectée à la sortie des cadavres des gladiateurs tués dans les jeux. Les combats de gladiateurs étaient abolis lorsque Constantin termina l'Hippodrome, et ce ne fut sans doute que par analogie de position qu'on donna à la porte sud-est le nom de la Mort [1].

Toutes les baies qui donnaient entrée dans l'Hippodrome étaient munies de portes solides, et les édifices dans lesquels ces baies étaient ouvertes étaient fortifiés. Un fait historique nous révèle cette circonstance. A la mort de l'empereur Alexandre (912), le général Constantin Ducas voulant s'emparer du trône au préjudice du jeune Constantin Porphyrogénète, se porta vers l'Hippodrome afin d'y pénétrer pour attaquer le palais; mais arrivé à la porte du Cirque il la trouva fermée, et son écuyer ayant été renversé par un javelot que lança de l'intérieur un des gardes qui la défendaient, il abandonna cette attaque et se dirigea vers la porte de la Chalcé [2].

L'Hippodrome était enrichi d'un nombre considérable de très-belles statues antiques que Constantin et ses successeurs avaient fait apporter de Rome, de la Grèce et de l'Asie. On y voyait entre autres les quatre chevaux de bronze que Théodose II avait enlevés de l'île de Chio et qui décorent aujourd'hui la façade de l'église Saint-Marc à Venise. Un assez grand nombre de statues de bronze ou de marbre, produites par des artistes byzantins, s'élevaient auprès des œuvres de la statuaire antique; parmi les plus remarquables, on distinguait les statues équestres des empereurs Gratien, Valentinien et Théodose [3]. Tous ces chefs-d'œuvre ont péri!

Les gradins dans le Circus-Maximus de Rome se trouvaient séparés de l'arène par un canal de trois mètres de largeur environ qui portait le nom d'Euripus. Ce canal avait principalement pour objet d'empêcher les bêtes féroces de se jeter sur les spectateurs. Il ne paraît pas qu'un canal de cette sorte ait existé dans l'Hippodrome de Constantinople. Bondelmonti et Pierre Gylli n'en parlent pas; et l'unique mention qui soit faite de l'Euripe du Cirque dans les auteurs byzantins doit faire supposer que Cédrénus, chez lequel on l'a trouvée, a dû appliquer ce mot d'Euripe à tout autre objet qu'à un canal qui aurait bordé, comme à Rome, le pied des gradins. « Parmi les statues de bronze, dit Cédrénus, qui existent » dans l'Euripe du Cirque, il en était une, dit-on, qui avait trois têtes [4]. » Il

---

[1] ἡ νεκρὰ καλεῖται, Procop., *De bel. Pers.*, lib. I, cap. xxv; Paris., p. 73; Bon., p. 128.

[2] Anonym., *Chronographia*, ap. Script. post Theoph. Paris., p. 236; Bon., p. 382. — Simeon Mag., *De Const. Porphyr.*, ap. Script. post Theoph. Paris., p. 473; Bon., p. 719.

[3] Anonym., *Ant. Const.*, ap. Banduri, lib. III, p. 42. — Du Cange, *Const. Christ.*, lib. II, p. 106.

[4] G. Cedreni *Hist. comp.*, t. II; Paris., p. 536; Bon., p. 145.

est évident qu'il ne pouvait y avoir de statues dans un canal d'eau vive. Cédrénus doit avoir appliqué là le nom d'Euripe, soit à ce bassin qui existait sur la Spina et au milieu duquel on voyait sur une colonne la statue de l'impératrice Irène, soit peut-être à la Spina elle-même, à laquelle M. de Hammer donne le nom d'Euripe[1].

Nous terminerons ce qui a rapport à l'Hippodrome en donnant l'analyse du programme, transcrit dans le livre des Cérémonies, « de ce qu'on doit faire quand » le triomphe sur les ennemis vaincus a lieu dans l'Hippodrome ». Les détails que donne ce programme viennent justifier les dispositions de notre plan.

Au jour indiqué, les soldats triomphateurs, ἐπινικιάριοι, amènent dans l'Hippodrome les prisonniers captifs; d'autres soldats apportent les drapeaux, les armes et le butin enlevé aux ennemis. Le protonotaire des courses les range tous en une seule colonne, depuis le Manganon (n° 17, K) jusqu'à la borne des bleus (n° 17, D). Il place en tête, près de la borne, les soldats qui portent les armes, derrière eux ceux qui sont chargés des dépouilles et du butin, puis ceux qui tiennent les lances et les étendards; les captifs enchaînés viennent ensuite. Si des chameaux ou des chevaux ont été pris, ils sont placés derrière les prisonniers.... Lorsque tout est bien en ordre, le Préposé en prévient l'empereur, qui prend la couronne et monte dans le Cathisma. Après avoir béni le peuple par trois fois, suivant l'usage, l'empereur s'assied sur le trône. A un signal donné, la colonne commence à se mettre en marche; elle parcourt le champ des factions du Cirque, contourne la borne des verts (n° 17, E) et s'avance jusqu'au bout, c'est-à-dire jusqu'au Pi.

Si l'on veut suivre sur notre plan l'ordre indiqué par le cérémonial, on verra que la colonne composée des soldats qui portaient les trophées et des captifs, ayant été organisée de manière à avoir la tête à la hauteur de la borne des bleus (n° 17, D) et la queue appuyée au Manganon (K), a marché du nord au midi jusqu'à la borne des verts (n° 17, E); le Manganon, où les chevaux et les chars étaient retenus avant la course, était donc situé au nord de l'Hippodrome, et par conséquent au-dessous du palais du Cathisma et des autres édifices qui, ainsi qu'on le verra plus loin, dominaient l'Hippodrome. Après avoir tourné autour de la borne des verts, la colonne a dû marcher dans une direction contraire à celle qu'elle avait à son départ, c'est-à-dire du midi au nord. Dans cette position, elle parcourt, dit l'auteur, le champ de course jusqu'au bout et arrive au Pi. La tribune de l'empereur, dont le Pi faisait partie, était donc située au nord et portée par le mur rectiligne qui, de ce côté, fermait le Cirque.

Les dispositions que nous avons données à l'Hippodrome étant justifiées, passons à la description du palais impérial.

---

[1] *Constantinopolis und der Bosporos*. Pest, 1822, t. I, p. 143.

# CHAPITRE TROISIÈME.

DESCRIPTION DU PALAIS IMPÉRIAL.

## I

SA SITUATION. — SON ÉTENDUE.

Nous aurions dû peut-être, en suivant la méthode que nous avons adoptée jusqu'à présent, fournir à la suite de la description de chacune des parties du palais les documents qui en justifient la situation dans notre plan, mais nous avons pensé que ce mode de procéder, coupant à chaque instant le fil de la description, ne conviendrait pas à un grand nombre de lecteurs, qui désirent surtout connaître un fait en son entier sans vouloir se donner la peine d'en étudier les preuves, et qui s'en rapportent à cet égard à l'auteur. Nous donnerons donc d'abord une description générale du palais, c'est-à-dire une explication complète de notre plan, et nous reviendrons ensuite sur les preuves que nous avons à fournir à l'appui de chacune des dispositions que nous avons prises, toutes les fois que ces preuves ne pourront résulter de la simple citation d'un auteur et qu'elles devront nous entraîner dans une dissertation. La description préliminaire sera même utile à ceux de nos lecteurs qui auront la patience d'étudier nos preuves, en leur faisant connaître avant tout l'ensemble de la restitution.

Les documents que nous avons recueillis nous permettent de tracer ainsi le développement de l'enceinte de l'ancienne résidence des empereurs byzantins. Commençant à l'angle sud-ouest du Forum, où s'élevait le bâtiment nommé Nouméra (n° 22), les murs de cette enceinte occupaient tout le côté méridional du Forum et le côté oriental jusqu'au palais du Sénat (n° 12). Ils formaient là un angle rentrant et enveloppaient cet édifice et Sainte-Marie Chalcopratiana (n° 11). Longeant ensuite de fort près le mur oriental de Sainte-Sophie, ils se prolongeaient jusqu'à la hauteur environ de l'angle nord-est de ce temple. Changeant là de direction, ils s'étendaient vers l'est, à peu de distance du parallèle de Sainte-Sophie, en faisant face à la vieille ville. A la hauteur du Tzycanistérion (n° 131), ils s'inclinaient au sud-est, parallèlement aux grands côtés de ce carrousel, et atteignaient la mer à un endroit indiqué par une tour antique, à soixante mètres environ au sud du parallèle de la Grande-Église. A partir de cette tour, l'enceinte était baignée par les flots de la Propontide, sur un développement de plus de douze cents mètres. Au delà, les murailles se dirigeant vers le nord sur une ligne droite parallèle au grand axe de l'Hippodrome, atteignaient la terrasse (n° 52) édifiée en prolongement du mur septentrional de l'Hippodrome, qui servait de limite et de défense au palais impérial jusqu'à l'endroit où finissait le palais du Cathisma (n°s 56 et 57). Les murs de ce palais à l'occident et au nord, le mur septentrional de l'église Saint-Étienne (n° 54) et le mur occidental des Nouméra, qui étaient mitoyens avec les Thermes de Zeuxippe, complétaient l'enceinte.

Cette enceinte comprenait donc la partie méridionale de la première des sept collines sur lesquelles Constantinople était assise. A partir du sommet de cette colline, qui se trouvait un peu au delà, vers le nord, du mur septentrional du palais, le terrain allait toujours en descendant vers la mer; les pentes en étaient souvent assez rapides, en sorte qu'il fallait parfois les gravir à l'aide d'escaliers [1]. Entre le pied de la colline et la mer régnait une surface plane de peu de largeur que Pierre Gylli estimait à un jugerum au moins [2]. Cette disposition du terrain fera comprendre la différence de niveau des diverses parties du grand palais, et justifie les dispositions que nous indiquerons plus loin.

## II
### DÉNOMINATIONS DONNÉES AUX DIVERS ÉDIFICES, SALLES ET EMPLACEMENTS DE LA DEMEURE IMPÉRIALE.

Avant d'arriver à la description du palais, il nous reste encore à donner l'explication de quelques mots qui reviendront souvent sous notre plume, comme étant employés par les auteurs byzantins du dixième siècle et du onzième pour dénommer les différents édifices agglomérés dans l'enceinte de la demeure impériale et les diverses pièces dont ces édifices étaient composés.

Dans la haute grécité, le mot triclinon, τὸ τρίκλινον [3], signifiait, comme le mot triclinium qui en est la transformation latine, salle à trois lits, salle à manger, et l'Académie française a admis le mot latin dans son dictionnaire avec la même acception. Chez les

---

[1] Petri Gyllii *De topographia Const.*, lib. I, cap. vii, ap. Banduri, *Imp. Orient.*, t. I, p. 355.

[2] *Idem*, p. 354. Le jugerum, mesure agraire de superficie des Romains, était de 28,800 pieds carrés romains (Paucton, *Métrologie*, p. 217; M. Bouillet, *Dict. des Sciences*), ce qui équivaut à 25 ares 20 centiares; le jugerum ne présentait donc ainsi qu'un carré de 50 mètres 40 centimètres de côté; mais, d'après le géomètre Héron (Paucton, p. 222), le jugerum romain formait un quadrilatère de 240 pieds sur 120. Le pied romain étant de 29 centimètres 58 millimètres (M. Bouillet), la largeur de la bande de terre plane entre le pied de la colline et la mer aurait été de 71 mètres en moyenne, si Pierre Gylli a voulu parler du grand côté du jugerum. C'est cette largeur que lui donne le plan de Kauffer que nous adoptons.

[3] L'Anonyme continuateur de Théophanes (Paris, p. 88; Bonn, p. 143) et Constantin Porphyrogénète, dans son livre *Des cérémonies de la cour de Byzance*, écrivent ὁ τρίκλινος.

Byzantins, ce mot avait une signification plus étendue. Ils donnaient cette dénomination à un édifice complet comprenant plusieurs appartements, tel que la Magnaure; à de grandes salles, comme les salles des gardes et la salle du trône, vaste pièce circulaire entourée de huit absides, et encore à de longues galeries, comme la galerie de Justinien et celle du Lausiacos.

La localité la plus importante après le triclinium est le coubouclion, τὸ κουβούκλειον; ce mot, qui vient de cubiculum, n'a pas la même acception chez les Byzantins que dans la langue latine, où il signifiait chambre à coucher. Le coubouclion est un corps de logis composé de plusieurs pièces formant un appartement, ou bien encore une salle de grande importance faisant partie d'un palais ou d'un triclinium [1].

Coiton, ὁ κοιτών, est le mot employé chez les Byzantins, comme dans la haute grécité, pour désigner la chambre à coucher; mais ce mot ne s'applique pas seulement à la pièce dans laquelle reposait l'empereur pendant la nuit. Dans chacun des grands tricliniums du palais il y avait un coiton qui servait à l'empereur soit pour se reposer, soit pour changer de vêtements. Le coiton reçoit souvent, en ce cas, le nom de métatorion, τὸ μητατώριον. C'est ainsi, comme nous l'avons dit, qu'était nommée la pièce des bâtiments annexés à Sainte-Sophie qui servait de lieu de repos à l'empereur en sortant de l'église. De même le coiton du grand triclinium de la Magnaure est aussi appelé quelquefois τὸ μητατώριον dans le livre des Cérémonies [2].

Les galeries qui n'étaient point destinées aux réceptions, mais qui servaient seulement de voies de communication entre diverses parties du palais, portaient le nom pluriel de diabatica, τὰ διαβατικά [3]. Des passages pratiqués sur le dessus d'un portique ou d'une galerie extérieure, avec cette destination, reçoivent, lorsqu'ils sont couverts, la même dénomination [4]. Ce mot est quelquefois pris dans un sens plus général, et est employé pour signifier les différentes pièces du palais par lesquelles l'empereur doit passer pour en sortir [5].

Le nom de macron, ὁ μακρών, est donné à une longue galerie qui précède une ou plusieurs pièces principales, et qui leur sert de vestibule ou d'antichambre [6].

Les édifices élevés dans l'enceinte de la demeure impériale, et même plusieurs des principales salles du palais, possédaient des portiques qui recevaient des noms différents, suivant le genre de leur construction. Lorsque le portique couvre toute la façade de

---

[1] Const. Porphyr., *De cer. aul. Byz.*, lib. I, cap. i, p. 7, et passim. — Anonym., *De Theophilo*, ap. *Script. post Theoph.*; Paris, p. 89; Bon., p. 144 et seq.

[2] *De cer. aul. Byz.*, lib. II, cap. xv, p. 583.

[3] *Idem*, lib. I, cap. x et xxx, pages 72, 169 et passim.

[4] *Idem*, lib. I, cap. xxi et xxii, p. 122 et 125.

[5] *Idem*, lib. II, cap. xix, p. 610.

[6] *Idem*, lib. I, cap. ix, xx, xxiv et xlvii; p. 116, 119, 137 et 239. — Du Cange, *Gloss. Græc.*, et *Constant. Christ.*, lib. II, § 7, n° 3, p. 144.

l'édifice et forme comme une vaste galerie servant de vestibule, il reçoit le nom d'embolos, ὁ ἔμβολος [1], que les Byzantins donnaient aux portiques qui bordaient une place ou une voie publique [2]. Quand les portiques ont moins d'étendue et qu'ils font avant-corps, ils prennent le nom de πόρτιξ, πόρτηξ et πόρτικος [3]; ils devaient être en ce cas une imitation du péristyle antique. Enfin, on donnait le nom de tropicé, ἡ τροπική, à un portique, ou, pour mieux dire, à une sorte de porche qui se composait d'une arcade soutenue ordinairement par deux colonnes et donnant naissance à une voûte en cul-de-four ou en berceau [4]. Le style du tropicé devait être à peu près celui du porche-tribunal décrit et reproduit dans les *Instructions du Comité historique des arts et monuments*. Le tropicé était le plus ordinairement édifié dans les intérieurs, au-devant d'une grande galerie ou d'un corps de logis; cependant le livre des Cérémonies, après avoir donné au portique du grand triclinium de la Magnaure le nom d'embolos, le désigne ensuite une fois par le nom de grand tropicé [5]. Mais la Magnaure ayant été construite par Constantin, devait être édifiée dans le style de l'antiquité et non pas dans celui de l'architecture néo-byzantine, et l'on ne peut regarder l'emploi de ce vocable, en cette circonstance, que comme une distraction de l'écrivain.

Le nom de sténacion, τὸ στενακίον, ou de sténon, τὸ στενόν, est donné au dessous d'un portique [6], et celui de sténopos au dessous d'un petit porche [7].

Un emplacement à ciel ouvert et ordinairement dallé en marbre, était presque constamment établi au-devant des églises, des chapelles et des grands tricliniums de la demeure impériale; ces emplacements reçoivent le nom d'héliacon, τὸ ἡλιακόν [8], et quelquefois celui d'exaéron, τὸ ἐξάερον [9].

Lorsque ces emplacements doivent servir de lieu de réunion à certains corps, et qu'ils sont enrichis d'un bassin d'eau, ils reçoivent la dénomination de phiale, ἡ φιάλη [10].

Le nom d'héliacon est encore donné à des terrasses ouvertes au-devant de pièces établies à l'étage supérieur d'un édifice [11].

[1] *De cer. aul. Byz.*, lib. II, cap. x, p. 547.
[2] Du Cange, *Gloss. Græc.*, et *Const. Christ.*, lib. II, § 3, p. 109.
[3] *De cer. aul. Byz.*, lib. I, cap. I et xliii, p. 9, 22, 219 et passim.
[4] Anonym., *De Theophilo*, § 43, ap. *Script. post Theoph.*, lib. III, p. 87; Paris., p. 43; Bon., p. 141.—*De cer. aul. Byz.*, lib. I, cap. l, p. 260.
[5] *De cer. aul. Byz.*, lib. II, cap. xv, p. 570.
[6] Idem, lib. I, cap. I et x, p. 20 et 72. Voyez chap. IV, § VII.
[7] Voyez chap. IV, § IV.
[8] *De cer. aul. Byz.*, lib. I, cap. xxii et xxxii, et lib. II, cap. xv, p. 124, 170 et 586.
[9] Anonym., *De Theoph.*, ap. *Script. post Theoph.*; Paris., p. 87; Bon., p. 141.—*De cer. aul. Byz.*, lib. I, cap. i, § 14, p. 20.
[10] Const. Porphyr., *De Bas. Mac.*, ap. *Script. post Theoph.*; Paris., lib. V, p. 207; Bon., p. 336. — *De cer.*, lib. I, cap. lxiv, p. 287, et lib. II, cap. xxxii, p. 631.—Anonym., *De Theoph. Mich. fil.*, ap. *Script. post Theoph.*; Paris., p. 87; Bon., p. 141.
[11] *De cer. aul. Byz.*, lib. I, cap. xxi, p. 121; lib. I, cap. lxiv, p. 286.—Anonym., ap. *Script. post Theoph.*, lib. III, § 43; Paris., p. 89; Bon., p. 144.

## DIVISION DU PALAIS EN TROIS PARTIES.

On a vu que la galerie qui régnait au haut des gradins du Cirque était nommée péripatos; on donnait également ce nom soit à des galeries ouvertes qui servaient de promenade, soit à des passages dallés à ciel ouvert, qui facilitaient, par tous les temps, la communication d'un lieu à un autre [1].

L'enceinte de la demeure impériale comptait un grand nombre de lieux consacrés au culte du Seigneur. Ils reçoivent des noms différents, suivant leur importance.

Le nom d'église, ἐκκλησία, n'est donné qu'à un très-petit nombre d'édifices religieux qui sont complets et comprennent un narthex, une ou plusieurs nefs, et un sanctuaire ou béma.

Les édifices moins importants reçoivent le nom de naos, ναός, qui, dans la basse grécité, servait à désigner la nef des églises [2]. Ces naos comprenaient une nef et un béma, et quelquefois même un narthex. Nous désignerons souvent ces naos, répandus dans le palais, par le nom de chapelle.

Enfin on rencontre dans toutes les parties du palais impérial, sous le nom d'euctérion, τὸ εὐκτήριον, des lieux consacrés à la prière, qui ont moins d'importance que les églises et les naos. On peut parfaitement les désigner par le nom d'oratoires. Ils ne se composaient que d'un sanctuaire et d'un espace peu étendu en avant du sanctuaire [3].

Quelquefois ces oratoires s'ouvraient sur une grande galerie ou sur un grand salon, où se tenaient ceux qui assistaient au saint sacrifice lorsqu'il y était célébré.

En faisant la description du palais, nous nous servirons souvent des mots dont nous venons de donner l'explication.

Nous commencerons par la description du palais; nous décrirons ensuite les églises, naos, oratoires, tricliniums et édifices répandus dans l'enceinte de la demeure impériale.

### III

#### DIVISION DU PALAIS IMPÉRIAL EN TROIS PARTIES.

Il ne faut pas s'attendre à trouver dans le grand palais un édifice régulier, avec une façade pompeuse ouverte sur une place publique. Originairement élevé par Constantin, dont il portait le nom, il avait été reconstruit en partie par Justinien au sixième siècle. Depuis, et durant cinq siècles, des constructions importantes y avaient été successivement

---

[1] Codin., *De signis;* Paris., p. 19; Bon., p. 34. — Anonym., *De Theophilo,* ap. *Script. post Theoph.,* § 42; Paris., p. 87; Bon., p. 140. — Constant. Porphyr., *De Basilio Mac.,* ap. *Script. post Theoph.,* § 86 et 90; Paris., p. 201 et 207; Bon., p. 328 et 336.

[2] Du Cange, *Const. Christ.,* lib. III, § 77, p. 70.

[3] Nous devons dire cependant que le nom de naos est appliqué quelquefois à des édifices qui ailleurs reçoivent le nom d'église. De même certains lieux saints, après avoir reçu le nom de ναός, sont désignés dans d'autres passages sous celui de εὐκτήριον. Néanmoins, les distinctions que nous venons d'établir sont la règle commune, et c'est par exception que les auteurs ne les observent pas.

ajoutées par plusieurs empereurs, en sorte qu'au lieu de présenter un tout homogène, le palais impérial n'était autre chose qu'une accumulation d'édifices de différentes époques, plus ou moins heureusement agencés. On ne doit pas perdre de vue non plus qu'au dixième siècle il avait été disposé pour la défense, et que c'était plutôt une place fortifiée, comme les châteaux royaux du moyen âge, qu'un palais dans le style des palais impériaux de l'ancienne Rome.

Le grand palais, τὸ μέγα παλάτιον, se divisait en trois parties distinctes. La première, à laquelle on pourrait donner le nom de Chalcé, du vestibule de ce nom qui en formait l'entrée, comprenait ce vestibule et l'oratoire du Sauveur, qui en dépendait, les Nouméra, les Courtines, le triclinium des scholaires et la chapelle des Saints-Apôtres, le tribunal des Lychnos, le triclinium des excubiteurs, le triclinium des candidats, le grand Consistorion, et la salle à manger pour les jours de fête. Cette première partie (n°s 20 à 34) avait son entrée sur le forum Augustéon et y touchait. On peut encore comprendre dans cette première partie du palais l'église du Seigneur (n° 35).

La seconde partie portait le nom de Daphné. Elle renfermait une première cour ayant son entrée en face de la porte nord-est du Cirque (n° 17, G), l'Hippodrome du palais, une vaste terrasse, la chapelle Sainte-Marie, l'oratoire de la Trinité et le Baptistère, le palais de Daphné, à la suite duquel était le péripatos qui conduisait à Saint-Étienne, et enfin cette église (n°s 39 à 54). On n'arrivait à l'entrée principale de cette seconde partie du palais qu'après avoir traversé le grand Hippodrome.

Entre Chalcé et Daphné s'élevait un édifice très-important, le grand triclinium des Dix-neuf-lits (n° 38). Au delà de l'église Saint-Étienne se trouvait le palais de l'Hippodrome, nommé aussi palais du Cathisma (n°s 56 et 57), duquel dépendait la tribune (n°s 18 et 19), où l'empereur siégeait pour présider aux jeux du Cirque.

La troisième partie du palais recevait le nom de Palais-sacré, τὸ ἱερὸν παλάτιον, ou de Palais-gardé-par-Dieu, τὸ Θεοφύλακτον παλάτιον. Cette partie de la demeure impériale est même la seule qui reçoive habituellement le nom de palais, les autres sont considérées comme des accessoires ou des annexes. Ainsi l'auteur du livre des Cérémonies de la cour, rendant compte de la marche de l'empereur à son retour de Sainte-Sophie ou de la ville, dit très-souvent : L'empereur entre par la Chalcé et les tricliniums des gardes, va dans le coubouclion octogone de Daphné, où il dépose le costume impérial, et de là rentre dans le palais[1]. Il dit encore : L'empereur, après avoir dîné avec le patriarche dans le triclinium des Dix-neuf-lits, retourne dans le Palais-sacré[2]. Les grands dignitaires, venant au palais afin d'accompagner l'empereur qui devait en sortir pour aller à Sainte-Sophie, se réunissent soit dans l'abside (n° 60), soit dans l'Hippodrome couvert (n° 42), et lorsque le palais est ouvert, ajoute le programme des cérémonies, ils y entrent[3].

[1] De cer. aul. Byz., lib. I, cap. I et x, p. 21 et 70.
[2] Idem, lib. I, cap. xxvii, p. 147.
[3] Idem, lib. I, cap. xxiii, p. 128; cap. x, p. 71; cap. lxxii, p. 360.

Entre Daphné et le Palais-sacré existait une Phiale, sorte d'atrium qui se terminait du côté de Daphné par un hémicycle couvert d'une demi-coupole (n⁰ˢ 60 et 61).

Le Palais-sacré comprenait le péristyle du Sigma, le Triconque, les galeries du Triconque et différentes dépendances, comme les bureaux et les cuisines placés en cet endroit, les anciens appartements de l'empereur Théophile († 842) qui s'étendaient au nord et au midi du Sigma et du Triconque, le triclinium Lausiacos, la grande galerie de Justinien avec le vestibule des Scyla, la galerie des Quarante-Saints, la salle du trône, les appartements particuliers de l'empereur, construits par Basile le Macédonien († 886), et enfin les deux naos de Sainte-Marie du Phare et de Saint-Démétrius, au delà desquels était la clôture du Palais-sacré (n⁰ˢ 64 et 71 à 113).

Nous allons maintenant décrire succinctement chacune des trois parties du palais telles qu'elles sont tracées sur notre plan, sauf ensuite à donner des notions plus détaillées et à fournir les preuves à l'appui des dispositions que nous avons tracées.

## IV
### PREMIÈRE PARTIE. — CHALCÉ.

On entrait du forum Augustéon (n° 2) dans le palais par le vestibule de la Chalcé (n° 20), qui était fermé sur cette place par une porte de fer. Au delà de cette porte se trouvait un atrium, terminé du côté du bâtiment par un hémicycle surmonté d'une voûte en cul-de-four (n° 20, A). Le bâtiment, de forme quadrilatérale, était divisé en trois parties : au centre, une rotonde recouverte par une coupole élevée sur quatre grands arcs, comme celle de Sainte-Sophie; en avant de la coupole, une courte galerie voûtée en berceau, à laquelle on donnait le nom de chytos (n° 20, B), et au delà de la coupole, une galerie semblable terminée par une abside (n° 20, C).

Du vestibule de la Chalcé on entrait dans l'oratoire du Sauveur (n° 21), qui renfermait le tombeau de l'empereur Jean Zimiscès.

A la droite de la Chalcé s'élevait sur le Forum un édifice qui était appelé les Nouméra (n° 22); il servait de prison.

De la rotonde du vestibule de la Chalcé, on pénétrait, par une magnifique porte de bronze (n° 20, D), dans le triclinium des scholaires (n° 23), soldats de l'une des cohortes de la garde prétorienne. Cette porte ne s'ouvrait que dans les jours de fête ou pour l'empereur. Dans les jours ordinaires, on entrait dans la salle des scholaires par une petite porte de bronze (n° 20, E) qui s'ouvrait sur le chytos de la Chalcé.

Au midi du triclinium des scholaires s'élevait le naos consacré sous l'invocation des saints Apôtres (n° 24). Ce triclinium servait d'atrium à la chapelle dans laquelle l'empereur s'arrêtait pour faire sa prière, lorsqu'il sortait du palais ou qu'il y entrait par la Chalcé.

Entre le triclinium des scholaires et le triclinium des excubiteurs (n° 27), autres soldats de la garde prétorienne, on trouvait le tribunal des Lychnos (n° 25). C'était une salle terminée par une abside, dans laquelle l'empereur se tenait pour recevoir les hommages des assistants lorsqu'il entrait dans le palais ou qu'il en sortait. Il y faisait aussi, dans ces occasions, la promotion de certains fonctionnaires. L'abside était décorée d'une magnifique croix d'argent, devant laquelle brûlaient des cierges dans un flambeau à sept branches [1].

Comme on ne traversait pas toujours les Lychnos pour passer du triclinium des scholaires dans celui des excubiteurs, il devait exister une galerie (n° 26) tracée parallèlement aux Lychnos.

A la suite du tribunal des Lychnos et de cette galerie venait donc le triclinium des excubiteurs; de là, on passait dans le triclinium des candidats (n° 28), qui formaient l'une des cohortes de la garde de l'empereur.

Un dôme porté par huit colonnes (n° 28, A) existait dans le triclinium des candidats et touchait à celui des excubiteurs. Sous ce dôme était placée une grande croix d'argent merveilleusement travaillée. Une porte de la salle des candidats (n° 28, B) s'ouvrait sur l'atrium du grand triclinium des Dix-neuf-lits (n° 37) dont nous parlerons plus loin. Une autre porte (n° 28, C) donnait accès dans le grand Consistorion (n° 32). Avant de parler de cette salle, il faut revenir sur nos pas.

Lorsque l'empereur voulait rentrer au palais par le vestibule de la Chalcé, la grande porte de bronze et les salles des gardes prétoriennes, il descendait de cheval dans l'atrium de la Chalcé (n° 20, A); mais il suivait souvent une autre voie. A gauche de cet atrium existait une longue cour nommée les Courtines (n° 29), sur laquelle s'ouvraient les portes des salles des gardes prétoriennes; elle était séparée en deux parties à la hauteur du triclinium des excubiteurs, et fermée en cet endroit par une porte de bronze (n° 30) qui donnait une seconde fermeture au palais.

La partie des Courtines qui était au delà de la porte de bronze (n° 29, B) se prolongeait jusqu'à l'église du Seigneur (n° 35), qui, jusqu'au temps de Basile le Macédonien, avait été la chapelle impériale du palais. Aussi quand l'empereur, arrivant par le Forum au vestibule de la Chalcé, ne voulait pas rentrer par ce vestibule et les tricliniums des gardes, les gens de sa suite descendaient de cheval dans l'atrium de la Chalcé (n° 20, A); restant seul à cheval, il passait par les Courtines et arrivait à l'église du Seigneur. Après l'avoir traversée, il rentrait dans le Palais-sacré en suivant une galerie (n° 35, D) au midi, laquelle conduisait à une porte s'ouvrant sur la Phiale (n° 61), qui servait d'atrium au Palais-sacré. En passant par la sacristie, par une salle à coupole nommée l'Oatos et par un petit porche (n° 35, A, B, C), situés

---

[1] *De cer. aul. Byz.*, lib. I, cap. I, p. 12. — CODIN., *De originibus;* Paris., p. 9; Bon., p. 18.

au contraire au nord de l'église, on montait dans l'Héliacon (n° 115) du grand triclinium de la Magnaure.

Au-devant du triclinium des candidats (n° 28) existait une longue galerie nommée le Macron des candidats (n° 31); elle se prolongeait en avant du grand Consistorion (n° 32).

Le grand Consistorion s'ouvrait sur le Macron des candidats par trois portes d'ivoire (n° 32, A). Au fond de la salle se trouvait le trône de l'empereur, recouvert d'un ciborium; il était placé sur une estrade à laquelle on montait par quelques marches (n° 32, B). Trois portes de bronze (n° 32, D), faisant face aux trois portes d'ivoire, donnaient accès dans la cour de l'Onopodion (n° 36), qui séparait le grand Consistorion du triclinium de l'Augustéos (n° 48), appartenant au palais de Daphné. On arrivait aux portes de bronze par trois escaliers (n° 32, C). Celui du milieu prenait naissance sur l'estrade du trône, et les deux autres sur le sol de la salle, à droite et à gauche de l'estrade. On voit par là que le sol du Consistorion, qui était de plain-pied, à quelques marches près, avec les Courtines, était beaucoup plus bas que l'Onopodion.

Lorsque l'empereur sortait du palais dans certains jours de fête pour aller à Sainte-Sophie, il recevait dans le Consistorion les hommages des grands officiers de la couronne et des sénateurs qui devaient l'y accompagner. Il faisait aussi dans cette salle la promotion de quelques-uns des dignitaires de l'État, et y recevait encore les présents qui lui étaient offerts par les envoyés des souverains étrangers. A la suite du Consistorion existait une grande salle à manger (n° 34), où l'empereur traitait les dignitaires dans certains jours de fête.

Ainsi toutes les salles et toutes les cours que renfermait la première partie du palais, à laquelle nous donnons le nom de Chalcé, de même que l'église du Seigneur, étaient de plain-pied avec le forum Augustéon. Nous venons de voir, en effet, que l'empereur allait à cheval du Forum jusqu'au temple du Seigneur, et que pour sortir du Consistorion et arriver à la cour de l'Onopodion et au palais de Daphné (n°s 36 et 48), il fallait monter des escaliers.

## V

### PARTIE INTERMÉDIAIRE ENTRE CHALCÉ ET DAPHNÉ.

Avant de décrire la seconde partie du palais, qui prenait le nom de Daphné, occupons-nous des cours et du grand triclinium des Dix-neuf-lits, qui séparaient Daphné de la première partie du palais.

Lorsqu'on entrait au palais par le Forum et le vestibule de la Chalcé et qu'on voulait aller soit dans Daphné, soit plus loin dans le Palais-sacré, on traversait, comme on vient de le voir, les tricliniums des gardes prétoriennes et le grand Consistorion. Au fond de cette salle, il fallait monter l'un des escaliers (n° 32, C) pour arriver aux portes de bronze qui s'ouvraient sur la cour de l'Onopodion (n° 36). En face de ces portes, de l'autre côté de l'Onopodion, s'élevait le portique de l'Augustéos (n° 49), dont nous parlerons plus loin. Mais si en sortant du Consistorion on tournait à droite, on trouvait au fond de l'Onopodion un escalier de quelques marches qui conduisait à une cour plus élevée, à laquelle on donnait le nom d'Exaéron (n° 37). Cette cour servait d'atrium au grand triclinium des Dix-neuf-lits (n° 38).

Ce triclinium, qui recevait aussi le nom de tribunal des Dix-neuf-lits, était un édifice très-élevé et magnifiquement décoré. On y entrait de l'Exaéron par un vaste portique (n° 38, A). L'intérieur était divisé en deux parties distinctes : le triclinium proprement dit (B), à la suite du portique, et le grand Accoubiton, qui occupait le fond de la salle (C). Le triclinium des Dix-neuf-lits prenait son nom de dix-neuf tables sur lesquelles, dans certains jours de cérémonie, et notamment pendant les fêtes de Noël, l'empereur et ses convives prenaient un repas couchés sur des lits, suivant l'usage de l'antiquité. L'argenterie employée dans ces repas de cérémonie était d'une richesse inouïe. Luitprand, qui fut admis dans les Dix-neuf-lits à la table de l'empereur en sa qualité d'ambassadeur de Bérenger, marquis d'Ivrée, en parle ainsi : « Le service » de la table fut fait uniquement en vaisselle d'or. Après le repas, on servit les fruits » dans trois vases d'or qui, à cause de leur poids, ne furent point apportés à main » d'hommes, mais sur des chariots couverts de pourpre. Deux de ces vases furent » mis sur la table de cette manière : trois cordes enveloppées de peau dorée descen- » daient du plafond par des trous qui y étaient pratiqués ; on engagea les anneaux d'or » dont elles étaient munies dans les anses des vases, puis, à l'aide de quatre hommes, » ou plus peut-être, placés au bas, on les enleva par le moyen d'une poulie établie » au-dessus du plafond, et on les déposa sur la table [1]. » Au haut des marches qui conduisaient de la partie basse de la salle dans la partie la plus élevée, existaient deux grandes colonnes d'argent auxquelles étaient attachées des draperies que l'on baissait lorsque l'empereur, avant les réceptions, revêtait là son costume impérial. Le trône était établi en cet endroit. Une porte (D) donnant sur le Péripatos (n° 52) permettait à l'empereur d'entrer dans le triclinium des Dix-neuf-lits en sortant du coiton de Daphné (n° 51), sans passer par le portique des Dix-neuf-lits, où s'assemblaient les dignitaires avant d'être reçus par lui. Ce vaste triclinium était éclairé par en haut ; sa voûte, distribuée en panneaux octogones et enrichie de branches de vigne, d'arbustes et de feuillages, avait été refaite au dixième siècle sur les dessins de l'empereur Constantin Porphyrogénète [2].

Le triclinium ou tribunal des Dix-neuf-lits ne servait pas seulement aux repas de

---

[1] LUITPRANDI *Antapodosis*, lib. VI, § 8, ap. PERTZ, *Mon. Germ. hist.*, t. V, p. 338.
[2] ANONYM., *De Constant. Porphyr.*, ap. *Script. post Theoph.*, lib. VI, § 20; Paris., p. 280; Bon., p. 449.

cérémonie dont nous venons de parler, l'empereur y faisait de grandes réceptions de fonctionnaires à certains jours de l'année; plusieurs empereurs y couronnèrent leur femme et y firent la promotion du césar, qui fut, jusqu'au douzième siècle, le personnage le plus élevé en dignité après l'empereur. Le corps de l'empereur mort était porté du Palais-sacré dans ce triclinium, et y était exposé jusqu'au jour des funérailles[1].

## VI
### DEUXIÈME PARTIE. — DAPHNÉ.

Venons maintenant à la description de Daphné.

La relation que fait Cédrénus de la sédition qui renversa Michel Calafate et les documents que nous produirons plus loin établiront qu'on abordait le palais impérial par le forum Augustéon, par l'Hippodrome et par le Tzycanistérion[2]. En arrivant par l'Hippodrome, on entrait dans la partie du palais désignée sous le nom de Daphné. C'est ce que nos lecteurs ont déjà appris par l'itinéraire que suivit l'empereur Théophile pour rentrer dans le palais, après qu'il eut traversé l'Hippodrome[3].

De ce côté, l'entrée de la demeure impériale était fermée par une porte de fer (n° 39), que Théoctistos, ministre de l'impératrice Théodora, mère et tutrice de Michel III (842 † 867), avait fait établir pour la sûreté du palais; il avait confié la garde de cette porte et du palais de Daphné à un concierge spécial[4]. Au delà de la porte de fer existait une vaste cour (n° 41). De cette cour on passait dans l'Hippodrome du palais (n° 42), qu'on appelait aussi l'Hippodrome couvert et l'Hippodromios ou petit Hippodrome. C'était un vaste espace abrité par une toiture. Il recevait le nom d'Hippodrome, parce que depuis Constantin, qui l'avait fait établir, jusqu'à l'impératrice Irène, femme de Léon IV († 780), il avait servi aux exercices hippiques des empereurs[5]. Sa destination avait changé depuis : c'est là que les personnages qui arrivaient au palais par la porte de Daphné descendaient de cheval et laissaient leur monture.

Avant de poursuivre la description de Daphné, nous devons faire une observation importante. On a vu que pour aller de la première partie du palais, qui était de niveau avec le forum Augustéon, à la cour de l'Onopodion (n° 36), qui séparait Chalcé de Daphné et donnait accès dans le triclinium de l'Augustéos, il avait fallu monter des escaliers qui se trouvaient au fond du grand Consistorion (n° 32). Le triclinium de l'Augustéos et les autres pièces du palais de Daphné, les galeries qui en dépendaient, le péripatos qui con-

---

[1] *De cer. aul. Byz.*, lib. I, cap. LX, p. 275.
[2] Voyez chapitre IV, § I.
[3] Voyez ci-dessus chap. II, § X, p. 52.
[4] GEORGIUS MONACHUS, *De Michaele et Theodora*, § VI, ap. *Script. post. Theoph.*; Paris., p. 529; Bon., p. 816.
[5] CODIN., *De ædificiis*; Paris., p. 51; Bon., p. 101.

duisait à l'église Saint-Étienne et cette église (n<sup>os</sup> 48, 50, 51, 44, 52 et 54), avaient donc été édifiés au-dessus d'un étage de rez-de-chaussée, afin de pouvoir dominer le grand Hippodrome. Notre plan ne pouvant reproduire que les pièces supérieures de Daphné, nous allons d'abord les décrire; nous parlerons ensuite de l'étage inférieur.

Au fond de l'Hippodrome du palais (n° 42) se trouvait une porte d'ivoire (n° 43) qui s'ouvrait sur un escalier par où l'on montait dans les galeries de Daphné (n° 44), vaste promenoir à ciel ouvert intermédiaire entre la Phiale (n<sup>os</sup> 60 et 61), dont nous parlerons plus loin, et le palais de Daphné (n<sup>os</sup> 48 à 51). Il y avait là une statue de la nymphe Daphné, qui avait été apportée de Rome. La statue donna son nom à cet héliacon et à toute la seconde partie du palais impérial [1].

On trouvait dans les galeries de Daphné trois édifices religieux : l'ancien naos de la Mère de Dieu (n° 45), l'oratoire de la Sainte-Trinité (n° 46) et le Baptistère (n° 47). De ces galeries, on entrait dans le palais de Daphné, qui comprenait le triclinium Augustéos, le salon octogone et le Coïton. Le triclinium Augustéos (n° 48) était une vaste galerie dans laquelle l'empereur recevait les hommages des fonctionnaires; elle servit plusieurs fois au couronnement des impératrices [2]. On y entrait des galeries de Daphné (n° 48, A), mais l'entrée principale était sur la cour de l'Onopodion, où s'élevait un portique qui portait le nom de Main-d'or (n° 49); on traversait ce portique lorsqu'on arrivait par le vestibule de la Chalcé (n° 20) et le grand Consistorion (n° 32).

A la suite de l'Augustéos se trouvait un vaste salon de forme octogone, et que par cette raison on appelait l'Octogone (n° 50). De ce salon, on passait dans une chambre particulière, qui recevait le nom de Coïton de l'Augustéos ou celui de Coïton de Daphné (n° 51). Lorsque l'empereur revenait de Sainte-Sophie ou de la ville, en cérémonie, par le vestibule de la Chalcé et le Consistorion, il traversait l'Onopodion, l'Augustéos, l'Octogone, déposait sa couronne et le costume impérial dans le Coïton, et prenant là un vêtement ordinaire, il traversait les galeries de Daphné et rentrait dans le Palais-sacré.

Au delà du Coïton, un long péripatos, passage à ciel ouvert (n° 52) qui devait être bordé d'une galerie couverte, joignait le palais de Daphné à l'église Saint-Étienne, qui en dépendait. Nous avons déjà dit qu'une porte du grand triclinium des Dix-neuf-lits (n° 38, D) donnait sur ce péripatos; ainsi l'empereur, après avoir revêtu le costume impérial et pris la couronne dans le Coïton de Daphné, pouvait entrer dans les Dix-neuf-lits et s'asseoir sur son trône sans passer par le portique de ce triclinium (n° 38, A), où se tenaient les dignitaires que l'empereur devait recevoir.

Un escalier (n° 53) permettait de monter de la première cour de Daphné (n° 41) sur le péripatos qui conduisait à Saint-Étienne.

L'église Saint-Étienne (n° 54) avait été bâtie par Constantin. Elle s'élevait au-dessus de

---

[1] ANONYM., *Ant. Constant.*, ap. BANDURI, *Imp. Orient.*, lib. I, p. 9.
[2] *De cer. aul. Byz.*, lib. I, cap. XL, p. 202 et seq.

l'Hippodrome. De ses fenêtres, les dames de la cour byzantine pouvaient assister aux courses et aux jeux du Cirque [1]. Cette église était en grande vénération ; on y conservait une croix qui venait de Constantin [2]. L'empereur Héraclius y fut couronné, et l'on y célébrait ordinairement le mariage des empereurs [3]. D'après les Constitutions apostoliques, le Béma ou sanctuaire devant être établi vers l'est, l'empereur en sortant du Coiton de Daphné, devait arriver à Saint-Étienne par le fond de l'église ; le narthex devait donc s'ouvrir à l'occident, sur la terrasse du palais du Cathisma (n° 57), qui servait d'atrium à l'église.

On trouvait, au côté nord du narthex, une porte qui donnait accès à un escalier secret (n° 55), par lequel l'empereur montait dans le palais du Cathisma (n° 56). Par cet escalier, l'empereur arrivait dans un coiton situé au premier étage de l'aile orientale ; de là, il examinait les préparatifs des jeux. Quand on venait le prévenir que tout était prêt, il descendait un escalier de pierre, qui le conduisait au rez-de-chaussée. Le palais du Cathisma, qui recevait aussi le nom de Palais de l'Hippodrome, renfermait, entre autres pièces, un grand triclinium où l'empereur recevait les hauts dignitaires avant les jeux et donnait des repas, un petit triclinium et un coiton qui servait à l'empereur de vestiaire ; il y revêtait son costume impérial avant de monter dans la tribune des jeux. Cette tribune et les deux galeries qui y étaient jointes (n°s 18, 19 et 18, B) se trouvaient établies sur la terrasse, en avant du palais du Cathisma ; nous en avons donné plus haut la description.

Revenons maintenant sur nos pas pour faire connaître l'étage de rez-de-chaussée de Daphné. On a vu plus haut que par un escalier qui se trouvait au delà de la porte d'ivoire (n° 43), au fond de l'Hippodrome du palais (n° 42), on montait dans les galeries de Daphné (n° 44). Il y avait au-dessous de ces galeries un étage de rez-de-chaussée qui portait le nom de Thermastra. On y entrait de plain-pied de l'Hippodrome du palais par des portes (n° 58) que nous supposons avoir dû exister à droite et à gauche de la porte d'ivoire. Ce rez-de-chaussée était éclairé tant sur la première cour de Daphné (n° 41) que sur les jardins, mais la partie qui touchait à la cour de Daphné et à l'Hippodrome du palais a beaucoup trop de largeur pour n'avoir dû recevoir le jour que des abords extérieurs. Nous avons donc supposé qu'au centre de cette partie il existait deux cours (n° 44 A et B), sortes de compluvium, qui recevaient le jour d'une ouverture pratiquée dans le sol des galeries supérieures (n° 44). Au centre de chacune des cours, nous avons placé un bassin dans lequel les eaux pluviales de ces galeries s'écoulaient. La Thermastra se prolongeait jusqu'à la grande salle à manger (n° 34), avec laquelle elle communiquait de plain-pied. On pouvait donc aller de l'Hippodrome du palais par la Thermastra

---

[1] BONDELMONTI, Descript. urbis Constant.

[2] De cer. aul. Byz., lib. I, cap. I, p. 8, et lib. II, cap. XLI, p. 640.

[3] THEOPHANIS Chronogr.; Paris, p. 250, 251 et 374; Bon., p. 461, 462 et 687. — De cer. aul. Byz., lib. I, cap. XXXIX, p. 196.

dans le Consistorion (n° 32), et de là sortir par le vestibule de la Chalcé. La Thermastra avait également des sorties sur les deux courcelles en arrière de l'abside de la Phiale (n°s 62 et 67) dont nous parlerons plus loin. Il y a lieu de croire que la Thermastra se joignait à l'étage de rez-de-chaussée du palais de Daphné (au-dessous des n°s 48, 50 et 51). Ainsi, la cour de Daphné, l'Hippodrome du palais, la Thermastra et l'étage inférieur de Daphné, étaient de niveau, ou à peu près, avec le grand Consistorion (n° 32), les Courtines (n° 29), et par conséquent avec le forum Augustéon (n° 2).

La Thermastra et l'étage de rez-de-chaussée du palais de Daphné renfermaient des salles de réunion pour certains officiers de l'empereur et les pièces nécessaires au service de cette partie du palais.

Nous venons de dire que la Thermastra avait une sortie sur l'abside de la Phiale qui séparait Daphné du Palais-sacré. Occupons-nous de cette partie intermédiaire.

## VII
### ATRIUM DU PALAIS-SACRÉ.

La vaste Phiale à ciel ouvert (n° 61) qui formait l'atrium du Palais-sacré, portait le nom de Phiale mystérieuse du Triconque ou de Phiale mystérieuse du Sigma. Elle se trouvait au niveau de la Thermastra, et, en effet, on y descendait de la terrasse de Daphné (n° 44) par un escalier (n° 59) conduisant à un hémicycle (n° 60) couvert par une voûte en cul-de-four, ce qui fit donner le nom d'abside à cette partie occidentale de la Phiale. Les grands dignitaires et les sénateurs qui venaient au palais pour accompagner l'empereur à sa sortie, attendaient dans cette abside que le Palais-sacré fût ouvert et qu'ils y pussent monter.

Deux courcelles étaient naturellement formées latéralement à l'abside par son mur hémicirculaire (n°s 62 et 67).

C'est dans celle de ces deux courcelles qui était au midi (n° 62) que nous avons placé la porte (A) par laquelle on pouvait passer de plain-pied de l'étage de rez-de-chaussée qui régnait sous la terrasse de Daphné dans la Phiale mystérieuse du Triconque. Une porte (B) donnait accès dans les bains (n° 63) bâtis près de l'abside par ordre de Théoctistos, ministre de l'impératrice Théodora, qui fit également disposer les jardins qui étaient au delà.

De la Phiale mystérieuse du Triconque on entrait dans la chapelle Saint-Jean (n° 65). A côté se trouvait la porte du Spatharicion (n° 66), qui s'ouvrait pour l'empereur lorsqu'il allait du Palais-sacré à l'église du Seigneur (n° 35) ou au triclinium de la Magnaure (n° 116), ou bien encore lorsqu'il se rendait sans pompe à l'église Sainte-Sophie par les galeries supérieures de la Magnaure (n° 117) et l'escalier de bois (n° 13) dont nous avons déjà parlé.

Le Spatharicion (n° 67, A) devait être un corps de garde des spathaires, gardes du corps de l'empereur, chargés sans doute de la défense de cette porte par laquelle on avait accès dans la Phiale. Dans cet endroit il devait exister une porte (n° 67, B) pour passer de la Phiale (n° 61) dans la Thermastra, et de là dans la grande salle à manger (n° 34) où l'empereur donnait un repas à la suite des fêtes du Broumalion impérial, qui avaient lieu dans cette Phiale.

Au milieu de la Phiale existait un bassin de bronze dont les bords étaient d'argent (n° 68). Au centre du bassin s'élevait un vase d'or en forme de coquille. Dans certaines fêtes, ce bassin était rempli de fruits apportés par un conduit qui s'ouvrait dans la coquille d'or, et toutes les personnes venant au palais pouvaient prendre de ces fruits. A droite et à gauche du bassin, des escaliers de marbre blanc de Proconèse (n° 69) conduisaient au Sigma (n° 71), péristyle du Palais-sacré. Entre les degrés existait un petit portique de marbre (n° 70), auquel on donnait le nom de Tropicé, et dont la voûte était soutenue par deux colonnes. Il formait l'entrée du rez-de-chaussée qui existait au-dessous du Sigma et des autres pièces à la suite. Le dessus de ce tropicé était de niveau avec le sol du Sigma, et présentait ainsi une sorte de balcon faisant saillie sur la Phiale.

## VIII

### TROISIÈME PARTIE. — LE PALAIS-SACRÉ.

Le Sigma (n° 71), péristyle du Palais-sacré, était ainsi nommé à cause de sa forme, qui était celle de la lettre de l'alphabet grec qui porte ce nom ; il était ouvert sur la Phiale mystérieuse du Triconque. Quinze colonnes de marbre de Phrygie soutenaient son plafond ; ses murs étaient revêtus de marbres précieux sur lesquels on avait gravé des vers. Au milieu du Sigma s'élevait un édicule, sorte de ciborium (n° 71, A) dont le dôme était soutenu par quatre colonnes de marbre vert de Thessalie. C'est là qu'on plaçait le trône de l'empereur lorsqu'il assistait aux jeux qui se passaient dans la Phiale. Une vasque placée contre le mur du Sigma, au sud-est (n° 71, B), recevait l'eau que vomissaient deux gueules de lion de bronze. Au côté opposé, dans un espace laissé en dehors du Sigma, nous avons placé le petit escalier de bois nommé Styrax (n° 72), par lequel on pouvait descendre du Sigma à l'étage inférieur, situé au niveau des jardins et de la Phiale. Une communication existait entre le Sigma et l'Éros (n° 79), triclinium dont nous parlerons plus loin.

Du Sigma on entrait dans le Triconque (n° 73) par trois portes, celle du milieu d'argent (n° 71, D) et les deux autres de bronze (n° 71, E). Le mur qui séparait le Sigma du Triconque était soutenu par deux colonnes qui avaient motivé les trois portes. Le Triconque avait la forme d'un hémicycle sur le contour duquel s'ouvraient trois absides en cul-de-four. Les Byzantins désignant souvent les absides de leurs églises par le nom de conque, κόγχη, les trois absides avaient fait donner à ce triclinium le nom de Triconque, τρίκογχος. Quatre colonnes de marbre, disposées deux par deux, recevaient la retombée de l'arc de l'abside du milieu, qui était à l'orient. Le fond de cette abside était garni de gradins; les deux autres étaient percées de portes par lesquelles on passait dans les galeries du Triconque (n° 74). Par une petite porte à un seul battant (n° 73, A), en métal poli, on entrait de l'hémicycle du Triconque dans la galerie des Quarante-Saints (n° 80). Les murs du Triconque étaient revêtus de marbres de différentes couleurs, et la voûte, dans laquelle devaient se trouver les ouvertures qui donnaient du jour à la pièce, était entièrement dorée. L'empereur Théophile affectionnait tout particulièrement ce triclinium qu'il avait fait construire; il y venait souvent, et s'y livrait à ses occupations accoutumées avec ses ministres [1].

Avant de poursuivre notre marche dans le Palais-sacré, il faut parler de l'étage de rez-de-chaussée qui se trouvait au-dessous du Sigma et du Triconque, étage que notre plan ne peut laisser voir. On y descendait du Sigma par le Styrax, petit escalier en limaçon (n° 72) dont nous avons déjà parlé. La pièce au-dessous du Sigma avait la même forme que ce péristyle; sa voûte était supportée par dix-neuf colonnes; elle prenait son jour sur un péripatos attenant aux jardins du nord.

A la suite du Sigma inférieur, du côté de l'orient, se trouvait le Tétraséron. Cette pièce était partagée en trois conques sur le modèle du Triconque qu'elle supportait; mais ces conques avaient une direction différente de celle donnée aux absides du Triconque. Ainsi, celle du milieu était tournée vers le midi, et les deux adjacentes au levant et au couchant; la partie rectiligne de la pièce, au lieu de se trouver au couchant, comme dans le Triconque, était tournée vers le nord. Cela se conçoit, puisque le Tétraséron ne pouvait recevoir de jour que des jardins situés de ce côté. La conque orientale du Tétraséron s'étendait sans doute au-dessous des galeries du Triconque (n° 74).

Cette partie rectiligne du Tétraséron, qui devait se trouver au-dessous de la galerie des Quarante-Saints, était supportée par deux colonnes de marbre rouge moucheté. Elle recevait le nom de Mystère, à cause d'un effet singulier qui se produisait en cet endroit : si quelqu'un s'approchant du mur de l'une des absides, orientale ou occidentale, prononçait quelques mots à voix basse et comme à soi-même, une personne placée du côté diamétralement opposé, qui approchait son oreille du mur du Mystère, entendait parfaitement ce qui avait été dit tout bas.

C'est de son voisinage avec le Mystère et le Triconque que la grande Phiale (n° 61) recevait le nom de Phiale mystérieuse du Triconque [2].

Nous avons dit que le petit portique (n° 70) qui existait entre les deux escaliers de marbre de la Phiale, donnait entrée au Sigma inférieur et par conséquent au Tétraséron.

[1] ANONYM., *De Theophilo*, ap. *Script. post Theoph.*; Paris., p. 86 et seq.; Bon., p. 140 et seq.
[2] ANONYM., *De Theophilo*, ap. *Script. post Theoph.*, lib. III, § 42; Paris., p. 87; Bon., p. 140 et 141.

Si donc en quittant ces deux pièces on voulait sortir du palais, on n'avait qu'à traverser la Phiale, la Thermastra et l'Hippodrome couvert (n° 42); de là, par la cour de Daphné (n° 41), on arrivait à la Porte de fer (n° 39).

Reprenons notre marche dans le Palais-sacré à partir du Triconque (n° 73). En sortant de ce triclinium on trouvait une galerie en forme de T (n° 74) qu'on appelait Diabatica du Triconque. Les branches de cette galerie au nord et au midi (n° 74 B) servaient de communication entre les différents triclinium bâtis par l'empereur Théophile pour sa demeure particulière; la branche principale (n° 74, A), qui se dirigeait vers l'est, conduisait à une porte à un seul battant (n° 75), qu'on appelait porte Monothyros du trésor privé, ou Monothyros tout court. Au delà de cette porte on trouvait des degrés (n° 76) qu'on descendait pour arriver au triclinium Lausiacos (n° 92). Les galeries du Triconque devaient être éclairées par en haut, comme l'était ce triclinium. Du temps de l'empereur Théophile, et avant que l'empereur Basile le Macédonien eût fait bâtir un édifice spécial pour le trésor, c'était dans les pièces à droite et à gauche de cette galerie orientale qu'était placé le trésor privé de l'empereur. Au dixième siècle ces pièces renfermaient, celles au nord, les bureaux (n° 77, A et B); celles du midi (n° 78), les diverses dépendances pour le service du palais et notamment les cuisines : mais cette partie du palais, de même que la porte Monothyros qui la fermait, avait conservé le nom de trésor. Il est probable que des escaliers particuliers conduisaient à l'étage inférieur, où devaient exister également des pièces destinées au service du palais.

Du Sigma on entrait par une porte ouverte vers le nord (n° 71, C) dans l'Éros (n° 79). Ce triclinium avait été construit par l'empereur Théophile pour lui servir de cabinet d'armes. Les murs étaient décorés de boucliers et d'armes de toute espèce [1]. Au dixième siècle, l'Éros était un lieu de passage, une sorte de vestibule de la galerie des Quarante-Saints. Il possédait un escalier (n° 79, A) par lequel on pouvait descendre dans les jardins, pour aller de là au grand triclinium de la Magnaure (n° 116).

La galerie des Quarante-Saints (n° 80), dans laquelle on entrait par le Triconque, s'étendait jusqu'à l'héliacon du Phare (n° 105), où se terminait le Palais-sacré; elle servait à mettre en communication toutes les pièces de ce palais.

A l'est de l'Éros s'élevait un triclinium plus important, qu'on appelait la Perle (n° 81); il avait été entièrement construit par Théophile. On trouvait à l'étage supérieur, que reproduit notre plan, un salon et une chambre à coucher (n° 81, A). Le plafond du salon était porté par huit colonnes de marbre de Rhodes. Des représentations d'animaux, exécutées en mosaïques de marbre, enrichissaient les murs. Le sol était pavé en marbre de Proconèse de différentes couleurs. Le plafond de la chambre à coucher, en forme de voûte, était enrichi d'or et porté par quatre colonnes de marbre. Deux galeries (B), soutenues par quatre colonnes de marbre de Thessalie, et dont les murs et le sol étaient

---

[1] Anonym., *De Theophilo*, ap. *Script. post Theoph.*, lib. III, § 43; Paris., p. 88; Bon., p. 143.

couverts de marbres variés comme le salon, conduisaient à une terrasse (n° 82) qui s'élevait au-dessus des jardins et de laquelle on voyait la magnifique église (n° 128) bâtie par Basile le Macédonien. Cette terrasse était tournée vers le nord. L'empereur Théophile habitait la Perle depuis l'équinoxe du printemps jusqu'à l'équinoxe d'automne [1].

Au midi du Sigma et du Triconque (n°s 71 et 73), on trouvait d'autres triclinium que l'empereur Théophile avait également fait construire pour son habitation personnelle et celle de l'impératrice. Le premier de ces bâtiments (n° 64), qui touchait au Sigma, avait deux étages. L'étage de rez-de-chaussée, qui devait être de plain-pied avec le Sigma inférieur et les jardins, se nommait Pyxitès; l'étage supérieur, qui est reproduit dans notre plan, servait de vestiaire au clergé du palais [2].

A l'est du Pyxitès et touchant au Triconque, s'élevait le Carien (n° 83), ainsi nommé de ce qu'il était construit tout en marbre de Carie. Théophile habitait le coiton de ce triclinium à l'approche du solstice d'hiver, afin d'éviter le souffle impétueux des vents du midi, dit l'auteur anonyme de la vie de cet empereur [3]. En effet, ce bâtiment était abrité des vents de la mer par la grande galerie de Justinien et des vents de l'est par les autres triclinium dont nous allons parler. C'était donc une habitation très-convenable pour l'hiver. D'après cet auteur et d'après le livre des Cérémonies [4], le triclinium Carien servait, au dixième siècle, au dépôt des étoffes de soie et à l'habitation du concierge du palais. C'est sans doute l'étage de rez-de-chaussée qui avait la destination de garde-meuble; le concierge du palais était parfaitement placé au premier étage, puisqu'il se trouvait là auprès des trois portes qui fermaient le Triconque sur le Sigma (n° 71, D et E) et donnaient entrée dans le Palais-sacré.

Le Carien était séparé par une terrasse (n° 84) de bâtiments élevés à la suite les uns des autres et renfermant plusieurs appartements, κουβούκλεια, destinés à l'habitation particulière de l'empereur, sous Théophile et Michel III. Le premier étage de ces bâtiments devait être de plain-pied avec le Triconque et le premier étage du Carien; on y avait accès et par cette terrasse et par les galeries du Triconque (n° 74, B). Le premier de ces appartements portait le nom de Camilas (n° 85). A la suite d'une pièce d'entrée (A), se trouvait un vaste salon, dont le plafond voûté était soutenu par six colonnes de marbre vert de Thessalie. Le lambris d'appui était également fait de ce marbre; le mur au-dessus était revêtu d'une mosaïque qui représentait des personnages mangeant des fruits; le sol avait été dallé en marbre de Proconèse. Un oratoire (B), à la suite du salon, contenait deux autels, consacrés, l'un à la très-sainte Mère de Dieu, et l'autre à l'archange saint Michel. L'étage de rez-de-chaussée renfermait une salle à manger et une

---

[1] ANONYM., *De Theophilo*, ap. *Script. post Theoph.*; Paris., p. 89; Bon., p. 143.
[2] ANONYM., *De Theophilo*, ap. *Script. post Theoph.*; Paris., p. 88; Bon., p. 143.
[3] ANONYM., *De Theophilo*, ap. *Script. post Theoph.*; Paris., p. 86 et 89; Bon., p. 139 et 144.
[4] ANONYM., *De Theophilo*; *De cer. aul. Byz.*, lib. II, cap. XV, p. 592.

galerie dans laquelle l'empereur Constantin Porphyrogénète avait établi la bibliothèque du palais. Les murs de la salle à manger étaient en marbre de couleur foncée ; le sol offrait une mosaïque de marbre.

Le Coubouclion qui venait à la suite du Camilas offrait au premier étage un salon (n° 86) dont le plafond était porté par quatre colonnes de marbre de Phrygie. On avait reproduit sur les murs des arbustes et divers ornements, exécutés en marbre vert et se détachant sur un fond de mosaïque d'or. Le sol était pavé en marbre de Proconèse. L'étage inférieur, que l'on appelait Mésopatos, était destiné à l'habitation des eunuques.

Le troisième Coubouclion, qui touchait à celui que nous venons de décrire, renfermait au rez-de-chaussée la chambre à coucher de l'impératrice, qui se trouvait ainsi auprès du Mésopatos. Du côté du levant, où la pièce était éclairée, deux colonnes de marbre de Carie s'élevaient jusqu'au plafond voûté ; cinq colonnes de ce marbre le soutenaient du côté du midi. C'est là sans doute que se trouvait le lit de l'impératrice. Les murs, au nord et au couchant, étaient revêtus d'une mosaïque composée de marbres de différents pays, dont les couleurs variées avaient été si harmonieusement disposées que la chambre en avait reçu le nom de Μουσικός, ce que l'on peut traduire par Harmonie. La variété des dessins et des couleurs de la mosaïque de marbre qui couvrait également le sol donnait à ce dallage, dit l'auteur de la vie de Théophile, l'aspect d'une prairie émaillée de fleurs. La pièce située au premier étage au-dessus de l'Harmonie (n° 87) servait de vestiaire à l'impératrice. Les murs étaient enrichis de peintures que l'empereur Michel III, fils de Théophile, avait fait exécuter ; le sol était dallé en marbre blanc de Proconèse. A la suite de la chambre à coucher de l'impératrice existait un bâtiment qui ne s'élevait que dans la hauteur du rez-de-chaussée (n° 88) et qui était divisé en deux pièces. L'empereur Léon le Philosophe († 911) avait fait établir dans une de ces pièces un oratoire sous l'invocation de sainte Agnès. Quatre colonnes de marbre de couleur nuageuse et foncée soutenaient la voûte ; les murs étaient revêtus de plaques de ce marbre ; le dallage du sol se composait de marbre blanc de Proconèse.

Un dernier Coubouclion, adossé à ce bâtiment et à l'Harmonie, formait une aile en retour, se dirigeant vers le couchant (n° 89). Il était élevé de deux étages. On trouvait là un escalier (A) par lequel on communiquait de la chambre à coucher de l'impératrice au premier étage de ce coubouclion et, sans doute, au vestiaire. Il y avait à ce premier étage un salon enrichi de colonnes et de marbres, dans le style des pièces que nous venons de décrire. L'étage de rez-de-chaussée avait un vestibule (B) donnant sur les jardins. En sortant par ce vestibule on pouvait se diriger, soit vers le Cénourgion (n°s 100 à 104), en passant au-dessous du triclinium Lausiacos (n° 92), soit vers le Pentacoubouclion (n° 141), en traversant les arcades qui portaient la grande galerie de Justinien (n° 109)[1].

---

[1] Anonym., *De Theoph. Mich. fil.*, ap. *Script. post Theoph.*, lib. III, § 43 ; Paris., p. 91 ; Bon., p. 146.

L'empereur Théophile avait encore fait élever, entre la galerie du Lausiacos et le bâtiment qui contenait le Camilas, le Mésopatos et l'Harmonie, un autre triclinium (n° 90) qui renfermait quatre coubouclion. Les deux coubouclion du bas, qui faisaient face au Mésopatos, avaient un plafond doré, distribué en quatre absides. Leur sortie était du côté du palais de porphyre (n° 140)[1]. Les deux salons du premier étage avaient vue sur la galerie du Lausiacos[2].

Revenons maintenant à la galerie orientale du Triconque (n° 74 A). Au bout de cette galerie on trouvait la porte dite Monothyros et un escalier (n°s 75 et 76). Après en avoir descendu les degrés on entrait dans le triclinium Lausiacos par un tropicé (n° 91) auquel nous avons donné la forme hémicirculaire; nous supposons que l'hémicycle était couronné par une demi-coupole dont l'arc était porté par deux colonnes.

Le Lausiacos (n° 92) était une longue galerie transversale qui donnait d'un bout, vers le nord, dans la galerie des Quarante-Saints (n° 80), et de l'autre, dans le grand triclinium de Justinien (n° 109). Le Lausiacos communiquait encore avec le Tripéton (n° 94), vestibule de la salle du trône, par des portes de bronze qui se trouvaient en face du Tropicé (n° 91). Des portes également en bronze donnaient accès dans le bâtiment (n° 78) où se trouvaient les cuisines et les pièces de service[3]. L'empereur Théophile fit restaurer le Lausiacos; il l'embellit de mosaïques à fond d'or et y plaça les chapiteaux des colonnes du palais que le tyran Basiliscus († 477) avait fait construire à Constantinople[4]. L'empereur Léon l'Arménien († 820) affectionnait ce triclinium; il y recevait les placets de ses sujets et y rendait la justice[5]. C'est principalement dans le Lausiacos qu'étaient organisés les différents corps des dignitaires et des fonctionnaires de l'État lorsqu'ils se réunissaient en procession, soit pour être présentés à l'empereur, soit pour l'accompagner à sa sortie du palais[6]. Tous les dimanches on faisait l'office dans le Lausiacos; le sacrifice de la messe était célébré dans l'oratoire de saint Basile (n° 93), qui s'ouvrait sur ce triclinium[7]. Le Curopalate, l'un des premiers officiers du palais, avait son siége dans le Lausiacos[8]. Les maglabites, soldats de la garde intérieure du palais, et le chef des hétaires, gens de service chargés des soins intérieurs, s'y tenaient également[9].

Du triclinium Lausiacos on passait dans le Tripéton (n° 94). Ce vestibule portait encore le nom de Horologion, à cause d'une horloge qui y était placée. Des portes ouvertes aux

---

[1] Anonym., *De Theoph. Mich. fil.*, ap. *Script. post Theoph.*, § 44; Paris., p. 91; Bon., p. 147.
[2] Anonym., *De Theoph. Mich. fil.*, ap. *Script. post Theoph.*, § 42, 43 et 44; Paris., p. 86 et seq.; Bon., p. 139 et seq.
[3] *De cer. aul. Byz.*, lib. I, cap. xxi, p. 123, et lib. II, cap. i, p. 519.
[4] Anonym., *De Theophilo*, § 44, ap. *Script. post Theoph.*; Paris., p. 91; Bon., p. 147.
[5] Cedreni *Histor. Comp.*; Paris., p. 491; Bon., t. II, p. 60.
[6] *De cer. aul. Byz.*, lib. I, cap. xxxii et xxxv, p. 174, 180 et passim.
[7] *De cer. aul. Byz.*, lib. II, cap. ii, p. 522 et 550.
[8] *De cer. aul. Byz.*, lib. I, cap. lxiv, p. 288.
[9] *De cer. aul. Byz.*, lib. II, cap. i, p. 519 et 520.

deux bouts faisaient communiquer le Tripéton avec la galerie des Quarante-Saints (n° 80) et avec le Cénourgion (n°s 100 à 104), bâtiment qui avait été construit par l'empereur Basile le Macédonien († 886) pour son habitation personnelle. Lorsque le patriarche venait voir l'empereur, il s'asseyait dans le Tripéton sur un siége couvert de tapisseries en attendant que l'empereur eût été prévenu de son arrivée [1]. Le Tripéton devait être éclairé par en haut comme le Chrysotriclinium.

Des portes d'argent (n° 94, A) s'ouvraient du Tripéton sur le Chrysotriclinium ou triclinium d'or, salle du trône du Palais-sacré (n° 95). Ces portes étaient l'ouvrage de l'empereur Constantin Porphyrogénète, qui était un véritable artiste [2].

Le Chrysotriclinium était une vaste salle bâtie sur un plan octogone et surmontée d'une coupole. Chacun des pans de l'octogone était pénétré par une arcade qui donnait naissance à une demi-coupole couronnant une pièce en hémicycle; c'étaient huit absides rayonnant autour de la salle octogone. La salle et ses huit absides étaient inscrites dans un vaste carré dont les angles formaient des pièces irrégulières (n°s 96 à 99); nous en indiquerons plus loin la destination. Au-dessus des huit arcs des absides et des huit pendentifs qui les séparaient, régnait un riche entablement, dont la corniche très-saillante formait une galerie circulaire autour de la salle. Au-dessus de cette galerie s'élevait la coupole qui était percée de seize fenêtres cintrées. L'abside occidentale (n° 95, A), en communication immédiate avec le Tripéton, servait d'entrée à la salle octogone par une porte à un seul battant que couvrait du côté de la salle une portière de pourpre qu'on nommait la portière du Panthéon, et plus souvent encore par abréviation le Panthéon [3]. Cette portière, qui était attachée à une tringle d'argent [4], avait donné son nom à l'abside occidentale qu'on appelait Camara du Panthéon. Les arcades des autres absides étaient également munies de portières [5], mais celle-là seule avait un nom. Lorsque la grande porte d'argent (n° 94, A) était fermée, on pouvait arriver à l'abside du Panthéon pour entrer dans la salle octogone par la cella irrégulière située à l'angle nord-ouest du grand carré (n° 98), laquelle communiquait par une porte de service (n° 98, A) avec la galerie des Quarante-Saints [6].

L'abside (B) à la droite de l'abside occidentale servait de vestiaire au patriarche lorsqu'il venait visiter l'empereur.

L'abside méridionale (C) formait l'entrée des appartements particuliers de l'empereur. Les musiciens qui chantaient pendant les repas que l'empereur donnait quelquefois dans

---

[1] *De cer. aul. Byz.*, lib. I, cap. xiv, p. 91.

[2] *De cer. aul. Byz.*, lib. I, cap. xiv et xxi, p. 92 et 122.—Anonym., *De Constantino Porph.*, ap. *Script. post Theoph.*; Paris, p. 281; Bon., p. 450.

[3] *De cer. aul. Byz.*, lib. I, cap. lxiv, p. 289; cap. i, p. 6 et 7; cap. xxi, p. 122, et cap. xix, p. 116.

[4] *De cer. aul. Byz.*, lib. II, cap. xv, p. 587.

[5] *De cer. aul. Byz.*, lib. I, cap. xiv, p. 95; cap. xx, p. 119; cap. lxiv, p. 289; lib. II, cap. i, p. 519.

[6] *De cer. aul. Byz.*, lib. I, cap. lxiv, p. 289.

le Chrysotriclinium étaient placés dans cette abside et dans celle qui servait de vestiaire au patriarche [1].

L'abside de Saint-Théodore (D) qui venait à la suite, servait de vestiaire à l'empereur. C'est dans cette abside qu'il était revêtu du costume impérial et qu'il prenait la couronne, soit lorsqu'il devait monter sur son trône dans le Chrysotriclinium, soit lorsqu'il devait sortir du palais en cérémonie. En descendant de son trône ou en rentrant au palais, il déposait le costume impérial et la couronne dans cette abside avant de se retirer dans ses appartements [2]. Au fond de l'abside de Saint-Théodore s'ouvrait un petit oratoire consacré sous l'invocation de ce saint, très-vénéré dans l'Église grecque (n° 96). Cet oratoire était édifié dans l'écoinçon sud-est du grand carré dans lequel était renfermé le Chrysotriclinium et ses absides [3]. C'est dans cet oratoire qu'étaient conservés le costume impérial, les couronnes et les armes de l'empereur, et deux boucliers d'or émaillé enrichis de perles et de pierres fines. On y déposait également les armes précieuses et les insignes de certains officiers du palais, comme par exemple les verges d'or gemmé des ostiaires, les verges d'argent doré des silentiaires, les colliers d'or des protospathaires et les épées dorées des spathaires [4].

L'abside orientale (E) était fermée par une porte à deux battants sur la grande salle octogone du Chrysotriclinium. Au fond se trouvait une porte de sortie sur l'Héliacon du Phare (n° 105), dont nous parlerons plus loin. Les deux battants de cette porte étaient revêtus d'argent. On voyait dans cette abside l'image du Christ assis sur un trône, et jamais l'empereur ne traversait le Chrysotriclinium, soit en sortant de ses appartements, soit en y rentrant, sans faire sa prière devant cette image, qui était sans doute exécutée en mosaïque sur la voûte [5]. Le trône impérial était établi dans l'abside orientale. Ordinairement l'empereur, après avoir pris le costume impérial et la couronne dans l'abside de saint Théodore, traversait le Chrysotriclinium et montait sur son trône; ensuite les officiers du palais allaient chercher dans le Tripéton ou dans le Lausiacos les personnes ou les corps constitués qui devaient être admis en sa présence [6]. Mais lorsque les dignitaires que l'empereur voulait recevoir étaient déjà réunis dans la salle octogone du Chrysotriclinium, l'empereur passait de l'abside de saint Théodore dans l'abside orientale, dont les portes étaient fermées, et lorsqu'il était assis sur son trône, deux officiers du palais ouvraient ces portes [7], et les assistants se prosternaient aussitôt pour lui rendre hommage.

---

[1] *De cer. aul. Byz.*, lib. II, cap. xv, p. 585.

[2] *De cer. aul. Byz.*, lib. I, cap. xix, xx, xxi, xlviii et lxiv, p. 115, 119, 122, 244, 249, 285 et 289.

[3] *De cer. aul. Byz.*, lib. II, cap. xxiv et xxv, p. 623 et seq.

[4] *De cer. aul. Byz.*, lib. I, cap. i, p. 6, et lib. II, cap. xl, p. 640.

[5] *De cer. aul. Byz.*, lib. I, cap. i, p. 7 et 22; lib. II, cap. i, p. 519 et 599.

[6] *De cer. aul. Byz.*, lib. I, cap. xxxii, p. 175; lib. II, cap. i, p. 521, et cap. ix, p. 540, et lib. I, cap. xlviii, p. 244.

[7] *De cer. aul. Byz.*, lib. I, cap. lxiv, § vi, p. 289 et seq.

Nous n'avons rien trouvé dans le livre des Cérémonies qui nous indiquât la destination de l'abside (F) qui venait à la suite de la Camara orientale. Il est probable qu'on passait par cette abside pour arriver à l'escalier (n° 97) que nous supposons avoir dû exister dans l'écoinçon nord-est du grand carré pour monter à la galerie circulaire de la Coupole. Un escalier semblable a dû se trouver dans l'angle sud-ouest (n° 99) qui touchait aux appartements de l'impératrice. Comme dans l'empire d'Orient l'impératrice n'était jamais assise à côté de l'empereur dans les cérémonies publiques, les femmes n'y étant pas admises[1], elle pouvait, par cet escalier et sans passer par les salles de réception, monter à la galerie de la Coupole, sorte de gynécée semblable à celui des églises, et voir de là, avec les dames de la cour, les cérémonies qui se passaient dans la salle octogone du Chrysotriclinium.

L'abside septentrionale (G) faisait communiquer le Chrysotriclinium avec la galerie des Quarante-Saints[2].

La huitième abside (H), touchant à l'abside du Panthéon, était attribuée au concierge du Palais-sacré; c'est là que cet officier en déposait les clefs après l'avoir ouvert. Il attendait en cet endroit que l'empereur lui donnât ses ordres[3].

Le pavé du Chrysotriclinium avait été renouvelé au dixième siècle sur les dessins de l'empereur Constantin Porphyrogénète; c'était une mosaïque de marbres et de porphyres de diverses couleurs offrant des combinaisons et des entrelacements du meilleur goût; la mosaïque était encadrée dans une bordure d'argent[4]. Les murs et les voûtes étaient enrichis de mosaïques. Un lustre de grande proportion, auquel on donnait le nom de Polycandélon, était suspendu au centre de la coupole[5].

Le Chrysotriclinium était, comme on l'a vu, la salle du trône du Palais-sacré; mais, dans certaines occasions, on y dressait une table, et l'empereur y donnait des repas[6]. Dans ces occasions assez rares, le service devait être fait par les cuisines établies dans le bâtiment (n° 78), dont une porte ouvrait sur le Lausiacos (n° 92).

Nous avons dit que l'abside méridionale du Chrysotriclinium (n° 95, C) conduisait aux appartements particuliers de l'empereur; occupons-nous maintenant de ces appartements. Basile le Macédonien, après avoir assassiné Michel III, son collègue et son bienfaiteur, n'avait pu sans doute se décider à habiter les appartements de ce prince, qui avaient été construits par l'empereur Théophile et dont nous avons déjà fait la description. Il fit donc élever au midi du Chrysotriclinium un corps de bâtiment auquel on donnait le nom de Cénourgion[7]. Ce bâtiment (n°s 100 à 104), qui comprenait plusieurs pièces, devint, à

---

[1] Procop., *De bello Persico*, lib. I, § xxiv; Paris., p. 70; Bon., p. 120. — *De cer. aul. Byz.*, passim.
[2] *De cer. aul. Byz.*, lib. I, cap. x, p. 85; cap. xvii, p. 107; cap. xxx, p. 169, et cap. xxxv, p. 180.
[3] *De cer. aul. Byz.*, lib. II, cap. i, p. 519.
[4] Anonym., *De Constant. Porphyr.*, ap. *Script. post Theoph.*; Paris., p. 284; Bon., p. 456.
[5] *De cer. aul. Byz.*, lib. II, cap. xv, p. 597.
[6] *De cer. aul. Byz.*, lib. I, cap. xiv, p. 91, et lib. II, cap. xv, p. 597.
[7] Const. Porphyr., *De Basil. Maced.*, lib. V, § 89, ap. *Script. post Theoph.*; Paris., p. 204; Bon., p. 332.

partir du règne de Basile (867 † 886), l'habitation particulière des empereurs jusqu'au moment où ils allèrent s'établir dans le château du Boucoléon ou dans celui des Blaquernes. Une longue galerie, qui régnait au midi du Tripéton et du Chrysotriclinium, était divisée en deux parties. La première partie (n° 100), dans laquelle on entrait par le Tripéton, servait de salle à manger particulière à l'empereur. Cette salle devait communiquer avec l'écoinçon sud-ouest (n° 99) du grand carré qui renfermait le Chrysotriclinium et ses absides. L'escalier que nous avons supposé devoir exister dans cet écoinçon pour monter à la Coupole, se trouvait ainsi placé très-près des appartements particuliers. La seconde partie (n° 101) recevait le nom de Macron de la chambre à coucher; elle se prolongeait jusqu'au narthex de Sainte-Marie du Phare (n° 106), sur lequel elle était fermée par des portes d'argent. C'est sur ce Macron que s'ouvrait la porte de communication avec l'abside méridionale du Chrysotriclinium (n° 95, C). La longue galerie qui renfermait la salle à manger et le Macron devait être éclairée par le plafond.

A la suite de la salle à manger se trouvait un vaste salon. La description en a été donnée par Constantin Porphyrogénète dans la vie qu'il a écrite de son aïeul l'empereur Basile. Nous ne pouvons mieux faire connaître cette magnifique salle qu'en traduisant le texte de l'auteur. « Cette construction nouvelle est soutenue par seize colonnes disposées à inter» valles égaux, dont huit de marbre vert de Thessalie et six d'onychite; toutes ont été » couvertes d'ornements par le sculpteur et historiées de ceps de vigne, au milieu desquels » se jouent des animaux de toute espèce. Les deux dernières sont d'onychite aussi, mais » elles n'ont pas été traitées de la même manière par l'artiste, qui en a enrichi la surface » de stries obliques. Dans tout ce travail, on a cherché dans la variété de la forme un » surcroît de plaisir pour les yeux. Toute la salle, depuis le dessus des colonnes jusqu'à » la voûte, est ornée, ainsi que la coupole orientale, d'une mosaïque de toute beauté où » se trouve représenté l'ordonnateur de l'ouvrage trônant au milieu des généraux qui ont » partagé les fatigues de ses campagnes; ceux-ci lui présentent comme offrande les villes » qu'il a prises. Immédiatement au-dessus, sur la voûte, on a reproduit les faits d'armes » herculéens de l'empereur, ses grands travaux pour le bonheur de ses sujets, ses efforts » sur les champs de bataille et ses victoires octroyées par Dieu[1]. »

A l'orient de cette salle s'ouvrait un petit vestibule (n° 103) qui précédait la chambre à coucher. Son plafond formait une coupole, où sans doute étaient percés des jours; les mosaïques qui décoraient les murs étaient remarquables et par la composition des sujets et par l'harmonie des couleurs. L'empereur Constantin Porphyrogénète avait construit dans ce vestibule un bassin de porphyre qui était entouré de colonnes de marbre d'un poli

---

[1] Const. Porphyr., *De Basil. Maced.*, lib. V, § 89; Paris., p. 204; Bon., p. 332.
Nous allons avoir à traduire un assez grand nombre de passages des auteurs byzantins. Notre unique but étant de rechercher le véritable sens des textes sur la situation, la forme et l'ornementation des édifices et des différentes parties qui les composent, nous ne nous attacherons pas à en donner une traduction élégante, mais plutôt à rendre mot pour mot; nous ne reculerons pas devant la répétition fréquente du même mot français quand le mot grec se trouvera répété dans le texte.

admirable. Le tuyau des eaux était caché par un aigle d'argent qui, le col tourné de côté et avec l'air superbe d'un chasseur heureux, étreignait un serpent dans ses serres [1].

Constantin Porphyrogénète, dans la vie de son aïeul, nous a laissé la description de la chambre à coucher (n° 104) qui se trouvait à la suite de ce petit vestibule; nous nous contenterons de le traduire : « La chambre à coucher édifiée par l'empereur Basile est un
» véritable chef-d'œuvre de l'art. Sur le sol, tout à fait au milieu, s'étale un paon,
» résultat d'un beau travail de mosaïque. L'oiseau de Médée est renfermé dans un cercle
» de marbre de Carie; les rayons de cette pierre se projettent de manière à former un
» autre cercle plus grand. En dehors de ce second cercle, sont ce que j'appellerai des
» ruisseaux de marbre vert de Thessalie qui se répandent dans le sens des quatre angles
» de la pièce. Dans les quatre espaces formés par ces ruisseaux sont quatre aigles rendus
» avec tant de vérité qu'on les croirait vivants et près de s'envoler. Les murs de tous côtés
» sont revêtus par le bas de tablettes de verre de différentes couleurs [2], qui reproduisent
» des fleurs variées. Au-dessus, un travail différent, dont l'or fait le fond, sépare l'orne-
» mentation de la partie inférieure de la salle de celle de la partie supérieure. On trouve
» dans cette partie un autre travail de mosaïque à fond d'or représentant l'auguste ordon-
» nateur de l'œuvre sur son trône, et l'impératrice Eudoxie, revêtus de leur costume
» impérial et la couronne en tête. Leurs enfants sont représentés tout autour de la salle,
» portant, eux aussi, leurs vêtements impériaux et leurs couronnes. Les jeunes princes
» tiennent à la main des livres contenant les divins préceptes dans la pratique desquels ils
» ont été élevés; les jeunes princesses tiennent aussi des livres semblables. L'artiste a voulu,
» peut-être, donner à entendre que non-seulement les enfants mâles, mais ceux de l'autre
» sexe, ont été initiés dans les lettres saintes et ont pris part aux enseignements de la
» sagesse divine, et que l'auteur de leurs jours, quoiqu'il n'ait pu, à cause des vicissitudes
» de sa vie, s'adonner aux lettres de bonne heure, a voulu néanmoins que ses rejetons
» fussent instruits, et a tenu aussi à ce que même, si l'histoire s'en faisait, le fait fût
» patent pour tous par la voie de la peinture. Tels sont les embellissements qui se voient
» sur les quatre murs jusqu'au plafond. Ce plafond, de forme carrée, ne s'élève pas en
» hauteur. Il est tout resplendissant d'or. On y a reproduit au milieu, sur une terre de couleur
» verte, la croix qui donne la victoire; autour de cette croix on voit des étoiles comme
» celles qui brillent au firmament, et aussi l'auguste empereur, ses enfants et son impériale
» compagne élevant les mains vers Dieu et vers le divin symbole de notre salut [3]. »

Les deux petites pièces (n° 103, A et B) que nous avons tracées, à droite et à gauche du vestibule du Coiton, étaient destinées au service. On devait trouver dans l'une d'elles un petit escalier pour communiquer avec un rez-de-chaussée qui existait sans doute au-dessous

---

[1] Anonym., *De Constant. Porphyr.*, lib. VI, § 24; Paris., p. 281; Bon., p. 451.
[2] Sans doute les cubes de verre qui composent les mosaïques.
[3] Const. imp., *Hist. de vita et rebus gestis Basil. imp.*, ap. Script. post Theoph.; Paris., p. 204; Bon., p. 332.

du salon, de la chambre à coucher et de son vestibule (n°s 102, 103 et 104); car bien que le Chrysotriclinium (n° 95) fût bâti au niveau du sol, comme le terrain allait toujours en s'abaissant vers la mer, ces pièces devaient être élevées au-dessus d'un étage de soubassement.

A partir du règne de Basile, le Chrysotriclinium et le Cénourgion réunis formèrent la partie la plus importante du palais impérial. Au dixième siècle, à l'époque où quatre empereurs y résidaient ensemble, Romain Lécapène (915 † 948), qui, après s'être fait associer à l'empire par son gendre Constantin Porphyrogénète, s'était emparé du gouvernement de l'État, occupait seul le Cénourgion et le Chrysotriclinium; il avait relégué dans d'autres triclinium dépendant de la demeure impériale, et son gendre, le légitime empereur, et ses deux propres fils, Étienne et Constantin, qu'il avait fait également associer à l'empire [1].

Nous avons dit qu'au fond de l'abside orientale du Chrysotriclinium existait une porte de sortie sur l'Héliacon du Phare (n° 105). Cet Héliacon était une vaste cour entourée de portiques. Elle servait d'atrium à l'église Sainte-Marie du Phare et à la chapelle Saint-Démétrius. En face de ces deux églises existait, vers le nord-est, une porte à un seul battant, abritée par un petit porche (n° 105, A). Par cette porte on sortait du Palais-sacré.

Le naos Sainte-Marie du Phare (n° 106) existait déjà au commencement du neuvième siècle, à l'époque de Michel Rangabé [2]; il fut restauré et embelli par Michel III [3] et devint la chapelle impériale du palais lorsque Basile le Macédonien eut bâti le Cénourgion pour son habitation personnelle [4]. On a vu que le Macron de la chambre à coucher du Cénourgion avait une sortie sur le narthex de Sainte-Marie du Phare. La porte principale de l'église était d'ivoire [5]. On y conservait une couronne d'or émaillé et une grande croix, ouvrages d'orfévrerie sortis des mains habiles de l'empereur Constantin Porphyrogénète [6].

La chapelle Saint-Démétrius (n° 107) s'élevait sur l'Héliacon du Phare de même que l'église Sainte-Marie, à laquelle elle était jointe. On passait de l'une dans l'autre. Une image de la Vierge exécutée en émail existait à l'intérieur près de la porte d'entrée. Le sanctuaire avait la forme d'un hémicycle fermé par une clôture rectiligne et dont le contour était pénétré par trois absides.

Le phare (n° 108) qui avait donné son nom à l'Héliacon était construit auprès de cette cour. Ce phare était en communication avec un autre phare bâti sur la côte d'Asie,

---

[1] LUITPRANDI *Antapodosis*, lib. V, § XXI, ap. PERTZ, *Monum. Germ. hist.*, t. V, p. 333.
[2] CEDRENI *Hist. compend.*; Paris., p. 485; Bon., t. II, p. 48.
[3] LEO GRAMMATICUS, *Chronogr.*; Paris., p. 468.
[4] *De cer. aul. Byz.*, lib. I, cap. XXXIII, p. 177.
[5] *De cer. aul. Byz.*, lib. I, cap. XXXI, p. 171.
[6] *De cer. aul. Byz.*, lib. II, cap. XV et XL, p. 582 et 640.

au delà du Bosphore, lequel correspondait avec une suite de phares qui s'étendait jusqu'aux confins de la Cilicie. Au moyen des signaux transmis de station en station, l'empereur était prévenu promptement des incursions des Sarrasins [1].

Le Palais-sacré se terminait là, du côté de l'orient.

On sortait de l'Héliacon du Phare par une porte à un seul battant qui s'ouvrait sur un petit portique (n° 105, A) au-devant duquel on trouvait deux chemins. Le premier était un péripatos dallé en marbre (n° 119) qui se prolongeait jusqu'à la porte s'ouvrant sur le forum Augustéon, auprès du Sénat, et qu'on nommait Monothyros (n° 118); le second (n° 127) s'appelait la Descente du Boucoléon, τὸ καταβάσιον τοῦ Βουκολέοντος, et conduisait au port et au palais de ce nom [2]. Nous reviendrons sur ces deux grandes voies, mais il nous faut avant tout rentrer dans le Palais-sacré, pour en terminer la description.

Traversons donc l'Héliacon du Phare, le Chrysotriclinium, le Tripéton, et nous nous retrouverons dans le Lausiacos (n° 92). En sortant de ce triclinium par son extrémité méridionale, on entrait dans le grand triclinium de Justinien, qu'on appelait souvent le Justinianos, sans addition du mot triclinium.

Le Justinianos (n° 109) était une longue galerie dirigée de l'est à l'ouest. Elle était éclairée au nord sur les jardins intérieurs et sur les galeries de Daphné, et au midi sur les grands jardins qui s'étendaient jusqu'à la mer. Les fenêtres orientales étaient tournées vers la Nouvelle-église-basilique (n° 128) bâtie par l'empereur Basile. L'extrémité occidentale [3] du Justinianos aboutissait à un vestibule (n° 110) appelé les Scyla, qui était l'une des entrées du Palais-sacré [4].

Avant d'aller plus loin, il faut faire une remarque importante. On a vu que le Sigma, le Triconque, les galeries à la suite et les pièces adjacentes (n°s 71 à 78), étaient bâtis au-dessus d'un étage de rez-de-chaussée, mais qu'au bout des galeries du Triconque il fallait descendre un escalier (n° 76) avant d'entrer dans le triclinium Lausiacos (n° 92). Cet étage de rez-de-chaussée s'arrêtait donc au Lausiacos, qui était élevé sur terre-plein dans sa partie septentrionale. Le Chrysotriclinium (n° 95), de plain-pied avec le Lausiacos et la cour ou Héliacon du Phare (n° 105), l'était donc également. Mais, comme le terrain sur lequel s'étendait la résidence impériale allait toujours en s'abaissant vers la mer, la partie méridionale du Lausiacos avait dû être établie au-dessus d'un étage de rez-de-chaussée, ou plutôt au-dessus d'arcades à jour. Le Justinianos et les Scyla (n°s 109 et 110), qui étaient de plain-pied avec le Lausiacos, étaient pareillement élevés au-dessus d'arcades. Aussi, pour sortir du Palais-sacré par les Scyla, fallait-il descendre un escalier (n° 111) conduisant à une Phiale (n° 112) et aussi à une porte (n° 111, A) qui s'ou-

---

[1] Anonym., *De Michaele Theoph. fil.*, lib. IV, § 35; Paris, p. 122; Bon., p. 197.
[2] *De cer. aul. Byz.*, lib. I, cap. xix, § 3, p. 117.
[3] *De cer. aul. Byz.*, lib. I, cap. xxi, et lib. II, cap. i et iii, p. 123, 518 et 524.
[4] Τὰ σκῦλα signifie dépouilles, et l'on pourrait donner à ce vestibule le nom de salle des Trophées; nous préférons lui conserver son nom grec de Scyla.

vrait¹ sur l'Hippodrome couvert (n° 42). De cet Hippodrome on arrivait, par la cour de Daphné (n° 41), à la porte de fer (n° 39), entrée principale du palais du côté du Cirque.

Lorsque l'empereur devait présider aux jeux du Cirque, il traversait le Palais-sacré, les galeries et le palais de Daphné, le Péripatos du palais, l'église Saint-Étienne et le palais du Cathisma, pour arriver à la tribune des jeux, où son trône était établi; mais lorsqu'il devait seulement se montrer au peuple réuni dans l'Hippodrome et lui donner sa bénédiction², il n'avait pas besoin de faire un aussi long trajet à travers le palais. Sortant du Chrysotriclinium, il parcourait le Lausiacos et le Justinianos, et arrivé à l'extrémité de ce triclinium, il sortait³ de plain-pied sur une terrasse (n° 113) qui s'étendait jusqu'aux murs du palais, en face du grand côté oriental de l'Hippodrome, et s'asseyait sur le trône qu'on avait dressé là à cette occasion. Cette terrasse, qui était de niveau avec le Justinianos et dominait les murailles, était donc élevée sur des arcades. Quand on voulait aller de la Phiale (n° 112) dans les jardins, et arriver aux différents édifices élevés entre le palais et la mer, on passait sous l'escalier des Scyla et sous ce vestibule, qui devaient être aussi portés par des arcades, et puis sous la terrasse.

Cette terrasse se prolongeait au-dessus d'une galerie qui était appliquée aux murs du palais, et qui portait le nom de Galerie de Marcien (n° 142). Cette galerie conduisait à une dernière tour qui renfermait une chapelle dédiée à saint Pierre, au-dessus de laquelle existait un oratoire sous le vocable de la Mère de Dieu (n° 143). Cet oratoire était donc de niveau avec le passage pratiqué sur la galerie de Marcien et avec l'Héliacon du Justinianos.

Le triclinium de Justinien servait à la réunion des différents corps constitués qui devaient être admis à l'audience de l'empereur⁴ ou l'attendre pour l'accompagner hors du palais⁵. Quelquefois les différents corps de fonctionnaires, étant organisés dans le Justinianos, ne passaient pas par le Lausiacos (n° 92) et le Tripéton (n° 94) pour arriver au Chrysotriclinium, et se présenter devant l'empereur; ils descendaient dans la Thermastra, c'est-à-dire à l'étage du rez-de-chaussée, au-dessous des galeries de Daphné (n° 44), puis, traversant la Phiale mystérieuse du Triconque (n° 61) et montant les degrés qui conduisaient au Sigma⁶, ils arrivaient par la galerie des Quarante-Saints à la salle (n° 98) qui se trouvait formée par l'écoinçon nord-ouest du grand carré qui renfermait le Chryso-

---

[1] *De cer. aul. Byz.*, lib. II, cap. I, p. 518.

[2] Voyez les détails de cette cérémonie, chap. IV, § XX.

[3] *De cer. aul. Byz.*, lib. I, cap. LXIV, p. 286.

[4] Nous ne pouvons mieux comparer le triclinium de Justinien qu'à la grande galerie des tableaux du Louvre. Au 1ᵉʳ janvier de chaque année et dans certaines occasions, tous les officiers des différents corps de la garde nationale de Paris et de l'armée s'y réunissent et s'y organisent, et à l'heure indiquée ils traversent le pavillon de Flore et arrivent jusqu'à la salle du Trône pour défiler devant l'Empereur.

[5] *De cer. aul. Byz.*, lib. I, cap. XI et XXXII, p. 86, 171 et pass.

[6] *De cer. aul. Byz.*, lib. I, cap. LXIV, § 6, p. 289.

triclinium. Un escalier (n° 114) servait donc de communication entre le Justinianos et la Thermastra.

Dans certaines occasions, l'empereur donnait de grands repas dans le triclinium de Justinien [1], et l'on comprend qu'on ait pratiqué un escalier pour y arriver de la Thermastra, où devaient être placées les cuisines et les pièces nécessaires au service. Ces différentes pièces étaient sans doute établies au-dessous des chapelles Sainte-Marie de Daphné et de la Trinité (n°s 45 et 46), et éclairées sur le jardin intérieur. Elles communiquaient ainsi aux arcades qui existaient au-dessous du Justinianos et de sa terrasse (n° 113). Par cette voie, en passant sous le vestibule des Scyla (n° 110), on arrivait promptement à la porte de fer de Daphné, l'une des sorties du palais (n° 39). Ces cuisines devaient également être employées au service de la grande salle à manger (n° 34) qui touchait au Consistorion, et à laquelle on parvenait par la Thermastra [2].

Le Justinianos avait été construit par les ordres de Justinien Rhinotmète († 711) [3]. L'empereur Théophile, qui fit entièrement restaurer le palais impérial, embellit ce triclinium de mosaïques à fond d'or [4]. Le pavé en marbre était distribué en compartiments, au centre de chacun desquels était une grande dalle circulaire qu'on appelait Omphalion [5].

Nous avons terminé la description du palais impérial. Étant entrés par le vestibule de la Chalcé qui s'ouvre sur le Forum, nous en sortons par le triclinium de Justinien, les Scyla, l'Hippodrome couvert, la cour de Daphné et la porte de fer qui donnait en face de la porte nord-est du grand Cirque. Il nous reste à faire connaître les différents édifices élevés en dehors du palais, dans l'enceinte de la demeure impériale. Nous partirons de la partie des Courtines (n° 29, B) qui touchait au sommet de l'angle sud-est du Forum.

## IX

### LE GRAND TRICLINIUM DE LA MAGNAURE.

On a vu, dans la description que nous avons faite de l'église du Seigneur (n° 35), qu'en sortant de cette église par un petit porche situé au nord, on montait quelques marches pour arriver dans l'Héliacon du grand triclinium de la Magnaure [6]. La déclivité du terrain, qui allait toujours en s'élevant depuis la mer jusqu'aux murs septentrionaux du palais, motivait ces marches. De la partie extrême des Courtines (n° 29, B), laquelle servait

---

[1] *De cer. aul. Byz.*, lib. I, cap. LXI, LXV, LXVII, p. 277, 293 et 301; appendix ad lib. prim., p. 502.

[2] Voyez chap. III, § VI et VII, p. 67 et 69, et chap. IV, § VII.

[3] THEOPHANIS *Chronogr.*; Paris, p. 306; Bon., p. 561. — CEDRENI *Historiarum comp.*; Paris, p. 442; Bon., t. I, p. 773.

[4] ANONYM., ap. *Script. post Theoph.*, lib. III, § 44; Paris, p. 91; Bon., p. 147.

[5] *De cer. aul. Byz.*, lib. I, cap. XI et LXIV, p. 86 et 286, et lib. II, cap. III, p. 524. — Voyez ci-après, chap. IV, § II, ce que nous disons de l'Omphalion de la Chalcé.

[6] Voyez chap. III, § IV, p. 62, et chap. IV, § IV.

d'atrium à l'église du Seigneur, on montait donc aussi quelques degrés pour arriver à deux portes (n° 33) donnant accès dans cet Héliacon (n° 115), qui s'étendait au-devant de la façade occidentale et sur le flanc méridional de l'édifice. Ces portes étaient disposées dans la forme d'un hémicycle surmonté d'une voûte en cul-de-four, et l'une d'elles se trouvait en face du triclinium des candidats (n° 28).

Le grand triclinium de la Magnaure (n° 116) était un très-vaste et très-bel édifice bâti par Constantin [1]. Un portique (B) ouvert à l'occident, et qui occupait toute la largeur de l'édifice, en formait l'entrée principale. Plusieurs marches conduisaient de ce portique à une grande porte garnie de portières par laquelle on entrait dans une très-vaste salle divisée, dans le sens de la longueur, en trois parties, une nef principale et deux bas côtés: Le plafond était soutenu de chaque côté par six colonnes. Au fond de la salle, vers l'orient, s'élevait une estrade qui en occupait toute la largeur. On y montait par un escalier de plusieurs marches de marbre vert. Le trône de l'empereur était placé là, dans un hémicycle voûté en demi-coupole. Quatre colonnes, disposées par deux à droite et à gauche de l'hémicycle et soutenant de grands rideaux, formaient la décoration du fond de la salle. Au delà de cette salle se trouvait un coiton (D), appelé quelquefois Métatorion, dans lequel l'empereur revêtait le costume impérial avant de monter sur le trône; plusieurs pièces de service et un escalier pour monter au premier étage et dans les galeries hautes, d'où l'on avait accès à des terrasses couvertes (n° 117) établies au-dessus de portiques qui se prolongeaient jusqu'en face du mur oriental de Sainte-Sophie. De ces galeries l'empereur montait par un escalier de bois (n° 13) dans les Catéchumènes, c'est-à-dire dans l'étage supérieur des bas côtés de l'église. Cet escalier de bois, qui avait son origine sur le flanc de l'église de Sainte-Marie Chalcopratiana (n° 11), était appliqué en retour contre les murs du palais. Pour atteindre du haut de ces murs à ceux de Sainte-Sophie, il devait former une sorte de pont élevé au-dessus de la voie qui passait entre l'église et le palais, et conduisait au Forum [2]. L'escalier de bois se comprend très-bien; en construisant là un escalier et un pont de pierre, on aurait donné un accès facile pour attaquer le palais impérial; avec un escalier de bois, ce danger n'était pas à redouter : en cas d'émeute il était facilement enlevé ou détruit, et les murs du palais restaient isolés.

L'entrée principale de la Magnaure avait lieu, avons-nous dit, par un vaste portique ouvert à l'occident. L'empereur n'entrait jamais de ce côté. Lorsqu'il venait du Palais-sacré au grand triclinium de la Magnaure, il sortait par la porte du Spatharicion (n° 66), et traversant l'église du Seigneur et un petit porche situé au nord (n° 35, C), il entrait dans l'Héliacon de la Magnaure. C'est en face de ce petit porche, sur le flanc méridional de cet édifice, que se trouvait l'entrée de l'empereur (n° 116, A).

Les réceptions des princes étrangers et des ambassadeurs avaient ordinairement lieu

---

[1] Codin., *De originibus;* Paris., p. 9; Bon., p. 18.
[2] Voyez plus haut, chap. II, § I, p. 29, et § VI, p. 40.

dans le grand triclinium de la Magnaure[1]. L'empereur y réunissait aussi les grands dignitaires et les sénateurs pour les entretenir sur différents sujets. Dans ces occasions, l'empereur s'asseyait sur le trône qui était placé dans l'abside et qu'on appelait le trône de Salomon. Ce trône était tout en or et enrichi de pierres précieuses. On y voyait des oiseaux qui, par l'effet d'un mécanisme ingénieux, faisaient entendre un doux ramage. Auprès du trône s'élevait une très-grande croix d'or couverte de pierreries. Au-dessous étaient placés des siéges d'or pour les membres de la famille impériale. Au bas des marches de l'estrade sur laquelle le trône était établi, se trouvaient deux lions qui se dressaient sur leurs pattes et émettaient les rugissements de véritables lions. Non loin du trône, des arbres d'or portaient sur leurs rameaux des oiseaux de différentes espèces qui imitaient le chant harmonieux des oiseaux dont ils empruntaient les formes. Un très-grand orgue d'or enrichi de pierres précieuses et d'émaux était également placé là[2]. C'est l'empereur Théophile qui avait fait exécuter tous ces beaux travaux d'orfévrerie. Le moine George nous apprend que l'auteur de ces instruments et de ces mécaniques était le plus fameux orfévre de Constantinople, savant très-distingué qui était proche parent du patriarche Antoine[3]. Zonaras lui donne le nom de Léon[4].

Luitprand, dans la narration qu'il a laissée de son ambassade auprès de Constantin Porphyrogénète, dit que les arbres et les oiseaux étaient de bronze doré, et les lions de bronze ou de bois doré[5]. On sait que Luitprand a toujours cherché à dénigrer la cour de Constantinople; il est possible cependant qu'au temps de Constantin Porphyrogénète toutes ces merveilleuses pièces d'orfévrerie ne fussent plus qu'en bronze doré, ce qui n'empêche pas que Théophile ne les ait fait exécuter en or; car on lit dans le continuateur de Théophane que l'empereur Michel, fils de Théophile, pour subvenir à ses folles dépenses, avait fait fondre et convertir en pièces de monnaie l'arbre aux oiseaux, les deux lions d'or et les orgues[6]. Le mécanisme aura été bien certainement conservé, et les arbres comme les animaux ont pu n'être refaits par la suite qu'en bronze doré. Constantin Porphyrogénète cependant désigne toujours comme étant en or ces différents objets, dont il parle fort souvent dans son livre Des cérémonies de la cour de Byzance; il n'est pas à croire qu'un prince aussi magnifique que Basile le Macédonien, qui succéda à Michel, ait pu les faire restaurer autrement.

Le coiton (D) qui faisait partie des appartements particuliers du grand triclinium de la Magnaure, servait de chambre nuptiale aux empereurs. Le lit impérial était placé dans cette

---

[1] Constant. Porphyr., *De Basil. Mac.*, ap. *Script. post Theoph.*, lib. V, § 74; Paris., p. 195; Bon., p. 317. — *De cer. aul. Byz.*, lib. II, cap. xv, p. 566.
[2] *De cer. aul. Byz.*, p. 507, 567, 569, 595.
[3] Georgii monachi *Vitæ recentior. imp.*, ap. *Script. post Theoph.*; Paris., 1685, p. 498; Bon., 1838, p. 793.
[4] Zonaras, *Compend. histor.*; Paris., 1686, p. 129.
[5] Luitprandi *Opera*, lib. VI, ap. Pertz, *Mon. German. histor.*, t. V, p. 338.
[6] *Chronographia*, ap. *Script. post Theoph.*; Paris., 1685, p. 107; Bon., 1838, p. 173.

chambre sous une conque, εἰς τὴν κόγχην¹, c'est-à-dire dans une niche hémicirculaire couronnée par une demi-coupole. Ce genre de construction se retrouve à chaque pas dans le palais impérial, comme on a pu le remarquer dans la description que nous en avons faite. Les trônes, les lits sont presque toujours placés dans une conque ou dans une camara : ces deux mots expriment la même chose. On rencontre dans le palais un grand nombre de pièces en hémicycle ou terminées par un hémicycle, toujours recouvert par une voûte en cul-de-four; les portes des édifices ou des grandes galeries s'ouvrent souvent au fond d'un hémicycle voûté. Ce genre de construction a donc été l'un des caractères distinctifs de l'architecture byzantine depuis Justinien : c'est à Sainte-Sophie qu'il a été emprunté.

## X

### PORTE DITE MONOTHYROS, PÉRIPATOS ET ÉDIFICES DIVERS DE LA PARTIE SEPTENTRIONALE DE LA DEMEURE IMPÉRIALE.

Au delà de l'Héliacon du triclinium de la Magnaure, on trouvait la porte nommée Monothyros (n° 118) qui s'ouvrait sur le Forum, auprès du Sénat (n° 12). C'est par là que sortirent les soldats de l'empereur Alexis pour s'emparer de l'oratoire de Saint-Jean-l'Évangéliste (n° 6), du haut duquel ils combattirent les partisans du césar Jean qui occupaient l'abside orientale du Milliaire². Cette porte, qui d'après son nom devait être à un seul battant, s'ouvrait rarement. C'est sans doute par là que sortait le patriarche, lorsque après avoir été reçu par l'empereur dans le Chrysotriclinium, il rentrait à Sainte-Sophie. On voit en effet dans le livre des Cérémonies³, qu'après cette réception le patriarche était reconduit par les officiers du palais jusqu'à la porte du Spatharicion (n° 66); de là, en traversant l'Héliacon de la Magnaure, il arrivait à la porte Monothyros et se trouvait très-près de son église. Il y avait près de cette porte un local où l'on gardait les chevaux des personnes qui étaient venues par là au palais ou qui attendaient l'empereur lorsqu'il devait sortir de ce côté. Ce local, qui portait le nom de Caballarios, ὁ Καβαλλάριος⁴, était sans doute couvert comme l'Hippodrome du palais (n° 42), qui avait la même destination. Un péripatos à ciel ouvert, dallé en marbre (n° 119), s'étendait depuis cette porte jusqu'à l'Héliacon du Phare (n° 105); il avait été établi par les ordres de l'empereur Basile le Macédonien.

Plusieurs édifices avaient été également construits par l'empereur Basile au delà de ce péripatos, vers le nord-est; c'était d'abord, dans l'endroit le plus élevé de la colline, un bâtiment que, pour cette raison, on appelait Ἀετός, l'Aigle (n° 121). On y voyait une

---

¹ *De cer. aul. Byz.*, lib. I, cap. xxxix, p. 199 et 200.
² Voyez chap. II, § II, p. 35.
³ *De cer. aul. Byz.*, lib. I, cap. xiv, p. 96.
⁴ *De cer. aul. Byz.*, lib. I, cap. i, et lib. II, cap. xiii, p. 6 et 557.

chapelle richement décorée qui était consacrée sous l'invocation de la Mère de Dieu. Plus bas, à l'ouest de l'Aétos, s'élevaient plusieurs constructions en forme de pyramide (n° 122), dans l'une desquelles était un oratoire également dédié à la sainte Vierge. Plus près du palais, Basile avait fait construire des bâtiments fort importants avec une grande solidité : le Trésor impérial, τὸ Θησαυροφυλακεῖον (n° 123) ; le Garde-meuble, τὸ Βεστιάριον (n° 124), et le Bain du palais, τῶν βασιλείων Λουτρόν (n° 125), qui était vaste et merveilleusement décoré. Ce bain était au-dessus d'un endroit appelé Phiale, à cause d'une belle fontaine de marbre qui avait orné une station de la faction des bleus, établie dans cet endroit antérieurement au règne de Basile [1]. On trouvait sur la colline, au nord du palais, d'autres bâtiments. Une construction antique existe encore en cet endroit, elle est indiquée au plan de Melling et dans la carte de Kauffer ; nous l'avons tracée sur notre plan sous le n° 126 à la place marquée par ces auteurs.

## XI
### LA NOUVELLE-ÉGLISE-BASILIQUE.

Descendons maintenant dans la plaine qui régnait entre la mer et le pied de la colline sur laquelle était bâti le grand palais de Constantin.

En sortant de l'Héliacon du Phare (n° 105) par la porte située au nord, on trouvait, comme nous l'avons déjà dit, deux chemins : à gauche, le Péripatos, qui se prolongeait jusqu'au Forum ; à droite, une autre voie qui descendait vers la plaine et qu'on appelait la Descente du Boucoléon (n° 127). Si après avoir fait quelques pas sur cette descente on la quittait en tournant à droite, on descendait par un escalier (n° 127, A) vers le narthex de la Nouvelle-église-basilique (n° 128).

La situation que nous avons donnée à cette église est justifiée par plusieurs documents. « Basile éleva près du palais, du côté de l'orient, dit Luitprand, une église qu'on appelle » Νέαν, c'est-à-dire Nouvelle [2]. » Le livre des Cérémonies est plus précis dans la relation qu'il donne du cérémonial observé la veille de la fête de Saint-Élie : « L'empereur, appuyé » sur le patriarche, sort de l'église du Phare (n° 106) en traversant le milieu du Naos. » En passant par la porte qui conduit dans l'Héliacon (n° 105), il reçoit du Préposé le » cierge processionnal, puis traverse, avec la procession, l'Héliacon par le milieu, ainsi que » le petit porche de la porte à un seul battant (n° 105, A), descend la pente du Bou» coléon, et tournant à droite, il descend vers le narthex de la Nouvelle-grande-église [3]. » Plus loin, dans le même cérémonial, on dit que ce narthex est situé en face de la mer [4], et

---

[1] Const. Porphyr., *De Basil. Mac.*, lib. V, § 90, ap. *Scrip. post. Theoph.*; Paris, p. 206; Bon., p. 335.
[2] Luitprandi *Antapodosis*, lib. I, § x, ap. Pertz, *Monum. Germ. hist.*, t. V, p. 277.
[3] *De cer. aul. Byz.*, lib. I, cap. xix, p. 117.
[4] Κακεῖθεν ἐκβαίνοντες εἰς τὸν πρὸς τὴν θάλασσαν νάρθηκα, de là sortant dans le narthex qui est tourné vers la mer (lib. I, cap. xix, p. 118). Reisk a traduit : Abeunt inde ad narthecem qui prope mare, seu cavum

l'on verra dans la description qui va suivre que l'atrium de l'église qui précédait le narthex était situé à l'occident.

L'empereur Basile le Macédonien († 886) avait fait construire cette église avec une grande magnificence, c'était certainement le plus beau des nombreux édifices qu'il avait fait bâtir. Constantin Porphyrogénète, dans la vie de son aïeul, et le patriarche Photius ont laissé des descriptions de ce temple splendide. Ces deux descriptions se complètent l'une l'autre, et nous nous bornerons, pour le moment, à traduire ces deux auteurs, en mettant seulement en ordre les deux narrations. Constantin commence ainsi :

« Comme témoignage de sa gratitude envers N. S. Jésus-Christ et saint Gabriel, chef
» des milices célestes, et envers le zélé serviteur de Dieu Élie Thesbite, qui avait annoncé
» à la mère de l'empereur l'élévation de son fils au trône, afin d'éterniser leur nom et leur
» souvenir, comme aussi celui de la Mère de Dieu et de cet illustre prélat saint Nicolas,
» Basile éleva une église (la Nouvelle-église-basilique) d'une beauté divine, à l'édification
» de laquelle concoururent l'art, la richesse, la foi fervente et le zèle le plus ardent,
» et où se concentrèrent tant de perfections rassemblées de toutes parts qu'il faut les avoir
» vues pour y croire. Cette église, il la présenta au Christ son immortel Époux, comme
» une fiancée toute parée et embellie par les perles fines, l'or, l'éclat de l'argent, les mar-
» bres chatoyants aux mille nuances, les mosaïques et les tissus de soie [1].

» A l'occident, dans l'atrium même de l'église (n° **128**, A), se trouvent deux fontaines,
» l'une du côté du sud, l'autre du côté du nord, dans lesquelles l'excellence de l'art s'unit
» à la richesse de la matière ; elles témoignent de la magnificence de celui qui les fit exé-
» cuter. La première est faite de ce marbre d'Égypte que nous sommes dans l'usage
» d'appeler marbre romain. Autour, on voit des dragons admirablement traités par l'art du
» sculpteur. Au milieu s'élève une pomme de pin percée à jour ; tout autour sont rangées,
» comme des danseuses en rond, des colonnettes creusées à l'intérieur, surmontées d'une
» corniche : l'eau s'élançait en jet de cette pomme de pin et de ces colonnettes dans le fond
» du bassin, et arrosait tout ce qui se trouvait au-dessous. La fontaine du nord est faite de
» la pierre dite Sagarienne, qui ressemble à celle que d'autres appellent Ostrite ; elle a
» aussi une pomme de pin de marbre blanc qui s'élève tout à fait au milieu et qui est
» percée de trous. Sur la corniche qui borde le sommet du bassin, l'artiste a placé des
» coqs, des boucs et des béliers de bronze qui lancent par des tuyaux et vomissent, si
» je puis parler ainsi, de l'eau dans le fond du bassin [2].

recessum sacræ mensæ est, en donnant à θάλασσαν l'acception de mer dans le sens de la pierre sacrée qui existait au centre des autels et qui, en effet, chez les Grecs, portait le nom de θάλασσα. C'est évidemment là une erreur, et pour s'en convaincre il suffit de savoir que le narthex, vestibule des églises, ordinairement tourné vers l'occident, est précisément situé à l'opposite de l'autel, qui est placé au fond de l'édifice, dans le sanctuaire élevé vers l'orient.

[1] CONSTANT. IMP., *Historia de vita et rebus gestis Basilii imp.*, ap. *Script. post Theoph.*, lib. V, § 83; Paris., p. 200; Bon., p. 325.

[2] CONSTANT. IMP., *Historia de vita Basilii*, ap. *Script. post Theoph.*, lib. V, § 85; Paris., p. 201; Bon., p. 327.

## LA NOUVELLE-ÉGLISE-BASILIQUE.

» Les portiques extérieurs de l'église, τὰ προπύλαια, sont décorés avec une grande magni-
» ficence. Les tablettes de marbre blanc qui en forment le revêtement brillent d'un éclat
» enchanteur et présentent à l'œil comme un tout homogène; car la délicatesse de l'agen-
» cement dissimule la juxtaposition des pièces et la jonction des côtés, et fait croire à une
» seule pierre qui serait sillonnée de lignes droites. C'est une séduisante nouveauté qui
» tient enchaînée l'imagination du spectateur; sa vue en est tellement charmée et s'y
» attache à un tel point, qu'il n'ose s'avancer vers l'intérieur[1].

» L'or et l'argent se partagent presque tout l'intérieur de l'église. Tantôt ces métaux
» sont appliqués sur le verre des mosaïques, tantôt ils sont étendus en plaques, tantôt ils
» entrent en composition avec d'autres matières. Les parties de l'église que l'or n'enchâsse
» pas ou que l'argent n'a pas envahies, trouvent leur ornementation dans un curieux
» travail de marbre de diverses couleurs[2]. Les murs à droite et à gauche en sont revêtus.
» La clôture qui sert de fermeture au sanctuaire[3], les colonnes qui s'élèvent au-dessus
» et l'architrave qui les unit, les siéges disposés à l'intérieur, les marches qui y conduisent et
» les saintes tables, tout est d'argent doré rehaussé de pierres précieuses et de perles de la
» plus belle eau[4]. Quant à l'autel sur lequel se célèbre le saint sacrifice, il est d'une com-
» position plus précieuse que l'or. Le ciborium qui s'élève au-dessus, ainsi que ses colonnes,
» est aussi d'argent doré[5].

» Le sol semble recouvert de brocarts de soie et de tapis de pourpre, tellement il est
» embelli par les mille nuances des plaques de marbre dont il est formé, par l'aspect varié
» des bandes de mosaïque dont ces plaques sont bordées, par l'agencement délicat des
» compartiments, par la grâce en un mot qui règne dans tout ce travail[6]. On y a représenté
» des animaux et mille choses les plus diverses[7].

» La voûte du temple, composée de cinq coupoles, resplendit d'or et de figures, comme
» le firmament d'étoiles[8]. On a reproduit dans la coupole principale la forme humaine du
» Christ rendue par une mosaïque pleine d'éclat. Vous diriez que Notre Seigneur embrasse
» le monde dans ses regards et qu'il en médite l'ordonnance et le gouvernement, tant

---

[1] Photii *Novæ eccl. descript.;* Bon., p. 197.
[2] Photii *Novæ eccl. descript.;* Bon., p. 198.
[3] Dans les églises grecques, l'autel sur lequel se faisait le saint sacrifice était renfermé dans un sanctuaire, τὸ Βῆμα, le plus ordinairement disposé en forme d'abside. Ce Béma était séparé du chœur par une clôture plus ou moins impénétrable, qui se composait ordinairement d'un soubassement surmonté de colonnes unies entre elles par une architrave; trois portes étaient ouvertes dans cette clôture, dont l'ornementation était en général très-riche. On donnait à cette construction le nom de Κιγκλίς, et l'on se servait généralement pour la désigner du pluriel Κιγκλίδες, en latin Cancelli.
[4] Constant. imp., *Historia de vita Basilii,* ap. *Script. post Theoph.,* lib. V, § 84; Paris., p. 200; Bon., p. 326.
[5] Photii *Novæ eccl. descript.,* p. 198.
[6] Constant. imp., *Historia de vita Basil.,* loc. cit., § 84.
[7] Photii *Novæ eccl. descript.,* p. 198.
[8] Constant. imp., *Vita Basil.,* loc. cit.

« l'artiste inspiré par son sujet a mis d'exactitude à rendre, par les formes et par les cou-
« leurs, la sollicitude du Créateur pour sa créature! Dans les compartiments circulaires,
« on voit une troupe d'anges rangés autour de leur maître commun. Dans l'abside, ἀψίς,
« qui s'élève derrière le sanctuaire, rayonne la figure de la Sainte Vierge étendant ses
« mains immaculées sur nous et intercédant pour le salut de l'empereur et pour son
« triomphe sur ses ennemis. Un chœur d'apôtres, de martyrs, de prophètes et de
« patriarches, remplit et embellit l'église entière [1]. Le toit, en dehors, est revêtu de
« plaques de bronze semblable à l'or [2]. Tel est ce temple dont l'ornementation intérieure,
« autant qu'il est possible de peindre de grandes choses en peu de mots, éblouit les regards
« et frappe l'imagination [3]. »

Indépendamment des grandes portes qui s'ouvraient sur le narthex à l'occident, l'église avait encore deux portes, l'une au nord, l'autre au sud du côté de la mer. En sortant par ces portes, on trouvait, de chaque côté, une longue galerie couverte, μακρὸς περίπατος (n° 129). Ces deux galeries de même longueur, après s'être étendues sur un certain espace au nord et au sud, se dirigeaient vers l'orient et se prolongeaient jusqu'au vaste emplacement à ciel ouvert qui recevait le nom de Tzycanistérion. La voûte des deux galeries était enrichie de peintures en mosaïque représentant les luttes et les combats des martyrs [4].

## XII

### LE TZYCANISTÉRION, LE MÉSOCÉPION ET LE GARDE-MEUBLE DE LA NOUVELLE-ÉGLISE.

Le Tzycanistérion (n° 131) était une sorte de carrousel à ciel ouvert, dans lequel les empereurs et les hauts personnages de la cour se livraient à des exercices hippiques. L'empereur Basile le Macédonien l'avait fait établir pour remplacer l'ancien Tzycanistérion, sur l'emplacement duquel il avait fait édifier la Nouvelle-église-basilique. Quant au terrain qui s'étendait à l'orient de cette église, entre les deux galeries jusqu'au Tzycanistérion, il en fit un jardin délicieux (n° 130) planté des arbres les plus rares et arrosé par des ruisseaux. On donna à ce jardin le nom de Mésocépion. Comme l'espace qui existait à l'orient de l'église jusqu'au mur de clôture de la demeure impériale n'aurait pas été assez étendu pour établir ce jardin et le Tzycanistérion, l'empereur Basile acheta toutes les maisons environnantes, les fit abattre, nivela le terrain et agrandit de ce côté l'enceinte du palais. Une porte (n° 132), fermée par une grille, fut établie de ce côté dans

---

[1] Photii *Novæ eccl. descript.*, p. 199.
[2] Constant. imp., *Vita Basilii*, ap. *Script. post. Theoph.*, lib. V, § 84; Paris., p. 200; Bon., p. 326.
[3] Constant. imp., *Vita Basilii*, ap. *Script. post Theoph.*, lib. V, § 85; Paris., p. 201; Bon., p. 327.
[4] Constant. Porphyr., *De Basilio Mac.*, lib. V, § 86, ap. *Script. post Theoph.* Paris., p. 201; Bon., p. 328.

le nouveau mur d'enceinte, en face du Tzycanistérion. Les personnes qui, ayant été appelées au palais, devaient en sortir par cette porte, faisaient garder leurs chevaux dans le Tzycanistérion. Dans la partie du Tzycanistérion qui regardait la mer, Basile fit encore construire un très-bel édifice (n° 133) destiné à servir de garde-meuble à la Nouvelle-église.

En quittant le Tzycanistérion et en marchant vers l'ouest, on trouvait au bord de la mer le palais et le port du Boucoléon.

## XIII
### LE PORT ET LES PALAIS DU BOUCOLÉON.

Le port du Boucoléon (n° 135), qu'on nommait encore le port du palais, ou tout simplement le Boucoléon, était très-près du Palais-sacré. On y descendait de ce palais par un chemin (n° 127) qui partait de l'Héliacon du Phare (n° 105). Les auteurs ne donnent pas l'époque de sa fondation, qui devait être fort ancienne et remonter au temps de la construction du palais par Constantin. Un magnifique quai (n° 136), enrichi de colonnes et pavé de marbre, s'étendait au-devant du port. On y voyait un groupe de marbre représentant un lion terrassant un taureau; c'est ce groupe qui avait valu à ce lieu et aux édifices qui l'avoisinaient le nom de Boucoléon[1]. Des statues d'animaux, que Constantin Porphyrogénète avait rassemblées de différents endroits, accompagnaient le groupe du lion et du taureau. Cet empereur avait fait encore construire un vivier dans le Boucoléon[2]. Du quai, on descendait à la mer par des escaliers de marbre. Ce port était à l'usage exclusif de l'empereur, et c'est là qu'il s'embarquait quand il voulait sortir par mer du palais.

Théodose le Jeune († 450) avait construit auprès du port un palais qui reçut aussi le nom de Boucoléon. Les empereurs en avaient depuis longtemps abandonné l'habitation, lorsque Nicéphore Phocas (963 † 969), après avoir fait fortifier l'enceinte de la demeure impériale, fit bâtir près du port du Boucoléon une forteresse dans laquelle il renferma l'ancien palais de Théodose. Le donjon qui s'élevait au-dessus des murs d'enceinte devint sa demeure habituelle. Les deux édifices (n° 134) étaient appelés, au onzième siècle, les palais du Boucoléon. Comme notre restitution se reporte à la fin du dixième siècle, nous avons dû donner à ces palais réunis la forme d'un château fort du moyen âge. Dès le commencement du douzième siècle, le grand palais de Constantin commença à être négligé par les empereurs, qui habitèrent souvent soit le palais des Blaquernes, soit celui du Boucoléon, véritables forteresses où ils se trouvaient plus en sûreté.

[1] Anna Comnena, *Syntagma rer. ab Alexio gest.*, lib. III, § 1; Paris., p. 72; Bon., p. 137.
[2] Incerti continuatoris *Constantini Porphyr. imperium*, ap. *Script. post Theoph.*, lib. VI, § 15; Paris., p. 278; Bon., p. 447.

## XIV

### LE NAOS D'ÉLIE THESBITE ET LES ORATOIRES DE SAINT-CLÉMENT ET DU SAUVEUR.

Si, en quittant le quai du Boucoléon, on suivait, en marchant vers l'ouest, la galerie méridionale (n° 129) qui bordait le Mésocépion, on arrivait à la chapelle d'Élie Thesbite (n° 137), qui était construite dans la plaine, directement au-dessous du grand palais vers l'est. Cette chapelle, que l'empereur Basile le Macédonien (†886) avait fait bâtir, était remarquable par son élégance et par la richesse de son ornementation. La voûte était ornée d'une charmante mosaïque à fond d'or. Un oratoire consacré sous le vocable de saint Clément (n° 138) était annexé à cette chapelle. Basile y avait déposé le chef de ce vénérable martyr, ainsi que les saintes reliques de plusieurs autres[1].

Près de ces édifices, Basile avait fait élever un oratoire consacré sous le nom du Sauveur, ὁ εὐκτήριος οἶκος τοῦ Σωτῆρος (n° 139), dans la construction duquel il avait déployé toute sa magnificence. L'intérieur tout entier de ce petit temple était une œuvre d'orfèvrerie, et nous ne pouvons mieux le faire connaître qu'en traduisant littéralement la description que Constantin Porphyrogénète en a donnée dans la vie de son aïeul : « La » magnificence et l'éclat de cet oratoire sont incroyables pour qui ne l'a pas vu, tant est » grande la quantité d'or, d'argent, de pierres précieuses et de perles qui se trouve » amassée dans son enceinte. Le pavé tout entier est d'argent massif travaillé au marteau » et enrichi de nielles. Les murs à droite et à gauche sont aussi revêtus de grosses feuilles » d'argent damasquiné d'or et rehaussé de l'éclat des pierres précieuses et des perles. » Quant à la clôture qui ferme le sanctuaire dans cette maison de Dieu, que de richesses » elle réunit! Les colonnes en sont d'argent, ainsi que le soubassement qui les porte; » l'architrave qui s'appuie sur leurs chapiteaux est d'or pur et chargée de toutes parts de » ce que l'Inde entière peut offrir de richesses; on y voit, en beaucoup d'endroits, l'image » de Notre-Seigneur, le Dieu-Homme, exécutée en émail. Pour ce qui est des splendides » décorations du sanctuaire et des vases sacrés qu'il renferme, comme un lieu spécialement » affecté à la garde des trésors, le discours refuse son ministère pour les décrire et veut les » laisser comme choses dont nul n'approche. Lorsque la parole ne peut que rester au-» dessous du sujet, mieux vaut se taire. Voilà donc, si je puis m'exprimer ainsi, les » beautés orientales qui, du sein de la foi vive de l'illustre empereur Basile, ont rejailli » sur les œuvres élevées par ses mains dans la demeure impériale[2]. »

---

[1] Constant. Porphyr., *De Basilio Mac.*, ap. *Script. post Theoph.*, lib. V, § 87; Paris., p. 203; Bon., p. 329.

[2] Constant. Porphyr., *De vita Basilii*, ap. *Script. post Theoph.*, lib. V, § 87; Paris., p. 203; Bon., p. 330.

## XV
### LE PALAIS DE PORPHYRE.

En continuant notre marche vers l'ouest, nous rencontrerons le Porphyre (n° 140), au midi du grand palais. C'était un pavillon carré dont la toiture s'élevait en forme de pyramide. Il était tourné vers la mer et vers le port du Boucoléon. Ses murs étaient entièrement revêtus d'un très-beau porphyre rouge qui avait été apporté de Rome, et le sol de ses appartements était dallé de plaques de porphyre semblable. Anne Comnène, qui nous fournit ces renseignements, pense que la couleur de ce porphyre avait fait donner à ce pavillon le nom de Porphyra[1]. L'auteur anonyme qui a continué l'histoire de Théophanes veut que ce nom lui soit venu de ce qu'à l'approche de l'hiver l'impératrice avait coutume d'y réunir les femmes des grands dignitaires pour leur distribuer des robes teintes en pourpre[2].

Ce fut Constantin le Grand qui fit bâtir ce triclinium, et il décréta que sa descendance y recevrait le jour. Il était donc en usage que les impératrices y fissent leurs couches, et les princes qui naissaient dans ce pavillon portaient, comme Constantin VII que nous citons souvent, le nom de Porphyrogénète, non pas de ce qu'ils étaient nés dans la pourpre, mais bien dans le palais de porphyre[3].

## XVI
### LE PENTACOUBOUCLON.

Le Pentacoubouclon, τὸ Πενταχούβουκλον (n° 141), était un vaste triclinium édifié auprès des galeries de Marcien par l'empereur Basile, qui l'avait fait merveilleusement décorer. L'auteur anonyme de la vie de Théophile lui donnait le nom de τὸ πέμπτον κουβουκλεῖον[4], Anne Comnène celui de Πεντόροφος[5]. Ces diverses dénominations indiquent que ce triclinium renfermait cinq appartements ou cinq corps de logis présentant cinq toitures distinctes, probablement en coupole. On y trouvait un oratoire consacré sous l'invocation de l'apôtre saint Paul : il était disposé en forme de quatre-feuilles et présentait quatre absides, ce qui lui faisait donner le nom de Tétraconque. Son pavé offrait une mosaïque de marbre dont les compartiments étaient brodés d'argent. Constantin Porphyrogénète avait enrichi le Tétraconque de figures et d'ornements exécutés en or. L'empereur Léon († 911) avait fait

---

[1] *Syntagma rer. ab Alexio Com. gest.*, lib. VII, § 2; Paris., p. 190; Bon., p. 334.
[2] Anonym., *De Theoph. Mich. fil.*, lib. III, § 44, ap. *Script. post Theoph.*; Paris., p. 91; Bon., p. 147.
[3] Luitprandi *Antapodosis*, lib. I, § 6 et 7, ap. Pertz, *Mon. Germ. hist.*, t. V, p. 276.
[4] *De Theophilo*, ap. *Script. post Theoph.*, lib. III, § 43; Paris., p. 91; Bon., p. 147.
[5] Anna Comnena, *De rer. ab. Alex. gest.*, lib. XV; Paris., p. 503.

disposer tout auprès un oratoire consacré à sainte Barbe, martyre[1]. C'est dans un appartement du Pentacoubouclon exposé au nord que mourut l'empereur Alexis Comnène (1118)[2].

## XVII

### LES GALERIES DE MARCIEN, LA CHAPELLE DE SAINT-PIERRE ET LES ORATOIRES DE SAINT-MICHEL ET DE LA MÈRE DE DIEU.

On a vu plus haut[3] qu'à l'extrémité du triclinium de Justinien, il existait une terrasse élevée (n° 113) qui s'étendait jusqu'au sommet des murs de clôture du palais, et faisait face au grand côté oriental de l'Hippodrome. Cette terrasse était soutenue par des arcades. Une galerie ouverte (n° 142), qui partait de ces arcades, était appliquée contre les murs du palais et se prolongeait jusqu'à l'extrémité de la colline qui, de ce côté, était rapprochée de la mer. La partie inférieure de cette galerie, qui était au niveau du sol des jardins, s'appelait les Péridromes de Marcien. Le dessus, qui formait un passage de plain-pied avec la terrasse du triclinium de Justinien, portait le nom de Galerie extérieure de Marcien. A l'extrémité des Péridromes, on trouvait un naos édifié dans l'une des tours du mur d'enceinte. Cette chapelle (n° 143), consacrée sous le vocable de saint Pierre, avait été construite par les ordres de l'empereur Basile. Un oratoire dédié au chef de la milice céleste (n° 144) y était annexé. Au-dessus du naos existait un oratoire consacré sous le vocable de la Mère de Dieu. Cet oratoire, qui avait été décoré avec une grande magnificence, devait se trouver de plain-pied avec la galerie extérieure.

Par les galeries de Marcien, nous rentrons dans le grand palais, après avoir décrit tous les édifices et établissements qui se trouvaient répandus dans l'enceinte de la demeure impériale. Il nous reste à fournir des éclaircissements et à compléter les preuves à l'appui des dispositions que nous avons prises dans notre plan.

[1] Anonym., *De Theophilo*, lib. III, § 43. — Constant. Porphyr., *De Basil. Mac.*, lib. V, § 88 et 90. — Incerti contin. Constant. Porphyr. imp., lib. VI, § 21, ap. Script. post Theoph.; Paris., p. 91, 203, 206 et 280; Bon., p. 147, 331, 335 et 450.
[2] Anna Comnena, loc. cit.
[3] Chap. III, § viii, p. 82.

# CHAPITRE QUATRIÈME.

PREUVES ET ECLAIRCISSEMENTS A L'APPUI DE LA DESCRIPTION
DU PALAIS IMPÉRIAL.

## I

### SITUATION ET ÉTENDUE DU PALAIS.

On croit généralement que l'ancienne demeure des empereurs d'Orient s'étendait sur tout l'emplacement compris aujourd'hui dans le sérail du Grand Seigneur[1]. C'est une erreur, et M. de Hammer a eu tort de dire que l'ancien grand palais des empereurs grecs occupait un bien plus vaste espace que le sérail[2]. Lorsque Constantin arriva à Byzance dans le dessein d'en faire la capitale de l'empire romain, la ville antique couvrait précisément toute la partie de cet emplacement, situé sur le golfe de la Corne-d'or et sur le Bosphore, au nord du parallèle de Sainte-Sophie, et même une partie des jardins du sérail baignés par la Propontide. Les plus anciens auteurs qui ont parlé de la situation de Byzance ne laissent aucun doute à cet égard. Dion Cassius, qui vivait sous Septime Sévère, en parle ainsi : « Byzance, bâtie sur un lieu élevé, s'étend jusqu'à la mer qui, » comme un torrent, sort du Pont-Euxin, tombe sur un promontoire, détourne une » partie de ses flots à droite, où elle forme un golfe et des ports, et les écoule avec une » plus grande abondance dans la Propontide, le long de la ville même[3]. » Zosime, qui vivait dans le premier siècle de la fondation de Constantinople, s'exprime dans le même sens ; et ces deux vers d'Ovide :

> Quæque tenent Ponti Byzantia littora fauces,
> Hic locus est gemini janua vasta maris [4]....

font bien voir aussi que Byzance occupait entièrement l'entrée du Bosphore. Constantin ne démolit pas l'ancienne ville, mais il en agrandit l'enceinte ; il se garda bien d'en

---

[1] Voyez notre planche I'".
[2] *Constantin. und der Bosporos*; Pesth, 1822, s. 220.
[3] Dio Cassius, ap. Du Cange, *Const. Christ.*, lib. I, § I ; Paris., p. I.
[4] Lib. I *Tristium*.

chasser les habitants, lorsque son but était précisément d'attirer une grande population dans sa nouvelle capitale. L'Hippodrome, que Septime Sévère avait commencé, était situé en dehors de la ville, puisque pour l'établir cet empereur avait acheté les champs de deux frères et d'une veuve [1], et Constantin trouva auprès de l'Hippodrome, sans prendre rien sur la vieille ville, les terrains qui lui étaient nécessaires pour la construction du palais impérial. C'est ce qui résulte du tracé que fait l'Anonyme du onzième siècle de l'enceinte de Byzance, dont les murs, qui étaient baignés par le golfe de la Corne-d'or, ne se seraient pas étendus, au midi, plus loin que le Milliaire et Sainte-Marie Chalcopratiana, pour descendre de là à la mer, vers les Topoi, situés dans la ville, près de Saint-Lazare, et arriver jusqu'aux bâtiments élevés par Constantin [2]. D'après cet auteur, les constructions faites par Constantin étaient donc situées en dehors de la vieille ville.

Une ancienne description de Constantinople, écrite sous le règne de Théodose II († 450), plus de cent ans après que Constantin eut construit la nouvelle enceinte et le palais impérial, vient encore démontrer que l'ancienne Byzance continua de subsister, après la construction du grand palais, sur l'emplacement qu'elle occupait auparavant. La ville est divisée en quatorze quartiers par l'auteur de ce document. Le premier quartier est ainsi décrit : « Le premier quartier, étendu dans son développement, est plan dans un » étroit espace. Pour ceux qui viennent de la partie inférieure du palais vers le grand » théâtre, il descend en pente à leur droite vers la mer. Il est illustré par des habitations » impériales et nobles. Il renferme le grand palais, le Lusorium, le palais Placidien, la » maison de l'impératrice Placidie, celle de la très-noble Marina, les thermes d'Arcadius, » vingt-neuf rues ou impasses, cent dix-huit maisons, deux portiques continus, quinze » bains privés, quatre boulangeries publiques, quatre escaliers.... » Le second quartier comprenait, entre autres monuments, la grande église (Sainte-Sophie) et l'église antique (Sainte-Irène), et se prolongeait jusqu'à la mer; le troisième, l'Hippodrome, et le quatrième, l'Augustéon et le Milliaire [3]. On voit évidemment par là qu'au temps de Théodose le Jeune, le premier quartier de Constantinople embrassait la première des sept collines sur lesquelles la ville est assise, et la plaine étroite qui s'étend entre le pied de cette colline et le golfe de la Corne-d'or, le Bosphore et la mer : c'est précisément l'espace qu'occupe aujourd'hui le sérail [4]; on apprend aussi par ce document qu'indépendamment du grand palais impérial, on trouvait dans le premier quartier non-seulement des maisons princières, mais encore vingt-neuf rues, cent dix-huit maisons de particuliers, des boulangeries et des bains publics : la vieille ville subsistait là tout entière.

L'incendie allumé par les Victoriats et les constructions de Justinien changèrent en

---

[1] Codin., *De originibus;* Paris., p. 7; Bon., p. 14.
[2] *Ant. Const.*, ap. Banduri, lib. I et II, p. 2 et 25.
[3] Ap. Du Cange, *Const. Christ.*, lib. I, § 20 et 21, p. 62.
[4] Voyez notre planche I<sup>re</sup>.

## SITUATION ET ÉTENDUE DU PALAIS.

partie la disposition des quatre premiers quartiers de la ville. Mais ces changements ne durent pas donner à l'enceinte de la demeure impériale une étendue plus considérable vers le nord que celle qu'elle avait déjà avant la sédition. Sainte-Sophie, Sainte-Irène, le Forum et la partie du palais qui touchait à cette place furent brûlés, mais le feu n'atteignit pas la vieille ville, qui demeura telle qu'elle était. Nous pouvons établir en effet, par plusieurs passages des auteurs byzantins, par certains faits historiques et par le plan de la ville dressé par Bondelmonti, que postérieurement au règne de Justinien, et jusqu'à la fin de l'empire grec, des monuments fort importants s'élevèrent dans la ville, en dehors du palais, dans ce vaste espace qu'occupe le sérail au nord du parallèle de Sainte-Sophie, au delà par conséquent de la limite septentrionale que nous avons donnée sur notre plan au palais impérial.

Parmi les monuments que l'ancienne description de la ville signale comme existant dans le premier quartier, on voit figurer les thermes d'Arcadius. Procope nous en fait connaître la situation : « Ceux qui de la Propontide naviguent vers la partie orientale de la » ville, rencontrent à main gauche les thermes d'Arcadius, l'un des plus beaux » monuments de Constantinople. Notre empereur construisit là un atrium pour la ville; » il sert de lieu de promenade et de station pour les navigateurs. Le soleil levant l'inonde » de lumière [1]. »

Il résulte évidemment de la description de Procope que les thermes d'Arcadius étaient situés sur le Bosphore, et que le promenoir et le port que Justinien y avait fait construire étaient à l'usage de la ville et des navigateurs, et par conséquent en dehors de l'enceinte de la demeure impériale.

Nous avons déjà parlé plusieurs fois de la relation que Bondelmonti nous a laissée du voyage qu'il fit dans le Levant au commencement du quinzième siècle. Aux quelques pages qu'il a consacrées à Constantinople, il a joint un plan à vol d'oiseau de la ville. Du Cange l'a reproduit dans sa *Constantinopolis Christiana* [2]. Bien que ce plan ait été exécuté sans méthode et de la façon la plus irrégulière, que les monuments y soient rendus d'une manière souvent ridicule et que les distances qui les séparaient ne soient nullement observées, nous n'avons pas dû négliger les renseignements qu'il fournit, tout imparfaits qu'ils sont. Ceux que nous allons lui emprunter sont d'ailleurs les plus exacts, parce qu'ils indiquent des monuments élevés auprès de la mer. Voici donc parmi les édifices antiques figurés au plan de Bondelmonti, ceux qui appartenaient à la ville et qui seraient compris, s'ils étaient encore debout, dans l'enceinte du sérail. La première des tours qui s'élève sur le golfe de la Corne-d'or, à peu de distance de la pointe du sérail, y est désignée sous le nom de Porte des Juifs; très-près de la pointe du sérail sur le Bosphore, à l'endroit où est aujourd'hui Top Capoussi, la Porte du Canon, Bondelmonti signale Saint-

---

[1] Procop., *De œdificiis*, lib. I, cap. II; Paris., p. 24; Bon., p. 205.
[2] Il a été publié aussi par Banduri, *Imp. Orient.*, t. II, p. 448.

Démétrius; un peu plus au sud, Saint-Georges de Mangana; plus bas encore, une église qu'il désigne sous le nom d'Hodigitria, et qui n'est autre que le naos de la Sainte-Mère de Dieu Conductrice, ὁ ναὸς τῆς ὑπεραγίας Θεοτοκοῦ τῶν ὁδηγῶν [1], et enfin au-dessous, sur la Propontide, le port du Boucoléon sous le nom de Portus Palatii. L'église Saint-Démétrius avait été construite auprès de l'ancienne Acropole qui s'élevait à l'extrémité orientale du triangle que formait la ville; c'est ce que Du Cange a établi par une foule de citations qu'il est inutile dès lors de rapporter ici [2]. L'église Saint-Georges de Mangana, qui se trouve un peu plus bas sur le plan de Bondelmonti, appartenait également à la ville. Elle avait été construite avec une grande magnificence par Constantin Monomaque (†1054) [3]. Un fait de l'histoire byzantine, que nous empruntons à Anne Comnène, va justifier la situation de Saint-Démétrius et de Saint-Georges et établir que ces deux églises étaient en dehors du palais impérial.

Alexis Comnène, général de Nicéphore Botaniate, fut mal payé de l'immense service qu'il avait rendu à l'empereur. Revenu à Constantinople après avoir vaincu les généraux qui avaient levé l'étendard de la révolte, il se trouva en butte à la haine des ministres, et bientôt il apprit que ceux-ci avaient résolu sa perte. Dans ces circonstances, Alexis quitta Constantinople avec son frère Isaac, Georges Paléologue et plusieurs de ses amis, et alla se mettre à la tête de l'armée réunie à Zurule, sur la frontière de la Thrace. Toute la noblesse de l'empire, qui ne pouvait supporter la tyrannie de l'eunuque Borile, ministre de Botaniate, se rendit à Zurule auprès des Comnène, qui bientôt allèrent camper avec l'armée devant Constantinople. Alexis, qui n'avait pas le matériel nécessaire pour battre en brèche les murailles de la ville, chercha à y pénétrer par la ruse. Des troupes allemandes, qui gardaient une des tours, ayant été gagnées, Georges Paléologue escalada les murailles en cet endroit et ouvrit la porte la plus voisine aux troupes d'Alexis, qui se répandirent dans la ville et la mirent au pillage (1081). Georges Paléologue n'en resta pas à ce premier trait d'audace; accompagné d'un seul homme, il se jeta dans une barque et se fit transporter sur la flotte impériale qui était mouillée devant le palais. Ses discours décidèrent les matelots à se prononcer pour Alexis; il prit aussitôt le commandement, et, mettant à la voile, il amena la flotte devant l'Acropole, ἀποπλεύσας οὖν ἐκεῖθεν σύναμα τῷ στόλῳ καταλαμβάνει τὴν Ἀκρόπολιν. Cependant les Comnène, étant entrés dans la ville, arrivèrent à la place qui était au-devant de Saint-Georges Martyr, περὶ τὸ πεδίον τοῦ ἁγίου μεγαλομάρτυρος Γεωργίου, et pleins de confiance dans le succès, ils se mirent à délibérer s'ils n'iraient pas embrasser leur mère et leur femme, réfugiées dans un monastère, avant de se porter sur le palais; mais le césar Jean, qui s'était réuni à eux, les engagea à ne pas s'arrêter, et ils étaient déjà parvenus à la maison Héritzé, qui n'était pas éloignée de

---

[1] Du Cange, Const. Christ., lib. IV, § 2, n° 14, p. 88, nomme cette église Ædes Deiparæ Hodegetriæ.
[2] Du Cange, Const. Christ., lib. I, § 16, et lib. IV, § 6, n° 23, p. 44 et 122.
[3] Du Cange, Const. Christ., lib. II, § 5, n° 13, p. 133, et lib. IV, § 6, n° 43, p. 124.

l'Acropole [1], lorsqu'ils rencontrèrent Nicéphore Paléologue, père de Georges, et l'un des amis les plus dévoués de Botaniate. Il venait leur apporter des propositions de la part de l'empereur. Mais le césar décida les Comnène à rejeter ces ouvertures de paix; et les excita à s'emparer du palais, ἐπαπειλούμενος καὶ πρὸς τὰ βασίλεια κατεπείγων [2].

On voit par ce récit que l'Acropole, de même que l'église Saint-Georges, qui s'élevaient sur le Bosphore, dans un endroit renfermé, par conséquent, dans l'enceinte du sérail, étaient situées dans la ville, à une certaine distance du palais impérial. Mais nous allons nous rapprocher davantage du point où nous avons tracé la limite septentrionale du palais des empereurs grecs.

L'emplacement de l'église de la Sainte-Mère de Dieu Hodégétria, que Bondelmonti place au-dessous et au sud de Saint-Georges, est encore aujourd'hui parfaitement connu par une circonstance toute particulière. Cette église avait été bâtie par Michel III († 867), sur l'emplacement d'une chapelle en grande vénération, parce que, dit Codin, « beau-» coup d'aveugles s'étant lavés dans une source qui s'y trouvait, avaient recouvré la vue. » C'est à cause de ce miracle, ajoute Codin, que ce temple avait reçu le nom d'Hodégos [3]. » L'église d'Hodégétria a disparu, mais la source qui passait pour miraculeuse existe encore dans l'enceinte du sérail, sous la porte du beau kiosque des Perles, Indjouli-Keuchk, qui s'élève à l'entrée du Bosphore, à deux cents mètres environ au nord du parallèle de Sainte-Sophie [4]. La vénération pour cette source ne s'est pas en effet démentie, et les chrétiens de Constantinople, qui ont conservé une foi vive dans les effets salutaires de ses eaux, ne pouvant pas pénétrer dans les jardins du sultan, se réunissent, le jour de la fête de l'Assomption, au pied des murs du sérail voisins de la source, et se livrent là à des pratiques de dévotion [5]. La tradition, qui est en rapport avec le plan de Bondelmonti, a donc perpétué d'une manière certaine la connaissance de l'emplacement de l'église de la Très-Sainte-Mère de Dieu Hodégétria. Or, un événement du règne d'Alexis III, rapporté par Nicétas, va établir que cette église était située dans la ville et en dehors du palais impérial.

L'empereur Alexis III Comnène habitait le château des Blaquernes, à l'extrémité nord-ouest de la ville, sur le golfe de la Corne-d'or, lorsqu'un homme nommé Jean le Gros, de la famille des Comnène, ayant formé le projet de s'emparer de la couronne, se porta avec ses partisans à Sainte-Sophie. On détacha une des couronnes d'or suspendues au-dessus de l'autel, et on la posa sur la tête de Jean, qui fut conduit au grand palais et proclamé empereur (1201). S'étant assis sur le trône, il distribua à ses partisans les grandes charges de l'État. La nuit venue, Jean ne pensa qu'au repos et ne prit pas le soin de faire garder les portes; quant à

---

[1] Du Cange, Const. Christ., lib. II, § 16, n° 48, p. 174.
[2] Anna Comnena, Syntagma rer. ab Alexio Comn. gest., lib. II, cap. xi et xii; Paris., p. 66; Bon., p. 127 et seq.
[3] Ὁδηγός, conducteur, qui guide. — Codin., De ædificiis; Paris., p. 41; Bon., p. 80.
[4] Voyez notre planche I<sup>re</sup>.
[5] Jos. von Hammer, Constant. und der Bosporos, s. 233.

ses soldats, ils se réunirent témérairement dans l'Hippodromios. Cependant l'empereur, ayant rassemblé tous les gens de guerre qu'il avait auprès de lui, les fit partir sur des navires et ils vinrent débarquer à l'église d'Hodégétria. S'étant joints là à des soldats de l'empereur, ils fondirent à l'improviste sur les partisans de l'usurpateur et se saisirent de sa personne. On lui coupa la tête, qui fut exposée dans l'abside du Forum. Le corps fut porté à la porte des Blaquernes, afin que l'empereur pût le voir [1].

Notre plan de la restitution du palais fait parfaitement comprendre ce fait. Les soldats de l'empereur descendirent le golfe de la Corne-d'or, et, entrant dans le Bosphore, vinrent débarquer pendant la nuit à l'église d'Hodégétria, située à deux cents mètres environ des murs du palais, très-près, par conséquent, de la porte (n° 132) ouverte en face du Tzycanistérion (n° 131). Pénétrant dans le palais par cette porte, qui n'était pas gardée, ils parcoururent les jardins et arrivèrent sans bruit jusqu'à l'Hippodrome couvert (n° 42), où les gens de l'usurpateur se livraient au repos [2].

En résumé, les documents que nous venons de produire établissent que l'église d'Hodégétria était située dans la ville même et à deux cents mètres environ du tracé que nous avons fait des murs septentrionaux de la demeure impériale. Nous ne croyons pas qu'on puisse avoir la prétention d'arriver à une approximation plus exacte de l'emplacement de ces murs, à moins de faire dans les jardins du sérail des fouilles pour retrouver la trace de leurs fondations. A ces documents, nous en ajouterons deux autres pour justifier l'inclinaison que nous avons fait subir aux murs septentrionaux, afin qu'ils fissent face au Tzycanistérion. Jusqu'au règne de Basile le Macédonien († 886), les jardins du palais ne s'étendaient pas au delà du château du Boucoléon (n° 134); mais ce prince ayant voulu établir un nouveau Tzycanistérion (n° 131) pour les exercices équestres des empereurs, acheta les maisons particulières qui se trouvaient là, les démolit, aplanit le terrain, et bâtit, en cet endroit, de nouveaux édifices ayant vue sur la mer [3]. Ainsi l'enceinte du palais n'atteignait pas même encore l'entrée du Bosphore après ces acquisitions faites pour l'agrandir.

Une porte et des grilles furent placées en face du Tzycanistérion. On lit, en effet, dans le livre des Cérémonies de la cour que les ambassadeurs sarrasins, sortant du Palais-sacré où ils avaient été reçus par l'empereur, « franchirent les portes orientales du Chrysotri» clinium (n° 95, E), et sortant par l'Héliacon du Phare (n° 105, A), ils arrivèrent en bas » par l'Héliacon de la Nouvelle-église (n° 128, A) et le grand triclinium (n° 134) dans le » Tzycanistérion. Montant à cheval en cet endroit, ils s'en allèrent à leur propre de» meure [4]. » Lorsque Romain Lécapène eut été déposé par ses propres fils qu'il avait associés à l'empire (944), le peuple, craignant que les conjurés n'eussent assassiné Constantin

---

[1] Nicetæ *Historia, De Alexio Isaaci Ang. fr.*, lib. III, cap. vi; Paris., p. 339; Bon., p. 697.
[2] Voyez plus haut, sur l'Hippodromios, le chap. III, § vi, p. 65, et ci-après le § vii.
[3] Constant. Porphyr., *De Basil. Maced.*, ap. *Script. post Theoph.*; Paris., p. 202; Bon., p. 328. Pour de plus amples renseignements, voyez le § xxiii ci-après.
[4] *De cer. aul. Byz.*, lib. II, cap. xv, p. 586.

## SITUATION ET ÉTENDUE DU PALAIS.

Porphyrogénète, le seul empereur légitime, accourut en foule au palais. Pour le rassurer, Constantin, « les cheveux déliés, se montra à travers les grilles, dans cette partie du » palais où s'étend le champ du Tzycanistérion [1] ». Puisque l'empereur Basile, après avoir créé le Tzycanistérion, avait établi tout auprès des grilles donnant une sortie sur la ville, nous avons pensé que ces grilles devaient faire face à ce beau carrousel, et nous avons terminé l'enceinte sur la mer à une vieille tour, qui existe encore aujourd'hui.

L'endroit où les murs septentrionaux du palais atteignaient la Propontide étant ainsi fixé, occupons-nous de justifier le point de départ que nous leur avons donné, vers l'occident, à la hauteur de l'angle nord-est de Sainte-Sophie. Les documents que nous avons produits précédemment ont établi que les murs du palais, après avoir enveloppé le Sénat (n° 12) et Sainte-Marie Chalcopratiana (n° 11), devaient se rapprocher très-près du mur oriental de Sainte-Sophie, puisque l'empereur pouvait passer de son palais dans les Catéchumènes supérieurs de la Grande-Église au moyen d'un escalier de bois (n° 13), dont le point de départ existait sur des terrasses couvertes (n° 117) pratiquées au-dessus de portiques qui allaient rejoindre le grand triclinium de la Magnaure [2]. Les murs du palais étant conduits ainsi jusqu'à la hauteur de l'angle nord-est de Sainte-Sophie, se prolongeaient-ils au delà vers le nord ou vers l'occident? Nous ne le pensons pas.

L'enceinte du palais ne pouvait pas s'étendre à l'occident en contournant le mur septentrional de Sainte-Sophie. En effet, on a vu plus haut qu'un passage existait en arrière du chevet de Sainte-Sophie, et conduisait de la vieille ville à la porte Anéthas (n° 10, B), qui s'ouvrait sur le Forum, entre Sainte-Marie Chalcopratiana (n° 11) et les bâtiments annexés au mur méridional de Sainte-Sophie [3]. D'un autre côté, si l'enceinte du palais s'était prolongée vers l'occident en longeant le mur septentrional de la Grande-Église, elle aurait rencontré à peu de distance l'église Sainte Irène, qui subsiste encore et s'élève au nord de Sainte-Sophie dans la première cour du sérail, à quatre-vingts mètres environ de ce mur. Cette église, bâtie originairement par Constantin, existait dans la ville et non dans l'enceinte du palais, ainsi qu'on l'a vu par la description de Constantinople écrite du temps de Théodose II, où elle est désignée sous le nom d'église Antique, qui lui était donné pour la distinguer d'une autre église consacrée sous le vocable de la même sainte [4]. L'Anonyme qui a écrit au onzième siècle sur les antiquités de Constantinople, nous a appris au surplus que Justinien avait été obligé d'acheter les maisons de l'ostiaire Antiochus et celle d'une dame Anne, pour obtenir le terrain nécessaire à la construction de la nouvelle Sainte-Sophie, et que tout l'espace qui s'étendait depuis le milieu du temple jusqu'à l'extrémité du béma, ainsi que celui sur lequel était construit le scévophylacion

---

[1] Luitprandi *Antapodosis*, lib. V, § 21, ap. Pertz, *Mon. Germ. hist.*, t. V, p. 333.
[2] Voyez plus haut, chap. II, § 1, vi; chap. III, § ix, p. 30, 40 et 84; et plus bas chap. IV, § xxi.
[3] Chap. II, § viii, p. 43.
[4] Codin., *De ædificiis*; Paris., p. 38; Bon., p. 73. — Gyllii *De topogr. Const.*, lib. II, cap. ii, p. 368.

(la sacristie), provenait d'acquisitions faites à des particuliers[1]. La ville touchait donc aux murs septentrionaux de Sainte-Sophie, et l'enceinte de la demeure impériale ne pouvait pas s'étendre à l'occident au delà du point où nous l'avons fixée, en face de l'angle nord-est de la Grande-Église. Le récit que fait Nicétas de l'incendie qui dévasta Constantinople en 1203 justifie encore la délimitation septentrionale que nous avons donnée au palais impérial. Les Croisés français et vénitiens étaient campés en face de Constantinople, au nord du golfe de la Corne-d'or, où leurs vaisseaux avaient pénétré. Isaac l'Ange venait d'être rétabli sur le trône, et le but apparent des Croisés étant atteint, ils restaient devant la ville, comme des alliés de l'empereur, en attendant que le payement des sommes qu'ils avaient stipulées pour la restauration d'Isaac cût été complété; mais une haine très-vive existait entre eux et les Grecs. C'est dans ces circonstances que quelques soldats flamands s'imaginèrent, sans avoir reçu aucun ordre des chefs de la croisade, de traverser le golfe de la Corne-d'or afin de piller un temple appartenant aux Sarrasins, et dont les empereurs avaient toléré l'existence. Les Sarrasins prirent les armes, et, avec l'aide des Grecs, ils repoussèrent les agresseurs. Les Latins, irrités de voir quelques-uns des leurs tomber sous les coups des Grecs, mirent le feu aux maisons voisines. C'était au milieu de la nuit; l'incendie, poussé par un vent violent du nord, dévora une partie de la ville. « Le feu commença, dit Nicétas, à la synagogue des Sarrasins, qui est située sur la pente » septentrionale, du côté de la mer, au nord de la ville, pente qui touche à l'enceinte du » temple fondé sous le vocable de Sainte-Irène. Du côté de l'orient, il ne s'arrêta qu'à la » Grande-Église[2]. » On voit, d'après le récit de Nicétas, que le temple des Sarrasins était situé non loin du golfe de la Corne-d'or, très-près sans doute de cette porte indiquée au plan de Bondelmonti sous le nom de porte des Juifs. Partant de ce point au nord de la ville, l'incendie s'étend dans la direction du nord au sud jusqu'à l'église Sainte-Irène. A partir de la côte sur le Bosphore, il dévore tout, et n'est arrêté que par les épaisses murailles de Sainte-Sophie. Il est évident dès lors que toute la partie de la ville qui se trouvait sur l'emplacement actuel du sérail, au nord du parallèle et à l'est du méridien de Sainte-Sophie[3], fut incendiée; et l'on comprend que si l'incendie, de ce côté, ne s'étendit pas au sud du parallèle, c'est que les hautes murailles du palais, édifiées au nord, en face de la ville, avaient arrêté ses ravages. Tels sont les documents qui nous ont déterminé à tracer l'enceinte septentrionale du palais, à peu de distance du parallèle de Sainte-Sophie, sur une ligne droite qui descend à l'est vers la mer.

Les dissertations qui précèdent ont déjà justifié la situation que nous avons donnée à l'enceinte du palais sur le Forum ; on a vu également qu'au midi le palais du Cathisma et l'église Saint-Étienne, qui dépendaient du grand palais, s'élevaient au-dessus de l'Hippo-

---

[1] *Ant. Const.*, ap. Banduri, *Imp. Orient.*, lib. IV, p. 66 et 67.
[2] Nicetæ *Historia*; Paris., p. 356; Bon., p. 733.
[3] Voyez notre planche Iʳᵉ.

## SITUATION ET ÉTENDUE DU PALAIS.

drome, et qu'ainsi le mur rectiligne qui fermait le champ de course au nord, servait de limite et de défense au palais [1]. Les dissertations qui vont suivre [2] viendront apporter, au surplus, de nouvelles preuves à l'appui de notre tracé sur ces différents points; mais il faut nous expliquer sur la limite occidentale que nous avons donnée au palais en regard de l'Hippodrome.

Pierre Gylli nous a appris que les murs du palais s'élevaient près de l'Hippodrome, sur un tertre de cent pas de hauteur environ, qui s'étendait jusqu'à la mer, « in altitudinem circiter centum passuum edito [3] ». Cette détermination de l'élévation du tertre au haut duquel s'élevait le mur d'enceinte du palais n'est pas très-claire. Nous avons expliqué plus haut que Gylli, par l'expression pas, n'avait pu entendre une mesure usuelle de longueur, et l'on a vu également que ce voyageur se servait du pied romain lorsqu'il voulait indiquer une hauteur comme celle des obélisques et de leurs soubassements [4]. Nous croyons donc que Gylli a voulu dire qu'il fallait parcourir une distance de cent pas de marche en partant du pied du mur de l'Hippodrome pour atteindre le sommet du tertre. La distance réelle existant entre Sainte-Sophie et l'extrémité de l'Hippodrome nous avait fait porter à quatre-vingt-quatre centimètres la longueur des pas de marche de Gylli [5]; mais en gravissant un tertre son pas devait être moins allongé que sur un terrain plan. Toujours est-il qu'il résulte des termes dont se sert Gylli que les murs du palais ne touchaient pas aux gradins orientaux du Cirque, et cela se conçoit, puisque autrement la sûreté du palais aurait été compromise; mais ils devaient en être fort près. En effet, lorsque l'empereur devait présider aux jeux du Cirque, il se rendait dans le Cathisma, mais lorsqu'il voulait seulement se montrer au peuple réuni dans l'Hippodrome et lui donner sa bénédiction, il se transportait par la galerie de Justinien (n° 109) sur une terrasse (n° 113) située à l'extrémité de cette galerie. On établissait le trône sur cette terrasse, qui touchait aux murs du palais, et de là il bénissait le peuple qui l'acclamait [6]. Les murs du palais devaient être assez rapprochés du flanc oriental de l'Hippodrome pour que le peuple pût voir l'empereur. Il y a plus, de cette terrasse partait une galerie nommée galerie de Marcien, à l'extrémité de laquelle s'élevait un naos renfermé dans la dernière des tours qui flanquaient les murs du palais du côté de la terre [7]. Il n'est pas à supposer que ces galeries aient décrit des lignes courbes; nous avons donc tracé les murailles occidentales du palais sur une ligne droite tirée à soixante-cinq mètres du grand côté oriental de

---

[1] Voyez chap. I, § II, p. 12; chap. II, § II, p. 31; § III, p. 37; § VI, p. 40; § VIII, p. 41; § X, p. 45; chap. III, § VI, p. 66.
[2] Voyez chap. IV, § II et IX.
[3] *De topogr. Const.*, lib. I, cap. VII.
[4] Voyez chap. I, § II, p. 15, et chap. II, § X, p. 49.
[5] Voyez chap. I, § II, p. 21.
[6] *De cer. aul. Byz.*, lib. I, cap. LXIV, § 3, 4 et 5, p. 285 et seq. — Voyez ci-après le § XX.
[7] Voyez pour les preuves de ces dispositions le § XXVII ci-après.

l'Hippodrome et descendant jusqu'à la mer, parallèlement au grand axe du Cirque.

Mais une objection est soulevée par un passage de Procope qui a fait dire à M. de Hammer que le palais des empereurs grecs s'étendait du côté de la Propontide jusqu'à Tschatlade-Capou et Kutschuk Aja Sofiia (Saint-Serge-Saint-Bacchus) où se trouvait le palais Hormisdas, en touchant immédiatement de ce côté à la partie inférieure de l'Hippodrome[1]. Voici d'abord le passage de Procope : « Justinien éleva auprès du palais » impérial, qui s'appelait anciennement Hormisdas, un temple à saint Pierre et à » saint Paul, qui n'en avaient pas encore à Constantinople. Il avait fait de cette demeure, » qui lui appartenait, comme un petit palais remarquable par la beauté de ses construc- » tions. Quand il fut devenu empereur, il le rattacha aux autres palais, τοῖς ἄλλοις » βασιλείοις ἐνῆψεν. Là, il construisit encore un autre temple aux illustres saints Serge et » Bacchus[2]. » Ce texte ne peut fournir matière à discussion ; il est certain qu'à son avénement au trône, Justinien réunit au grand palais impérial son habitation personnelle qui portait le nom d'Hormisdas et par conséquent les terrains qui existaient au sud, au-dessous de l'Hippodrome. Mais les choses ne demeurèrent pas longtemps en cet état, et durant le cours de son règne, Justinien abandonna à la piété des fidèles les deux temples qu'il avait joints à son ancienne demeure ; dès lors elle ne fut plus comprise dans l'enceinte du palais et fit partie de la ville. Cédrénus, qui écrivait au onzième siècle, s'exprime ainsi sur ce sujet : « Justinien ajouta au naos de Saint-Serge et Saint-Bacchus, » qui est près du palais vers la mer, et au naos voisin des Saints-Apôtres, sa propre maison » et tout ce qu'il possédait là antérieurement, et, en faisant offrande du tout à ces deux » temples, il le convertit en un monastère d'hommes[3]. » Il est souvent question de Saint-Serge-Saint-Bacchus dans les auteurs, et ils n'en parlent, de même que Cédrénus, que comme étant près du palais ou dans Hormisdas, et non pas dans le palais impérial[4]. L'Anonyme comprend Saint-Serge dans sa description de la ville de Constantinople. « Les » grands bâtiments qui touchent à Saint-Serge, dit-il, sont ceux dans lesquels habita » Justinien le Grand lorsqu'il était patrice[5]. » Ces édifices étaient donc compris dans la ville, et non dans le palais.

Au-dessous de Saint-Serge-Saint-Bacchus, mais un peu plus à l'orient[6], et par conséquent plus près du palais, il existait un petit port qui dépendait du palais d'Hormisdas et qu'on appelait port Julien, du nom de son fondateur[7]. Eh bien ! ce port, dès le temps

---

[1] *Constant. und der Bosporos;* Pesth, 1822, s. 220.
[2] *De ædificiis,* lib. I, § 4; Paris., p. 13; Bon., t. III, p. 186.
[3] *Historiarum Compend.;* Paris., p. 366; Bon., t. I, p. 642.
[4] ANONYM., *De Michaele,* ap. *Script. post Theoph.,* lib. IV, § 7; Paris., p. 96; Bon., p. 154. — *De cer. aul. Byz.,* lib. II, cap. XV, p. 170. — DU CANGE, *Const. Christ.,* lib. IV, § 6, n° 88, p. 135.
[5] *Antiq. Constant.,* ap. BANDURI, *Imp. Orient.,* lib. III, p. 42.
[6] P. GYLLII *De topog. Const.,* lib. II, § 15, ap. BANDURI, *Imp. Orient.,* t. I, p. 380.
[7] *Antiq. Const.,* ap. BANDURI, lib. III, p. 45. — CODIN., *De ædificiis;* Paris., p. 44; Bon., p. 87.

## SITUATION ET ÉTENDUE DU PALAIS.

même de Justinien, appartenait à la ville. « L'église de sainte Thècle, martyre, dit Pro-
» cope, est située près de ce port de la ville qu'on appelle Julien[1]. » Un auteur anonyme
ajoute que du temps de Justinien « le Forum des négociants qui s'occupaient d'affaires
» maritimes fut transporté au port Julien[2] ». Il est donc évident que le palais d'Hormisdas,
l'église Saint-Serge-Saint-Bacchus et le port Julien appartenaient à la ville dès le temps de
Justinien, et que le grand palais ne s'étendait pas jusqu'à ce port.

Il est possible cependant que les terrains existant à l'orient du port Julien, entre l'extrémité sud de l'Hippodrome et la mer, aient continué à appartenir aux empereurs, et qu'un
mur de clôture qui aurait suivi la direction du grand axe du Cirque ait été bâti à partir de
la Sphendoné jusqu'à la mer[3]. Mais les défenses du palais ne pouvaient avoir été construites en cet endroit. En effet, l'Hippodrome dominait de beaucoup tous les terrains
qui s'étendaient au sud de la Sphendoné; les pentes, de ce côté, étaient « non-seulement
» ardues et en précipice, dit Gylli, mais presque perpendiculaires et élevées de cinquante
» pieds, plus ou moins[4]. » Si l'enceinte fortifiée du palais avait renfermé ce terrain, cette
partie de la demeure impériale aurait été dominée par les gradins du Cirque, et une
fois l'Hippodrome occupé par des séditieux, le palais impérial serait nécessairement tombé
en leur pouvoir. On comprend dès lors que les murailles et les tours qui défendaient
l'enceinte du palais[5] durent être élevées au delà de l'Hippodrome, afin, au contraire, de
le dominer.

Le cérémonial à observer lorsque l'empereur se rendait du Palais-sacré à Saint-Serge-
Saint-Bacchus fait bien voir non-seulement que cette église ne dépendait pas du palais,
mais encore qu'il n'y avait aucune communication entre le palais et cette église par le bord
de la mer, au-dessous de l'Hippodrome. Dans cette circonstance, l'empereur, sortant du
Chrysotriclinium (n° 95), traversait le Tripéton, le Lausiacos, la grande galerie de Justinien (n°s 94, 92, 109). De là, suivi de toute la cour, « il passe par les Scyla (n° 110).
« Les Candidats, les Scribes et les Mandatorès[6] qui doivent l'accompagner lorsqu'il se
» rendra dans le Cirque, attendent dans l'Hippodromios (n° 42). L'empereur sort dans
» l'Hippodrome, accompagné par eux tous, et le traverse. Cependant la foule qui remplit
» l'Hippodrome acclame l'empereur qui entre à Saint-Serge par les anciens bureaux[7]. »

---

[1] *De ædificiis*, lib. I, cap. IV; Paris., p. 15; Bon., p. 190.

[2] ANONYM., *De ant. Const.*, ap. BANDURI, *Imp. Orient.*, lib. VI, t. I, p. 127. Ce port Julien devait exister à l'endroit où est aujourd'hui l'échelle de Tschatlade-Capou, près de la porte de ce nom. — Voyez nos planches I<sup>re</sup> et II<sup>e</sup>, la carte jointe à l'ouvrage de M. de Hammer, celle de Heller, Paris 1843, et celle d'Olivier, Constantinople 1851.

[3] Voyez la planche II<sup>e</sup>.

[4] *De topogr. Const.*, lib. I, cap. VII, p. 357.

[5] LUITPRANDI *Antapodosis*, lib. V, § 21, ap. PERTZ, *Mon. Germ. hist.*, t. V, p. 332. — LEONIS DIACONI *Historiæ*, lib. IV, § 6; Bon., p. 64.

[6] Officiers chargés de porter les ordres de l'empereur; DU CANGE, *Glos. lat.*, v° Mandator.

[7] *De cer. aul. Byz.*, lib. I, cap. II, p. 87.

La demeure impériale ne s'étendait donc pas jusqu'à Saint-Serge comme le veut M. de Hammer, puisque pour se rendre à cette église l'empereur était obligé de sortir du palais et de traverser le grand Hippodrome.

Nous terminerons ce qui a rapport à la situation du palais impérial par deux citations qui feront bien comprendre que son enceinte ne pouvait pas avoir plus d'étendue que celle que lui donne notre plan [1].

Nous avons déjà parlé de la sédition qui s'éleva à Constantinople, en 1042, lorsque Michel V, surnommé Calafate, eut fait conduire l'impératrice Zoé dans l'île du Prince [2]. Après avoir été obligé de quitter la tribune des jeux à cause des flèches et des pierres que lançaient les insurgés réunis dans l'Hippodrome, Michel avait repris courage, et comme le peuple, pour attaquer le palais, était divisé en trois corps, l'un dans l'Hippodrome, un autre vers les Excubiteurs et le troisième du côté du Tzycanistérion, l'empereur divisa également en trois corps les troupes qui formaient la garde du palais [3]. Ainsi, pour envahir la demeure impériale, les insurgés l'attaquent des trois côtés par où on pouvait l'aborder : par l'Hippodrome (n° 17), par le forum Augustéon où se trouvait la porte de la Chalcé et à la suite le triclinium des Excubiteurs (n°ˢ 20 et 27), et enfin du côté de la vieille ville, où existait le Tzycanistérion (n° 131) qu'avait établi l'empereur Basile au neuvième siècle.

Notre seconde citation est empruntée au livre des Cérémonies. Il s'agit du cérémonial à observer « lorsque l'empereur, dans un jour ordinaire, veut aller faire ses dévotions soit
» aux Saints-Apôtres, soit à toute autre église.
» La veille, les ordres sont donnés au Préposé et au capitaine des gardes pour qu'ils
» aient à rassembler le lendemain matin, à l'endroit où l'empereur a décidé qu'il monterait
» à cheval, tous ceux qui doivent l'accompagner. Dès le matin, tous s'avancent revêtus du
» scaramangion [4] et s'en vont avec le Préposé et les Cubiculaires soit vers le Caballarios,
» soit vers l'église du Seigneur, soit vers l'Hippodrome, soit vers le Tzycanistérion, soit
» vers Daphné ; car l'empereur a coutume de sortir par l'une de ces issues lorsqu'il monte
» à cheval [5]. » Ce passage indique bien l'étendue du palais et ses différentes portes. En effet, lorsque la réunion avait lieu dans le Caballarios (n° 120), c'est que l'empereur devait sortir par la porte Monothyros (n° 118) qui s'ouvrait sur le Forum ; lorsqu'on se réunissait à l'église du Seigneur, c'est que l'empereur, après avoir traversé la porte du Spatharicion et cette église (n°ˢ 66 et 35), montait à cheval à la porte du narthex et traversait les Courtines et l'atrium de la Chalcé (n°ˢ 29 et 20, A) ; s'assemblait-on dans l'Hippodromios (n° 42), c'est que l'empereur devait passer par la porte de fer de Daphné (n° 39) ; la réunion se faisait-elle dans le Tzycanistérion (n° 131), c'est que la grille qui

---

[1] Nous engageons nos lecteurs à ne lire ce qui suit qu'en consultant nos planches II⁰ et III⁰.
[2] Voyez chap. II, § x, p. 46.
[3] G. Cedreni *Compend. hist.*; Paris., p. 751; Bon., t. II, p. 538.
[4] Longue robe talaire qui était le vêtement de dessous lorsqu'on en portait plusieurs.
[5] *De cer. aul. Byz.*, lib. II, cap. xiii, p. 557.

s'ouvrait sur la vieille ville (n° 132) avait été désignée pour la sortie du souverain; enfin si les dignitaires étaient convoqués dans Daphné (n° 44), c'est que l'empereur devait traverser l'Augustéos, l'Onopodion, le Consistorion (n°s 48, 36, 32) et les salles des gardes (n°s 28, 27 et 23), pour monter à cheval soit à la porte de bronze des Courtines (n° 30), soit dans l'atrium de la Chalcé (n° 20, A). Ces différentes marches de l'empereur pour sortir du palais se rencontrent dans le livre des Cérémonies.

Nous pensons avoir justifié la délimitation que nous avons tracée de l'enceinte du palais impérial, et nous sommes autorisé à dire que la seule partie du sérail du sultan qui ait été comprise dans cette enceinte est cette portion des jardins de forme triangulaire existant au sud du parallèle de Sainte-Sophie, et dont l'angle méridional se trouve sur la mer de Marmara près de Kara-Capoussi, la porte de terre [1]. Les murs du sérail, qui partant de ce point-là, remontent vers la porte Impériale, Bab-i humaïoun, en faisant face à l'ouest, doivent avoir été bâtis à une époque voisine de la conquête, dans le style des anciens murs de la ville, mais ils ne peuvent être antiques; ces murs auraient coupé en deux parties la résidence des empereurs grecs, et rien ne les indique dans les auteurs; ils ont dû être construits avec les matériaux provenant de la démolition des murailles septentrionales de cette résidence. D'après notre plan, le grand palais tout entier, le triclinium de la Magnaure, le palais de porphyre et le Pentacoubouclon se trouvent en dehors de l'enceinte actuelle du sérail; l'emplacement qu'occupaient ces édifices et les jardins qui les environnaient sont couverts par une partie de la mosquée du sultan Achmet, et par un quartier considérable qui s'étend entre Tschatlade-Capou, cette mosquée, Sainte-Sophie et les murs du sérail.

Avant de faire connaître les documents qui nous ont guidé dans les dispositions particulières que nous avons adoptées pour chacune des parties de la demeure impériale, nous allons emprunter au livre de Constantin Porphyrogénète le cérémonial à observer lorsque l'empereur se rendait à Sainte-Sophie, parce qu'il fournit un renseignement assez complet sur l'ensemble de la distribution intérieure du grand palais.

« Le jour de la fête, dès la première aurore, les Préposés suivis de tous les officiers de
» service du palais entrent dans le Caballarios (n° 120) et y stationnent. Le grand portier
» ayant ouvert le palais, ils entrent et s'arrêtent devant la portière du Panthéon (n° 95, A).
» Les valets de chambre, βεστήτορες, entrent à leur tour et retirent la verge de Moïse de
» l'oratoire de Saint-Théodore (n° 96) qui est dans le Chrysotriclinium, puis les officiers du
» palais préposés aux costumes impériaux, οἱ τῶν ἀλλαξίμων τοῦ κουβουκλείου, avec les Diétaires,
» μετὰ τῶν διαιταρίων, sous leurs ordres, prennent le coffre dans lequel est déposé le vêtement
» impérial et les écrins qui renferment les couronnes, tandis que les Spathaires enlèvent
» les armes, les boucliers et les lances de l'empereur. Les Préposés aux vêtements emportent
» le costume impérial et le déposent dans le salon octogone (n° 50) qui est dans le palais de
» Daphné, c'est-à-dire en avant de l'église Saint-Étienne premier martyr (n° 54). Les

---

[1] Voyez la planche I<sup>re</sup>.

» Spathaires qui portent les armes se tiennent dans l'Onopodion (n° 36). Alors l'empereur
» sort de la chambre sacrée, τοῦ ἱεροῦ κοιτῶνος (n° 104), revêtu du scaramangion, et fait sa
» prière accoutumée dans la conque du Chrysotriclinium (n° 95, E) où est représentée
» l'image sainte de Notre-Seigneur le Dieu, assise sur un trône. En ce moment, les Pré-
» posés franchissent la portière du Panthéon et se prosternent devant l'empereur, qui revêt
» alors le sagion bordé d'or[1], puis il sort par le Trésor (n° 74)[2]. Dans le Sigma (n° 71), le
» corps des Maglabites et celui des Hétaires, le Logothète, le Canicléios[3], le Protosecrétaire
» et le Protonotaire reçoivent l'empereur, et, après lui avoir rendu leurs devoirs, ils lui
» font cortége[4]. »

Nous continuerons le récit du cérémonial en l'analysant et en supprimant tout ce qui n'a pas rapport à notre sujet, mais nous conserverons scrupuleusement toutes les expressions du texte sans y rien ajouter.

L'empereur entre pour prier dans l'ancien naos de la Mère de Dieu (n° 45), puis dans l'oratoire de la Sainte-Trinité (n° 46), qui est joint à ce naos; de là il passe dans le Baptistère (n° 47). Ensuite il traverse le triclinium de l'Augustéos (n° 48), où il est reçu par différents fonctionnaires, et entre avec les Cubiculaires et les officiers de la chambre dans le salon octogone (n° 50), où l'on a déposé le costume impérial. Ensuite l'empereur, accompagné des Préposés, se rend à l'église Saint-Étienne (n° 54), où il prie et se prosterne devant la croix très-belle et très-vénérée de saint Constantin. Ceci fait, il s'en va dans le coiton de Daphné (n° 51) pour s'y reposer. L'un des officiers du patriarche étant venu apporter le programme de la cérémonie, l'empereur rentre dans l'Octogone, et le Préposé appelle les valets de chambre, qui le revêtent d'une brillante chlamyde et se retirent. Alors le Préposé, en présence de tous les Cubiculaires, pose la couronne sur la tête de l'empereur. Celui-ci traverse le triclinium de l'Augustéos et s'arrête un instant dans la Main-d'or, c'est-à-dire dans le portique de l'Augustéos (n° 49), en dehors de la grande porte.

A un signe de tête de l'empereur, le Préposé fait avec la chlamyde un signe à l'Ostiaire, qui tient une verge d'or, et celui-ci amène aussitôt les maîtres, les patrices, les généraux et d'autres dignitaires qui saluent l'empereur. Celui-ci, suivi de tous, s'avance dans l'Onopodion (n° 36) jusqu'au grand Consistorion (n° 32), où l'on a porté la verge de Moïse et la grande croix de saint Constantin. Là, l'empereur se tient un instant en haut de l'estrade en avant du dais (n° 32, B), ἄνωθεν τοῦ πουλπίτου ἔμπροσθεν τοῦ χαμελαυκίου.

Ensuite, il passe dans le triclinium des Candidats (n° 28), traverse le dôme aux huit colonnes (n° 28, A) et le triclinium des Excubiteurs (n° 27), puis il s'en va dans le tribunal des Lychnos (n° 25). Se tenant là près des flambeaux, c'est-à-dire dans l'abside,

---

[1] Le sagion était une sorte de tunique plus courte et plus ornée que le scaramangion, et qui se portait par-dessus ce premier vêtement.
[2] Voyez plus haut, chap. III, § VIII, p. 71, et chap. IV, § XII.
[3] Officier chargé de porter le vase qui renfermait l'encre rouge avec laquelle l'empereur signait ses décrets.
[4] De cer. aul. Byz., lib. I, cap. I, p. 6.

il reçoit le chef de la faction des Bleus. De là il passe dans le triclinium des Scholaires (n° 23) et fait sa prière dans le vestibule des Saints-Apôtres (n° 24). C'est en cet endroit qu'il fait la seconde réception, où est admis le chef de la faction des Verts.

La troisième réception se fait en dedans de la Chalcé, c'est-à-dire à l'intérieur de la porte (n° 20, D) qui conduit du triclinium des Scholaires sous la coupole de la Chalcé (n° 20). A l'intérieur de la porte de bronze, sous la grande coupole, εἰς τὸν μέγαν θόλον, se tient à droite le corps des médecins, à gauche, une autre corporation.

La quatrième réception a lieu en dehors des grilles de la Chalcé (sans doute dans l'atrium, n° 20, A), et la cinquième devant la grande porte par laquelle on entre dans l'Augustéon (n° 2).

De là, l'empereur va à Sainte-Sophie, où il entre par l'Horologion[1].

L'itinéraire tracé pour l'empereur dans cette cérémonie nous a fait parcourir le grand palais dans toute sa longueur, depuis la chambre à coucher impériale, construite par Basile le Macédonien (n° 104), jusqu'au Forum; il nous fournit une première justification de l'ensemble de notre plan. Le rédacteur du Cérémonial, qui n'avait pas à faire une description du palais, a négligé, il est vrai, de mentionner quelques-unes des pièces que l'empereur devait traverser dans cette occasion, parce qu'aucune cérémonie, sans doute, ne se passait dans ces pièces. Ainsi, en sortant du Chrysotriclinium, l'empereur passait par le Tripéton et le Lausiacos (n°ˢ 94 et 92) pour arriver à la porte du bâtiment de l'ancien Trésor (n° 75); de même en sortant des galeries du Triconque (n° 74), il traversait nécessairement le Triconque, le Sigma et la Phiale (n°ˢ 73, 71 et 61), avant d'arriver au naos de la Mère de Dieu, qui était élevé dans Daphné; mais les développements qui suivent viendront compléter la justification que nous avons à faire de la corrélation établie par notre plan entre les différentes pièces du palais.

## II

### LE VESTIBULE DE LA CHALCÉ; L'ORATOIRE DU SAUVEUR; LES NOUMÉRA.

Procope nous a fourni la description du vestibule du palais qu'on appelait la Chalcé (n° 20), τῶν βασιλείων τὰ προπύλαια ἡ καλουμένη Χαλκή, ἡ Χαλκή, τοῦ παλατίου ἡ Χαλκή[2].

« Quatre murs s'élèvent jusqu'au ciel, formant un quadrilatère dont les côtés sont
» égaux, si ce n'est que les deux qui regardent le midi et le nord ont un peu moins
» d'étendue que les deux autres. En avant de chacun des angles se projette une construc-
» tion en pierre parfaitement travaillée, se dressant contre le mur depuis le sol jusqu'au
» sommet; elle a quatre côtés, dont l'un est encastré dans le mur; elle n'enlève rien à la

---

[1] *De cer. aul. Byz.*, lib. I, cap. I, p. 7 et seq.
[2] Procop., *De ædificiis*, lib. I, cap. x; Paris., p. 23; Bon., p. 202. — Theophan., *ad an. V Justiniani*; Paris., p. 154; Bon., p. 278. — *De cer. aul. Byz.*, passim.

« beauté de l'édifice, mais contribue même à l'orner par l'harmonie des lignes. Sur ces
» quatre piliers s'appuient huit arcs, ἀψῖδες; quatre supportent la voûte du milieu, qui
» forme une élévation sphérique; et les autres, deux vers le midi et deux vers le nord,
» s'appuient sur le mur voisin et supportent le plafond intermédiaire, qui s'élève en
» voûte[1]. »

Il est évident que les quatre gros piliers qui portaient la coupole faisaient saillie dans l'intérieur du quadrilatère, puisqu'un seul de leurs côtés était engagé dans le mur d'enceinte; ils déterminaient les angles du carré dans lequel la coupole était inscrite. Les deux galeries voûtées, au nord et au midi de la coupole (n° 20, B et C), sont bien indiquées par la dernière phrase de la citation. Elles devaient être fort courtes, puisque les quatre côtés du quadrilatère offraient une longueur à peu près égale, au dire de Procope.

La galerie qui se trouvait en avant de la coupole (n° 20, B) portait le nom de Chytos de la Chalcé, ὁ Χύτος τῆς Χαλκῆς. Une petite baie, fermée par une porte de bronze (n° 20, E), servait de communication entre le Chytos et le triclinium des Scholaires (n° 23); c'était là le passage pour l'entrée et la sortie du palais dans les jours ordinaires[2]. Mais la porte principale, qui donnait entrée du vestibule de la Chalcé dans le palais, était une grande porte de bronze à deux vantaux, sur laquelle l'image du Christ était reproduite[3]. Cette grande porte de bronze, qui avait fait donner au vestibule du palais le nom de Chalcé, fut enlevée par les ordres d'Isaac l'Ange (1185), pour être placée à l'église de Saint-Michel Archange[4]. Ceci justifie ce que nous avons dit de la destruction partielle du grand palais dès le douzième siècle. La grande porte de bronze (n° 20, D) s'ouvrait au milieu de l'édifice, sur la coupole, et donnait accès dans le triclinium des Scholaires. Cela résulte de plusieurs passages du livre des Cérémonies. « L'empereur, en sortant du palais pour aller
» à Sainte-Sophie, après avoir fait une réception de fonctionnaires dans le triclinium des
» Scholaires, fait une autre réception en dedans de la Chalcé, c'est-à-dire à l'intérieur de
» la porte qui conduit des Scholaires dans le dôme de la Chalcé, εἰς τὴν πύλην τῶν Σχολῶν
» τὴν εἰσφέρουσαν εἰς τὸν θόλον τῆς Χαλκῆς, » et les fonctionnaires qui assistent à cette réception sont placés, ajoute le Cérémonial, sous la grande coupole, εἰς τὸν μέγαν θόλον[5]. Le Chytos était fermé sur l'atrium (n° 20, A) par une grille; l'empereur, en effet, après avoir fait cette réception sous la coupole, en fait une autre en dehors de la grille de la Chalcé, ἔξω τοῦ καγκέλλου τῆς Χαλκῆς, c'est-à-dire dans l'atrium, et une autre encore devant la grande porte qui conduit dans l'Augustéon, πρὸ τῆς μεγάλης πύλης τῆς εἰσφερούσης εἰς τὸν Αὐγουστέωνα[6]; celle-ci avait lieu sans doute sous les portiques du Forum.

---

[1] Procopius, loc. cit.; Paris., p. 24; Bon., p. 203.
[2] De cer. aul. Byz., lib. I, cap. xxviii, xxxv, xlviii, l et liii, p. 159, 181, 254, 260 et 267.
[3] Theophanis Chronographia, ad an. 594; Paris., p. 239; Bon., t. I, p. 438.
[4] Nicetæ Historia, de Isaacio Angelo, lib. III; Paris., p. 283; Bon., p. 582.
[5] De cer. aul. Byz., lib. I, cap. i, § 7, p. 13 et 19.
[6] De cer. aul. Byz., lib. I, cap. i, p. 14.

## ABSIDE ET ATRIUM DE LA CHALCÉ.

Procope, dans sa description de la Chalcé, ne parle ni de l'abside ni de l'atrium de ce vestibule; mais il est fort possible que ces deux localités n'aient été établies que postérieurement au règne de Justinien, qui avait restauré le vestibule de la Chalcé, brûlé pendant la sédition des Victoriats[1]; elles sont mentionnées dans d'autres auteurs et dans le livre des Cérémonies. Ainsi l'Anonyme qui a écrit au onzième siècle sur les antiquités de Constantinople, et Codin, en faisant l'énumération des statues qui se trouvaient dans la Chalcé, en citent plusieurs qui étaient élevées dans l'abside ou en avant de l'abside, ἐν τῇ ἀψίδι, ἀντικρὺς τῆς Χαλκῆς ἀψῖδος[2].

Quant à l'atrium qui existait en avant de la Chalcé, entre la grande porte de fer qui s'ouvrait sur le forum Augustéon, et la grille qui fermait le Chytos, il est indiqué dans plusieurs passages du livre des Cérémonies. Ainsi, on vient de voir que l'empereur, après avoir fait une réception de fonctionnaires sous la coupole de la Chalcé, en faisait une autre en dehors de la grille qui fermait ce vestibule, et une troisième devant la grande porte qui fermait le palais sur le forum Augustéon. Il fallait donc qu'il existât entre la grille du Chytos et cette porte un espace où les fonctionnaires admis à rendre leurs hommages à l'empereur pussent se rassembler. Dans une autre circonstance, l'empereur, après avoir visité divers monuments et églises de la ville, suivi d'un cortége de grands dignitaires à cheval, rentre dans la Chalcé. Là, tous descendent de cheval, sauf l'empereur, qui pénètre dans le palais par les Courtines (n° 29) et s'en va jusqu'à l'église du Seigneur (n° 35)[3]. Une cour intérieure, en avant de l'édifice de la Chalcé, dans laquelle on pouvait entrer à cheval, est donc bien indiquée par cette citation. Un autre passage du livre des Cérémonies vient démontrer que cet atrium, qui précédait le Chytos, devait être recouvert en tout ou en partie par une voûte en cul-de-four, c'est ce qui nous a décidé à tracer en hémicycle le fond de l'atrium. En effet l'empereur, en revenant de Sainte-Sophie au palais, dans un jour de fête, avait fait une première réception de fonctionnaires en dehors du Puits-sacré (n° 1, L), et revenu au palais, il fait une autre réception «en » dehors du Chytos de la Chalcé, là, sous la voûte en cul-de-four, εἰς τὴν τοῦ ἐκεῖσε » φορνικοῦ καμάραν, à l'intérieur de la porte de fer, εἰς τὴν σιδηρᾶν πύλην»[4]. On voit que la grande porte qui fermait le palais sur l'Augustéon était en fer. Ceci est confirmé par le récit du coup de main tenté par Constantin Ducas à la mort de l'empereur Alexandre (912), fait sur lequel nous reviendrons plus loin[5].

Les portiques à colonnes du Forum régnaient tout autour de la place; la porte de fer

---

[1] Procopius, *De œdificiis*, lib. I, cap. x; Paris., p. 23; Bon., p. 201.
[2] Anonym., *Ant. Const.*, ap. Banduri, *Imp. Orient.*, lib. I, p. 9. — Codin., *De signis*; Paris., p. 19; Bon., p. 34.
[3] *De cer. aul. Byz.*, lib. I, cap. x, p. 84.
[4] *De cer. aul. Byz.*, lib. I, cap. i, p. 19.
[5] *De cer. aul. Byz.*, lib. I, cap. ii, p. 39. — Anonym., *De Constant. Porph.*, ap. *Script. post Theoph.*, lib. VI; Paris., p. 236; Bon., p. 383.

s'ouvrait donc sur ces portiques. Au-devant de la Chalcé, ils étaient garnis de grilles de fer pour en défendre au besoin l'accès. Ce fait résulte de divers passages du livre des Cérémonies. Ainsi l'empereur, en sortant de Sainte-Sophie, monte à cheval sous les portiques pour rentrer au palais; dans son chemin il reçoit, sous les voûtes du Milliaire (n° 3), les hommages de la faction des Bleus; un peu plus loin, les hommages de celle des Verts; enfin « un peu plus loin encore, c'est-à-dire à l'intérieur des grilles qui mènent à la » Chalcé, il accueille de nouveau le chef de la faction des Bleus; de là, l'empereur » s'avance dans le palais et va descendre de cheval à la grande porte du triclinium des » Candidats (n° 28)[1] ». On lit encore dans le Cérémonial que lors de la réception des ambassadeurs sarrasins, l'Éparque avait fait disposer en dehors de la porte de la Chalcé et de chaque côté jusqu'aux grilles de sortie, ἕως τοῦ ἐξάγοντος ἐκεῖσε καγκέλλου, des étoffes de pourpre et de soie. Et en faisant connaître l'emplacement assigné à chaque corps dans cette occasion, le Cérémonial ajoute que les Dalmates occupaient l'intérieur de la Chalcé, et que le bas peuple se tenait en dehors des grilles, ἔξωθεν τοῦ καγκέλλου τῆς Χαλκῆς, partie vers les Nouméra (n° 22), partie vers la voûte du Milliaire (n° 3)[2]. Ces grilles fermaient donc les portiques du Forum, puisque après les avoir dépassés on se trouvait dans la place même.

On s'étonnera peut-être de ne pas trouver la porte de la Chalcé ouverte au point milieu du mur du palais sur le Forum; mais tout tend à prouver que le vestibule de la Chalcé s'élevait à l'endroit où nous l'avons placé sur le plan de la restitution. En effet il faut remarquer que la Chalcé avait été bâtie par Constantin, et que Justinien ne fit que relever cet édifice sans en changer l'emplacement[3]; or, au temps de Constantin et de ses successeurs, l'église Sainte-Sophie n'occupait pas le même emplacement que le temple bâti par Justinien; la Sainte-Sophie Constantinienne ne s'étendait pas au delà du point milieu de la coupole de l'église de Justinien; l'auteur anonyme qui a écrit au onzième siècle sur les antiquités de Constantinople, dit en effet[4] que Justinien renversa de fond en comble l'église construite par Constantin, qu'il acheta, pour établir le nouveau temple, toutes les maisons qui se trouvaient aux alentours, et que notamment l'emplacement qu'occupent le Puits-sacré, le béma, l'ambon et le naos jusqu'au milieu de l'église de Justinien, faisait antérieurement partie de la maison de l'eunuque Antiochus. Ainsi, par suite de l'allongement de l'église vers l'est, l'emplacement du Forum dut être modifié et étendu également vers l'est, ce qui nécessairement déplaça le centre de la place. Le vestibule de la Chalcé, qui du temps de Constantin pouvait être élevé au point milieu de la face méridionale du

---

[1] *De cer. aul. Byz.*, lib. I, cap. I, p. 32.
[2] *De cer. aul. Byz.*, lib. II, cap. xv, p. 573 et 579.
[3] Anonym., *Ant. Const.*, ap. Banduri, *Imp. Orient.*, lib. I, p. 8. — Codin., *De originibus*; Paris, p. 9; Bon., p. 18.
[4] Anonym., *Antiquit. Constant.*, lib. IV, ap. Banduri, *Imp. Orient.*, p. 66 et 67.

## DÉCORATION INTÉRIEURE DE LA CHALCÉ.

Forum, ne s'y trouva plus lorsque la clôture de la place vers l'est eut été reportée beaucoup plus loin, par suite de la reconstruction de l'église Sainte-Sophie.

On trouve au surplus dans les auteurs différentes notions qui tendent à établir que l'entrée de la Chalcé n'était pas au centre du Forum, mais au contraire bien plus près de ses galeries occidentales que de ses galeries orientales. En effet, la chapelle Saint-Alexis, qui était jointe à l'atrium de Sainte-Sophie[1], et qui par conséquent n'était pas éloignée de l'angle nord-ouest du Forum, devait faire face au vestibule de la Chalcé, comme nous l'a appris le récit que fait Nicétas du combat livré dans le Forum par les soldats du césar Jean aux impériaux. La Chalcé ne devait donc pas être fort éloignée de l'angle sud-ouest du Forum. Le livre des Cérémonies nous vient encore en aide pour déterminer cette situation. Ainsi, en rendant compte d'une cérémonie dans laquelle l'empereur allait de son appartement à Sainte-Sophie, l'auteur s'exprime ainsi : «L'empereur traverse le triclinium » des Excubiteurs, celui des Scholaires et la Chalcé, et au sortir de la grille de la Chalcé, » il tourne à droite, ἐκνεύει δεξιά, avec la procession, et s'en va au Puits-sacré[2]. » Si la grande porte de la Chalcé avait été ouverte au milieu du Forum, l'empereur n'aurait eu à peu près qu'à marcher droit devant lui pour arriver au Puits-sacré (n° 1, L); mais au contraire, en sortant de la Chalcé, il tourne à droite; ce n'était sans doute qu'après avoir dépassé la hauteur du Milliaire que la procession se mettait en marche vers le nord, pour arriver à la Grande-Église.

Dans une autre circonstance, les ambassadeurs sarrasins, se rendant au palais, arrivent au Forum par la porte Anéthas, située à l'angle nord-est de la place (n° 10, B). Si la Chalcé par où ils entrèrent dans le palais avait eu sa porte au milieu du Forum, ils se seraient dirigés en droite ligne vers cette porte en traversant obliquement la place; mais au lieu de cela, ils passent devant les bâtiments annexés au mur méridional de Sainte-Sophie, et ce n'est qu'après avoir dépassé le Puits-sacré (n° 1, L) qu'ils se dirigent vers la Chalcé, où ils descendent de cheval en dehors des grilles[3].

Nous nous sommes étendu longuement sur la position de la Chalcé, parce que ce vestibule étant l'entrée du palais et notre point de départ, il était important d'en déterminer exactement la situation; il nous reste à parler de sa décoration intérieure. Les murs, depuis le sol jusqu'aux voûtes, étaient revêtus de très-beaux marbres de différentes couleurs. Il est resté dans l'église Sainte-Sophie de magnifiques spécimens de ces mosaïques de marbre, et l'on peut dire que les artistes byzantins n'ont jamais été surpassés dans ce genre de travail; il est impossible de marier les couleurs avec plus de goût et d'offrir plus de variété et de charme dans la composition des dessins[4]. Les voûtes étaient décorées de fines

---

[1] Voyez chap. II, § VII, p. 40.
[2] *De cer. aul. Byz.*, lib. II, cap. XIX, p. 608.
[3] *De cer. aul. Byz.*, lib. II, cap. XV, p. 583.
[4] Voyez les planches 31 et 32 de l'ouvrage de M. de Salzenberg, *Alt-Christliche Baudenkmale von Constantinopel*.

mosaïques représentant une foule de sujets et de personnages. On y voyait Bélisaire rentrant à Constantinople avec son armée et présentant à Justinien et à Théodora les rois captifs, les villes et les provinces conquises; les sénateurs et les grands dignitaires de l'État entouraient l'empereur et l'impératrice.

Le pavé de la Chalcé était composé d'une belle mosaïque de marbre[1]. Au-dessous de la coupole existait dans le pavé une grande dalle de porphyre de forme circulaire, à laquelle on donnait le nom d'Omphalion, τὸ Ὀμφάλιον. On accomplissait certains actes sur cette dalle de porphyre. Ainsi l'empereur Romain Lécapène (919 † 944), après avoir racheté pour une somme considérable les titres souscrits par des citoyens de Constantinople devenus insolvables, fit brûler ces titres sur l'Omphalion de porphyre de la Chalcé[2]. On trouvera des omphalion encastrés dans le pavé du grand triclinium de Justinien (n° 109), dont nous parlerons plus loin. Il en existait aussi dans d'autres pièces du palais et notamment au-devant des trônes. L'empereur s'arrêtait sur ces dalles de porphyre dans certaines cérémonies.

Le vestibule de la Chalcé était enrichi d'un grand nombre de statues antiques. On y voyait aussi celle de Bélisaire et celles de quelques empereurs de l'époque byzantine. Justinien y avait placé une croix[3].

Romain Lécapène avait fait édifier dans la Chalcé, ou pour mieux dire avait annexé à cet édifice un oratoire dédié sous le vocable du Sauveur, τοῦ Σωτῆρος Χριστοῦ κατὰ τὴν Χαλκῆν εὐκτήριον, ὁ Σωτὴρ εἰς τὴν Χαλκῆν (n° 21). L'empereur Jean Zimiscès († 976) le reconstruisit, et y fit préparer son tombeau, qui était tout en or et enrichi d'émaux et de nielles[4].

Auprès de la Chalcé s'élevait, sur le Forum, un édifice qui recevait le nom de Nouméra, τὰ Νούμερα (n° 22); il avait été construit par Constantin en même temps que le vestibule de la Chalcé, et faisait partie du palais impérial. Cet empereur y avait établi des tribunaux; postérieurement, les Nouméra furent convertis en prison[5]. Les Nouméra touchaient aux Thermes de Zeuxippe. A la fin de l'empire byzantin, ces thermes, ayant été réunis au palais, avaient pris le nom de Nouméra, de l'édifice auquel ils étaient

---

[1] Procopius, *De ædificiis*, lib. I, cap. x; Paris., p. 24; Bon., p. 204.

[2] Anonym., *De Romano Lec.*, ap. *Script. post Theoph.*, lib. VI, § 44; Paris., p. 266; Bon., p. 429. — Cedreni *Hist. compend.*; Paris., p. 631; Bon., t. II, p. 318. — Theophanis *Chronogr.*, *in Mauricio*; Paris., p. 239; Bon., p. 438. — Lebeau, dans son *Histoire du Bas-Empire*, livre LXXIII, fait de cet Omphalion une place publique.

[3] Anonym., *Ant. Const.*, ap. Banduri, *Imp. Orient.*, lib. I, p. 7 et 8. — Codin., *De signis*, Paris., p. 19; Bon., p. 34.

[4] Leonis Diaconi *Hist.*, lib. VIII, § 1; Paris., p. 78; Bon., p. 128; et lib. X, § 11; Paris., p. 110; Bon., p. 178. — Anonym., *Ant. Const.*, lib. I, p. 10. — Codin., *De ædificiis*; Paris., p. 63; Bon., p. 127. — Ms. Bibl. Impér., n° 1788, f° 9 r°.

[5] Anonym., *Ant. Const.*, ap. Banduri, lib. I, p. 8. — Codin., *De originibus*; Paris., p. 9; Bon., p. 18; et *De ædificiis*; Paris., p. 39; Bon., p. 76. — Anonym., *De Michaele*, ap. *Script. post Theoph.*, lib. IV, § 22; Paris., p. 109; Bon., p. 175.

joints¹. Dans la sédition des Victoriats, sous Justinien, les Nouméra furent brûlés avec les Bains de Zeuxippe et la Chalcé. La contiguïté des Nouméra avec ces deux édifices est encore démontrée par la citation que nous avons empruntée au cérémonial de la réception des ambassadeurs sarrasins, et qui constate que le bas peuple se tenait, sur le Forum, en dehors des grilles de la Chalcé, auprès des Nouméra².

## III

### LES SALLES DES GARDES PRÉTORIENNES; LE NAOS DES SAINTS-APOTRES; LE TRIBUNAL DES LYCHNOS; LES COURTINES.

En retraçant l'itinéraire suivi par l'empereur à travers le palais, dans un jour de fête, pour se rendre de sa chambre à coucher (n° 104) à la porte de la Chalcé sur le Forum (n° 20, A), et de là à Sainte-Sophie³, nous avons déjà prouvé la contiguïté des salles des gardes et du tribunal des Lychnos; le retour de l'empereur de Sainte-Sophie au Palais-sacré complétera cette justification. Dans ces occasions, l'empereur sortait de l'église dans l'Augustéon par le Puits-sacré (n° 1, L), et là, en dehors de cette salle, sans doute sous les portiques qui régnaient sur le Forum, il faisait une première réception de fonctionnaires. Après avoir traversé l'Augustéon et être arrivé au palais, il faisait une seconde réception en dehors du Chytos de la Chalcé, sous la voûte en cul-de-four, à l'intérieur de la porte de fer (n° 20, A). La troisième réception avait lieu à l'intérieur de la Chalcé, ἔνδοθεν τῆς Χαλκῆς, au-devant de la porte (n° 20, D) qui conduit dans le triclinium des Scholaires, εἰς τὰς Σχολάς. Il faisait la quatrième dans le vestibule des Saints-Apôtres, c'est-à-dire dans les Scholaires, εἰς τὰς Σχολάς (n°ˢ 23 et 24), et la dernière dans le tribunal devant les flambeaux, εἰς τὸ τριβουνάλιον ἤγουν πρὸ τῶν λύχνων (n° 25). Après ces réceptions, l'empereur traversait les Lychnos, le triclinium des Excubiteurs (n° 27) et le triclinium des Candidats (n° 28), et entrait dans le Consistorion (n° 32)⁴. Les trois tricliniums des gardes prétoriennes et le tribunal des Lychnos formaient donc une série de salles contiguës qui devaient se suivre en droite ligne, puisqu'elles avaient toutes des portes de sortie sur la longue cour nommée les Courtines (n° 29), comme on le verra plus loin.

Revenons sur chacune de ces localités pour en signaler les particularités.

Le triclinium des Scholaires, ὁ τρίκλινος τῶν Σχολῶν⁵, et par abréviation les Scholaires, αἱ Σχολαί⁶, était la première des salles du palais après le vestibule de la Chalcé. Il servait,

---

[1] Nicephor. Callist., ap. Du Cange, Const. Christ., lib. I, § 27, p. 90.
[2] De cer. aul. Byz., lib. II, cap. xv, p. 579.
[3] Voyez § i, p. 107.
[4] De cer. aul. Byz., lib. I, cap. i, p. 19 et 20; cap. ix, p. 69.
[5] De cer. aul. Byz., lib. I, cap. i, p. 13, lib. II, cap. xv, p. 579.
[6] De cer. aul. Byz., lib. I, cap. i, p. 19; cap. ii, p. 40; cap. xxvii, p. 146 et passim.

comme son nom l'indique, de lieu de station aux soldats de la garde impériale qu'on nommait Scholaires, οἱ Σχολάριοι ou αἱ Σχολαί¹. Les portes du naos des Saints-Apôtres s'ouvraient sur cette salle. « L'empereur s'en va jusqu'au triclinium des Scholaires, dit le
» Cérémonial, et fléchit trois fois le genou dans le vestibule des Saints-Apôtres, ἐν τῷ
» προπυλαίῳ τῶν ἁγίων Ἀποστόλων »; et plus loin, « il fait une réception devant les portes
» des Saints-Apôtres, c'est-à-dire dans les Scholaires, ἤγουν εἰς τὰς Σχολάς² ». Le naos des Saints-Apôtres avait été construit par Constantin³. Cette chapelle, élevée par conséquent dans le style des anciennes basiliques, se terminait par un hémicycle surmonté d'une voûte en cul-de-four, et c'est là que se tenait l'empereur, εἰς τὴν καμάραν, lorsqu'il y entrait.

Le tribunal des Lychnos, τὸ τριβουνάλιον τῶν Λύχνων, οἱ Λύχνοι (n° 25)⁴, qui venait après le triclinium des Scholaires, faisait partie des constructions élevées par Constantin⁵. Cette salle, à l'exemple des anciennes basiliques romaines où siégeaient les juges, s'arrondissait, du côté des Scholaires, en hémicycle recouvert d'une demi-coupole. En sortant du palais, l'empereur passait par le tribunal des Lychnos, et y faisait une réception en se tenant dans l'abside, εἰς τὴν καμάραν, dit le Cérémonial. En rentrant au palais, l'empereur, après avoir fait une autre réception dans cette abside, traversait les Lychnos pour entrer dans le triclinium des Excubiteurs⁶. Il fallait donc que l'abside s'élevât du côté des Scholaires. Quand l'empereur n'avait pas de réception à faire en sortant du palais, il ne traversait pas les Lychnos, et passait du triclinium des Excubiteurs (n° 27) dans celui des Scholaires (n° 23)⁷; ceci indique une galerie qui servait de communication entre ces deux tricliniums; nous l'avons figurée dans notre plan sous le n° 26. L'existence de cette galerie nous est révélée dans un autre passage du livre des Cérémonies. Les ambassadeurs sarrasins, devant être admis à l'audience de l'empereur Constantin Porphyrogénète, et étant entrés au palais par la Chalcé, « traversaient le triclinium des Scholaires, et, arri-
» vant au tribunal des Lychnos, tournaient à droite et allaient s'asseoir dans l'abside qui
» est là, jusqu'à ce que l'empereur fût disposé à les recevoir⁸ ». Ces ambassadeurs étaient donc entrés par une porte donnant de la galerie (n° 26) dans les Lychnos, et leur détour à droite pour aller gagner l'abside s'explique, lorsqu'on sait que cette abside était adossée au triclinium des Scholaires. L'auteur du Cérémonial donne en cette occasion à l'abside des Lychnos le nom de Phournicon, τὸ Φουρνικόν, ce qui justifie encore la nature de la

---

[1] Procopius, *Hist. arc.*, cap. xxiv; Paris., p. 70; Bon., p. 135. — Du Cange, *Gloss*.
[2] *De cer. aul. Byz.*, lib. I, cap. I, p. 13 et 19; cap. II, p. 36 et 40; cap. xlviii, p. 252.
[3] Codin., *De originibus*; Paris., p. 9; Bon., p. 18.
[4] *De cer. aul. Byz.*, lib. I, cap. I, p. 12 et 20; cap. II, p. 35 et passim.
[5] Codin., *De originibus*; Paris., p. 9; Bon., p. 18.
[6] *De cer. aul. Byz.*, lib. I, cap. I, p. 12 et 20, et cap. II, p. 37 et 40.
[7] *De cer. aul. Byz.*, lib. I, cap. xxxv, p. 181.
[8] *De cer. aul. Byz.*, lib. II, cap. xv, p. 583.

construction de l'hémicycle des Lychnos. Pour l'auteur du livre des Cérémonies, les mots καμάρα et φουρνικόν étaient donc synonymes. On a vu qu'en parlant de la partie voûtée qui formait l'entrée du vestibule de la Chalcé, il avait dit : τὴν καμάραν τοῦ Φουρνικοῦ [1], d'où l'on pourrait induire que le mot camara était plus particulièrement appliqué à l'hémicycle, et le mot phournicon à la demi-coupole qui le couvrait ; mais il est bon de retenir que notre auteur emploie indifféremment le nom de l'une ou de l'autre des deux parties qui constituent ce que nous appelons une abside pour désigner ce genre de construction.

La marche de l'empereur à travers le palais, en allant à Sainte-Sophie et en revenant de cette église, a appris qu'en pénétrant dans le palais, on passait du tribunal des Lychnos et de la galerie parallèle à cette salle (n[os] 25 et 26) dans le triclinium des Excubiteurs, ὁ τρίκλινος τῶν Ἐσκουβίτων ou Ἐξκουβίτων, τὰ Ἐξκούβιτα [2]. C'était le lieu de station des soldats de la garde prétorienne auxquels Procope donnait le nom de Ἐξκουβίτορες.

En continuant à s'avancer dans le palais, on passait du triclinium des Excubiteurs dans le triclinium des Candidats (n° 28), ὁ τρίκλινος τῶν Κανδιδάτων [3]. C'était le lieu de station des soldats de la garde impériale qui portaient ce nom [4]. Du triclinium des Candidats, en pénétrant plus avant, on entrait (n° 28, C) dans le grand Consistorion (n° 32), ainsi qu'on l'a vu par les citations que nous avons déjà faites [5]. Au midi, le triclinium des Candidats touchait à la cour nommée Exaéron (n° 37), qui servait d'atrium au grand triclinium des Dix-neuf-lits ; il avait une porte de sortie sur cette cour (n° 28, B). « Lorsque, » en revenant de Sainte-Sophie au palais, l'empereur traversait le triclinium des Can- » didats, dit le livre des Cérémonies, deux musiciens, placés sur la porte de ce triclinium » qui conduit dans l'Exaéron des Dix-neuf-lits, chantent les louanges de l'empereur, » suivant l'usage dans les jours de fête [6]. »

On trouvait dans le triclinium des Candidats une construction qui touchait très probablement au mur qui séparait cette salle et le triclinium des Excubiteurs. Cette construction consistait en un dôme porté par huit colonnes (n° 28, A). Au-dessous de ce dôme s'élevait une croix d'argent merveilleusement travaillée. L'empereur, en se rendant du Palais-sacré à Sainte-Sophie, et sortant du Consistorion (n° 32), « traverse le triclinium des » Candidats et s'en va dans le dôme aux huit colonnes, ἐν τῷ ὀκταχιόνῳ θόλῳ, et de là traverse » le triclinium des Excubiteurs [7] ».

On a vu, par les citations que nous avons déjà faites, que le triclinium des Candidats

---

[1] *De cer. aul. Byz.*, lib. I, cap. I, p. 19.
[2] *De cer. aul. Byz.*, lib. I, cap. I, p. 20 ; lib. II, cap. xv, p. 579 ; lib. I, cap. ix, p. 69. — Anonym., *De Constant. Porphyr.*, ap. *Script. post Theoph.*, lib. VI, § 3 ; Paris., p. 236 ; Bon., p. 383.
[3] *De cer. aul. Byz.*, lib. I, cap. I, p. 11, 20 et 32.
[4] *De cer. aul. Byz.*, lib. II, cap. xv, p. 578.
[5] Voyez le § 1 de ce chapitre, p. 108.
[6] *De cer. aul. Byz.*, lib. I, cap. I, p. 20.
[7] *De cer. aul. Byz.*, lib. I, cap. I, p. 11.

touchait du côté de l'entrée du palais à celui des Excubiteurs; du côté du Palais-sacré, et par conséquent vers l'est, au grand Consistorion, et du côté du midi, à l'Exaéron du grand triclinium des Dix-neuf lits. Une longue galerie, à laquelle on donnait le nom de Macron des Candidats, ὁ Μάκρων τῶν Κανδιδάτων (n° 31), s'élevait au-devant du quatrième côté, sur la cour nommée les Courtines (n° 29). Cette galerie, qui devait être ouverte, s'étendait au-devant des portes du Consistorion[1], et se prolongeait très-probablement jusqu'à l'église du Seigneur (n° 35), qui en était voisine. Lorsque l'empereur devait recevoir le sénat et les hauts dignitaires dans le grand Consistorion, les personnes admises à la réception étaient organisées en procession dans le Macron des Candidats par le maître des cérémonies; l'empereur étant monté sur son trône, elles entraient du Macron dans le grand Consistorion, et revenaient dans le Macron après la réception[2]. Plusieurs portes du triclinium des Candidats s'ouvraient sur le Macron et par conséquent sur les Courtines. L'une de ces portes (n° 28, D) devait faire face à celle qui, de l'autre côté de cette cour, s'ouvrait sur l'Héliacon du triclinium de la Magnaure (n° 115). Lorsque, dans les cérémonies des noces, l'empereur, sortant de l'église Saint-Étienne, se rendait, par l'Augustéos, le grand Consistorion et le triclinium des Candidats, au grand triclinium de la Magnaure, où était disposé le lit nuptial, les chefs des factions du Cirque se tenaient dans le triclinium des Candidats, de chaque côté, près des degrés qui conduisaient à la Magnaure[3].

La cour à laquelle on donnait le nom de Courtines, αἱ Κορτίναι (n° 29), sans doute parce qu'elle bordait les murailles du palais sur le Forum[4], commençait à l'atrium de la Chalcé (n° 20, A), et se prolongeait au-devant des salles des gardes et du Consistorion, jusqu'à l'église du Seigneur (n° 35). C'est ce qui est démontré par plusieurs passages du livre des Cérémonies. Ainsi, le jour de la fête de l'Annonciation, l'empereur, revenant de Sainte-Sophie, arrive à la Chalcé (n° 20, A) et passe par les Courtines, διέρχεται διὰ τῶν Κορτίνων. Dans l'atrium de la Chalcé, les gens de sa suite mettent pied à terre; « seul » restant à cheval, il va, accompagné par eux tous, depuis la Chalcé jusqu'à l'église du » Seigneur (n° 35). Le sénat, se tenant devant les trois portes du Consistorion (n° 32), » acclame l'empereur; les patrices et les généraux l'attendent au dehors des portes de » l'église du Seigneur[5]. » Dans une autre circonstance, on voit l'empereur, en revenant de Sainte-Sophie, faire une réception à l'intérieur des grilles existant au-devant de la

---

[1] *De cer. aul. Byz.*, lib. I, cap. XLVII, p. 239.
[2] *De cer. aul. Byz.*, lib. I, cap. XLVI, p. 234 et 236.
[3] *De cer. aul. Byz.*, lib. I, cap. XXIX et XLI, p. 197 et 213.
[4] Dans la basse grécité κορτίνα signifie *velum*, rideau, portière, et *murorum lorica inter duas turres*, courtines, DU CANGE, *Glossarium*. Il ne faut pas oublier que le grand palais était une place fortifiée, au dire de Luitprand et des auteurs byzantins. Les murs du palais sur le Forum, sans être flanqués de tours, pouvaient avoir certains moyens de défense et recevoir au dixième siècle le nom de courtines; la cour qui s'étendait le long de ces murs aura reçu le nom de cour des courtines, et aura été appelée par abréviation les Courtines.
[5] *De cer. aul. Byz.*, lib. I, cap. XXX, § 6, p. 168.

Chalcé et aller descendre de cheval à la grande porte du triclinium des Candidats. Une autre fois, sortant de son palais par l'église du Seigneur, l'empereur, accompagné des patrices et des généraux, s'avance jusqu'à la grande porte des Excubiteurs, où il monte à cheval et sort par les Courtines et la Chalcé[1]. La position que nous avons donnée à la cour des Courtines est donc parfaitement justifiée.

Les Courtines étaient séparées en deux parties par une clôture fermée par une porte (n° 30) qui devait se trouver à la hauteur et en avant du triclinium des Excubiteurs. L'empereur, revenant de l'église Saint-Mocios, arrive à la Chalcé; tous les gens qui composaient le cortége mettent pied à terre; l'empereur, seul à cheval, « passe par les » Courtines jusqu'au dedans de la porte des Excubiteurs, μέχρι τῆς ἔνδον πύλης τῶν » Ἐξκουβίτων; » là il met pied à terre, continue sa marche jusqu'aux trois portes du Consistorion, où le sénat l'acclame; puis il entre dans l'église du Seigneur[2]. Dans une autre cérémonie, l'empereur, après avoir mis pied à terre en dedans de la grande porte des Excubiteurs, passe devant les portes, ἔμπροσθεν τῶν πυλῶν, du Consistorion; puis il entre dans l'église du Seigneur[3]. Il ne peut être question dans ces deux occasions d'une porte qui aurait donné accès dans l'intérieur même du triclinium des Excubiteurs, puisque l'empereur descend de cheval en dedans de cette porte, et qu'après l'avoir franchie il passe devant les trois portes du Consistorion (n° 32). S'il était entré à l'intérieur de la salle des Excubiteurs pour se rendre à l'église du Seigneur, il n'aurait pas passé devant les portes du Consistorion, mais serait sorti par l'une de ces portes avant d'entrer dans l'église du Seigneur.

Nous sommes tenté de croire, d'après le texte du livre des Cérémonies, qu'on ne donnait ordinairement le nom de Courtines qu'à la première partie de cette longue cour (n° 29, A); la seconde (n° 29, B) était considérée comme une dépendance des tricliniums des Excubiteurs et des Candidats.

La porte qui séparait ainsi les Courtines en deux parties et formait une seconde fermeture du palais était en bronze. Un patrice, qui venait d'être promu par l'empereur dans le Palais-sacré, en sort accompagné du Silentiaire; il traverse le Consistorion et entre dans l'église du Seigneur (n° 35), où il allume les cierges. Quelques-uns des officiers du palais se tenaient en l'attendant dans le Macron des Candidats (n° 31); il sort de l'église et est accompagné par eux jusqu'aux portes de bronze des Courtines, ἕως τῶν χαλκῶν πυλῶν τῶν Κορτινῶν (n° 30). Après certaines cérémonies, il sort par les portes de bronze, et traversant le triclinium des Scholaires, il passe par le Chytos de la Chalcé (n° 20, E) pour quitter le palais et aller à Sainte-Sophie[4].

L'Éparque (préfet de Constantinople), après la cérémonie de sa promotion, qui s'était

[1] De cer. aul. Byz., lib. I, cap. I, p. 32, et cap. XVII, p. 99.
[2] De cer. aul. Byz., lib. I, cap. XVII, p. 107.
[3] De cer. aul. Byz., lib. II, cap. X, p. 84.
[4] De cer. aul. Byz., lib. I, cap. XLVIII, p. 251, 252 et 254.

faite dans le Palais-sacré, en sort, accompagné du Préposé, par le Triconque, l'Abside, l'Augustéos et l'Onopodion (n°s 73, 60, 48 et 36). Le maître des cérémonies le fait entrer dans le Consistorion (n° 32), où il est revêtu de son costume; puis il passe dans le Macron des Candidats (n° 31), où il trouve les officiers du prétoire, et, accompagné de tous, il s'en va jusqu'aux portes de bronze des Courtines. Après certaines cérémonies, il sort par les Lychnos, les Scholaires et le Chytos de la Chalcé[1]. On peut se convaincre, par les parties du cérémonial que nous venons de rapporter, que la porte de bronze des Courtines, qu'on appelait aussi la grande porte des Excubiteurs, se trouvait établie à la hauteur du triclinium des Excubiteurs, en avant du tribunal des Lychnos et de sa galerie (n°s 25 et 26).

Un fait historique vient justifier encore cette disposition de notre plan. A la mort de l'empereur Alexandre (912), la couronne impériale reposait sur la tête d'un enfant de sept ans, Constantin Porphyrogénète. Les tuteurs de ce jeune prince, craignant l'ambition du général Constantin Ducas, qui commandait l'armée d'Asie et s'était acquis une grande réputation militaire, résolurent de l'appeler à Constantinople sous le prétexte de lui confier les rênes du gouvernement. Ducas, étant arrivé dans la ville et ne voyant paraître aucun des tuteurs, se douta de leur perfidie et résolut de les forcer à tenir parole. Suivi de quelques sénateurs, d'une troupe de soldats et d'une foule de peuple qui le saluait du titre d'empereur, il marcha avant le jour vers le palais. Il chercha d'abord à y pénétrer par l'Hippodrome; mais son écuyer ayant été tué par un javelot que lança de l'intérieur un des gardes qui défendaient la porte dont il voulait s'emparer, il abandonna cette attaque pour se porter vers la Chalcé (n° 20). Ayant pu s'y introduire par la porte de fer, διὰ τῆς σιδηρᾶς πόρτης τῆς αὐτῆς χαλκῆς εἰσεληλυθώς, il parvint jusqu'au triclinium des Excubiteurs, μέχρι τῶν Ἐξκουβίτων παρεγένετο [2]. Les historiens ne disent pas ce qui força Constantin Ducas à s'arrêter là; mais le livre des Cérémonies nous a appris qu'il y avait dans la cour des Courtines, à la hauteur du triclinium des Excubiteurs, une porte de bronze qui formait une seconde défense pour le palais. Cependant le maître Jean Éladas, un des tuteurs du jeune empereur, avait rassemblé les gens de l'Hétérie et les matelots qui se trouvaient là, et les avait armés. Ceux-ci firent une vigoureuse sortie et engagèrent un combat acharné avec les insurgés. Ducas voulant pousser son cheval contre les défenseurs du palais, l'animal glissa sur les dalles de marbre dont le sol était pavé, ταῖς ἐκεῖσε ὑπεστρωμέναις κατολισθήσας πλαξίν, s'abattit et renversa sous lui son cavalier. Un des soldats de l'empereur s'élança sur Ducas et lui coupa la tête[3]. Il est évident que cette scène se passa dans la première partie de la cour des Courtines (n° 29, A), en avant de la

---

[1] *De cer. aul. Byz.*, lib. I, cap. LIII, p. 265 et 267.

[2] ANONYM., *De Const. Porphyr.*, ap. *Script. post Theoph.*, lib. VI; Paris, p. 236; Bon., p. 382.

[3] ANONYM., loc. cit. — SIMEON MAGISTER, *De Const. Porphyr.*, ap. *Script. post Theoph.;* Paris, p. 473; Bon., p. 719. — GEORGII CEDRENI *Histor. compend.;* Paris, p. 610; Bon., p. 280.

porte de bronze (n° 30). On a vu, par les citations que nous avons faites, que les Courtines n'étaient pas une cour ordinaire, sablée ou pavée, destinée à recevoir des chevaux; en effet, lorsque l'empereur arrivait par la Chalcé, tous les gens de sa suite descendaient de cheval dans l'atrium du vestibule (n° 20, A); seul il restait à cheval pour traverser les Courtines. Dans ces occasions, l'empereur allait sans doute au pas et accompagné de ses écuyers, qui devaient se tenir à la tête du cheval; il n'avait rien à craindre de l'accident arrivé à Ducas.

## IV
### L'ÉGLISE DU SEIGNEUR; LA PORTE DU SPATHARICION.

L'église du Seigneur (n° 35), Ἐκκλησία τοῦ Κυρίου, Ναὸς τοῦ Κυρίου, ὁ Κύριος [1], était située, comme on vient de le voir, au fond des Courtines et près des portes du Consistorion (n° 32). Elle se composait d'un narthex, dans lequel on entrait par des portes de bronze, d'une nef et d'un sanctuaire qui était tourné vers l'est, conformément aux usages de l'Église [2]. L'empereur étant arrivé au Seigneur par la Chalcé et les Courtines, comme on vient de le voir, y faisait sa prière devant les portes saintes du sanctuaire, «puis traversant » les galeries de l'église, διὰ τῶν διαβατικῶν τοῦ Κυρίου, l'hémicycle du Triconque et la » galerie des Quarante-Saints, il entrait dans le Chrysotriclinium (n°s 35, D, 73, 80 et 95) [3]». Les galeries de l'église situées au midi conduisaient à la porte du Spatharicion (n° 66), qui s'ouvrait sur la Phiale mystérieuse du Triconque (n° 61), et donnait accès de ce côté dans le Palais-sacré; nous en justifierons dans un instant. Revenons d'abord à l'intérieur de l'église. Au nord du sanctuaire, on trouvait le Trésor ou la sacristie, une salle nommée l'Oatos, et un petit porche par lequel on montait sur l'Héliacon du grand triclinium de la Magnaure (n° 115). Ces localités, annexées à l'église du Seigneur, sont indiquées dans le cérémonial à observer lorsque l'empereur se rendait du Palais-sacré à la Magnaure pour y prononcer une harangue devant le Sénat et les hauts dignitaires de l'empire. « L'empereur » sort du palais revêtu du scaramangion et du sagion bordé d'or; il traverse la galerie des » Quarante-Saints (n° 80), le Sigma (n° 71) et l'église du Seigneur, où il allume les » cierges; de là il traverse le Trésor (de l'église), l'Oatos et le Sténopos, par lequel on » monte dans l'Héliacon de la Magnaure, διέρχονται διά τε τῆς Σακέλλης καὶ τοῦ Ὤάτου καὶ τοῦ » ἀνάγοντος Στενωποῦ εἰς τὸν τῆς Μανναύρας Ἡλιακόν, et il entre dans le grand triclinium » (n° 116) [4]. » Dans une autre circonstance, lors de la réception des ambassadeurs

---
[1] *De cer. aul. Byz.*, lib. I, cap. I, p. 32; lib. II, cap. xv, p. 578; lib. I, cap. xvii, p. 98; lib. I, cap. xlvii, p. 239. — Codin., *De originibus*; Paris, p. 9; Bon., p. 19.
[2] *De cer. aul. Byz.*, lib. I, cap. I, p. 32, et cap. x, p. 84.
[3] *De cer. aul. Byz.*, lib. I, cap. x, p. 84; cap. xvii, p. 107, et cap. xxx, p. 169.
[4] *De cer. aul. Byz.*, lib. II, cap. x, p. 545.

étrangers, qui avait lieu dans la Magnaure, il est dit dans le Cérémonial que l'empereur, pour s'y rendre, « passait par la galerie des Quarante-Saints et le Sigma, s'avançait dans » l'église du Seigneur, et de là traversait le Trésor, l'Oatos et le Sténopos, par lequel » on montait vers l'Héliacon de la Magnaure, διέρχεται διὰ τοῦ ἀνιόντος Στενωποῦ πρὸς τὸ τῆς » Μαγναύρας Ἡλιακόν[1]. » Ainsi, en venant du Palais-sacré, après avoir passé par la nef de l'église, on traversait encore, pour aller à la Magnaure, qui était au nord, le Trésor ou la sacristie (n° 35, A), une pièce à laquelle on donnait le nom de Oatos (n° 35, B), parce que sans doute elle était voûtée en forme d'œuf[2], et un autre endroit nommé Sténopos (n° 35, C). Nous verrons plus loin que dans le livre des Cérémonies le dessous du portique de l'Augustéos (n° 49) recevait le nom de Sténon, τὸ Στενόν[3], qui signifie, dans l'ancien grec, étroit, resserré, passage étroit. Le mot στενωπός signifie également lieu ou chemin étroit, sentier; nous avons donc pensé que ce Sténopos devait être le dessous d'un petit porche abritant l'entrée de l'Oatos, qui, de ce côté, servait sans doute de vestibule à l'église. Au surplus, à la porte de l'Héliacon du Phare (n° 105, A) on trouvait un Sténopos. Pour sortir de cet Héliacon, on traversait le Sténopos de la porte, διὰ τοῦ Στενωποῦ τοῦ Μονοθύρου; le Sténopos qu'il fallait traverser en sortant d'une porte à un battant ne pouvait être que le sol même d'un petit porche, d'un tropicé, élevé au-devant de cette porte[4]. Les qualificatifs ἀνάγοντος et ἀνιόντος, donnés au Sténopos de l'église du Seigneur, indiquent positivement que de ce lieu, en sortant de l'église, on montait dans l'Héliacon de la Magnaure[5], et cela se conçoit, puisque nous avons appris, par les citations déjà faites, que le terrain sur lequel s'étendait la demeure impériale allait toujours en s'élevant depuis la mer jusqu'aux murs qui la fermaient au nord.

Nous allons prouver maintenant que la galerie extérieure de l'église par laquelle l'empereur sortait pour rentrer dans le Palais-sacré aboutissait à la porte du Spatharicion (n° 66).

Quand l'empereur voulait aller du Palais-sacré à Sainte-Sophie par la voie la plus courte et sans passer par le forum Augustéon, les officiers du palais, les patrices, les domestiques (chefs des gardes) et les autres seigneurs, revêtus du scaramangion, se réunissaient auprès du Spatharicion. La porte s'ouvrait et les officiers du palais étant entrés, l'empereur sortait, accompagné par eux, et était reçu en dehors de la porte du Spatharicion (n° 66), ἔξω τῆς πύλης τοῦ Σπαθαρικίου, par les patrices et les domestiques, qui se prosternaient devant lui. Ceci fait, l'empereur, accompagné de tous, passait par la Magnaure, par ses galeries supérieures et par l'escalier de bois (n°s 116, 117 et 13), et

---

[1] De cer. aul. Byz., lib. II, cap. xv, p. 567.
[2] Du Cange, Const. Christ., lib. II, § 4, n° 20, p. 122, et lib. III, § 33, p. 30.
[3] De cer. aul. Byz., lib. I, cap. ix, p. 69. Voyez ci-après § vii.
[4] De cer. aul. Byz., lib. I, cap. xix, p. 119.
[5] Ἀνάγω, conduire de bas en haut; ἀνίημι, pousser en haut, monter.

entrait dans les Catéchumènes de la Grande-Église[1]. Ainsi, les premières citations nous ont appris que lorsque l'empereur allait du Palais-sacré à la Magnaure, il passait par l'église du Seigneur, et la dernière, que lorsqu'il allait à Sainte-Sophie par la Magnaure et ses galeries supérieures, il sortait par la porte du Spatharicion; il est donc établi que cette porte était celle par laquelle le Palais-sacré communiquait avec l'église du Seigneur et le triclinium de la Magnaure, et par conséquent celle par laquelle l'empereur entrait lorsqu'il arrivait par la Chalcé, les Courtines, le Seigneur et les galeries extérieures de cette église. Quand le patriarche, après avoir fait visite à l'empereur dans le Chrysotriclinium (n° 95), retournait à Sainte-Sophie, il était reconduit par les officiers du palais jusqu'à la porte du Spatharicion[2]. Cette porte, l'une de celles qui fermaient le Palais-sacré, s'ouvrait donc sur la voie la plus courte pour aller à Sainte-Sophie.

L'église du Seigneur, bâtie par Constantin[3], fut la chapelle impériale du palais jusqu'au moment où Basile le Macédonien eut fait construire le naos de Sainte-Marie du Phare (n° 106). Un événement tragique de l'histoire byzantine vient en fournir la preuve.

Michel le Bègue, patrice et capitaine des gardes, convaincu d'avoir conspiré pour usurper l'empire, avait été condamné par l'empereur Léon V, dit l'Arménien (820), à être brûlé vif dans la fournaise des bains du palais. Le supplice devait avoir lieu le jour de Noël, mais ayant été différé d'un jour, à cause de la solennité de la fête, Michel profita de ce délai pour faire prévenir ses complices qu'il les dénoncerait tous s'ils ne le sauvaient pas de la mort. A cette époque, les prêtres et les clercs qui desservaient la chapelle impériale n'étaient pas logés dans le palais, comme ils le furent depuis. Vers les trois heures du matin, ils se réunissaient à la porte d'ivoire (n° 43) et de là ils se rendaient dans la chapelle, où ils chantaient Matines. Les empereurs se dispensaient rarement d'assister à cet office dans un jour solennel. Léon V, qui avait une belle voix et qui aimait à entonner les psaumes et à diriger les chants du chœur, n'avait garde d'y manquer. Les conjurés, couverts de robes de clercs, se mêlèrent parmi ceux du palais, et, à la faveur de l'obscurité, pénétrèrent dans l'église, où ils se tinrent cachés dans les endroits obscurs. Comme il faisait un froid rigoureux, l'empereur, de même que les prêtres, avait la tête couverte d'un grand capuchon. A peine eut-il entonné le premier psaume, c'était le signal convenu entre les conjurés, que ceux-ci se précipitent armés vers le sanctuaire, et frappent d'abord le chef du clergé; mais ayant aussitôt reconnu leur méprise, ils se retournent vers l'empereur. Celui-ci s'était élancé vers l'autel et avait saisi une grande croix dont il se servait pour parer les coups. Bien qu'il eût reçu plusieurs blessures, il se défendait avec énergie, lorsque l'un des assassins, d'une taille gigantesque,

---

[1] *De cer. aul. Byz.*, lib. I, cap. XXII, p. 124, et cap. XXVIII, p. 157.
[2] *De cer. aul. Byz.*, lib. I, cap. XIV, p. 96.
[3] Codin., *De originibus*; Paris., p. 9; Bon., p. 18.

lui déchargea un coup de sabre qui abattit en même temps l'épaule du prince et un bras de la croix; il tomba, et un autre des conjurés lui trancha la tête[1]. Michel le Bègue passa de la prison sur le trône. Il eut pour successeur son fils Théophile, dont nous avons déjà plusieurs fois parlé.

## V

### LE GRAND CONSISTORION, LA SALLE A MANGER.

Nous avons donné plus haut[2] la description du grand Consistorion (n° 32), τὸ μέγα Κονσιστώριον, nous n'avons pas à y revenir. On a vu également, par les citations précédemment faites, que l'empereur, en sortant du palais, après avoir traversé le Consistorion, entrait dans le triclinium des Candidats (n° 28, C); que s'il revenait au palais par la Chalcé et par les salles des gardes, il passait de ce triclinium dans le grand Consistorion, et que s'il y rentrait à cheval par les Courtines (n° 29), il passait devant les trois portes du Consistorion avant d'arriver à l'église du Seigneur (n° 35)[3]; ces citations justifient en grande partie la situation que nous avons donnée dans notre plan au Consistorion, et indiquent les localités qui l'avoisinaient au nord, à l'ouest et au midi; il nous reste à fournir quelques citations qui feront connaître ses portes, ses dispositions intérieures et les localités qui lui étaient attenantes au nord et à l'est.

Nous empruntons notre première citation au cérémonial à observer lors de la promotion des Maîtres[4], qui avait lieu dans le Consistorion. « La veille du jour de la
» cérémonie, les trois portes d'ivoire (n° 32, A), par lesquelles on sort dans le Macron
» du triclinium des Candidats (n° 31), sont fermées et l'on y suspend des portières;
» la triple porte, τὸ τρίθυρον (n° 32, D), sur l'Onopodion (n° 36), et celles de la salle
» à manger, τοῦ δέλφακος[5], le sont également, et le trône est placé sous le ciborium,
» εἰς τὸ κιβώριον, du Consistorion. Le matin du jour de la cérémonie, le Sénat se
» réunit dans le Macron des Candidats, et les patrices dans un lieu nommé les Indes.
» Quand l'empereur veut monter sur le trône, il sort de l'Augustéos, ἐκ τοῦ Αὐγου-

---

[1] Anonym., *De Leone Arm.*, ap. *Script. post Theoph.*, lib. I, § 24; Paris., p. 24; Bon., p. 38. — Simeon Magister., *De Leone Arm.*, ap. *Script. post Theoph.*; Paris., p. 411; Bon., p: 619. — Cedreni *Hist. comp.*, t. II; Paris., p. 494; Bon., p. 66.

[2] Voyez chap. III, § iv, p. 63.

[3] Voyez chap. IV, § iii, p. 117 et suiv.

[4] La dignité de Maître était une des plus hautes de l'État. Une seule personne en était investie; mais s'il y avait plusieurs empereurs, il y avait autant de Maîtres que d'empereurs. Du Cange, *ad Alexiad.*; Paris., p. 245. — Reisk, *Comment. ad Const. de cer.*, t. II, p. 66.

[5] Δέλφακος, qui n'est pas grec, est évidemment une mauvaise leçon; c'est δέλφαξος qu'il faut lire, τὰ δελφικά. Procop., *De bell. Vand.*, lib. I, § 21. — Du Cange, *Const. Christ.*, lib. I, p. 121, et *Glossarium*.

» στέως (n° 48), revêtu de la chlamyde et la couronne en tête, accompagné seulement des
» cubiculaires, et il va s'asseoir sur le trône. Le maître des cérémonies organise en diffé-
» rents ordres les maîtres, les patrices et les sénateurs en dehors des portes d'ivoire
» dans le Macron des Candidats, d'où la procession doit sortir [1]. »

Le rédacteur du Cérémonial, allant au plus court, dit que l'empereur sortant du triclinium de l'Augustéos va s'asseoir sur le trône; mais on a vu, par les citations précédentes, que, pour aller de l'Augustéos au Consistorion, il fallait traverser l'Onopodion. A ces citations, nous en ajouterons une autre qui, en justifiant ce fait, donnera un nouveau renseignement sur la triple porte donnant accès de l'Onopodion dans le Consistorion. L'empereur, le jour du Samedi saint, après avoir traversé l'Augustéos et le portique de la Main-d'or (n° 49), « entre dans l'Onopodion (n° 36),
» où les patrices et les généraux, qui se tiennent là auprès de la porte de bronze, le
» reçoivent et se prosternent devant lui.... Ensuite, accompagné de tous, il passe dans
» le Consistorion [2]. » Le Cérémonial traitant de la réception de l'ambassadeur du roi des Perses, faite par l'empereur dans le Consistorion, ajoute : « Si l'ambassadeur a
» des chevaux parmi les présents qu'il doit offrir, les trois portes du Consistorion restent
» ouvertes [3]. » Cela se comprend, les chevaux ne pouvant être amenés dans un salon, restaient dans la cour des Courtines, et les trois portes qui s'ouvraient sur le Macron des Candidats restant ouvertes, l'empereur pouvait voir les chevaux du haut de son trône, situé à l'opposite, du côté de l'Onopodion.

Cette citation justifie ce que nous avons dit du Macron des Candidats. Cette longue galerie était ouverte sur les Courtines et s'étendait au-devant du triclinium des Candidats et du Consistorion.

Ainsi, au résumé, le grand Consistorion avait trois portes d'ivoire sur le Macron des Candidats, c'est-à-dire au nord; à l'opposite, et en regard de ces portes, une triple porte ou, pour mieux dire, trois portes de bronze sur l'Onopodion; une porte conduisant au triclinium des Candidats, laquelle ne pouvait s'ouvrir que dans le côté ouest de la salle; les portes qui donnaient accès dans la salle à manger (n° 34) ne pouvaient donc être situées que dans le côté est. On verra plus loin, en effet, que lors des fêtes du Broumalion qui se passaient dans la Phiale mystérieuse du Triconque (n° 61), il y avait, à la suite de ces fêtes, un repas dans la salle à manger, ἐν τῷ ἀριστητηρίῳ [4]. Ce n'est donc pas sans motifs que nous avons placé cette salle entre le grand Consistorion et la Thermastra, qui était située au-dessous des galeries de Daphné (n° 44) et qui touchait à la Phiale mystérieuse du Triconque. Un personnage qui vient d'être promu à la dignité de patrice par l'empereur, après avoir été faire sa prière à Saint-

[1] De cer. aul. Byz., lib. I, cap. XLVI, p. 234.
[2] De cer. aul. Byz., lib. I, cap. XXXV, p. 181.
[3] De cer. aul. Byz., lib. I, cap. XCIX, p. 405.
[4] De cer. aul. Byz., lib. II, cap. XVIII, p. 602.

Étienne, traverse l'Hippodrome (n° 42) et s'en va dans le Consistorion[1]. Pour y parvenir, il a dû traverser la Thermastra et la salle à manger.

Il nous reste à donner quelques détails sur les escaliers par lesquels on descendait de la cour de l'Onopodion dans le Consistorion, et sur le ciborium sous lequel on disposait le trône de l'empereur lorsqu'il devait y avoir des réceptions ou des promotions de hauts dignitaires dans cette salle; nous les empruntons au cérémonial à observer dans une circonstance où l'empereur se rendait du Palais-sacré à Sainte-Sophie.

Le second jour de la fête de Pâques, l'empereur sort du palais par les portes du Triconque (n° 71, D); puis, accompagné de toute sa cour et de ses gardes du corps, il traverse Daphné (n° 44), allume les cierges dans les oratoires (n°s 45 et 46) et entre dans le coiton de l'Augustéos (n° 51). Là, il est revêtu d'une chlamyde blanche brillante d'or. Ensuite, traversant l'Augustéos et le portique de la Main-d'or (n° 49), il s'avance vers la porte de bronze de l'Onopodion (n° 32, D), où les patrices et les généraux le reçoivent. « Les Spatharocandidats et les Spathaires se tiennent des deux » côtés; ensuite les Spatharocandidats et les Spathaires descendent les degrés du Con- » sistorion, les uns par la porte de droite, les autres par la porte de gauche; les » patrices passent par celle du milieu, de sorte que ceux qui sont à droite (après avoir » dépassé la porte du milieu, cela s'entend) descendent par les degrés de la porte de » droite, ceux qui sont à gauche par les degrés de la porte de gauche. L'empereur » (qui est certainement entré par la porte du milieu, après les patrices, et qui a des- » cendu l'escalier qui est en face de cette porte) arrive en bas sur l'estrade, κατέρχεται » τὸ πούλπιτον, et se tient sous le camélaucion, ὑπὸ τὸ καμελαύκιον (que, dans d'autres » passages, l'auteur appelle ciborium), sur la pierre de porphyre. » Les assistants s'étant de nouveau prosternés devant l'empereur, celui-ci continue sa route par les salles des gardes et arrive au vestibule de la Chalcé, d'où il va à Sainte-Sophie[2].

Dans la relation du cérémonial adopté lorsque la promotion d'un Maître a lieu pendant une procession à la Grande-Église, l'auteur dit : L'empereur étant entré dans le Consistorion, « se tient dans le ciborium, εἰς τὸ κιβώριον, au haut des degrés » de porphyre, et tous les sénateurs se prosternent; » et, plus loin : « Le Préposé » amène le Maître aux pieds de l'empereur; le Maître se prosterne sur le premier degré, » et montant au troisième, il se prosterne et baise les pieds de l'empereur, qui est » debout et non assis, parce que cette promotion a lieu dans un jour de fête, pendant » la procession à la Grande-Église[3]. » Dans une autre circonstance, l'empereur sortant

---

[1] De cer. aul. Byz., lib. I, cap. XLVIII, p. 250.

[2] De cer. aul. Byz., lib. I, cap. X, p. 72 et seq.

[3] De cer. aul. Byz., lib. I, cap. XLVI, p. 232. Voyez encore lib. I, cap. XVI, XXIII, XXX et XXXV, p. 97, 130, 163 et 181.

du triclinium des Dix-neufs-lits (n° 38), « passe dans l'Onopodion.... et, de là, arrive » plus bas dans le Consistorion, κατέρχονται ἐν τῷ Κονσιστωρίῳ [1]. »

Ces deux citations nous fournissent des renseignements complets. Trois portes de bronze s'ouvraient, de l'Onopodion dans le Consistorion, sur un palier du haut duquel partaient trois escaliers faisant face à chacune des portes. Les escaliers qui se trouvaient au-devant des portes de droite et de gauche conduisaient sur le sol de la salle; celui qui était au-devant de la porte du milieu, réservée à l'empereur, conduisait à l'estrade, τὸ πούλπιτον, où l'on plaçait, dans certaines occasions, le trône de l'empereur. Une dalle de porphyre recouvrait l'estrade où l'on montait du sol de la salle par trois marches de la même matière. Au-dessus de l'estrade s'élevait un ciborium qui reçoit aussi le nom de camélaucion. C'était, comme son nom l'indique, une sorte de dôme porté par des colonnes.

L'existence de ces escaliers nous apprend que le sol du Consistorion, qui était, comme on l'a vu, de plain-pied avec les salles des gardes et le vestibule de la Chalcé, et par conséquent de niveau, à quelques marches près sans doute, avec les Courtines et le forum Augustéon, se trouvait beaucoup plus bas que l'Onopodion et que le triclinium de l'Augustéos qui dépendait du palais de Daphné.

## VI

### L'ONOPODION; L'EXAÉRON ET LE TRICLINIUM DES DIX-NEUF-LITS.

On a vu, par les citations précédentes, que l'Onopodion (n° 36), τὸ Ὀνοπόδιον, qu'on appelait aussi l'Onopos, ὁ Ὄνοπος [2], séparait le Consistorion (n° 32) du triclinium de l'Augustéos (n° 48). Aucune qualification n'est donnée, par l'auteur du livre des Cérémonies, à l'Onopodion; il se contente de le nommer sans le qualifier de triclinium, de coubouclion ou d'héliacon. Dans un seul passage, au lieu de transcrire simplement le mot onopodion, comme partout ailleurs, il dit : « Le trésorier avait décoré ce qu'on » appelle l'Onopodion, τὸ λεγόμενον Ὀνοπόδιον, de tentures tirées du Chrysotriclinium [3]. » Comme l'Onopodion n'était qu'un lieu de passage, que le portique du palais de Daphné y était élevé, et que d'ailleurs il communiquait avec l'Exaéron, espace à ciel ouvert, sans qu'aucune porte ou clôture soit signalée entre ces deux localités, nous avons pensé que l'Onopodion ne pouvait être qu'une cour ou pour mieux dire qu'une terrasse ou héliacon qui servait d'atrium au palais de Daphné. L'Onopodion étant beaucoup plus

---

[1] *De cer. aul. Byz.*, lib. I, cap. I, p. 26.
[2] *De cer. aul. Byz.*, lib. I, cap. I, p. 7; cap. XXVI, p. 143; cap. XXXV, p. 181 et passim.
[3] *De cer. aul. Byz.*, lib. II, cap. XV, p. 573.

élevé que le Consistorion, devait avoir été établi au-dessus de voûtes qui formaient un étage inférieur.

De l'Onopodion on montait par quelques degrés dans l'atrium du triclinium des Dix-neuf-lits[1]. Cet atrium (n° 37) reçoit les noms d'Exaéron, τὸ Ἐξάερον[2], ou d'Araia, ἡ Ἀραία, qui vient du mot latin area. On y établissait dans certaines occasions un tribunal pour l'empereur.

Lors de l'élection d'un césar, les hauts dignitaires et les chefs de l'armée « se réunissent » devant le tribunal de l'Araia, qui est en dehors des Dix-neuf-lits, εἰς τὸ τριβουνάλιον » τῆς Ἀραίας ἔξωθεν τῶν ιθ' ἀκουβίτων[3]. » Ces noms d'Exaéron et d'Aréa disent bien que l'espace qui s'étendait au-devant du triclinium des Dix-neuf-lits était à ciel ouvert : la Phiale mystérieuse du Triconque, qui était à ciel ouvert, reçoit aussi quelquefois le nom d'Exaéron[4] et l'on trouve le nom d'Héliacon appliqué au sol même de l'Exaéron des Dix-neuf-lits[5].

Le grand triclinium ou tribunal des Dix-neuf-lits (n° 38), τὸ τριβουνάλιον τῶν ιθ' ἀκκουβίτων, ὁ μέγας τρίκλινος τῶν ιθ' ἀκκουβίτων et ἀκουβίτων, τὰ δεκαεννέα ἀκκουβίτα[6], avait été bâti par Constantin[7]. C'était, au dire de Luitprand, un très-bel édifice, fort élevé, qui était situé près et au nord de l'Hippodrome[8]. On a vu, par les citations précédentes, que le triclinium des Candidats avait une porte de sortie (n° 28, B) sur l'Exaéron qui s'étendait au-devant des Dix-neuf-lits, et que cet Exaéron touchait à l'Onopodion (n° 36). Du côté de l'Hippodrome, c'est-à-dire au midi, le tribunal des Dix-neuf-lits s'élevait sur le Péripatos du palais (n° 52); c'est ce que viennent prouver plusieurs passages du livre des Cérémonies. Ainsi l'empereur devant faire une réception dans les Dix-neuf-lits, les dignitaires et les sénateurs se réunissent dans le portique de ce triclinium, ἐν τῷ πόρτηκι, et dans l'Onopodion. Lorsqu'ils y sont rassemblés, l'empereur, qui se tient dans le coiton de Daphné (n° 51), en est prévenu; il revêt alors son costume, et, suivi de ses officiers, il passe par le grand accoubiton des Dix-neuf-lits (n° 38, C), et va s'asseoir dans le triclinium (n° 38, B), sur un siége d'or. C'est alors seulement que les différents ordres de dignitaires sont amenés devant lui par le Préposé, qui va successivement les chercher dans le portique où ils se tiennent[9].

---

[1] *De cer. aul. Byz.*, lib. I, cap. I, p. 9 et 26; cap. IX, p. 62; cap. XLIII, p. 218.

[2] *De cer. aul. Byz.*, lib. I, cap. I, p. 20. — Du Cange, *Gloss.*, donne au mot ἐξάερον la signification de *locus subdivus, atrium*.

[3] *De cer. aul. Byz.*, lib. I, cap. XLIII, p. 218.

[4] Anonym., *De Theophilo*, ap. *Script. post Theoph.*, lib. III; Paris, p. 87; Bon., p. 141.

[5] *De cer. aul. Byz.*, lib. I, cap. XLIII, p. 218, 222 et 226.

[6] Theophanis *Chronogr.*, Paris., p. 342. — *De cer. aul. Byz.*, lib. I, cap. I, p. 22, et cap. XLIII, p. 218. — Anonym., *De Constant. Porphyr.*, ap. *Script. post Theoph.*, lib. VI; Paris, p. 291; Bon., p. 467.

[7] Codin., *De originibus*; Paris., p. 9; Bon., p. 18.

[8] Luitprandi *Antapodosis*, lib. VI, § 8, ap. Pertz, *Monum. Germ. hist.*, t. V, p. 338.

[9] *De cer. aul. Byz.*, lib. I, cap. I, § 17, p. 22.

Dans une autre circonstance, lors de la promotion d'un césar, le patriarche, qui doit accompagner l'empereur, attend dans Saint-Étienne (n° 54) le commencement de la cérémonie. Les patrices occupent le portique des Dix-neuf-lits, où ils doivent accueillir l'empereur et le patriarche à leur sortie de ce triclinium. Quand tout est disposé, l'empereur et le patriarche sortent par le portique et s'en vont dans l'Héliacon, où l'empereur, si cela lui convient, cause avec les assistants [1].

Il est certain que l'empereur et le patriarche, qui dans ces occasions attendaient le commencement des cérémonies, l'un dans le coiton de Daphné, l'autre dans l'église Saint-Étienne, ne devaient pas entrer dans les Dix-neuf-lits par le grand portique qui s'élevait sur l'atrium, puisque ce portique était occupé par la foule des dignitaires, des sénateurs et des divers ordres de fonctionnaires qui attendaient là, dans la première circonstance, que l'empereur fût installé sur son trône, et dans la seconde, que l'empereur et le patriarche sortissent du triclinium. L'empereur et le patriarche y étaient donc entrés par une porte latérale (n° 38, D) ouverte sur le Péripatos du palais qui joignait le coiton de Daphné à Saint-Étienne, et devait dès lors longer le flanc méridional des Dix-neuf-lits. Le Péripatos, qui était à ciel ouvert, ne cachait pas les murs élevés de ce triclinium, qu'on devait voir parfaitement de l'Hippodrome.

Nous avons donc établi que le triclinium des Dix-neuf-lits touchait par son atrium, du côté du nord, au triclinium des Candidats, du côté de l'est, à l'Onopodion, et qu'au midi il donnait sur le Péripatos du palais, d'où l'on avait vue sur l'Hippodrome.

Voilà pour la situation. Il nous reste quelques preuves à rapporter sur les dispositions intérieures de ce triclinium.

On a vu plus haut que lors de la réception qui avait lieu dans les Dix-neuf-lits le jour de Pâques, l'empereur, qui arrivait du coiton de Daphné par le Péripatos du palais (n° 52), traversait le grand Accoubiton (n° 38, C) pour aller s'asseoir dans le triclinium (n° 38, B), et que c'était alors qu'on introduisait les dignitaires qui attendaient dans le portique. Après les réceptions, « tous les assistants étant sortis, l'empereur se lève et » monte, ἀνέρχονται, dans le grand Accoubiton, seulement avec les Préposés et les » officiers de la chambre; des rideaux sont suspendus entre les colonnes d'argent[2], afin » que l'empereur ne soit pas vu pendant qu'il revêt le lorum.... Ceci fait, l'empereur, » après avoir été couronné par le Préposé, prend de la main droite l'acacia, de la » gauche les croix ornées de pierres fines et de perles, et descend les degrés de l'Accou- » biton...., sort par le milieu du triclinium dans le portique, et de là s'en va dans » l'Onopodion[3]. » Ce portique était à colonnes; on lit en effet dans la relation du cérémonial qui s'observait dans les Dix-neuf-lits le jour de la Pentecôte : « L'empereur

---

[1] *De cer. aul. Byz.*, lib. I, cap. XLIII, p. 218 et 219.
[2] Dans un autre passage l'auteur dit : les deux colonnes.
[3] *De cer. aul. Byz.*, lib. I, cap. I, p. 25, et cap. IX, p. 62.

» passe par le portique du grand triclinium, et, en se retirant, il s'arrête entre les deux
» colonnes où est suspendu le rideau[1]. »

Ainsi, de l'atrium (l'Exaéron) on entrait par un portique à colonnes (n° 38, A) dans une vaste salle, le triclinium (n° 38, B); de là, on montait par quelques degrés dans une partie plus élevée de la salle, le grand Accoubiton (n° 38, C). Deux colonnes d'argent existaient au haut de ces degrés, et des portières y étaient suspendues. Nous avons dit, dans la description que nous avons faite des Dix-neuf-lits, que cette vaste salle était éclairée par un plafond qui, au dixième siècle, avait été refait sur les dessins de l'empereur Constantin Porphyrogénète.

Le triclinium des Dix-neuf-lits, dont le sol était un peu plus haut que celui de l'Onopodion, devait être élevé au-dessus d'un étage de rez-de-chaussée, de même que cette cour.

## VII

### ENTRÉE DE DAPHNÉ; L'HIPPODROMIOS; LA THERMASTRA; LE PALAIS DE DAPHNÉ.

Nous allons passer à ce qui a rapport à la seconde partie du palais, à laquelle on donnait le nom de Daphné.

L'entrée principale était située en face de la porte nord-est du grand Hippodrome; elle était fermée, ainsi que nous l'avons déjà dit, par une porte de fer (n° 39).

On entrait par cette porte dans une vaste cour (n° 41) qui se trouvait au-dessous du triclinium des Dix-neuf-lits (n° 38), ou pour mieux dire au-dessous du Péripatos du palais (n° 52), qui longeait ce triclinium. Un passage du livre des Cérémonies, en confirmant ce que nous venons de dire dans le paragraphe précédent, indique bien cette cour sans cependant la nommer. L'empereur, après avoir présidé aux jeux du Cirque dans le Cathisma (n°s 18 et 19), revient dans le salon octogone du palais de Daphné (n° 50), puis de cette salle il va dans le triclinium des Dix-neuf-lits (n° 38), où il donne un grand repas; « nos frères en Jésus-Christ » (le peuple), ajoute le rédacteur du Cérémonial, « stationnent dans un lieu au-dessous des Dix-neuf-lits, εἰς δὲ τοὺς κάτω ἀκουβίτους
» καθέζονται. »

De la cour de Daphné on devait communiquer par un escalier (n° 53) au Péripatos du palais (n° 52). Dans plusieurs circonstances, en effet, de grands dignitaires, qui viennent de recevoir leur promotion de l'empereur dans le Chrysotriclinium, sortent du Palais-sacré par les Scyla (n° 110) et s'en vont à Saint-Étienne (n° 54), après avoir passé par l'Hippodrome du palais (n° 42). Ainsi un patrice promu sort par les Scyla et va à Saint-Étienne; après avoir prié et allumé les cierges, il en sort, traverse l'Hippodrome

---

[1] *De cer. aul. Byz.*, lib. I, cap. IX, p. 62.

et la Thermastra (dont les portes sont indiquées au n° 58), et s'en va dans le Consistorion (n° 32). Dans une autre circonstance, le président du Sénat est revêtu de son costume dans Saint-Étienne; puis, accompagné d'un grand nombre de dignitaires, il en sort pour aller au Palais-sacré; il trouve sur sa route les maîtres et les juges assis dans l'Hippodrome du palais; ensuite il entre par les Scyla, et est reçu à l'entrée du triclinium de Justinien (n° 109)[1]. L'itinéraire de ces magistrats à travers le palais est bien indiqué et fait voir qu'il y avait une communication entre l'Hippodrome du palais et Saint-Étienne. Cette communication ne pouvant avoir lieu que par la cour de Daphné et le Péripatos qui joignait Saint-Etienne au palais de Daphné; le moyen de communication devait être un escalier, puisque de l'Hippodromios on n'arrivait à ce palais qu'après avoir monté un escalier, ainsi qu'on le verra plus loin.

De la cour de Daphné, on passait dans l'Hippodrome du palais (n° 42), ὁ Ἱππόδρομος ἐν τῷ παλατίῳ[2], qu'on appelait aussi l'Hippodrome couvert, ὁ Ἱππόδρομος σκεπαστός, par opposition au grand Hippodrome des courses, qui était à ciel ouvert.

Le récit de l'arrivée de l'empereur Théophile au palais, dont nous avons déjà fait mention, justifie trop bien l'existence de ces deux localités, pour que nous hésitions à le transcrire ici de nouveau. Théophile arrivant à cheval, « s'avança dans l'Hippo-
» drome à ciel ouvert, εἰς τὸν ἀσκέπαστον ἱππόδρομον, et passant au-dessous du Cathisma
» (n°⁸ 18 et 19), il descendit à travers Daphné dans l'Hippodrome couvert qui est
» plus bas, εἰς τὸν κάτω σκεπαστὸν ἱππόδρομον, et, descendant de cheval, il entra par les
» Scyla (n° 110) dans le palais[3]. » Ainsi, après être entré à cheval dans Daphné, il va plus bas en descendre dans l'Hippodrome couvert. Son entrée à cheval indique bien une cour, et comme le terrain allait toujours en descendant vers la mer, l'expression de κάτω constate que l'Hippodrome du palais était situé au delà de la cour de Daphné vers la mer, c'est-à-dire au midi.

Dans quelques passages du livre des Cérémonies, où l'auteur doit faire mention, dans la même phrase, du grand Cirque et de l'Hippodrome du palais, il se sert du mot Ἱπποδρομίος pour désigner cette localité, et réserve le mot ἱππόδρομος pour le Cirque des courses[4], mais cette distinction n'est pas généralement faite. Cependant, pour peu qu'on fasse attention aux circonstances dans lesquelles le mot Hippodrome est employé, on ne saurait confondre l'Hippodrome du palais avec l'Hippodrome des courses. Les traducteurs et les commentateurs qui ne connaissent pas l'Hippodrome du palais ont souvent fait confusion. Nous avons adopté ce nom d'Hippodromios, qu'on peut traduire par le petit Hippodrome, parce qu'il distingue bien l'espace couvert (n° 42) qui suivait la cour de Daphné de l'Hippodrome des courses.

[1] *De cer. aul. Byz.*, lib. I, cap. xlviii, p. 249, et cap. xcvii, p. 441.
[2] Codin., *De ædificiis*; Paris., p. 51; Bon., p. 101.
[3] *De cer. aul. Byz.*, appendix ad lib. I, p. 507.
[4] *De cer. aul. Byz.*, lib. I, cap. xi, p. 87, et cap. xcvii, p. 442.

C'est dans l'Hippodromios que descendaient de cheval et que se réunissaient les personnes qui devaient entrer dans le Palais-sacré par le vestibule des Scyla (n° 110) ou attendre l'empereur à sa sortie par ce vestibule. Le livre des Cérémonies en fournit une foule d'exemples.

Le jour de la fête des Rameaux, « tous s'avancent dans le palais à travers l'Hippo-
» drome, et le concierge ayant ouvert les portes, le Préposé, les patrices et les officiers
» du palais entrent...., et la procession s'organise dans le triclinium de Justinien
» (n° 109) [1]. » Dans le cérémonial prescrit, lorsque l'empereur va à l'église Saint-Serge en traversant le grand Hippodrome, on dit : « L'empereur sort par les Scyla ;
» les Candidats, les Scribes et les Mandatorès qui doivent l'accompagner lorsqu'il
» s'avancera dans l'Hippodrome (le Cirque), attendent dans l'Hippodromios, ἐν τῷ
» ἱπποδρομίῳ (l'Hippodrome couvert). L'empereur sort dans l'Hippodromios, ἐν τῷ ἱπ-
» ποδρόμῳ, accompagné par eux tous, et le traverse ; cependant la foule, qui remplit
» l'Hippodrome, acclame l'empereur qui entre à Saint-Serge par les anciens bu-
» reaux [2]. »

On voit, par ces citations, qu'on passait de l'Hippodromios dans les Scyla, première pièce ou vestibule du Palais-sacré. La communication avait lieu par un escalier dont nous parlerons plus loin.

On pouvait encore aller de l'Hippodromios au Palais-sacré par les galeries de Daphné et la Phiale mystérieuse du Triconque (n°⁰ˢ 44, 60 et 61). Dans ce cas, on montait de l'Hippodromios dans les galeries de Daphné par un escalier fermé sur l'Hippodromios par une porte qu'on nommait porte d'ivoire (n° 43), parce que, sans doute, elle était enrichie de sculptures exécutées sur cette belle matière.

Le livre des Cérémonies, en rendant compte des fêtes du Broumalion, dit que les chefs des quatre cohortes prétoriennes et beaucoup d'autres fonctionnaires s'assemblent dans l'Hippodrome, et lorsque tous sont réunis « ils s'avancent et montent par la porte
» d'ivoire, ἀνέρχονται διὰ τῆς ἐλεφαντίνης, et ils entrent, après avoir formé le cortége
» dans le lieu ordinaire ; chacun se place à son rang. Ensuite ils descendent, κατέρ-
» χονται, et entrent dans la Phiale mystérieuse du Triconque [3]. »

On voit, par la citation qui précède, que les divers fonctionnaires réunis en procession dans l'Hippodromios, après avoir monté l'escalier de la porte d'ivoire (n° 43), étaient arrivés dans un lieu qui les avait conduits vers un autre escalier (n° 59) qu'ils avaient descendu pour entrer dans la Phiale mystérieuse du Triconque (n° 61). Ce lieu ne pouvait être que les galeries de Daphné (n° 44), auxquelles le livre des Cérémonies donne le plus souvent le nom de Daphné tout court, ἡ Δάφνη, et qu'il désigne

---

[1] *De cer. aul. Byz.*, lib. I, cap. XXXII, p. 171.
[2] *De cer. aul. Byz.*, lib. I, cap. XI, p. 87.
[3] *De cer. aul. Byz.*, lib. II, cap. XVIII, p. 600.

quelquefois sous le nom de galeries de l'Augustéos, τὰ διαβατικὰ τοῦ Αὐγουστέως [1]. En effet, cent passages du livre des Cérémonies constatent que de la Phiale mystérieuse du Triconque, ou pour mieux dire, de l'Abside (n° 60) qui en faisait partie, on montait dans Daphné. Ainsi l'empereur, venant de Sainte-Marie du Phare (n° 106), « traverse la galerie des Quarante-Saints (n° 80), l'Abside, et s'en va au naos de la » Mère-de-Dieu (n° 45), qui est dans Daphné, ἐν τῇ Δάφνῃ [2]. Le jour du Samedi » saint, l'empereur sort du Chrysotriclinium (n° 95), traverse la galerie des Qua- » rante-Saints, s'avance dans l'hémicycle de la Phiale mystérieuse du Triconque, et » ensuite traverse l'Abside et Daphné, allume les cierges dans les oratoires qui sont » élevés là, et entre dans le coiton de l'Augustéos [3]. Dans une autre circonstance, » l'empereur passe par les galeries du Triconque (n° 74), l'Abside et Daphné, et tra- » versant l'Augustéos, il va à Saint-Étienne [4]. » Les ambassadeurs sarrasins, qui attendaient dans le triclinium de l'Augustéos, étant invités à paraître devant l'empereur dans le Chrysotriclinium « traversaient les galeries intérieures de l'Augustéos, διῆλθον » διὰ τῶν ἔνδοθεν διαβατικῶν τοῦ Αὐγουστέως, puis l'Abside [5]. » L'empereur étant sorti du Chrysotriclinium, « arrive à l'hémicycle de la Phiale mystérieuse du Triconque, où » les patrices et les sénateurs le reçoivent, et, de là, il s'en va dans Daphné et il » entre dans le naos de la Mère-de-Dieu... ; après avoir prié, il traverse le triclinium » de l'Augustéos et entre dans le naos de Saint-Étienne (n° 54) [6]. »

Ainsi, le lieu que l'on rencontrait en venant du Palais-sacré, après avoir traversé la Phiale du Triconque et l'Abside (n°s 61 et 60), n'était autre que les galeries de Daphné ; c'étaient donc également ces galeries que l'on devait traverser pour arriver à l'Abside et à la Phiale en venant du côté opposé, c'est-à-dire de l'Hippodromios, qui servait d'entrée à Daphné.

Il paraîtra peut-être singulier que, pour se rendre de l'Hippodromios (n° 42) dans le Palais-sacré (n°s 71 et suivants), il ait ainsi fallu monter dans Daphné (n° 44) pour en redescendre immédiatement après dans la Phiale (n°s 60 et 61), qui servait d'atrium à ce palais. Il n'y a pas lieu de s'en étonner cependant ; la porte d'ivoire n'était pas une entrée ordinaire, elle ne s'ouvrait que dans certains jours de fête. Il résulte du livre des Cérémonies que l'entrée ordinaire des personnes qui venaient chez l'empereur par l'Hippodrome des courses et qui descendaient de cheval dans l'Hippodromios, était le vestibule des Scyla (n° 110) ; de là, elles traversaient la grande galerie de Justinien (n° 109) et arrivaient au Lausiacos (n° 92), d'où elles pouvaient aller, soit au

---

[1] De cer. aul. Byz., lib. II, cap. xv, p. 573 et 584.
[2] De cer. aul. Byz., lib. I, cap. ix, p. 71.
[3] De cer. aul. Byz., lib. I, cap. xxxv, p. 180.
[4] De cer. aul. Byz., lib. I, cap. lxviii, p. 304.
[5] De cer. aul. Byz., lib. II, cap. xv, p. 584.
[6] De cer. aul. Byz., lib. I, cap. xxxii, p. 174.

Chrysotriclinium (n° 95), soit au Cénourgion (n° 102). Si elles voulaient, au contraire, entrer dans le Palais-sacré par la Phiale du Triconque (n° 61), la communication entre l'Hippodromios et cette Phiale avait lieu de plain-pied, comme on le verra plus loin, par la Thermastra (rez-de-chaussée de Daphné), dont les portes (n° 58) s'ouvraient sur l'Hippodromios.

Il y a tout lieu de croire que les galeries de Daphné étaient à ciel ouvert. La qualification de ἀσκεπές, non ombragé, qui leur est donnée par Suidas[1], doit faire supposer qu'au temps de leur construction sous Constantin et à l'époque où vivait cet auteur, ces galeries ne formaient qu'une vaste terrasse à ciel ouvert; mais n'auraient-elles pas été couvertes depuis, lorsque ce palais fut étendu et que de nouvelles constructions eurent été élevées à l'est des deux premières parties du palais, Chalcé et Daphné, qui seules ont été bâties par Constantin et reconstruites en grande partie par Justinien? Le livre des Cérémonies ne nous fournit à cet égard aucun renseignement.

On a appris, par les citations qui précèdent, qu'arrivé dans les galeries de Daphné, l'empereur, avant de poursuivre son chemin pour sortir du palais, allumait les cierges et priait dans les oratoires. Trois lieux saints s'élevaient en effet dans les galeries de Daphné : l'ancien naos de la Mère-de-Dieu, ὁ πρωτόκτιστος ναός τῆς ὑπεραγίας Θεοτόκου ἐν τῇ Δάφνῃ (n° 45); l'oratoire de la Sainte-Trinité, ὁ εὐκτήριος τῆς Ἁγίας Τριάδος (n° 46), et le Baptistère (n° 47).

Le naos de la Mère-de-Dieu, qu'on appelle souvent Sainte-Marie de Daphné, et l'oratoire de la Sainte-Trinité se touchaient; le Baptistère était à côté. Il y avait dans la Sainte-Trinité un lieu sacré qui renfermait des reliques vénérées; trois grandes croix très-belles étaient renfermées dans le Baptistère[2].

En sortant des oratoires, l'empereur entrait dans le triclinium de l'Augustéos; mais avant de parler du palais de Daphné, dont ce triclinium faisait partie, il faut nous occuper de l'étage du rez-de-chaussée qui régnait au-dessous des galeries de Daphné (au-dessous du n° 44 de notre plan).

Ce rez-de-chaussée recevait le nom de Thermastra, ἡ Θέρμαστρα. Son entrée (n° 58) se trouvait au fond de l'Hippodromios (n° 42), avec lequel il était de plain-pied; il était également de plain-pied avec la Phiale mystérieuse du Triconque (n°s 60 et 61) et avec la salle à manger qui, du côté de la Phiale, précédait le grand Consistorion (n°s 34 et 32). Quelques citations vont établir les communications qui existaient entre ces diverses localités.

Un patrice qui vient d'être promu par l'empereur dans le Chrysotriclinium, sort du Palais-sacré par les Scyla (n° 110) et l'Hippodromios, et va faire sa prière à

---

[1] Suidas, ap. Du Cange, *Constant. Christ.*, lib. I, § 24, p. 71.
[2] *De cer. aul. Byz.*, lib. I, cap. i, ix, xxiii, xxx et xxxv, p. 7, 70, 129, 162 et passim.

Saint-Étienne (n° 54). Ceci fait, et pour sortir du palais, il revient à l'Hippodromios, « traverse la Thermastra, διέρχεται διὰ τῆς Θερμάστρας, et s'en va, ἀπέρχεται, dans le » Consistorion (n° 32) ; après y avoir allumé les cierges, il passe par les Excubiteurs » et les Scholaires (n°s 27 et 23), et sort par la Chalcé (n° 20) [1]. »

Ainsi l'entrée de la Thermastra se trouvait dans l'Hippodrome du palais. Le plus court chemin pour le patrice, en sortant de Saint-Étienne, aurait été de traverser le palais de Daphné et la cour de l'Onopodion (n°s 50, 48 et 36) pour arriver au Consistorion ; mais le palais de Daphné n'était pas un lieu de passage, et il ne s'ouvrait que pour l'empereur ou dans les jours de cérémonie, comme dans la circonstance suivante. Les ambassadeurs sarrasins, après avoir été reçus par l'empereur en audience de cérémonie dans le grand triclinium de la Magnaure (n° 116), devaient dîner avec lui dans le Chrysotriclinium (n° 95). En attendant le moment du dîner, ils sont conduits dans l'Augustéos (n° 48) par le triclinium des Candidats, le Consistorion et l'Onopodion (n°s 28, 32 et 36). Lorsque le moment du repas est arrivé, on vient les chercher dans l'Augustéos ; « alors ils passent à travers les galeries intérieures de » l'Augustéos et l'Abside (n°s 44 et 60), dans l'Hippodrome (n° 42), et, de là, allant » jusqu'aux Scyla (n° 110), ils entrent dans le triclinium de Justinien (n° 109) [2]. »

La Thermastra n'est pas nommée dans l'itinéraire suivi par les Sarrasins ; mais on a vu plus haut qu'après être monté, par la porte d'ivoire de l'Hippodromios, dans les galeries de Daphné, il fallait, après avoir parcouru un certain espace dans ces galeries, descendre un escalier pour arriver à l'Abside de la Phiale. L'Abside ne touchait donc pas à l'Hippodromios, mais en était séparée par une localité qui n'était autre que la Thermastra. Le plus court chemin pour les Sarrasins aurait été de descendre par l'escalier de la porte d'ivoire ; mais cette porte, comme on l'a vu plus haut, ne s'ouvrait que dans les jours de cérémonie pour les corps de fonctionnaires réunis en procession.

Au surplus, voici deux circonstances qui établissent positivement la contiguïté de la Phiale et de son abside (n° 61 et 60) avec la Thermastra. Lors des fêtes du Broumalion, un certain nombre de dignitaires et d'officiers étant descendus du Sigma dans la Phiale, s'y rassemblent pour acclamer l'empereur, assis dans le Sigma (n° 71). Alors, le Protovestiaire de l'empereur descend du Sigma, par le petit escalier nommé Styrax (n° 72), dans le Sigma inférieur, et de là il arrive près des dignitaires et des divers officiers qui sont réunis dans la Phiale pour leur distribuer des présents de la part de l'empereur. « Après les avoir reçus et avoir fait des vœux pour l'empereur, ceux-ci sortent par la » Thermastra et chacun s'en va à sa demeure [3]. » Ainsi, de la Phiale, ces fonctionnaires étaient passés par la Thermastra pour arriver à la sortie du palais, c'est-à-dire à la porte

---

[1] *De cer. aul. Byz.*, lib. I, cap. XLVIII, p. 249.
[2] *De cer. aul. Byz.*, lib. II, cap. XV, p. 584, et encore p. 590 et 595.
[3] *De cer. aul. Byz.*, lib. II, cap. XVIII, p. 601.

de fer (n° 39), qu'ils atteignaient après avoir traversé l'Hippodrome du palais (n° 42).

La seconde circonstance indiquée par le livre des Cérémonies est plus positive encore. Après avoir rendu compte de la réunion de hauts fonctionnaires dans l'Hippodrome du palais (n° 42) et de leur entrée par la porte d'ivoire, qui les avait conduits dans les galeries de Daphné et à l'escalier par où ils étaient descendus dans la Phiale[1], le rédacteur du Cérémonial ajoute : « Sous l'empereur Léon († 911), il était d'usage que le palais » ne fût pas ouvert le soir, mais les dignitaires sus-désignés entraient à la neuvième » heure du jour par la Thermastra dans la Phiale secrète du Sigma, εἰσήρχοντο διὰ » τῆς Θερμάστρας ἐν τῇ τοῦ Σίγματος μυστικῇ Φιάλῃ, et tout s'y passait comme il est dit » ci-dessus[2]. »

La Thermastra était donc contiguë à la Phiale (n°s 60 et 61), et séparait cet atrium de l'Hippodromios.

Nous avons placé sur notre plan les portes de communication de la Thermastra avec l'Abside et la Phiale, dans les deux petites courcelles (n°s 62 et 67) formées par l'hémicycle de l'Abside.

Reisk, dans son commentaire sur le livre des Cérémonies[3], a pensé que la Thermastra devait être soit un bain, soit un vaporarium, dans lequel on allumait des feux pendant l'hiver. Il est possible que le nom de Thermastra soit venu à cette localité des bains, τὰ θέρμα, bâtis par Théoctistos (n° 63), lesquels touchaient à l'Abside, mais rien n'indique qu'il y ait eu des bains dans la Thermastra. Il résulte du livre des Cérémonies qu'elle servait de passage et renfermait de vastes salles et aussi des bureaux et des dépendances du palais. Ainsi, lorsque le temps était mauvais et que la neige tombait à l'époque des fêtes du Broumalion, qui se faisaient ordinairement dans la Phiale à ciel ouvert du Triconque (n° 61), les différents corps des fonctionnaires qui devaient assister à ces fêtes étaient répartis dans diverses localités fermées du palais impérial; parmi eux « le domes-» tique (le chef) des Scholaires et le domestique des Excubiteurs (et d'autres encore) » descendaient dans la Thermastra[4] ». Lorsque des courses avaient lieu dans le grand Hippodrome, tous les fonctionnaires qui devaient accompagner l'empereur se réunissaient « les uns dans la Thermastra, les autres dans l'Abside », afin de recevoir l'empereur à sa sortie du Palais-sacré[5]. Ainsi de vastes salles existaient dans la Thermastra. Lors de la promotion du chef des archivistes, le Préposé va chercher le questeur dans la Thermastra et lui présente le magistrat qui vient d'être nommé[6]. Un assesseur des juges, après sa promotion, est également conduit dans la Thermastra par le Préposé vers un

[1] Voyez plus haut p. 132.
[2] De cer. aul. Byz., lib. II, cap. XVIII, p. 601.
[3] De cer. aul. Byz., t. II, p. 277.
[4] De cer. aul. Byz., lib. II, cap. LXVIII, p. 605.
[5] De cer. aul. Byz., lib. I, cap. LXVIII, p. 303.
[6] De cer. aul. Byz., lib. I, cap. LVIII, p. 274.

officier du palais chargé de l'accompagner¹. Il y avait donc là des bureaux pour certains officiers du palais.

Revenons dans les galeries de Daphné. Les citations précédemment faites ont appris que de Daphné (n° 44), l'empereur entrait dans le triclinium de l'Augustéos (n° 48), qui faisait partie du palais de Daphné².

Le palais de Daphné, τὸ παλάτιον τῆς Δάφνης³, se composait du triclinium de l'Augustéos, ὁ τρίκλινος τοῦ Αὐγουστέως⁴, du salon octogone (n° 50), τὸ ὀκταγώνον κουβουκλεῖον⁵, et d'un coiton (n° 51) qui était appelé indifféremment coiton de Daphné et coiton de l'Augustéos, ὁ κοιτὼν τῆς Δάφνης, ὁ κοιτὼν τοῦ Αὐγουστέως⁶.

Le palais de Daphné avait été bâti par Constantin, et composait avec la première partie du palais à laquelle nous avons donné le nom de Chalcé, l'ensemble du palais impérial que ce prince avait construit. C'est au palais de Daphné qu'il faut appliquer ce passage de la Chronique pascale: « Près de l'Hippodrome, Constantin fit un grand palais » et un chemin (pour aller) de ce palais au Cathisma du Cirque⁷. »

Une foule de passages du livre des Cérémonies constatent que les pièces de ce palais existaient à la suite les unes des autres, telles qu'elles sont disposées dans notre plan. Ainsi l'empereur, en arrivant à l'Onopodion (n° 36), « entre dans le triclinium de » l'Augustéos.... ensuite il entre avec les officiers du palais dans le salon octogone.... » où il dépose sa couronne et sa chlamyde; puis il entre dans le coiton de Daphné, où » il revêt le dibétésion et les tuniques bordées d'or⁸. » En revenant de Saint-Étienne (n° 54), la première pièce dans laquelle entre l'empereur est le coiton de Daphné. « Ayant » prié à Saint-Étienne, il revient dans le coiton de Daphné (pour y attendre que le moment » d'aller à Sainte-Sophie soit venu); à l'instant où il passe dans le salon octogone, le » Préposé dit à haute voix : Les valets de chambre! Ceux-ci entrent et revêtent l'empereur » de riches chlamydes; ensuite ils sortent. Alors le Préposé couronne l'empereur.... Étant » couronné, l'empereur s'avance à travers le triclinium de l'Augustéos.... et sort dans » l'Onopodion⁹. »

Suidas rapporte que « Constantin avait placé dans le lieu découvert de Daphné, εἰς τὸ ἀσκεπὲς τῆς Δάφνης, une statue de sa mère, et c'est de là qu'il appela ce lieu Augustéos¹⁰ ». Mais le livre des Cérémonies nous apprend que ce fut le triclinium du palais de Daphné

¹ *De cer. aul. Byz.*, lib. I, cap. LVII, p. 273.
² *De cer. aul. Byz.*, lib. I, cap. I, p. 8; cap. XXXII, p. 174 et passim.
³ *De cer. aul. Byz.*, lib. I, cap. I, p. 7 et passim.
⁴ *De cer. aul. Byz.*, lib. II, cap. XV, p. 584.
⁵ *De cer. aul. Byz.*, lib. I, cap. I, p. 7 et 21.
⁶ *De cer. aul. Byz.*, lib. I, cap. I et X, p. 21 et 73.
⁷ *Chronicon Paschale;* Paris., p. 284; Bon., p. 527.
⁸ *De cer. aul. Byz.*, lib. I, cap. I et XXIII, p. 21, 136 et passim.
⁹ *De cer. aul. Byz.*, lib. I, cap. I, p. 9.
¹⁰ Ap. Du Cange, *Const. Christ.*, lib. II, § 4, p. 122.

138     PREUVES ET ÉCLAIRCISSEMENTS.

qui prit le nom d'Augustéos, et que la terrasse ou les galeries de ce palais recevaient le nom de galeries de l'Augustéos, et plus fréquemment celui de Daphné tout court.

Le triclinium de l'Augustéos avait une seconde entrée sur la cour de l'Onopodion. Le portique qui s'élevait sur cette cour (n° 49) portait le nom de portique de la Main-d'or, et le dessous celui de Sténon ou de Sténacion.

En allant à Sainte-Sophie, l'empereur, après avoir revêtu son costume dans le salon octogone, « traverse le triclinium de l'Augustéos.... s'arrête un instant dans la Main-
» d'or, c'est-à-dire dans le portique de l'Augustéos, εἰς τὴν χρυσῆν Χεῖρα, ἤγουν εἰς τὸν
» πόρτηκα τοῦ Αὐγουστέως, en dehors des grandes portes.... puis il sort dans l'Onopodion[1] ».

Dans une autre circonstance, l'empereur « traverse l'Augustéos, et ensuite il passe
» par le Sténon de la Main-d'or, διέρχεται διὰ τοῦ Στενοῦ τῆς χρυσῆς Χειρός, et sort dans
» l'Onopos[2] ».

L'empereur, revenant de Sainte-Sophie par la Chalcé, les salles des gardes et le Consistorion (n° 32), est reçu dans l'Onopodion par le maître des cérémonies et les Silentiaires qui l'acclament. « Les patrices qui sont dans le Sténon l'acclament égale-
» ment. Traversant l'Augustéos, l'empereur entre dans le palais[3]. »

Le salon octogone, qui dépendait du palais de Daphné et se trouvait en avant du temple de Saint-Étienne (n° 54), τῷ ὄντι ἐν τῷ παλατίῳ τῆς Δάφνης, ἤγουν πρὸ τοῦ ναοῦ τοῦ Ἁγίου Στεφάνου[4], ne doit pas être confondu avec un édifice qu'on appelait aussi l'Octogone, τὸ Ὀκτάγωνον, et qui s'élevait sur le Forum entre le palais royal et le Sénat. Cet édifice, brûlé sous Justinien pendant la sédition des Victoriats, fut incendié de nouveau et entièrement détruit par Léon l'Isaurien († 741)[5].

On a vu que c'était dans le salon octogone que l'empereur, dans les jours de fête, revêtait le costume impérial et la couronne lorsqu'il devait sortir du palais par le Consistorion et la Chalcé; il les quittait aussi dans cette salle à son retour au palais. Le coiton lui servait de lieu de repos; c'est dans cette chambre particulière qu'il prenait son costume ordinaire après avoir déposé la chlamyde impériale et la couronne dans le salon octogone.

## VIII
### L'ÉGLISE SAINT-ÉTIENNE ET LE PÉRIPATOS DU PALAIS.

L'église Saint-Étienne (n° 54), Ναός ou Εὐκτήριος τοῦ Ἁγίου Στεφάνου, ὁ Ἅγιος Στέφανος[6],

---

[1] De cer. aul. Byz., lib. I, cap. I, p. 9, et cap. XXXIX, p. 197 et passim.
[2] De cer. aul. Byz., lib. I, cap. XXX et XXXV, p. 163 et 181.
[3] De cer. aul. Byz., lib. I, cap. XXII, p. 127; lib. I, cap. I, § 14, p. 20; cap. XXIII, p. 136.
[4] De cer. aul. Byz., lib. I, cap. I, p. 7.
[5] THEOPHAN. Chronogr., ad an. 467; Paris, p. 104. — ANONYM., Antiquit. Constant., ap. BANDURI, Imp. Orient., lib. I, p. 12. — CEDRENI Compend. hist.; Paris, p. 369; Bon., p. 647.
[6] THEOPHAN. Chronographia, ad an. 761; Paris, p. 687; Bon., p. 374. — De cer. aul. Byz., lib. I, cap. XXXV, p. 183, et cap. XXIII, p. 129.

était encore nommée, à cause sans doute de sa situation, Saint-Étienne de l'Hippodrome et l'Église de l'Hippodrome [1]. Elle était comprise dans la seconde partie du palais qu'on désignait sous le nom de Daphné, et les auteurs, pour la distinguer des nombreuses églises qui étaient dédiées sous le vocable du premier martyr, l'appellent Saint-Étienne dans Daphné ou dans le palais de Daphné, ὁ Ἅγιος Στέφανος εἰς τὴν Δάφνην, ἐν τῷ παλατίῳ τῆς Δάφνης [2]. Elle avait été bâtie par Constantin [3]; son style devait être celui des anciennes basiliques romaines.

Saint-Étienne cependant ne touchait pas immédiatement au palais de Daphné. Un assez grand nombre de passages du livre des Cérémonies, que nous avons déjà cités, le prouvent suffisamment. Ainsi l'on a vu que des fonctionnaires, qui sortaient du Palais-sacré par le vestibule des Scyla (n° 110), s'en allaient par l'Hippodrome du palais (n° 42) à Saint-Étienne, et qu'après y avoir prié, ils revenaient à l'Hippodrome du palais, et sortaient par la Thermastra (n° 58) et le Consistorion (n° 32), d'où l'on pouvait arriver au vestibule de la Chalcé. Nous avons également établi que le triclinium des Dix-neuf-lits (n° 38) avait une entrée particulière sur un passage qui servait de communication entre le palais de Daphné et Saint-Étienne. Il est donc constant qu'il existait un espace à parcourir entre ces deux localités. Quelques passages des auteurs ne peuvent d'ailleurs laisser aucun doute à ce sujet. Ainsi Théophanes, après avoir rapporté qu'Irène fut couronnée dans le triclinium de l'Augustéos, ajoute : « Et » s'en étant allée, ἀπελθοῦσα, à l'oratoire Saint-Étienne, elle y reçut les couronnes » de noces de l'empereur Léon († 780) [4]. » L'expression dont il se sert semble bien indiquer un chemin parcouru entre le palais de l'Augustéos et Saint-Étienne.

En rendant compte de la marche de l'empereur pour aller de son appartement particulier à Sainte-Sophie, le livre des Cérémonies dit : « Les officiers préposés aux » vêtements de l'empereur prennent le costume impérial et vont le déposer dans le » salon octogone qui existe dans le palais de Daphné, c'est-à-dire en face du naos de » Saint-Étienne, πρὸ τοῦ ναοῦ τοῦ Ἁγίου Στεφάνου [5]. » La préposition πρό, qui signifie devant, en avant, au-devant de, en présence de, n'indique pas la contiguïté des deux localités, mais bien qu'elles s'élevaient en face l'une de l'autre.

L'espace qui existait entre le palais de Daphné et Saint-Étienne n'était autre que le Péripatos du palais, ὁ Περίπατος τοῦ παλατίου (n° 52), qui longeait le triclinium des Dix-neuf-lits et passait en arrière de la Chalcé (n° 20). Codin, en parlant des statues

---

[1] *De cer. aul. Byz.*, lib. I, cap. xcvii, p. 442, et cap. xlviii, p. 251.
[2] Theophan. *Chronogr.*; Paris., p. 687; Bon., p. 374.— Leo. Gram. *Chronogr.*; Paris., p. 458; Bon., p. 230. — *De cer. aul. Byz.*, lib. I, cap. xxxix, p. 196.
[3] Anonym., *Ant. Const.*, ap. Banduri, *Imp. Orient.*, lib. I, p. 3.
[4] Theophan. *Chronogr.*; Paris., p. 374; Bon., p. 687.
[5] *De cer. aul. Byz.*, lib. I, cap. i, p. 7.

qui existaient dans ce vestibule, indique bien la situation de ce Péripatos. « Les sta-
» tues de Zénon et de sa première femme, Ariadne, existent près de la porte de la
» Chalcé. Plus haut dans la Chalcé, du côté et près du Péripatos du palais, est
» érigée la statue de la célèbre Pulchérie [1]. » Ainsi cette statue se trouvait élevée
vers le fond du vestibule de la Chalcé, non loin du Péripatos, et si le lecteur veut
consulter notre plan, il verra que le Péripatos qui unit le palais de Daphné à Saint-
Étienne touche, dans sa partie large, à l'abside de la Chalcé.

Le Péripatos était certainement à ciel ouvert. Nous avons figuré sur notre plan des
galeries à colonnes, qui permettaient à l'empereur d'aller à couvert du palais de
Daphné à Saint-Étienne et au triclinium des Dix-neuf-lits.

Pour terminer tout ce qui a rapport à cette partie du palais, il nous reste à dire
quelques mots du palais du Cathisma.

## IX

### LE PALAIS DU CATHISMA.

En traitant de l'Hippodrome, nous avons déjà indiqué la situation du palais du
Cathisma, τὸ παλάτιον τοῦ Καθίσματος [2], qu'on appelait encore le palais du Cirque,
τὸ παλάτιον τοῦ Ἱππικοῦ [3]. Ce palais dominait l'Hippodrome et s'élevait en arrière de la
tribune des jeux [4].

La marche de l'empereur à travers le palais, lorsqu'il se rendait de son appartement
à l'Hippodrome pour y présider aux jeux du Cirque, est très-bien indiquée dans le
livre des Cérémonies : « L'empereur portant le sagion bordé d'or, accompagné des
» chefs des Cubiculaires, traverse les galeries du Triconque, l'Abside et Daphné
» (nos 74, 60 et 44), allume les cierges dans les oratoires (nos 45 et 46), comme il a
» coutume de le faire; passant ensuite par l'Augustéos (n° 48), il entre dans Saint-
» Étienne (n° 54) ; de là il monte par l'escalier secret (n° 55) dans le coiton du
» palais du Cathisma (n° 56), d'où il regarde jusqu'à ce que tout soit prêt [5]. »

Ainsi le palais du Cathisma touchait à Saint-Étienne, et comme le sanctuaire de
l'église devait être tourné vers l'est, c'est-à-dire du côté du palais de Daphné, c'était

---

[1] Codin., *De signis*; Paris., p. 19; Bon., p. 33.
[2] *De cer. aul. Byz.*, lib. I, cap. lxxiii, p. 364.
[3] Codin., *De œdificiis*; Paris., p. 51; Bon., p. 100.
[4] Voyez plus haut, chap. I, § ii, p. 16, et chap. II, § x, p. 45.
[5] *De cer. aul. Byz.*, lib. I, cap. lxviii, p. 304.

évidemment dans le narthex que se trouvait la porte qui s'ouvrait sur cet escalier secret.

Lorsque tout est prêt et que le peuple est monté sur les gradins et les a remplis, le Préposé vient l'annoncer à l'empereur. « Alors l'empereur descend par l'escalier » de pierre.... et entre dans sa chambre, ἐν τῷ κοιτῶνι αὐτοῦ. Le Préposé ayant appelé les » valets de chambre, ceux-ci revêtent l'empereur de la chlamyde...., puis ils sortent » de la chambre ; l'empereur ayant été couronné par le Préposé, sort de la chambre » accompagné des chefs des Cubiculaires, et se tenant dans le petit (triclinium), il fait » signe au Préposé, et celui-ci à l'ostiaire, qui introduit les patrices, le silentiaire » soulevant la portière de la porte. Les patrices étant entrés avec les généraux, tous se » prosternent, et, lorsqu'ils se sont relevés..., l'empereur, accompagné par eux, passe par » le triclinium [1]. » Dans cette pièce il trouve les sénateurs. « Accompagné de tous, il sort » et monte dans le Cathisma (n° 18), et, se tenant devant le trône, il bénit le peuple [2]. »

On apprend, par cette citation, qu'après être monté par l'escalier secret dans une chambre du palais du Cathisma, qui devait se trouver au premier étage de l'aile orientale, et avoir de là examiné le champ de course, l'empereur était descendu dans le coiton qui lui était particulier, et que là il avait pris le costume impérial. Il entre ensuite de cette chambre dans un petit triclinium, où il admet seulement les plus hauts dignitaires de l'État; puis il passe dans le grand triclinium où le Sénat est réuni ; ensuite il sort du palais pour monter dans la tribune des jeux. Ainsi l'on trouvait en pièces principales, dans le rez-de-chaussée du palais du Cathisma, une grande galerie, un petit salon et un coiton, et, en dehors des portes, la tribune des jeux, qui recevait le nom de Cathisma. Nous avons décrit cette tribune en traitant de l'Hippodrome. Dans la citation que nous venons de transcrire, le petit triclinium n'est indiqué que par ces mots εἰς τὸ στενόν ; la suite du récit indique le mot qui manque là dans le texte. Après les courses, l'empereur et les dignitaires qui l'accompagnent rentrent dans le palais du Cathisma, et l'empereur se retire dans son coiton. Après qu'il s'y est reposé, il en sort, « traverse le petit triclinium, διὰ τοῦ στενοῦ » τρικλίνου, et passe dans le grand triclinium, où le repas a lieu [3]. »

L'auteur anonyme qui a écrit au onzième siècle sur les antiquités de Constantinople, attribue à Constantin la construction de tous les palais qui s'élevaient depuis la Chalcé et les salles des gardes, ainsi que celle de l'église Saint-Étienne et du coiton qui en dépendait, dans lequel, dit-il, ce prince couchait pendant l'hiver [4] ; il y a tout lieu de penser que, par ce coiton, l'Anonyme entendait parler du palais du Cathisma. Codin est

---

[1] *De cer. aul. Byz.*, lib. I, cap. LXVIII, p. 305.
[2] *De cer. aul. Byz.*, lib. I, cap. LXVIII, p. 307.
[3] *De cer. aul. Byz.*, lib. I, cap. LXVIII, p. 308.
[4] *Ant. Const.*, ap. BANDURI, *Imp. Orient.*, lib. I, p. 3.

plus précis en disant que Constantin fit élever les palais de l'Hippodrome, τὰ παλάτια τοῦ Ἱππικοῦ ἀνήγειρε [1].

Nous avons terminé ce qui a rapport aux deux premières parties du palais impérial, Chalcé et Daphné. Ces deux premières parties comprenaient tout ce que Constantin avait construit ; Justinien les reconstruisit presque entièrement : mais il est à croire que la partie du palais de Daphné qui subsistait encore au dixième siècle se reliait, antérieurement au règne de Théophile (829 † 842), à d'autres bâtiments élevés sur l'emplacement de la Phiale, du Sigma, du Triconque et de ses galeries (n°ˢ 61, 71, 73 et 74). Ces bâtiments furent sans doute détruits en partie, modifiés et reconstruits sur un autre plan par cet empereur. Toujours est-il qu'au dixième siècle l'ancien palais de Daphné se réduisait à des pièces de réception (n°ˢ 48, 50 et 51), à la grande terrasse de Daphné (n° 44), à la Thermastra, qui en formait le rez-de-chaussée, et aux oratoires élevés sur cette terrasse. Le Palais-sacré, dont nous allons nous occuper, appartenait entièrement à des époques postérieures à Justinien.

## X

### LA PHIALE ET SON ABSIDE, LES BAINS DE THÉOCTISTOS, LA CHAPELLE SAINT-JEAN.

Nous avons établi plus haut que des galeries de Daphné on descendait dans la Phiale mystérieuse du Triconque (n° 61), ἡ Φιάλη μυστικὴ τοῦ Τρικόγχου, et qu'on y entrait aussi par la Thermastra, rez-de-chaussée régnant au-dessous de ces galeries [2]. Si l'on se reporte à la description que nous avons déjà donnée de cet atrium du Palais-sacré et à notre plan, on verra que l'Abside (n° 60), ἡ Ἀψίς, en formait l'entrée du côté de Daphné. Au milieu de la Phiale existait un bassin (n° 68), et de chaque côté, des escaliers de marbre (n° 69) pour monter au Sigma (n° 71), péristyle du Palais-sacré. Au milieu des degrés, s'élevait un petit porche (n° 70) qui abritait la porte de l'étage de rez-de-chaussée au-dessous du Sigma. Quelques citations empruntées au livre des Cérémonies et à l'auteur anonyme qui nous a laissé la vie de l'empereur Théophile, justifieront ces dispositions de notre plan.

Le jour de la fête de la Pentecôte, l'empereur, en revenant de Sainte-Sophie, après avoir déposé son costume dans l'Octogone, « traverse l'Augustéos (n° 48) et l'Abside, » et rentre dans le Palais-gardé-par-Dieu [3] ».

Le jour du Samedi saint, l'empereur se rendant du Palais-sacré à Sainte-Sophie,

---

[1] *De ædificiis* ; Paris., p. 51 ; Bon., p. 100.
[2] Voyez § VII, p. 134.
[3] *De cer. aul. Byz.*, lib. I, cap. IX, p. 70 ; cap. XIV, p. 91, et lib. II, cap. XV, p. 573.

« sort du Chrysotriclinium (n° 95), passe par la galerie des Quarante-Saints (n° 80),
» sort dans l'hémicycle de la Phiale mystérieuse du Triconque, ensuite il traverse
» l'Abside et Daphné (n° 44), allume les cierges dans les chapelles qui sont là, et il
» entre dans l'Augustéos [1]. »

Ainsi l'Abside touchait aux galeries de Daphné, et formait de ce côté l'entrée de la Phiale; en sortant du palais, on traversait la Phiale avant d'arriver à l'Abside.

L'Abside, comme l'indique son nom, était un hémicycle recouvert d'une voûte en demi-coupole. On en trouve une autre preuve dans le livre des Cérémonies. En effet, la Phiale étant à ciel ouvert et ne présentant pas d'abri, c'est dans l'Abside, ἐν τῇ ἀψῖδι, ἐν τῷ ἡμικυκλίῳ τῆς ἀψῖδος, que les dignitaires qui venaient au Palais-sacré attendaient que le concierge en eût ouvert les portes [2]. L'auteur anonyme qui a écrit la vie de Théophile nous a fourni le détail des dispositions intérieures de la Phiale; nous faisons remarquer que notre auteur, en décrivant les constructions exécutées par cet empereur, prend son point de départ du Palais-sacré, et qu'il décrit par conséquent le Triconque (n° 73) et le Sigma (n° 71) avant la Phiale : tout en le traduisant textuellement, nous rétablirons de l'ordre dans son récit assez confus. « A la suite du
» Sigma, s'étend un atrium à ciel ouvert, ὕπαιθρόν τι καὶ ἐξάερον (n° 61), au milieu
» duquel est un bassin d'airain (n° 68) dont les bords sont couronnés d'argent, et
» qui renferme un vase d'or en forme de coquille. Cet atrium a été appelé la Phiale
» mystérieuse du Triconque, prenant son double nom du Mystère près duquel il est
» placé et de la construction nommée Triconque.... Au temps des pistaches et des
» amandes, le bassin, qui en est rempli par un conduit qui s'ouvre dans la coquille,
» les offre pêle-mêle à manger à tous ceux qui sont là et qui en désirent.... Près de
» ce bassin, existent des escaliers, ἀναβάθμοι (n° 69), de marbre blanc de Proconèse,
» et, au milieu de ces escaliers, un porche, τροπική, de marbre (n° 70), appuyé sur
» deux colonnes légères [3]. » C'est par ces escaliers de marbre que l'on montait du sol de la Phiale dans le Sigma; le petit porche donnait entrée au Sigma inférieur.

Le moine Georges nous a fourni les renseignements sur les bains (n° 63) qui touchaient à l'Abside: « Théoctistos, qui gouvernait l'empire avec l'impératrice (Théodora, mère
» de Michel III), fit élever des édifices, des bains, et établir des jardins auprès du lieu
» qu'on appelle l'Abside, qui est près du palais [4]. »

Nous n'avons rien à ajouter à ce que nous avons dit plus haut sur la porte du Spatharicion (n° 66), qui, du côté de l'église du Seigneur, donnait entrée dans l'atrium

---

[1] *De cer. aul. Byz.*, lib. I, cap. xxxv, p. 180; cap. ix, p. 71; cap. 52, p. 263; cap. LIII, p. 265; cap. LXVIII, p. 304.
[2] *De cer. aul. Byz.*, lib. I, cap. x, xxiii et LXXII, p. 71, 128 et 360.
[3] Anonym., *De Theophilo*, ap. *Script. post Theoph.*, lib. III, § 43; Paris., p. 87; Bon., p. 141.
[4] Georgius Mon., *De Michaele et Theodora*, ap. *Script. post Theoph.*; Paris., p. 529; Bon., p. 815.

du Palais-sacré. Nous avons placé le Spatharicion, corps de garde des Spathaires (n° 67, A), auprès de la porte de ce nom, ce qui est justifié par la citation qui nous a fait connaître cette porte[1]. Nous avons aussi figuré de ce côté la chapelle Saint-Jean (n° 65), dont l'existence nous est révélée par deux passages du livre des Cérémonies. Les hauts dignitaires se sont réunis dans le Palais-sacré, afin d'accompagner l'empereur et d'assister à une cérémonie qui va se passer dans la Phiale mystérieuse du Triconque. Quand l'empereur est au moment de sortir de son appartement, « les patrices et tous les » chefs barbus passent par le Lausiacos, les degrés qui sont là, la porte Monothyros » qui est dans le Trésor privé, et ils vont dans l'hémicycle de la Phiale mystérieuse du » Triconque (n°s 92, 76, 75, 61). Tous les susdits se tiennent là, devant le naos de » Saint-Jean, pour attendre l'empereur[2] ».

La Phiale recevait quelquefois le nom de Phiale mystérieuse du Sigma[3]; elle était en effet plus proche du Sigma que du Triconque.

## XI
### LE SIGMA ET LE TRICONQUE; LE SIGMA INFÉRIEUR ET LE TÉTRASÉRON.

Nous avons donné plus haut[4] une description complète du Sigma (n° 71) et du Triconque (n° 73), à laquelle le lecteur devra se reporter; nous n'avons maintenant qu'à la justifier.

Le Sigma, τὸ Σίγμα, était un péristyle ouvert sur la Phiale; c'est ce qu'établit l'auteur de la vie de Théophile par ces mots : ὁ τοῦ Σίγμα περίστυλος[5]. C'est encore cet auteur qui nous a fourni la plus grande partie des renseignements qui nous ont permis de restituer le Sigma et le Triconque. Nous continuerons de le citer : « La porte du Triconque » (il ne faut pas oublier que l'auteur fait sa description dans un sens inverse de la » nôtre) conduit au lieu appelé Sigma, à cause de sa ressemblance avec cette lettre (qui » au dixième siècle était celle de notre C). Il a une beauté égale à celle dont les murs » du Triconque resplendissent, car les murs de l'un et de l'autre sont revêtus de marbres » de différentes espèces. Le Sigma a un plafond solide et brillant, parce qu'il est soutenu » par quinze colonnes de marbre de Doximinon (ville de Phrygie)[6]. » Nous avons dit que le dessus de la voûte de la Tropicé (n° 70) était de niveau avec le sol du Sigma, et

---

[1] Voyez plus haut § IV, p. 122.
[2] *De cer. aul. Byz.*, lib. I, cap. LXVI, p. 297, et cap. LXVIII, p. 309.
[3] *De cer. aul. Byz.*, lib. II, cap. XVIII, p. 602.
[4] Voyez chap. III, § VIII, p. 69.
[5] ANONYM., *De Theophilo,* ap. *Script. post Theoph.*, lib. III, § 43; Paris., p. 87; Bon., p. 141.
[6] ANONYM., *De Theophilo,* ap. *Script. post Theoph.*, § 42; Paris., p. 87; Bon., p. 140.

formait une espèce de balcon saillant sur la Phiale. L'auteur de la Vie de Théophile nous en fournit la preuve en rendant compte des fêtes qui se passaient dans la Phiale : « Sur les degrés, dit-il, tous les assistants sont debout, les officiers de service forment » le cortége impérial et laissent au milieu, c'est-à-dire sur la Tropicé de marbre dont » il est parlé, un espace où se tiennent le domestique (le chef) des Scholaires et celui » des Excubiteurs.... L'empereur est spectateur de tout, assis sur un trône d'or[1]. » Des vers du poëte Ignatios étaient gravés sur les murs du Sigma[2]. L'escalier de bois (n° 72) qui conduisait à l'étage inférieur était appelé Styrax, Στύραξ, et Styracion, Στυράκιον[3]. Le nom qui lui est donné et les matériaux employés pour sa construction indiquent un très-petit escalier en limaçon. Quant à la vasque (n° 71, B) qui se trouvait dans le Sigma, voici ce qu'en dit notre auteur : « Sur le flanc du Sigma, au sud-est, existent » deux têtes de lions d'airain ; l'eau qui s'échappe de leurs gueules ouvertes remplit » de ses flots toute la vasque du Sigma, ce qui ne cause pas peu de plaisir[4]. »

L'espèce de ciborium qui existait au milieu du Sigma (n° 71 A) et sous lequel on plaçait le trône de l'empereur, est ainsi décrit par le même auteur : « Au-devant de » celle des portes qui est faite d'argent (la porte du milieu ouvrant sur le Triconque, » n° 71, D) s'élève une voûte, ὀροφή, supportée par quatre colonnes de marbre de » Thessalie, dont la couleur est verte[5]. » Le livre des Cérémonies, en rendant compte des fêtes du Broumalion, donne à ce ciborium le nom de Procymma, Πρόκυμμα. Nous allons transcrire ou analyser cette partie du Cérémonial, parce qu'elle complète la description donnée par l'auteur de la Vie de Théophile et justifie d'autant plus notre plan. On a vu, par les citations précédemment faites[6], que pour venir à ces fêtes, les fonctionnaires qui devaient y assister étaient arrivés dans la Phiale mystérieuse du Triconque (n°s 60 et 61) soit par la porte d'ivoire et Daphné, soit par la Thermastra. Après avoir désigné tous les dignitaires et officiers qui s'y réunissent, l'auteur du Cérémonial continue ainsi : « Ensuite le paracupticon étant relevé, τοῦ παρακυπτικοῦ » κρεμαμένου, l'empereur passe dans le milieu du Procymma, ἐν τῷ τοῦ προκύμματος » μέσῳ, dans cet endroit où les empereurs ont coutume de s'asseoir ; » alors les maîtres, les patrices, les sénateurs et tous les officiers admis auprès de l'empereur allument des cierges et tournent en dansant autour du Sigma et en faisant retentir les chants impériaux du Broumalion. Lorsqu'ils commencent à danser et à chanter, « l'un des officiers de » l'empereur descend par les degrés dans la Phiale et y danse ». Alors tous les sus-

---

[1] Anonym., *De Theophilo*, ap. *Script. post Theoph.*, lib. III, § 42; Paris, p. 88; Bon., p. 142.
[2] Anonym., *De Theophilo*, ap. *Script. post Theoph.*, § 43; Paris, p. 88; Bon., p. 143.
[3] Anonym., *De Theophilo*, ap. *Script. post Theoph.*, § 42; Paris, p. 87; Bon., p. 140. — *De cer. aul. Byz.*, lib. II, cap. XVIII, p. 601.
[4] Anonym., *De Theophilo*, ap. *Script. post Theoph.*, § 43; Paris, p. 87; Bon., p. 141.
[5] Anonym., *De Theophilo*, ap. *Script. post Theoph.*, § 43; Paris, p. 88; Bon., p. 142.
[6] Voyez plus haut le § VII, p. 132 et 135.

nommés, après être descendus, « ayant tourné dans le péripatos de la Phiale, s'arrêtent
» dans la partie la plus large et acclament l'empereur. Aussitôt, le protovestiaire de
» l'empereur descend du Sigma par le petit escalier de bois, διὰ τοῦ ξυλίνου στυρακίου,
» avec un sac rempli d'écus, et dès qu'il est arrivé près d'eux, καὶ ἡνίκα πλησίον αὐτῶν
» γένηται, tous le saluent »; puis il distribue de l'argent. Après avoir reçu des dons,
« tous les susnommés font des vœux pour l'empereur. Ensuite, ils sortent par la
» Thermastra, et chacun s'en va à sa demeure[1]. » Ainsi l'on retrouve dans le récit du
rédacteur du Cérémonial toutes les dispositions intérieures du Sigma signalées par
l'auteur de la Vie de Théophile, les escaliers de marbre (n° 69) par lesquels on descendait
du Sigma dans la Phiale, le petit escalier de bois (n° 72) qui conduisait au Sigma
inférieur, et, sous le nom de Procymma, cette voûte portée par quatre colonnes au-
dessous de laquelle était placé le trône de l'empereur.

Il faut nous arrêter un instant pour rechercher la signification de πρόκυμμα et de
παρακυπτικόν. On a appris par les miniatures des manuscrits byzantins que le trône des
empereurs d'Orient était le plus ordinairement disposé dans un édicule composé d'une
estrade quadrangulaire, aux angles de laquelle s'élevaient des colonnes qui portaient
une sorte de dais. Les quatre entre-colonnements étaient garnis de rideaux; une balustrade
entourait le tout. Cette construction était tantôt permanente, comme celle qu'on voyait
dans le Sigma, tantôt temporaire et établie à l'occasion de certaines fêtes dans des lieux
où l'empereur devait se montrer sur son trône. Elle reçoit dans le livre des Cérémonies
les noms de Ciborion et de Camélaucion; dans la circonstance que nous venons de citer,
l'auteur du Cérémonial l'appelle Procymma. En rapprochant la description de l'auteur
de la Vie de Théophile de celle que nous donne le livre des Cérémonies, il est évident
que le Procymma qui existait dans le Sigma, et où les empereurs avaient coutume de
s'asseoir, n'était autre chose que cette voûte, ὀροφή, portée par quatre colonnes de marbre,
où l'on plaçait le trône d'or de Théophile lorsqu'il assistait du haut du Sigma aux
jeux qui avaient lieu dans la Phiale. Le mot πρόκυμμα ne se rencontre pas dans le glossaire
de Du Cange, mais on y trouve le vocable πρόκυψις, avec cette interprétation : « Thronus
» imperatoris aliquot gradibus altius eductus et prominens (nam πρόκυπτον est prominere
» in glossis latinis græcis), seu in ecclesia, seu in palatio[2]. » Les citations produites
par Du Cange à l'appui de son interprétation sont toutes empruntées à des auteurs du
quatorzième siècle et du quinzième; une seule est tirée d'un auteur du treizième. Il
est donc probable qu'à partir du treizième siècle on donna le nom de πρόκυψις à ce
qu'on appelait antérieurement πρόκυμμα, car ce vocable vient, comme πρόκυψις, du
verbe προκύπτειν, qui signifie être saillant, proéminent, élevé.

[1] *De cer. aul. Byz.*, lib. II, cap. XVIII, p. 600.
[2] « Trône de l'empereur établi très-haut sur des degrés et s'élevant soit dans une église, soit dans le palais,
» car πρόκυπτον a dans les glossaires latins-grecs la signification de *prominere* » (être saillant, proéminent,
s'élever au-dessus).

Lorsque l'empereur n'était pas sur le trône, les rideaux qui garnissaient les entre-colonnements étaient baissés et fermés; s'il voulait y monter, on les relevait, on les attachait ou on les suspendait aux colonnes.

Nous croyons donc que dans le passage que nous venons de citer, τὸ παρακυπτικόν est le nom de ce rideau qui fermait le Procymma. Le qualificatif κρεμάμενον, qui vient de κρέμαμαι, et signifie suspendu, attaché à, présente bien ici le sens de relevé que nous avons adopté. En effet, pour que l'empereur, qui venait du Palais-sacré, c'est-à-dire du Triconque (n° 73), pût monter dans l'édicule élevé au milieu du Sigma (n° 71, A), il avait fallu relever, attacher ou suspendre aux colonnes les rideaux qui, avant son arrivée, étaient baissés.

Nous trouvons dans le livre des Cérémonies un autre passage dans lequel le vocable παρακυπτικόν est employé dans les mêmes circonstances que dans le cérémonial dont nous venons de transcrire le récit. L'empereur, devant bénir le peuple réuni dans le grand Hippodrome, sort du Chrysotriclinium (n° 95) et s'en va par le Lausiacos et le Justinianos (n°s 92 et 109) sur une terrasse (n° 113) située à l'extrémité de cette galerie et du haut de laquelle on dominait le Cirque. « L'empereur s'avance, » porte le Cérémonial, et quand le cortége est au moment de franchir la porte par » laquelle on sort du Justinianos sur l'Héliacon, le cubiculaire-grand-chantre ouvre » aussitôt le paracupticon, ἐφαπλοῖ τὸ παρακυπτικόν, au-devant du trône, au-dessus de » la partie supérieure de la balustrade.... Puis l'empereur, se tenant debout devant » le trône, bénit trois fois le peuple.... Les chefs des Cubiculaires se tiennent à droite » et à gauche; les patrices, avec les domestiques et le Sénat, se tiennent à droite et à » gauche, près des paracupticon de la balustrade, πλησίον τῶν παρακυπτικῶν τοῦ καγκέλλου, » ne se tournant pas vers ces paracupticon, mais se tenant de face [1]. » Un peu plus loin, on lit dans une circonstance semblable : « Aussitôt le cubiculaire grand-chantre » ouvre le paracupticon qui est au-dessous du dais, ὑπὸ τοῦ καμελαυκίου, devant le trône [2]. »

Le mot κάγκελλος n'est que la transcription du mot latin cancellus, qui signifie balustrade, barreaux, treillis, et qu'on employait au pluriel pour désigner la clôture qui fermait le sanctuaire dans les églises. Ce mot est évidemment appliqué dans cette occasion à la balustrade qui entourait le petit édifice provisoire élevé sur la terrasse pour y placer le trône de l'empereur, ou peut-être même à un treillis qui aurait garni les entre-colonnements latéraux du Ciborium, et sur lequel seraient tombés les rideaux. Lorsque l'empereur arrivait et se plaçait devant le trône pour bénir le peuple, il fallait bien que les rideaux qui le cachaient fussent ouverts. Cependant le verbe ἐφαπλόω signifie déployer, étendre sur, plutôt qu'ouvrir; mais Reisk n'a pas hésité à traduire ἐφαπλοῖ τὸ παρακυπτικόν par tollit velum, relève le voile; le sens indiquait

---

[1] *De cer. aul. Byz.*, lib. I, cap. LXIV, p. 285.
[2] *De cer. aul. Byz.*, lib. I, cap. LXIV, p. 291.

positivement cette version. L'usage habituel voulait que les dignitaires qui se tenaient dans les cérémonies à droite et à gauche du trône eussent la tête dirigée vers l'empereur, et par conséquent vers les rideaux qui garnissaient les entre-colonnements latéraux du Ciborium. Dans la cérémonie de la bénédiction du peuple, l'empereur, voulant que les dignitaires regardent le peuple de même que lui, prescrit à ceux-ci de ne pas se tourner vers les paracupticon, mais bien de rester de front, c'est-à-dire de continuer à faire face à l'Hippodrome. Le pluriel employé là indique que le paracupticon est multiple dans le Ciborium où est placé le trône, et comme ce paracupticon est relevé, attaché ou bien ouvert lorsque l'empereur doit s'y asseoir, on ne peut trouver dans ces paracupticon autre chose que les rideaux qui garnissaient les entre-colonnements. On voit par la seconde citation qu'un paracupticon était placé au-dessous du dais qui couvrait le trône. Cette situation confirme notre interprétation.

Les Grecs du Bas-Empire avaient une grande tendance à employer, par métonymie, le nom de la partie pour exprimer le tout. Aussi l'auteur du livre des Cérémonies, après avoir donné le nom de Procymma à l'édicule élevé au milieu du Sigma, applique, dans une autre circonstance, le nom de Paracupticon à cet édicule [1].

On lit encore dans le cérémonial à observer le troisième jour de la fête de Pâques, lorsque l'empereur se rend à Saint-Serge pour y communier : « Après avoir prié dans » l'oratoire de la Mère-de-Dieu, qui est dans les Catéchumènes, et avoir allumé les » cierges, il sort et se place dans le paracupticon du sanctuaire, où il a coutume de » se tenir dans les fêtes et d'assister à l'office divin [2]. »

Il est évident que dans ce passage le mot paracupticon est appliqué à l'ensemble de l'édicule élevé dans le Béma, où était placé le trône de l'empereur, comme à Sainte-Sophie [3].

En résumé, il paraît résulter du livre des Cérémonies que les noms de Procymma et de Poulpiton appartiennent plus particulièrement à l'estrade élevée sur laquelle le trône reposait, et celui de Paracupticon aux rideaux qui fermaient les entre-colonnements; les vocables Camélaucion et Orophé sont donnés au dais qui s'élevait au-dessus du trône. Le nom de Ciborium, Κιβώριον, est celui de l'ensemble de l'édicule où était placé le trône impérial.

Reprenons l'exposé des documents relatifs au Sigma et au Triconque.

Au fond du Sigma se trouvaient les trois portes du Palais-sacré (n° 71, D et E). Les deux colonnes qui soutenaient le mur de façade devaient s'élever à une égale distance des murs latéraux, puisqu'elles avaient motivé trois ouvertures. Par ces portes, on entrait dans le Triconque, ὁ Τρίκογχος, premier triclinium ou vestibule du Palais-sacré. Voici la description qu'en donne l'auteur de la Vie de Théophile : « Le

---

[1] *De cer. aul. Byz.*, lib. I, cap. XLVII, p. 242.
[2] *De cer. aul. Byz.*, lib. I, cap. XII, p. 88.
[3] Du Cange, *Const. Christ.*, lib. III, § 42, p. 36.

» Triconque, à la voûte dorée, qui avoisine le Carien, doit son nom à sa forme, car
» il se termine en haut par trois conques, τρισὶ κόγχαις, l'une qui regarde l'orient et
» qui s'appuie sur quatre colonnes romaines (de marbre romain), et deux qui vont
» obliquement vers le nord et vers le midi. La partie du bâtiment tournée vers le
» couchant est supportée par deux colonnes et donne entrée par trois portes, celle du
» milieu faite d'argent, les deux autres, à droite et à gauche, d'airain chargé d'ornements;
» la sortie conduit au Sigma [1].... »

Le livre des Cérémonies complète cette description et nous apprend que le Triconque était un hémicycle dont le contour était pénétré par trois absides. C'était une reproduction en petit de la grande demi-coupole orientale de Sainte-Sophie. L'abside du milieu était garnie de gradins; des portes devaient s'ouvrir dans les deux autres pour donner accès dans les galeries du Triconque; une petite porte (n° 73, A) faisait communiquer l'hémicycle avec la galerie des Quarante-Saints (n° 80). Ainsi « le palais étant
» ouvert, tous les officiers du palais entrent dans la galerie des Quarante-Saints pour y
» recevoir l'empereur. Les patrices, les généraux et les domestiques (les chefs des cohortes
» prétoriennes) restent, suivant l'usage, dans l'hémicycle du Triconque, ἐν τῷ ἡμικυκλίῳ
» τοῦ Τρικόγχου [2] ».

En revenant de la ville par la Chalcé et l'église du Seigneur (n°s 20 et 35), l'empereur, rentrant dans le Palais-sacré, « entre dans l'hémicycle du Triconque, et passant par la
» galerie des Quarante-Saints, il entre dans le Chrysotriclinium (n° 95) [3] ». L'empereur, revenant de l'Hippodrome par l'Augustéos et l'Abside (n°s 48 et 60), « passe par
» l'hémicycle du Triconque, la porte polie à un seul battant et la galerie des Quarante-
» Saints, et entre dans le Chrysotriclinium [4] ».

Pour terminer, nous allons analyser le cérémonial prescrit à l'occasion d'une réception que faisait l'empereur dans la Phiale mystérieuse du Triconque; il confirmera les renseignements que nous avons déjà obtenus sur le Triconque, le Sigma et la Phiale.

Tous ceux qui doivent être admis à l'audience de l'empereur étant réunis dans la Phiale (n° 61), le Préposé en prévient l'empereur. « Les patrices et tous les chefs barbus
» (qui se trouvaient auprès de l'empereur) passent par le Lausiacos (n° 92) et les degrés
» qui sont là (n° 76), par la porte à un battant qui est dans le Trésor privé (n° 75), et
» ils vont dans l'hémicycle de la Phiale mystérieuse du Triconque. Tous se tenant là
» pour attendre l'empereur devant la chapelle Saint-Jean, l'empereur, accompagné
» du corps des Cubiculaires, passe par la galerie des Quarante-Saints, en sort par

---

[1] Anonym., *De Theophilo*, ap. *Script. post Theoph.*, lib. III, § 42; Paris., p. 86; Bon., p. 140. Il ne faut pas oublier que le rédacteur du Cérémonial prend son point de départ du Lausiacos (n° 92), et fait la description comme s'il sortait du Palais-sacré.

[2] *De cer. aul. Byz.*, lib. I, cap. x, p. 72.

[3] *De cer. aul. Byz.*, lib. I, cap. x, p. 84, et cap. xvii, p. 107.

[4] *De cer. aul. Byz.*, lib. I, cap. lxviii, p. 310; lib. II, cap. x, p. 545, et cap. xv, p. 567.

» la petite porte brillante de l'hémicycle, διὰ τοῦ γανωτοῦ μονοθύρου τοῦ ἡμικυκλίου (n° 73, A),
» et entre dans le Triconque. Ensuite, le Préposé appelle les valets de chambre, qui
» revêtent l'empereur de la chlamyde; puis ils sortent tous. Alors, l'empereur est
» couronné par le Préposé en présence du corps des Cubiculaires qui est là.... Les chefs
» des Cubiculaires se tiennent de chaque côté; les Spatharocubiculaires[1] et les Cubi-
» culaires se tiennent derrière ceux-ci dans l'abside du haut, ἐν τῇ κόγχῃ ἄνωθεν, sur les
» degrés.... » Quand l'empereur est couronné et que tous ses officiers sont derrière
lui, on introduit dans le Triconque les patrices et les généraux et quelques hauts fonctionnaires; tous se prosternent devant l'empereur. « Ensuite ceux-ci s'avancent en dehors
» des portes d'argent (n° 71, D), vers l'endroit où est placé le trône (n° 71, A), et se
» tiennent là. L'empereur sort par la porte d'argent, et tous l'adorent. » L'empereur,
s'étant assis sur le trône, bénit les assistants. Après la cérémonie, il rentre dans le
Triconque, où il quitte la chlamyde et la couronne, puis il s'en va par la même galerie
des Quarante-Saints dans le Chrysotriclinium[2].

Ce récit de l'auteur du Cérémonial justifie pleinement toutes les dispositions du plan
de la Phiale, du Sigma et du Triconque. On y retrouve la porte d'argent par laquelle
l'empereur sort du Triconque dans le Sigma. Le ciborium où est placé le trône est en
dehors de cette porte et par conséquent dans le Sigma. On voit que l'abside d'en haut,
c'est-à-dire l'abside orientale, qui s'avance le plus dans l'intérieur du Palais-sacré, est
garnie de gradins sur lesquels se tiennent les Cubiculaires derrière l'empereur, pendant
qu'il admet auprès de lui les plus hauts dignitaires, avant la réception générale. Il résulte
de là que les portes qui servaient de communication entre le Triconque et ses galeries
(n° 74) pour aller au Lausiacos (n° 92) étaient ouvertes dans les deux absides latérales,
comme nous l'avons indiqué sur notre plan. La communication du Triconque avec la
galerie des Quarante-Saints par une porte à un seul battant qui s'ouvrait sur l'hémicycle,
est également justifiée.

Occupons-nous maintenant de l'étage de rez-de-chaussée qui existait au-dessous du
Sigma et du Triconque. Du moment que, du sol de la Phiale (n° 61), on montait des
escaliers pour arriver au Sigma, l'étage existant au-dessous de ce péristyle devait être
de plain-pied avec la Phiale; on y entrait en effet par le petit porche, ἡ τροπική, qui
existait entre les deux escaliers. Nous avons vu plus haut qu'on pouvait descendre du
Sigma dans cette pièce de rez-de-chaussée par un petit escalier de bois nommé Styrax ou
Styracion. Voici maintenant les renseignements que nous fournit l'auteur de la Vie de
Théophile sur le Sigma inférieur et la pièce qui existait au-dessous du Triconque[3].

« Quand on descend à l'étage inférieur (du Sigma) par le Styrax, on voit qu'il a une

---

[1] Les Cubiculaires militaires, gardes de la chambre impériale.
[2] *De cer. aul. Byz.*, lib. I, cap. LXVI, p. 297 et seq.
[3] Voyez la description que nous en avons donnée plus haut, chap. III, § VIII, p. 70.

» forme exactement semblable à celle de la partie supérieure; dix-neuf colonnes sup-
» portent la voûte; il a un péripatos en pierre tigrée. Près de ce péripatos, mais plus
» à l'intérieur et plus au levant, l'architecte a élevé un Tétraséron, Τετράσερον, qui est
» lui-même partagé en trois absides, τρισὶ κόγχαις, sur le modèle du Triconque qu'il
» supporte; mais il a dessiné l'une vers le levant, et les deux autres, l'une vers le
» couchant et l'autre vers le midi. La partie du nord, supportée par deux colonnes de
» marbre rouge moucheté, renferme le Mystère, τὸ Μυστήριον, nom donné à ce côté
» parce qu'il résonne comme une caverne et qu'il renvoie nettement le son aux oreilles
» qui écoutent, et si quelqu'un, s'approchant du mur de l'abside qui est au levant ou
» même au couchant, dit comme à soi-même quelques mots à voix basse, une autre
» personne, placée au côté diamétralement opposé, qui approcherait son oreille du mur,
» entendrait parfaitement la voix qui parle dans le Mystère. Telle est la merveille que
» ce lieu nous présente [1]. » On a vu plus haut que du Sigma inférieur on pouvait aller
dans la Thermastra en traversant la Phiale.


## XII

### LES GALERIES DU TRICONQUE ET LES PIÈCES ADJACENTES,
### LA PORTE DU TRÉSOR DITE MONOTHYROS, LES DEGRÉS DU LAUSIACOS.

En sortant du Triconque par son abside septentrionale et par son abside méridionale, on entrait dans les galeries du Triconque, τὰ διαβατικὰ τοῦ Τρικόγχου. La branche principale (n° 74, A), dirigée vers l'est, conduisait au triclinium Lausiacos (n° 92). Ceci résulte d'un grand nombre de passages du livre des Cérémonies. Le patriarche devant être reçu par l'empereur dans le Chrysotriclinium (n° 95) « entre au palais par l'Ab-
» side (n° 60), et, traversant les galeries du Triconque (n° 74), il entre par la porte
» à un battant du Trésor privé, διὰ τοῦ μονοθύρου τοῦ εἰδικοῦ (n° 75), et descend les
» degrés, τὰ βασμίδια; quand il va descendre les marches du Lausiacos (n° 76), tous
» les Cubiculaires le reçoivent, et, après avoir traversé par le milieu du Lausiacos,
» ils l'introduisent dans le Tripéton (n° 94) [2].... »

L'empereur, revenant de Saint-Étienne (n° 54), a traversé l'Abside et le Triconque; ensuite, accompagné de son cortége, « il passe par la porte Monothyros, qui est vers
» le Trésor privé, διὰ τοῦ μονοθύρου τοῦ ἐπὶ τὸν εἰδικόν, et descend les degrés du Lau-
» siacos [3].... »

Les galeries du Triconque, la porte dite Monothyros, c'est-à-dire à un seul battant,

---

[1] Anonym., *De Theophilo*, ap. *Script. post Theoph.*, lib. III, § 42; Paris., p. 87; Bon., p. 140.
[2] *De cer. aul. Byz.*, lib. I, cap. xiv, p. 91.
[3] *De cer. aul. Byz.*, lib. I, cap. xxxii, p. 174.

qui se trouvait au bout de ces galeries, et l'escalier par où l'on descendait au Lausiacos, sont donc justifiés.

A gauche de la galerie orientale du Triconque, nous avons placé l'ancien Trésor privé et les bureaux (n° 77, A et B), et à droite les cuisines et les autres pièces nécessaires au service du palais (n° 78). Ces localités sont indiquées dans la consigne prescrite pour l'ouverture, chaque matin, des différentes parties du Palais-sacré. Le grand-hétaire [1], le portier, les hétaires et les diétaires de semaine, après avoir ouvert la porte qui conduit de l'Horologion dans le Lausiacos (n°s 94 et 92), puis celles du triclinium de Justinien et des Scyla (n°s 109 et 110), « reviennent alors, et le grand-hétaire » entre et s'assoit dans le Lausiacos, devant la porte de bronze qui conduit aux » cuisines.... Deux diétaires s'en vont avec le Maglabite ouvrir les bureaux, τὰ ἀση- » χρητεῖα, et la porte qui conduit au trésor privé. » Quelques moments après, lorsque l'empereur est sorti de sa chambre à coucher, qu'il est entré dans le Chrysotriclinium et s'est assis sur le siège d'or qui est dans l'abside orientale (n°s 104 et 95, E), il demande le Logothète. « Aussitôt le concierge sort dans le Lausiacos et donne l'ordre » à l'introducteur d'aller chercher et d'introduire le Logothète. L'introducteur s'en va » dans les bureaux et amène le Logothète, qu'il précède [2]. » On voit, par ces citations, que les cuisines, de même que les bureaux, touchaient au triclinium Lausiacos. Nous avons placé les cuisines au midi des galeries du Triconque, parce que, de là, elles pouvaient servir tout à la fois et la salle à manger qui existait au rez-de-chaussée du triclinium Camilas (n° 85), et les repas qui se faisaient, dans les jours de cérémonie, dans le Lausiacos et même dans le Chrysotriclinium.

## XIII

### LES TRICLINIUMS AU NORD ET AU SUD DES GALERIES DU TRICONQUE.

Les branches nord et sud des galeries du Triconque (n° 74, B) servaient de communication pour arriver aux différents tricliniums qui avaient formé l'habitation personnelle de l'empereur du temps de Théophile (829 † 842) et de son fils Michel III († 867). Ils avaient été construits par Théophile, de même que le Sigma et le Triconque, et formaient, avec ces deux vestibules, comme un palais à part, dont le premier étage, celui que reproduit notre plan, se trouvait plus élevé que le Lausiacos et les autres pièces du Palais-sacré.

Au nord du Sigma et du Triconque on trouvait les tricliniums qu'on appelait

---

[1] Les hétaires étaient les gens de service du palais, les diétaires les gens de service de premier ordre.
[2] De cer. aul. Byz., lib. II, cap. I, p. 518 et seq.

l'Éros et la Perle, et, au sud, ceux qui portaient les noms de Pyxitès, de Carien, de Camilas, de Mésopatos et d'Harmonie, et quelques autres encore. Nous avons donné plus haut une description de ces différents corps de logis et appartements; nous l'avons puisée dans l'auteur anonyme qui a écrit la Vie de Théophile, en rétablissant l'ordre qui manque dans sa narration. Il nous reste seulement à fournir quelques explications qui suffiront pour justifier la situation que nous avons donnée dans notre plan à ces différents tricliniums.

L'auteur de la Vie de Théophile débute ainsi : « A peine est-on entré en venant de » chez le Seigneur, ἀπὸ τοῦ Κυρίου εἰσιών, que l'on voit ces édifices (ceux bâtis par » Théophile) se déployer sous les yeux; le Carien [1].... » Puis l'auteur décrit le Carien, le Triconque, le Sigma et la Phiale. Ainsi il commence sa description non à partir de l'entrée du Palais-sacré par Daphné et la Phiale (nos 44 et 61), mais bien à partir de la porte Monothyros (n° 75), qui formait de ce côté l'entrée comme la sortie des grands appartements de ce palais. L'auteur, par ces mots, ἀπὸ τοῦ Κυρίου εἰσιών, a voulu dire : En venant du palais du Seigneur, c'est-à-dire du palais occupé par l'empereur. Le Père Combéfis a traduit par « statim a Cyrio ingredienti », comme s'il avait existé quelque salle nommée le Cyrien, située au delà des tricliniums bâtis par Théophile, et qu'en entrant par cette salle on les eût aperçus aussitôt. Mais il n'est mention, ni dans l'auteur de la Vie de Théophile, ni dans le livre des Cérémonies, d'aucune pièce portant ce nom : au delà des galeries du Triconque, on trouve le triclinium Lausiacos, comme nous l'établirons dans un instant.

La marche que suit l'auteur dans sa description fournit la preuve de la justesse de notre interprétation. On aurait pu traduire ἀπὸ τοῦ Κυρίου par « à partir de la principale entrée »; mais l'entrée principale du Palais-sacré se trouvant établie entre le Sigma et le Triconque, cette explication ne pourrait s'accorder avec l'itinéraire que l'auteur s'est tracé. On pourrait traduire encore ἀπὸ τοῦ Κυρίου par « à partir de l'église du Seigneur » (n° 35); mais, en venant de cette église, l'auteur aurait d'abord trouvé à décrire la Phiale, puis le Sigma, le Triconque et le Carien, et c'est dans le sens contraire qu'il a tracé sa description.

Ainsi, en entrant dans les galeries du Triconque par le Palais-sacré qu'habitait l'empereur, c'est-à-dire par la porte dite Monothyros (n° 75), on trouvait d'abord le Carien, ὁ Καριανός (n° 83). Deux lignes plus bas, en décrivant le Triconque (n° 73), notre auteur dit qu'il avoisine le Carien, γείτων αὐτοῦ. Nous avons donc donné entrée au Carien par l'abside méridionale du Triconque.

Notre auteur décrit ensuite le Triconque, le Sigma et la Phiale (nos 73, 71 et 61); puis, revenant sur ses pas, il rentre dans le Sigma et fait la description du Ciborium (n° 71, A) qui se trouvait au milieu de ce péristyle. Il le signale comme un dôme, ὀροφή,

---

[1] Anonym., De Theoph., ap. Script. post Theoph., lib. III, § 42; Paris., p. 86; Bon., p. 139.

porté par quatre colonnes, et il ajoute : « En avant de la partie antérieure du dôme, » près des degrés dont nous avons parlé (n° 69), et vers la partie occidentale du Sigma, » sont les tricliniums bâtis par Théophile. Pyxitès, ὁ Πυξίτης, est le nom de la partie » inférieure (du premier décrit); la partie supérieure n'a pas de nom et sert de vestiaire » au clergé du palais[1]. » Nous avons donc placé le Pyxitès (n° 64) près des degrés par lesquels on montait de la Phiale dans le Sigma; son premier étage, vestiaire du clergé, était donc de niveau avec le Sigma et en avant du Ciborium. L'étage du rez-de-chaussée, celui qui portait réellement le nom de Pyxitès, était de plain-pied avec le Sigma inférieur. Notre auteur, qui vient de rentrer dans le Sigma en revenant de la Phiale, continue ainsi : « A gauche, vers la partie pour ainsi dire orientale du Sigma, a été construit un » autre triclinium qui fut appelé Éros, Ἔρως (n° 79)[2]; il servait à l'empereur de cabinet » d'armes[3]. » Notre plan montre donc l'Éros touchant au Sigma et situé à gauche en venant de la Phiale.

Le livre des Cérémonies donne sur l'Éros quelques renseignements qui justifient encore cette situation. On a déjà vu, par plusieurs citations tirées de ce livre[4], que par la galerie des Quarante-Saints (n° 80) on arrivait au Triconque; en effet, l'empereur, en venant du Chrysotriclinium (n° 95) par cette galerie, entrait directement dans le Triconque (n° 73). Eh bien! il résulte de plusieurs autres passages qu'au delà de la galerie des Quarante-Saints on trouvait l'Éros qui, comme on vient de le voir, touchait au Sigma. Ainsi une dame patrice élevée à la dignité de zostès, après avoir été faire sa prière à Sainte-Sophie, a été admise dans l'assemblée des dames patrices réunies dans le grand triclinium de la Magnaure (n° 116). A sa sortie de cet édifice, « les Cubiculaires et les » Silentiaires la reçoivent et l'introduisent dans le palais par l'Éros et la galerie des » Quarante-Saints; ensuite elle traverse l'Héliacon du Chrysotriclinium et entre dans » l'église du Phare (n° 106)[5]. » Nous avons cité en premier lieu la fin du cérémonial de la promotion de la zostès, afin de justifier de la contiguïté de l'Éros avec la galerie des Quarante-Saints. Le récit du commencement de ce cérémonial va devenir maintenant fort intelligible. Avant d'aller à Sainte-Sophie et de revenir au triclinium de la Magnaure, la patrice avait d'abord été promue à la dignité de zostès par l'empereur, siégeant sur le trône dans le Chrysotriclinium. Elle en sort, dit le Cérémonial, avec les sénateurs et accompagnée par les Cubiculaires et les Silentiaires; ensuite « elle passe dans le Lausiacos » (n° 92), et s'en va vers la Tropicé (n° 91), la procession (les fonctionnaires réunis » en corps) se trouvant en cet endroit, elle ne sort pas par là, mais se dirigeant par

---

[1] ANONYM., *De Theophilo*, ap. *Script. post Theoph.*, lib. III, § 43; Paris., p. 88; Bon., p. 143.
[2] Ἔρως signifie amour, désir; c'est le nom de Cupidon. Nous conserverons à ce triclinium son nom grec de Éros.
[3] ANONYM., *De Theophilo*, loc. cit.
[4] Voyez le § XI, p. 149.
[5] *De cer. aul. Byz.*, lib. I, cap. L, p. 261.

» l'Éros, elle descend vers le flanc de la Magnaure [1]». Puis, elle s'en va de là à Sainte-Sophie par le Macron des Candidats, les Excubiteurs, les Scholaires et la Chalcé. Ainsi, pour aller du Lausiacos à l'Éros, elle avait suivi nécessairement la galerie des Quarante-Saints, qui y aboutissait, comme on vient de le voir.

Dans une autre circonstance, lors de la promotion du Démarque de l'une des factions du Cirque, le Préposé sort du Palais-sacré avec le fonctionnaire promu pour le conduire à l'Onopodion (n° 36), où la faction est assemblée; pour y arriver, « il passe par le » Lausiacos, l'Éros, Daphné et l'Augustéos (n°s 92, 79, 44 et 48) [2] ». Le rédacteur du Cérémonial n'a indiqué là que les principales des pièces à traverser, ce qui suffit pour faire connaître l'itinéraire que l'on devra suivre dans cette occasion; mais on sait déjà que pour aller du Lausiacos à l'Éros il fallait passer par la galerie des Quarante-Saints, et que de l'Éros à Daphné on devait traverser le Sigma, la Phiale et l'Abside (n°s 71, 61 et 60). Les citations que nous venons de faire justifient donc non-seulement de la contiguïté de l'Éros avec le Sigma, mais encore la communication qui était établie entre ces deux localités. Nous constatons de plus qu'on pouvait entrer au Palais-sacré et en sortir par l'Éros, et comme l'étage supérieur de ce triclinium était de plain-pied avec le Sigma, il fallait nécessairement en descendre pour arriver dans les jardins; ceci motive l'escalier indiqué dans notre plan (n° 79, A). Le rez-de-chaussée de l'Éros se trouvait tout près du grand côté méridional du triclinium de la Magnaure, comme les deux premières citations l'indiquent et comme on peut le voir sur notre plan.

Après avoir décrit le Pyxitès et l'Éros qui se trouvaient à droite et à gauche, sur les flancs du Sigma, l'auteur de la Vie de Théophile, rentrant dans le Triconque, continue ainsi sa narration : « D'une part, depuis le même Triconque (n° 73), en se dirigeant » vers le couchant, ἄχρι δὴ τῶν δυσμῶν, on peut voir les bâtiments qui y ont été élevés; » mais d'autre part, vers la partie orientale, se trouve celui qu'on nomme la Perle (n° 81), » ὁ Μαργαρίτης [3]. » Ainsi la Perle étant à l'est du Triconque, se trouvait au delà de l'Éros, qui touchait au Sigma; c'est la situation que nous lui avons donnée dans notre plan.

« Telles sont les constructions du côté du levant, » dit notre auteur après avoir terminé la description de l'Éros et de la Perle. Puis venant à la description de celles qu'il avait d'abord signalées comme se trouvant vers le couchant du Triconque, il continue ainsi : « Vers le sud, πρὸς τὸν νότον, après avoir prolongé les terrasses (n° 84), Théophile fit » construire différents corps de logis, κουβούκλεια [4]; » puis il décrit à la suite les uns des autres celui qu'on appelait le Camilas, ὁ Καμιλᾶς (n° 85), celui (n° 86) dont le rez-de-chaussée portait le nom de Mésopatos, ὁ Μεσόπατος, et celui (n° 87) qui renfermait à

---

[1] *De cer. aul. Byz.*, lib. I, cap. L, § 3, p. 260.
[2] *De cer. aul. Byz.*, lib. I, cap. LV, p. 270.
[3] Anonym., *De Theoph.*, ap. *Script. post Theoph.*, lib. III, § 43; Paris., p. 88; Bon., p. 143.
[4] Anonym., *De Theoph.*, ap. *Script. post Theoph.*, lib. III, § 43; Paris., p. 89 et seq.; Bon., p. 144.

l'étage inférieur la chambre à coucher de l'impératrice, qu'on nommait l'Harmonie.

Le lecteur a dû remarquer que notre auteur varie dans l'orientation qu'il donne aux différents corps de logis ou tricliniums bâtis par Théophile à droite et à gauche du Sigma et du Triconque, et que quelquefois cette orientation ne serait pas absolument conforme à celle de notre plan. Ainsi en parlant des derniers corps de logis que nous venons de nommer, il les indique d'abord comme s'élevant vers le couchant du Triconque, et plus loin, quand il en arrive à leur description, il les signale comme étant vers le midi. Cette différence provient de ce que le grand axe du palais, qui passait par le milieu de la Phiale, du Sigma, du Triconque et du Chrysotriclinium (et qui, comme nous l'avons dit, était parallèle à celui de Sainte-Sophie), n'était pas exactement orienté de l'ouest à l'est, mais bien de l'ouest-nord-ouest à l'est-sud-est; de là viennent les variations de notre auteur. Mais au surplus, comme il ne s'agit pas dans son récit, pas plus que dans notre travail, d'une appréciation astronomique, il finit, de même que nous, par considérer comme étant au nord tout ce qui se trouve à gauche de ce grand axe (en entrant au palais par Daphné et la Phiale), et comme étant au midi tout ce qui se trouve à droite. « Telles sont, dit-il en terminant, les constructions que Théophile » a ordonnées dans la demeure impériale vers le nord et vers le midi, κατά τε βορρᾶν καὶ » νότον[1]. » Au surplus, la situation qu'il donne au dernier corps de logis (n° 89), qui était adossé à l'Harmonie (n° 87) et formait une aile en retour, ne peut laisser aucun doute sur la véritable situation des trois corps de logis (n°s 85, 86 et 87) qui se suivaient les uns les autres. « En aile de ce corps de logis (l'Harmonie, n° 87), dit-il, » vers le couchant, πρὸς δύσιν, est adossé un autre corps de logis tout semblable par la » richesse de ses marbres[2]…. » Si ce bâtiment se dirigeait vers le couchant, celui sur lequel il était adossé et faisait aile en retour devait se diriger vers le midi.

Après avoir décrit ce bâtiment en aile, notre auteur ajoute : « A ses pieds, πρὸς πόδας » τούτου, se trouve un autre bâtiment divisé en deux parties (n° 88), lequel se rap- » proche de la chambre sacrée de l'impératrice (l'Harmonie, rez-de-chaussée du n° 87). » C'est là que l'empereur Léon a construit l'oratoire de Sainte-Agnès[3]…. » Le corps de logis, faisant aile en retour, avait deux étages ; ces mots : à ses pieds, indiquent que celui qui renfermait la chapelle Sainte-Agnès et touchait à la chambre de l'impératrice, n'était élevé que d'un rez-de-chaussée.

Quant au dernier triclinium bâti par Théophile (n° 90), sa situation est parfaitement indiquée par notre auteur, puisque deux de ses salons « étaient tournés vers le » Mésopatos du second corps de logis (rez-de-chaussée du n° 86), qui suit le Camilas… » et les deux autres tournés vers le Lausiacos (n° 92)[4]. » Nous avons donc placé ce

---

[1] Anonym., *De Theophilo*, ap. *Script. post Theoph.*, lib. III, § 44; Paris., p. 91; Bon., p. 147.
[2] Anonym., *De Theophilo*, ap. *Script. post Theoph.*, lib. III, § 44; Paris., p. 90; Bon., p. 146.
[3] Anonym., loc. cit.
[4] Anonym., *De Theoph.*, ap. *Script. post Theoph.*, § 44; Paris., p. 91; Bon., p. 147.

triclinium dans les jardins, à égale distance du Mésopatos et de la galerie qui portait le nom de Lausiacos.

## XIV
### LE TRICLINIUM LAUSIACOS.

Au bout de la galerie orientale du Triconque (n° 74, Λ), on trouvait, au delà de la porte dite Monothyros (n° 75), un escalier que l'on descendait pour arriver au triclinium Lausiacos, ὁ τρίκλινος Λαυσιάκος [1], ὁ Λαυσιάκος et τὸ Λαυσιάκον [2].

Le Lausiacos (n° 92) était une longue galerie transversale touchant d'un bout à la galerie des Quarante-Saints, et de l'autre au triclinium de Justinien. La porte principale, qui se trouvait au pied de l'escalier dont nous avons parlé (n° 76), était précédée d'un petit porche, ἡ τροπική, qui nous a été indiqué par un passage cité plus haut du cérémonial adopté lors de la promotion d'une patricienne à la dignité de zostès. Elle sortait du Chrysotriclinium après sa promotion pour aller à Sainte-Sophie. Parvenue au Lausiacos, le chemin le plus direct était de passer par la porte Monothyros, les galeries du Triconque, le Triconque et le Sigma; mais une autre voie y conduisait aussi : la galerie des Quarante-Saints et l'Éros, par où l'on descendait pour arriver à l'Héliacon de la Magnaure. « Elle passe dans le Lausiacos, » dit le Cérémonial, et s'en va vers la Tropicé du Lausiacos, ἀνέρχεται ἐπὶ τὴν τροπικὴν » τοῦ Λαυσιακοῦ, mais les dignitaires étant réunis là en procession, elle ne sort pas » par cet endroit, et se dirige vers l'Éros [3], d'où elle sort du palais. » La Tropicé se trouvait donc au-devant de celle des portes du Lausiacos par laquelle elle n'était pas sortie, c'est-à-dire au-devant de la porte qui conduisait à l'escalier que l'on montait pour arriver aux galeries du Triconque.

La communication du Lausiacos avec les galeries du Triconque dans lesquelles on entrait, comme nous l'avons déjà prouvé, par la porte du Trésor dite Monothyros, est justifiée par un grand nombre de passages du livre des Cérémonies. Ainsi, le jour de la fête des Rameaux, « la procession (des dignitaires) s'organise dans le Lausiacos, puis tous » s'en vont par la porte à un battant, διὰ τοῦ μονοθύρου (n° 75), qui conduit au Trésor » privé, dans la Phiale mystérieuse du Triconque (n° 61) [4]. »

Le Préposé reconduisant l'Éparque de Constantinople après sa promotion qui venait

---

[1] ANONYM., De Theoph., ap. Script. post Theoph., lib. III, § 44; Paris., p. 91; Bon., p. 147. — CEDRENI Hist. compend., t. II; Paris., p. 491; Bon., p. 60.
[2] De cer. aul. Byz., lib. I, cap. II et L, p. 86 et 260.
[3] De cer. aul. Byz., lib. I, cap. L, p. 260.
[4] De cer. aul. Byz., lib. I, cap. XXXII, p. 174, et cap. XXXV, p. 180.

d'avoir lieu dans le Chrysotriclinium, « sort par le Lausiacos, les degrés, la porte à
» un battant qui est dans le Trésor privé, et, de là, passant par les galeries (n° 74)
» et l'Abside (n° 60), il va jusqu'à l'Augustéos (n° 48) [1].... » Au surplus, on a vu
la contre-partie dans le paragraphe XII. Le patriarche et l'empereur, venant au Palais-sacré par l'Abside (n° 60), traversent les galeries du Triconque, la porte dite
Monothyros, et descendent les degrés qui sont au delà pour arriver au Lausiacos.

Nous avons justifié plus haut de la communication du Lausiacos avec la galerie des
Quarante-Saints (n° 80). La patrice zostès, en effet, n'ayant pu sortir du Lausiacos
par la Tropicé et les galeries du Triconque, s'était déjà dirigée vers l'Éros (n° 79);
elle n'avait pu y parvenir que par la galerie des Quarante-Saints, qui y aboutissait [2].

Le Lausiacos touchait par son extrémité méridionale au triclinium de Justinien;
nous en justifierons plus loin, en apportant nos preuves sur la position de cette
grande galerie; continuons notre marche dans le Palais-sacré, en suivant son grand
axe de l'ouest à l'est.

En face de la porte par laquelle on entrait des galeries du Triconque dans le
Lausiacos se trouvait celle qui conduisait dans le Tripéton.

## XV
### LE TRIPÉTON OU HOROLOGION.

Le Tripéton, ὁ Τριπέτων (n° 94), était encore nommé l'Horologion, τὸ Ὡρολόγιον,
à cause d'une horloge qui s'y trouvait placée. En effet, on lit dans le cérémonial à
observer pour l'introduction du patriarche dans le Palais-sacré le cinquième jour de
la semaine de Pâques : « Quand il va descendre les degrés du Lausiacos (n° 76),
» tous les Cubiculaires le reçoivent, et, après avoir traversé le milieu du Lausiacos
» (n° 92), ils l'introduisent dans le Tripéton, où il s'arrête devant l'horloge.... »
L'empereur, ayant été prévenu, envoie le Préposé pour chercher le patriarche, et
celui-ci, « s'appuyant sur la main du Préposé, entre dans le Chrysotriclinium (n° 95) [3]. »
Dans une autre circonstance, quand l'empereur sort du Chrysotriclinium, « les officiers du Chrysotriclinium se tiennent du côté de l'horloge [4] ».

On voit déjà, par ces citations, que le Tripéton ou Horologion précédait le Chrysotriclinium; souvent, en effet, on le désigne, dans le livre des Cérémonies, comme

---

[1] *De cer. aul. Byz.*, lib. I, cap. LII, p. 263.
[2] Voyez plus haut § XIII, p. 154.
[3] *De cer. aul. Byz.*, lib. I, cap. XIV, p. 91.
[4] *De cer. aul. Byz.*, lib. I, cap. XXI, p. 123.

étant le portique du Chrysotriclinium. Ainsi un fonctionnaire, après sa promotion qui vient d'être faite par l'empereur dans le Chrysotriclinium, « est conduit par le
» Logothète dans l'Horologion, c'est-à-dire dans le portique, ἤτοι εἰς τὸν πόρτικα, du
» Chrysotriclinium [1] ».

Dans le récit qui est fait de la façon dont le palais avait été décoré pour la réception des ambassadeurs sarrasins par l'empereur Constantin Porphyrogénète († 959), on lit : « Dans le portique du Chrysotriclinium, c'est-à-dire dans l'Horologion, étaient pla-
» cées les deux orgues d'or de l'empereur et les deux orgues d'argent des factions [2]; »
et dans le cérémonial à observer dans les fêtes du Broumalion : « Lorsque les vents
» étaient forts et que la neige tombait de telle sorte que la Phiale secrète du Triconque
» était inaccessible, et que les maîtres, les proconsuls, les patrices, les sénateurs et
» les cubiculaires n'y pouvaient descendre pour célébrer les cérémonies d'usage, tous
» s'en allaient dans le triclinium Lausiacos; le Préposé sortait au-devant d'eux, et,
» les ayant appelés, il les plaçait devant les portes du triclinium Lausiacos, qui con-
» duisent dans le portique du Chrysotriclinium, c'est-à-dire dans l'Horologion [3]. »

Ces citations, qui viennent prouver que le Tripéton n'était autre chose que le portique de la salle du trône, justifient aussi la contiguïté du Tripéton et du Lausiacos. Plusieurs autres passages du livre des Cérémonies pourraient en apporter encore la preuve [4]. Nous nous contenterons d'en citer deux : « L'empereur passe par le Chry-
» sotriclinium et le Tripéton, s'arrête sur la porte par laquelle on sort du Tripéton
» dans le Lausiacos [5]. » L'autre passage nous apprend que cette porte était de bronze :
« Lorsque l'empereur et le patriarche sortent du Chrysotriclinium (n° 95), les eunuques
» protospathaires se tiennent en avant des portes d'argent du Chrysotriclinium, ainsi
» que le Logothète des courses, le Protosecrétaire et le Protonotaire; les officiers du
» Chrysotriclinium se tiennent du côté de l'horloge. Lorsque l'empereur sort par les
» portes de bronze dans le Lausiacos, les Maglabites et les Cubiculaires le reçoivent [6]. »

La qualification de portique du Chrysotriclinium donnée au Tripéton, et plusieurs des citations précédentes, établissent que cette pièce précédait immédiatement la salle du trône, qui était fermée sur son portique par des portes d'argent. Un très-grand nombre d'autres passages du livre des Cérémonies en sont encore la justification [7]. Nous n'en citerons qu'un seul, parce qu'il fait connaître la principale destination du Tripéton,

---

[1] *De cer. aul. Byz.*, lib. II, cap. III, p. 526.
[2] *De cer. aul. Byz.*, lib. II, cap. xv, p. 580.
[3] *De cer. aul. Byz.*, lib. II, cap. xviii, p. 605.
[4] *De cer. aul. Byz.*, lib. I, cap. xxi, p. 122; cap. xxxii, p. 175; cap. lxiv, p. 286 et 288; lib. II, cap. III, p. 526.
[5] *De cer. aul. Byz.*, lib. I, cap. II, p. 86.
[6] *De cer. aul. Byz.*, lib. I, cap. xxi, p. 122.
[7] Tous ceux signalés dans l'antépénultième note, et encore lib. I, cap. xlviii, p. 245.

qui était plutôt un vaste vestibule qu'un portique. L'empereur étant monté sur son trône dans le Chrysotriclinium pour procéder à la promotion du Préposé, « le maître » des cérémonies organise, suivant l'usage, les différents ordres de dignitaires dans le » Tripéton. L'empereur ayant ordonné de faire entrer les différents ordres qui doivent » composer l'assemblée, le Préposé sort avec deux Ostiaires.... Aussitôt il amène le » premier ordre, composé des maîtres, et ensuite les autres ordres suivant la coutume[1]. » Le Tripéton devait donc être assez vaste pour contenir les différents corps des dignitaires et des hauts fonctionnaires de l'empire.

Nous l'avons représenté sur notre plan comme une galerie qui avait en longueur toute l'étendue du côté occidental du grand carré qui renfermait le Chrysotriclinium et ses absides. En effet, on voit, par quelques passages du livre des Cérémonies, que le Tripéton touchait d'un bout à la galerie des Quarante-Saints (n° 80), et de l'autre au Cénourgion (n°s 100 à 104). Ainsi, dans le cérémonial prescrit pour la promotion d'une dame patrice à la dignité de zostès, le Sénat est réuni dans l'église Sainte-Marie du Phare (n° 106); après certaines cérémonies, « le Sénat sort de l'église, ἀπὸ τῆς » ἐκκλησίας, et on s'en va dans le Tripéton[2]. » Les différents ordres ayant été organisés dans ce vestibule, sont ensuite introduits dans le Chrysotriclinium, où l'empereur siège sur son trône. Ainsi le Sénat et la zostès sont partis de l'église du Phare pour aller au Tripéton; ils n'ont pu, pour y parvenir, traverser le Chrysotriclinium (n° 95), puisque l'empereur s'y trouve et qu'ils n'y sont admis qu'après avoir été organisés dans le Tripéton. Ils sont donc nécessairement arrivés dans ce vestibule par la galerie des Quarante-Saints qui aboutissait à l'Héliacon ou atrium de Sainte-Marie du Phare (n° 105), comme on le verra plus loin quand nous nous occuperons de cette longue galerie.

Quant à la communication du Tripéton avec le Cénourgion, elle est établie par le récit de la réception de la princesse russe Elga par l'impératrice. Cette réception avait eu lieu dans le grand triclinium de Justinien (n° 109). Après la cérémonie, « l'impé- » ratrice, se levant de son trône, passait par le Lausiacos (n° 92) et le Tripéton (n° 94) » et entrait dans le Cénourgion (n° 102), et de là dans sa chambre à coucher (n° 104) ». La princesse russe, après la réception officielle, s'était retirée dans les Scyla; aussitôt que l'impératrice fut rentrée dans ses appartements, « la princesse alla avec ses » parentes et les dames de sa suite par la galerie de Justinien, le Lausiacos et le Tri- » péton dans le Cénourgion, où elle se reposa un instant. Lorsque l'empereur se fut » assis avec l'impératrice et ses enfants porphyrogénètes, la princesse fut appelée du » Cénourgion, et s'étant assise à l'invitation de l'empereur, elle eut avec eux la » conversation qu'elle voulut[3]. »

[1] *De cer. aul. Byz.*, lib. I, cap. LI, p. 262.
[2] *De cer. aul. Byz.*, lib. I, cap. L, p. 258.
[3] *De cer. aul. Byz.*, lib. II, cap. XV, p. 596.

Le Tripéton faisait donc communiquer l'appartement particulier de l'empereur (le Cénourgion) avec les deux galeries du Palais-sacré, le Lausiacos et les Quarante-Saints.

## XVI

### LE CHRYSOTRICLINIUM.

Le Chrysotriclinium ou triclinium d'or (n° 95), ὁ Χρυσοτρίκλινος [1], ὁ τοῦ χρυσοῦ τρίκλινος, ὁ τρίκλινος χρυσός [2], dans lequel on entrait par le Tripéton, était la salle du trône du Palais-sacré, le lieu où se faisaient les réceptions les plus importantes, et où l'empereur donnait l'investiture aux premiers dignitaires de l'État. Nous engageons nos lecteurs à se reporter à la description que nous avons faite de cette vaste salle [3]. Déjà nous avons justifié par des citations les différentes parties de cette description qui n'exigeaient d'autre preuve que la lecture du texte auquel nous les avions empruntées. Il nous faut maintenant examiner différents points qui demandent une dissertation particulière. Nous rappelons succinctement que le Chrysotriclinium était bâti sur un plan octogone. Chacun des pans de l'octogone était pénétré par une arcade sur laquelle s'appuyait une voûte en cul-de-four, ce qui formait huit absides en hémicycle rayonnant autour de la salle. Une galerie était pratiquée sur le dessus de la corniche de l'entablement qui était porté par les huit arcs et les huit pendentifs triangulaires qui remplissaient l'espace entre les arcs. Au-dessus de cette galerie s'élevait une coupole percée de seize fenêtres. Le plan que nous avons adopté pour le Chrysotriclinium n'est pas de notre invention; nous l'avons copié sur celui de l'église Saint-Serge-Saint-Bacchus, bâtie par Justinien [4], avec cette seule différence que quatre seulement des arcades ouvertes sur la nef octogone de cette église donnent accès à des hémicycles recouverts de voûtes en cul-de-four, les quatre autres étant l'origine d'une courte voûte en berceau. Mais le livre des Cérémonies faisait positivement mention de huit absides autour de la grande salle du Chrysotriclinium.

Suivant le plus grand nombre des auteurs, le Chrysotriclinium avait été construit par Justin II († 578) [5], et il est tout naturel que ce prince ait pris comme modèle de la salle du trône qu'il voulait construire l'un des plus élégants édifices qu'ait élevés son oncle Justinien.

Les huit absides du Chrysotriclinium, la galerie qui régnait au-dessus de l'entablement et la coupole nous sont indiquées par le livre des Cérémonies.

En rendant compte de la manière dont le palais avait été décoré le jour de la réception

---

[1] *De cer. aul. Byz.*, lib. I, cap. XIX, p. 114 et passim. — CODIN, *De ædificiis*; Paris., p. 50; Bon., p. 100.
[2] CONST. PORPHYR., *De Basil. Maced.*, ap. *Script. post Theoph.*, lib. V, § 90; Paris., p. 206; Bon., p. 335. et *in Orat. de transl. imag. Edessenæ*, ap. DU CANGE, *Const. Christ.*, lib. II, § 4, n° 3, p. 118.
[3] Voyez plus haut, chap. III, § VIII, p. 75.
[4] Voyez notre première planche. M. de Salzenberg a donné dans la planche 5 de son ouvrage *Alt-Christliche Baudenkmale von Constantinopel* le plan et la coupe de cet édifice.
[5] DU CANGE, *Const. Christ.*, lib. II, § 4, n° 3, p. 117.

que fit l'empereur Constantin Porphyrogénète des ambassadeurs sarrasins, l'auteur du Cérémonial s'exprime ainsi : « On avait suspendu dans les huit absides du Chrysotri-
» clinium, εἰς τὰς ὀκτὼ καμάρας τοῦ Χρυσοτρικλίνου, les couronnes du temple de la Très-
» Sainte-Mère-de-Dieu du Phare, et celles des autres églises du palais, les différents
» ouvrages en émail tirés du Trésor, et les chlamydes des empereurs et des impératrices[1]....
» Sur le grand entablement, ἐν τῷ μεγάλῳ κοσμήτῃ, du même Chrysotriclinium, dans
» les galeries qui sont là, εἰς τοὺς ἐκεῖσε δαυγίτας, on avait suspendu les missoires et les
» grands bassins de milieu en argent ciselé qui sont déposés dans le garde-meuble du
» Carien. Au-dessus, ἄνωθεν, dans les seize fenêtres voûtées de la coupole, εἰς τὰς ις' φωταγω-
» γοὺς καμάρας τοῦ τρούλλου, du même triclinium, on suspendit les petits plateaux des
» missoires et des bassins de milieu ci-dessus, seize par fenêtre ; ils étaient tous également
» ciselés[2]. »

On lit dans un autre passage : « Dans la camara orientale, on n'avait suspendu aucun
» ouvrage en émail ; elle avait pour tout ornement les couronnes. Il faut savoir que dans
» les sept autres camara du Chrysotriclinium, de grands lustres d'argent étaient
» suspendus à des chaînes d'argent, le tout emprunté au naos de la Très-Sainte-Mère-de-
» Dieu du Phare[3] ».

Une salle dont le contour était percé de huit arcades, et qui était surmontée d'une coupole, ne pouvait avoir évidemment qu'une forme circulaire ou octogone. Nous avons préféré cette dernière forme, non-seulement parce que nous trouvions dans l'église Saint-Serge-Saint-Bacchus, bâtie quelques années avant le Chrysotriclinium, un modèle que les architectes de Justin II avaient dû être entraînés à suivre, mais encore parce que ce système d'une voûte hémisphérique adaptée sur un périmètre polygone, est un des caractères de la rénovation de l'architecture byzantine à l'époque de Justinien. Les constructions de forme circulaire, surmontées d'une calotte hémisphérique, avaient été exécutées dans l'antiquité et imitées, sous Constantin et ses premiers successeurs, dans plusieurs édifices religieux ; mais elles ne présentaient pas une disposition hiératique qui les distinguât des rotondes païennes ; les architectes de Justinien, en adoptant la coupole, l'inscrivirent dans un carré, comme à Sainte-Sophie, ou dans un octogone, comme à Saint-Serge-Saint-Bacchus. Dans ce système, la voûte était soutenue en l'air non-seulement par les grands arcs qui reposaient sur les quatre ou les huit piliers du périmètre quadrangulaire ou octogone de l'intérieur de l'édifice, mais encore par des constructions formant un encorbellement, et dont le but était de racheter les angles du plan pour le relier à la base circulaire de la coupole.

Le nom de Camara, donné aux appendices qui rayonnaient autour de la salle octogone,

[1] *De cer. aul. Byz.*, lib. II, cap. xv, p. 580.
[2] *De cer. aul. Byz.*, lib. II, cap. xv, p. 582.
[3] *De cer. aul. Byz.*, lib. II, cap. xv, p. 581.

ne peut laisser aucun doute sur la forme de leur construction. Du Cange traduit καμάρα par le mot latin fornix, en faisant observer que le Lexique de saint Cyrille d'Alexandrie donne au mot ἀψίς la signification de καμάρα, et que le mot καμάρα qui se trouve dans une phrase de Nicétas est remplacé dans la même phrase, dans un autre manuscrit, par le mot ἀψίς[1]. Camara et abside étaient donc des mots synonymes dans la langue du Bas-Empire, et représentaient un emplacement hémicirculaire couronné par une voûte en cul-de-four. Le nom de conque, κόγχη, donné quelquefois à l'abside orientale du Chrysotriclinium[2], vient à l'appui de cette explication.

Au surplus, un passage du livre des Cérémonies peut dissiper toute espèce de doute. En effet, on verra plus loin, lorsque nous parlerons de la destination de chacune des camara ou absides, que le trône de l'empereur était placé dans l'abside orientale. Eh bien! on lit dans le cérémonial de la promotion des patrices : « L'empereur monte et s'assoit » sur son trône, placé dans le Chrysotriclinium; les officiers des Cubiculaires se tenant » à droite et à gauche, les Cubiculaires et les Spatharocubiculaires se tiennent en cercle » derrière le trône autant que le permet l'hémicycle, ὀπίσω κύκλῳ τοῦ σένζου καθώς ἐστι τὸ » ἡμικύκλιον[3]. » Et dans une autre circonstance on lit : « Les Spatharocubiculaires et les » Cubiculaires se tiennent derrière l'empereur, dans le circuit de l'hémicycle[4]. »

Ainsi les huit appendices joints à la salle octogone étant en hémicycle, la voûte qui couronnait cet hémicycle ne pouvait donc être qu'une voûte en cul-de-four.

Le grand Cosmétès ne peut être que l'entablement qui régnait au-dessus des huit arcs et des pendentifs. Ceci ne peut faire aucune difficulté. « Le Cosmétès, dit Du Cange[5], » est la réunion de toutes les parties de l'épistyle composé de la corniche, de la frise et » de l'architrave qui est au-dessous. » Le Cosmétès est donc ce que dans la langue française on nomme entablement.

Le mot δαυγίτας, que nous avons considéré comme l'expression d'une galerie circulaire pratiquée sur la corniche, présente plus de difficulté à expliquer. « Sur le grand enta- » blement, dans les Daugitès qui sont là, » dit notre auteur, on avait suspendu différentes pièces d'orfévrerie d'argent ciselé. D'après la tournure de la phrase, les Daugitès dépendaient de l'entablement; c'était un endroit qui était cependant praticable, puisqu'on y avait fait une exhibition. Le mot δαυγίτης n'est pas grec et ne se rattache, dans cette forme, à aucun mot d'après les règles de l'étymologie. Mais nous croyons que la leçon est mauvaise et qu'au lieu de δαυγίτας, que porte le texte imprimé, on doit lire διαυγίτας. Dans cette supposition, on pourrait trouver l'étymologie de ce mot byzantin dans διὰ αὐγήν, à

---

[1] Du Cange, Glossarium ad script. mediæ et inf. græcitatis, v° Καμάρα.
[2] De cer. aul. Byz., lib. I, cap. I, p. 7 et 22.
[3] De cer. aul. Byz., lib. I, cap. XLVIII, p. 244.
[4] De cer. aul. Byz., lib. I, cap. XLIX, p. 255.
[5] Gloss. ad script. med. et inf. græcitatis, verbo Κοσμίτης, qu'on a écrit aussi Κοσμήτης, ainsi que Du Cange le constate.

travers la lumière, ou διὰ αὐγητῆρα, à travers celui qui éclaire, le soleil. Ce nom de διαυγίτης convenait parfaitement au-dessus de l'entablement, converti, au moyen d'une balustrade, en une galerie circulaire, puisque cette galerie, placée immédiatement au dessous des seize fenêtres de la coupole, était exposée au plus grand jour et était pénétrée de part en part par les rayons du soleil. On retrouve au surplus cette galerie dans plusieurs des monuments byzantins de ce genre; elle existe à Sainte-Sophie, mais sans balustrade, au-dessous des fenêtres de la grande coupole.

Les fenêtres du dôme du Chrysotriclinium devaient, d'après les termes du texte, être disposées en forme de niches, comme le sont celles de la coupole de Sainte-Sophie.

Le nom d'héliacon, τὸ ἡλιακόν, que Du Cange traduit par solarium (terrasse), n'est ordinairement donné par les auteurs byzantins et par le livre des Cérémonies qu'à des espaces à ciel ouvert ou tout au moins ouverts d'un côté, comme le Sigma [1]; mais en raison sans doute de la grande lumière que les seize fenêtres de la coupole projetaient sur le sol, la salle octogone reçoit quelquefois le nom d'héliacon. Ainsi, « les patrices et les » généraux, avec les sénateurs et les consulaires (se rendant à l'audience de l'empereur), » traversent la Thermastra, montent les escaliers, entrent par la porte des Diétaires, et, » s'avançant par l'abside qui est devant le Panthéon, ils passent par la porte à un battant » dans l'Héliacon. Tous ceux qui sont nommés plus haut se tiennent dans l'Héliacon, » à droite et à gauche, depuis la porte par laquelle on sort du Chrysotriclinium jusqu'au » Camélaucion, où est placé le trône.... » Quelques instants après, l'empereur se rend, revêtu du costume impérial, « dans l'abside orientale du Chrysotriclinium », et lorsque les portes ont été ouvertes par deux des officiers, « il s'avance dans l'Héliacon et se tient » sur la pierre de porphyre [2] ».

On verra, dans un instant, que l'abside qui est devant le Panthéon n'est autre que l'abside occidentale (n° 95, A), qui servait d'entrée et de sortie principale à la salle octogone du Chrysotriclinium, et que le trône était placé dans l'abside orientale (n° 95, E). L'Héliacon dans lequel étaient passés les différents dignitaires en sortant de l'abside du Panthéon, et celui où l'empereur était descendu en sortant de l'abside orientale, sont identiques; cet Héliacon ne peut être que la grande salle du Chrysotriclinium.

Il était important de l'établir pour éviter la confusion qui pourrait résulter de ce que la cour (n° 105) qui se trouvait au delà du Chrysotriclinium, au-devant des portes de Sainte-Marie du Phare et de Saint-Démétrius, et qui était ordinairement appelée l'Héliacon du Phare, reçoit aussi quelquefois le nom de Héliacon du Chrysotriclinium.

---

[1] *De cer. aul. Byz.*, lib. I, cap. LXVII, p. 302.
[2] *De cer. aul. Byz.*, lib. I, cap. LXIV, § 6, p. 289.

Venons-en aux huit absides, en commençant par l'abside occidentale (n° 95, A) qui s'ouvrait sur le Tripéton (n° 94).

Établissons d'abord que la communication entre le Tripéton et la salle octogone du Chrysotriclinium se faisait par l'une des absides, et, en second lieu, que cette abside était située vers l'occident.

On lit dans le cérémonial à observer le quatrième jour de la semaine de Pâques : « L'empereur, revêtu du dibétésion et du tzitzacion, s'arrête dans la Camara du » Chrysotriclinium, par laquelle on sort dans le Tripéton, ἐν τῷ Χρυσοτρικλίνῳ ἐν τῇ » ἐξαγούσῃ καμάρᾳ ἐν τῷ Τριπέτωνι. La portière des portes d'argent est levée par le » Silentiaire, et lorsqu'il est sorti [1].... »

Dans une autre circonstance, on y lit : « Il faut savoir qu'on place deux tables » dans l'abside du Chrysotriclinium qui conduit dans le Tripéton [2]. »

Cette camara qui s'ouvrait sur le Tripéton était à l'occident. Et en effet, l'empereur étant sur son trône dans le Chrysotriclinium, et voulant faire la promotion d'une dame cubiculaire, a donné ses ordres aux Préposés. « Ceux-ci se font accompagner » suivant l'usage par deux Cubiculaires et deux Spatharocubiculaires.... et ils entrent » dans le Chrysotriclinium. Au moment où les Préposés entrent par la portière du » Chrysotriclinium qui est vers l'occident, εἰσερχόμενοι τὸ πρὸς δύσιν βῆλον, ils se pro- » sternent [3]. »

« L'empereur étant sur son trône dans le Chrysotriclinium; les (ambassadeurs) sar- » rasins entrèrent par l'Hippodrome (n° 42) et les Scyla (n° 110), et après avoir » traversé le Justinianos et le Lausiacos (n°ˢ 109 et 92), ils furent introduits par le » Logothète en présence de l'empereur. S'étant approchés du trône impérial, ils » parlèrent avec l'empereur comme ils le voulurent. Les gens de leur suite étant » introduits, se tinrent dans ce lieu du côté du couchant, ἐν τῷ πρὸς δύσιν τόπῳ, à » l'intérieur des deux tringles d'où pend la portière, c'est-à-dire en arrière des trois » grands missoires d'or, attendant là que leur chef eût pris congé de l'empereur [4]. » Et quelques lignes plus haut, dans le compte rendu de la manière dont le Chrysotriclinium avait été décoré dans cette occasion, on lit : « On avait placé les deux tringles d'argent » auxquelles est attachée la portière occidentale. Au-dessous de la même portière, étaient » disposés les trois grands missoires [5]. »

Nous avons prouvé plus haut qu'on entrait dans le Chrysotriclinium par le Tripéton et que la communication se faisait par l'une des absides. Les deux dernières citations établissent que cette abside était tournée vers l'occident. Ainsi les Préposés entrent

[1] De cer. aul. Byz., lib. I, cap. XII, p. 89.
[2] De cer. aul. Byz., lib. I, cap. IX, p. 70.
[3] De cer. aul. Byz., lib. II, cap. XXIV, p. 622, et cap. XXV, p. 624.
[4] De cer. aul. Byz., lib. II, cap. XV, p. 588.
[5] De cer. aul. Byz., lib. II, cap. XV, p. 587.

dans le Chrysotriclinium par la portière occidentale; les ambassadeurs sarrasins, après avoir traversé le Lausiacos (n° 92), ne pouvaient entrer dans le Chrysotriclinium qu'en passant par le Tripéton (n° 94), et ils laissent leur suite en arrière de la portière occidentale du Chrysotriclinium, c'est-à-dire dans l'abside qui servait d'entrée à la salle du trône. Cette abside, qui touchait au Tripéton, était donc à l'occident du Chrysotriclinium. Le trône de l'empereur devait naturellement s'élever à l'opposite de la porte d'entrée, et nous prouverons plus bas qu'il était en effet placé dans l'abside orientale. Ces deux renseignements nous donnent la véritable direction du Chrysotriclinium, qui devait être traversé de l'ouest à l'est par le grand axe du palais.

Il est souvent question dans le livre des Cérémonies de la portière qui fermait l'abside occidentale sur la grande salle du Chrysotriclinium. On lui donnait le nom de portière du Panthéon, et plus souvent le nom de Panthéon tout court. « Le jour » de la fête, les Préposés, suivis de tous les Cubiculaires de service, entrent dans le » palais et s'arrêtent devant la portière du Panthéon, ἐν τῷ βήλῳ τοῦ Πανθέου.... L'em- » pereur étant sorti de sa chambre-sacrée, et faisant sa prière dans la conque (l'abside » orientale) du Chrysotriclinium.... les Préposés franchissent la portière du Panthéon » et se prosternent devant l'empereur [1]. »

Cette portière avait donné son nom à l'abside occidentale. On lit dans le cérémonial observé pour la promotion d'un cubiculaire, que lorsque l'empereur est sur son trône dans le Chrysotriclinium, « le Préposé sort et amène, soit du Panthéon, soit même » de l'Horologion, celui qui doit être créé cubiculaire [2]. » Le récipiendaire attendait donc dans le vestibule du Chrysotriclinium (n° 94) ou dans l'abside d'entrée (n° 95, A), que le rédacteur du Cérémonial nomme le Panthéon. La portière du Panthéon couvrait une porte à un seul battant qui fermait l'abside occidentale sur la grande salle octogone. C'est ce que constate un passage du livre des Cérémonies que nous venons de transcrire, et d'où il résulte que des dignitaires étant venus par l'abside occidentale, n'étaient entrés dans l'Héliacon du Chrysotriclinium qu'en franchissant une porte à un battant [3].

L'abside (n° 95, B) qui était à droite de l'abside occidentale servait de vestiaire au patriarche quand il venait au palais. « Le patriarche, après avoir béni la table (dressée » dans le Chrysotriclinium), s'éloigne, et se tient en dedans de la portière de l'abside » qui est à droite des portes d'argent du Chrysotriclinium, et y dépose sa chape [4]. » On ne doit pas oublier que l'abside occidentale était fermée sur le Tripéton par des portes d'argent. Dans une autre circonstance, « le patriarche étant entré par les galeries du

---

[1] *De cer. aul. Byz.*, lib. I, cap. I, p. 6 et 7.
[2] *De cer. aul. Byz.*, lib. II, cap. xxv, p. 625.
[3] *De cer. aul. Byz.*, lib. I, cap. lxiv, p. 289.
[4] *De cer. aul. Byz.*, lib. I, cap. xiv, p. 86.

» Triconque (n° 74), va s'asseoir dans l'abside du Chrysotriclinium, qui est près du
» Panthéon, τῇ οὔσῃ πρὸς τὸ Πάνθεον[1] ».

Il est important d'établir que l'abside méridionale (n° 95, c) donnait accès aux appartements particuliers de l'empereur, parce que par là on connaîtra la situation du Cénourgion. Plusieurs passages du livre des Cérémonies en fournissent la preuve. Ainsi l'empereur, après avoir été en procession à l'église Saint-Étienne le jour de la fête des Rameaux, rentre au Palais-sacré par la porte dite Monothyros (n° 75), descend les degrés du Lausiacos (n° 76), traverse ce triclinium et le Tripéton (n° 94); de là
« l'empereur entre avec les cubiculaires et les patrices dans le Chrysotriclinium, et,
» en s'en allant, il s'arrête dans la partie droite du Chrysotriclinium, près de l'abside
» par où l'on va à sa chambre à coucher, πλησίον ὡς πρὸς τὴν καμάραν τὴν εἰσάγουσαν πρὸς
» τὸν κοιτῶνα[2]. » Entrant par le Tripéton, et par conséquent par l'abside occidentale, l'empereur, en se dirigeant à droite, marchait vers le midi; l'abside méridionale était donc celle qui donnait entrée à son appartement particulier. On va voir par la citation suivante que la porte de communication était d'argent. Nous l'empruntons au règlement établi pour l'ouverture du palais chaque matin : « Les gens de la chambre, prenant
» au vestiaire le scaramangion de l'empereur, l'apportent et le déposent sur le siége
» placé hors des portes d'argent du coiton, c'est-à-dire celles qui conduisent dans le
» Chrysotriclinium[3]. »

L'abside qui venait à la suite (n° 95, D) portait le nom d'abside de Saint-Théodore, ἡ καμάρα τοῦ Ἁγίου Θεοδώρου. Elle servait de vestiaire à l'empereur. Nous en avons justifié plus haut par des citations. Nous nous bornerons à rapporter quelques passages du livre des Cérémonies qui résument et complètent les renseignements que nous avons déjà fournis. « L'empereur étant entré dans l'abside qui est auprès de la chapelle Saint-
» Théodore, εἰς τὴν καμάραν τὴν οὖσαν πρὸς τὸν ναὸν τοῦ Ἁγίου Θεοδώρου, et se trouvant à l'inté-
» rieur de la portière, ἔνδον τοῦ βήλου, le Préposé appelle les valets de chambre, qui revêtent
» l'empereur de la chlamyde, et quand ils sont sortis, le Préposé lui met la couronne
» sur la tête; ensuite l'empereur sort de l'abside où il a été couronné; il monte et s'assoit
» sur le trône placé dans le Chrysotriclinium. » Après la cérémonie, « l'empereur s'étant
» levé de son trône, entre dans l'abside de Saint-Théodore; le Préposé, après lui avoir
» enlevé la couronne, appelle les valets de chambre, qui lui ôtent la chlamyde[4] ».

Ainsi, l'abside de Saint-Théodore touchait au naos consacré sous l'invocation de ce saint martyr; elle servait de vestiaire et était fermée, comme les autres, par une portière sur la grande salle octogone du Chrysotriclinium.

---

[1] *De cer. aul. Byz.*, lib. I, cap. xix, p. 116, et cap. xxi, p. 122.
[2] *De cer. aul. Byz.*, lib. I, cap. xxxii, p. 175.
[3] *De cer. aul. Byz.*, lib. II, cap. i, p. 519.
[4] *De cer. aul. Byz.*, lib. I, cap. xlviii, p. 244 et 249.

Une communication devait être établie entre l'abside de Saint-Théodore et l'abside orientale qui l'avoisinait. En effet, dans une circonstance que nous avons déjà citée, les patrices, les généraux, les sénateurs et les consulaires entrent dans le Chrysotriclinium par l'abside occidentale, et se tiennent, en attendant l'empereur, dans la grande salle octogone. Quand ils sont réunis, l'empereur revêt son costume et prend la couronne dans l'abside de Saint-Théodore, et, « accompagné des officiers des Cubiculaires, » il s'en va jusqu'à l'abside qui est vers l'orient du Chrysotriclinium[1] ». Il résulte du livre des Cérémonies que jamais l'empereur ne montait sur son trône en présence d'une assemblée; c'est lorsqu'il y était assis que les personnes qu'il voulait recevoir étaient admises en sa présence. Dans la circonstance présente, les dignitaires de l'État étant réunis dans la salle octogone du Chrysotriclinium, l'empereur ne pouvait pas la traverser pour gagner l'abside orientale (n° 95, E), où le trône était disposé; il fallait donc qu'il y parvint par une autre voie intérieure qu'il avait été facile d'établir, puisque les deux absides étaient voisines l'une de l'autre. La suite du récit prouve au surplus que cette communication intérieure devait exister. En effet, l'empereur étant arrivé dans l'abside orientale, « deux Cubiculaires se tiennent, l'un à droite, l'autre à gauche, chacun à une » porte. Au signal donné, ils les ouvrent tout à coup. Alors l'empereur, accompagné » du chef des Cubiculaires, sort dans l'Héliacon et se tient sur la pierre de porphyre; » aussitôt les patrices, les généraux et tous les sénateurs se prosternent[2] ».

Au fond de l'abside de Saint-Théodore s'ouvrait l'oratoire dédié sous l'invocation de ce saint (n° 96), εὐκτήριον ou ναὸς τοῦ Ἁγίου Θεοδώρου τοῦ ὄντος ἐν τῷ Χρυσοτρικλίνῳ[3]. Cet oratoire, qui devait occuper l'angle sud-est du grand carré qui renfermait le Chrysotriclinium et ses absides, possédait, quoique fort petit, un sanctuaire fermé par des portes. Le cérémonial à observer lors de la promotion d'un cubiculaire, en fait connaître la situation et les dispositions. Le Préposé, accompagné de deux Cubiculaires, de deux Spatharocubiculaires, d'un Ostiaire et du Primicier-cubiculaire, entre dans le Chrysotriclinium par la portière occidentale; ils adorent l'empereur, qui est sur son trône. L'oratoire Saint-Théodore étant ouvert, « ils y entrent tous et suspendent le para- » gaudion tissu d'or (le vêtement insigne de la dignité du récipiendaire) dans la clôture » du Béma, c'est-à-dire à la Porte sainte. Ensuite le Préposé sort et amène, soit » du Panthéon, soit même de l'Horologion, le Cubiculaire qui doit être promu. En » dehors de l'oratoire, c'est-à-dire à l'intérieur de la portière de Saint-Théodore, les » Cubiculaires, sur l'ordre du Préposé, revêtent le récipiendaire de la tunique et lui » découvrent la tête, puis ils le font entrer dans l'oratoire et le placent devant les » portes saintes. » Après une allocution du Préposé, celui-ci le revêt du paragaudion,

---

[1] De cer. aul. Byz., lib. I, cap. LXIV, § 6, p. 290.
[2] De cer. aul. Byz., loc. cit.
[3] De cer. aul. Byz., lib. I, cap. I, p. 6, et cap. XLVIII, p. 244.

et tous sortent en dehors de la portière[1], c'est-à-dire dans le Chrysotriclinium.

L'oratoire de Saint-Théodore avait donc un sanctuaire fermé par une clôture et un espace en avant du sanctuaire, où un certain nombre de personnes pouvaient se tenir; néanmoins, l'espace devait être assez restreint, puisque cinq personnes seulement entrent d'abord dans l'oratoire, et que c'est dans l'abside que les Cubiculaires reçoivent leur nouveau collègue.

On sait déjà que dans les jours de réception ou de cérémonie le trône de l'empereur était établi dans l'abside orientale (n° 95, E), et qu'on y voyait une image du Christ assis sur son trône. Ces différents motifs et la situation avaient fait donner à cette abside les noms de camara impériale, καμάρα βασιλική, de camara orientale, καμάρα ἀνατολική, et celui de conque, κόγχη, dont les Grecs se servaient souvent pour désigner le sanctuaire en hémicycle de leurs églises[2].

Plusieurs passages du livre des Cérémonies justifient la destination affectée à l'abside orientale. Il nous suffit d'en rapporter un seul, qui résume tout ce que nous avons déjà dit sur cette abside. Il est extrait du règlement à observer lors de l'ouverture du palais chaque matin. On a appris par un passage de ce règlement transcrit plus haut, que dès la première heure les gens de la chambre déposaient le scaramangion (la longue robe de dessous) de l'empereur près de la porte d'argent qui fermait son appartement particulier. Le règlement continue ainsi : « Quand la première heure est passée, le Primicier des diétaires s'avance, et, prenant la clef de la » serrure, il frappe trois fois cette porte d'argent; aussitôt, sur l'ordre de l'empereur, » les gens de la chambre apportent le scaramangion; l'empereur s'en revêt, et, sor- » tant, il entre dans le Chrysotriclinium et s'arrête dans l'abside qui regarde l'orient, ἐν » τῇ κατὰ ἀνατολὰς κόγχῃ, où a été représentée, sous une forme humaine, l'image de » Notre Seigneur Dieu fait homme, offre à Dieu ses prières accoutumées, incline sa » tête pour lui montrer son humble respect, puis il s'assoit sur le siége d'or qui est » là, ἐν τῷ ἐκεῖσε ἱσταμένῳ χρυσῷ σελλίῳ[3]. »

L'abside orientale était fermée par une porte à deux battants sur la grande salle octogone. Nous en avons déjà justifié[4]. Une autre porte revêtue d'argent[5] s'ouvrait au fond de cette abside et donnait accès dans l'Héliacon du Phare (n° 105), vaste cour qui servait d'atrium à la chapelle impériale de Sainte-Marie du Phare et à l'oratoire de Saint-Démétrius qui y était joint.

Dans le cérémonial à observer le jour de la fête de saint Démétrius, il est dit que

---

[1] De cer. aul. Byz., lib. II, cap. xxv, p. 625.
[2] De cer. aul. Byz., lib. I, cap. xxxiii, p. 178; lib. II, cap. xv, p. 581; lib. I, cap. i, p. 7, et lib. II, cap. i, p. 519.
[3] De cer. aul. Byz., lib. II, cap. i, p. 519.
[4] Voyez plus haut, p. 168.
[5] De cer. aul. Byz., lib. I, cap. xxxi, p. 170.

l'empereur, après avoir été par la galerie de Justinien et les galeries de Marcien à l'oratoire de Saint-Pierre (n°ˢ 109, 142 et 143), rentre au palais par les mêmes galeries, « traverse le Chrysotriclinium, et sort avec la procession par les portes orien-
» tales, ἐξέρχεται τὰς ἀνατολικὰς πύλας; les maîtres, les proconsuls, les patrices et les
» officiers restent en avant du naos de Saint-Démétrius (n° 107), c'est-à-dire vers la
» partie gauche de l'Héliacon (n° 105) [1].... »

On lit dans le cérémonial prescrit pour le jour de la fête de saint Élie : « Le soir,
» vers les sept heures, le Sénat s'avance dans l'Hippodrome (n° 42) revêtu du scara-
» mangion, et le concierge ayant ouvert le palais, le Sénat entre par les Scyla, le
» Justinianos et le Lausiacos (n°ˢ 110, 109 et 92) dans le Chrysotriclinium, le tra-
» verse, et entre dans la chapelle de la Mère-de-Dieu du Phare (n° 106). Le concierge
» se tient sur les portes orientales, sur le marbre de porphyre, avec les diétaires, qui
» tiennent les basilica [2], et à mesure que les sénateurs se présentent, le concierge
» donne à chacun un basilica [3]. »

Après leur réception, les ambassadeurs sarrasins, quittant le triclinium de Justinien où ils avaient été conduits, passaient, pour sortir du palais, « par le Lausiacos,
» l'Horologion et le Chrysotriclinium, franchissaient les portes orientales du Chryso-
» triclinium, et, passant par l'Héliacon du Phare (n° 105), ils descendaient par l'Hé-
» liacon de la Nouvelle-église (n° 128, A) dans le Tzycanistérion (n° 131) [4]. »

Plusieurs citations que nous avons faites pour justifier la position du Triconque (n° 73), ont établi que de ce vestibule du Palais-sacré on arrivait au Chrysotriclinium par la galerie des Quarante-Saints (n° 80) [5]. Voici un passage du livre des Cérémonies qui apporte encore la preuve de la communication du Chrysotriclinium avec cette galerie : « Le jour du Samedi saint, l'empereur sort du Chrysotriclinium, passe par
» la galerie des Quarante-Saints et sort dans l'hémicycle de la Phiale secrète du Tri-
» conque; ensuite il s'avance par l'Abside et Daphné [6]. » La galerie des Quarante-Saints, qui partait de l'Éros (n° 79) pour aboutir à l'Héliacon du Phare (n° 105), occupait tout le flanc septentrional du palais; c'est donc par l'abside tournée vers le nord (n° 95, G) que l'on devait sortir du Chrysotriclinium dans la galerie des Quarante-Saints.

L'abside (n° 95, H) qui était à la gauche de l'abside occidentale (A) quand on entrait dans le Chrysotriclinium, était affectée au concierge du Palais-sacré. On lit, en effet,

---

[1] *De cer. aul. Byz.*, lib. I, cap. XXI, p. 124.

[2] Les commentateurs ne sont pas entièrement d'accord sur ce qu'étaient ces *basilica*, qu'on trouve quelquefois écrit *basilicia*. Reisk (*De cer. aul. Byz., Commentarium*, p. 548) pense que ces *basilicia* pouvaient être des vêtements sur lesquels la figure de l'empereur était reproduite.

[3] *De cer. aul. Byz.*, lib. I, cap. XIX, p. 114.

[4] *De cer. aul. Byz.*, lib. II, cap. XV, p. 586.

[5] Voyez plus haut, § XI, p. 149.

[6] *De cer. aul. Byz.*, lib. I, cap. XXXV, p. 180; cap. X, p. 84; cap. XXX, p. 169; cap. LXVIII, p. 310.

dans le règlement prescrit pour l'ouverture du Palais-sacré, que le concierge, après en avoir été ouvrir les portes, « entre dans le Chrysotriclinium et dépose les clefs » sur le siége placé à l'intérieur de la portière de l'abside gauche vers le couchant [1]. »
Lorsque l'empereur était assis sur son trône dans l'abside orientale (E), il avait à sa droite cette abside du concierge; c'est ce qui explique la phrase suivante qui se trouve quelques lignes plus bas : « L'empereur s'assoit sur le siége d'or qui est là (dans la » conque orientale), et dit au concierge, qui se tient avec son second contre la portière » de droite, vers le couchant, près de la portière qui se tire [2].... » On a vu que la portière du Panthéon était attachée à des tringles d'argent, et qu'ainsi elle devait se tirer lorsqu'on introduisait dans le Chrysotriclinium les personnes que l'empereur voulait recevoir.

Les citations précédentes nous ont appris que le Chrysotriclinium servait aux grandes réceptions de l'empereur; c'est là qu'étant sur son trône, il donnait l'investiture aux premiers dignitaires de l'État; il y recevait aussi quelquefois les ambassadeurs étrangers [3]. Dans certaines circonstances, on y dressait la table d'or, et l'empereur y donnait un repas [4].

## XVII

### L'HÉLIACON DU PHARE,
### LES CHAPELLES DE LA TRÈS-SAINTE MÈRE-DE-DIEU DU PHARE ET DE SAINT-DÉMÉTRIUS, LE PHARE.

En parlant de l'abside orientale du Chrysotriclinium, nous avons prouvé que les portes situées au fond de cette abside donnaient accès dans l'Héliacon du Phare, τὸ ἡλιακὸν τοῦ Φάρου [5], vaste cour (n° 105) qui servait d'atrium aux deux chapelles de Sainte-Marie du Phare et de Saint-Démétrius. Cet Héliacon était aussi appelé Héliacon du Chrysotriclinium, nom qu'il tenait de son voisinage avec la salle du trône. Une citation empruntée au livre des Cérémonies sera la justification de cette disposition. On lit, en effet, dans le cérémonial à observer le premier jour de janvier dans le naos de Saint-Basile : « L'empereur, passant sans cortège par la longue galerie, διὰ τοῦ μάκρωνος, de sa » chambre à coucher (n° 101), entre dans le narthex de la Très-Sainte-Mère-de-Dieu » du Phare (n° 106); les maîtres, les patrices et les autres sénateurs, avec les cubi-

---

[1] *De cer. aul. Byz.*, lib. II, cap. I, p. 519.
[2] *De cer. aul. Byz.*, loc. cit.
[3] *De cer. aul. Byz.*, lib. I, cap. XXXII, p. 171; cap. XLII, p. 244; cap. XLVII, p. 236; cap. XLIX, p. 255; cap. LI, p. 261; lib. II, cap. XV, p. 588.
[4] *De cer. aul. Byz.*, lib. I, cap. XIV, p. 91; lib. II, cap. XV, p. 584 et 597.
[5] ANONYM., *De Michaele*, ap. *Script. post Theoph.*, § 35; Paris., p. 123; Bon., p. 97. — *De cer.*, lib. II, cap. XV, p. 586 et passim.

» culaires, se tiennent, si le temps est beau, dans l'Héliacon du Chrysotriclinium, ἐν
» τῷ τοῦ Χρυσοτρικλίνου ἡλιακῷ, et si le temps est mauvais, ils se tiennent à l'intérieur
» du Chrysotriclinium, ἔνδον τοῦ Χρυσοτρικλίνου. Ensuite l'empereur, partant du naos
» de la Très-Sainte Mère-de-Dieu du Phare, s'en va, avec la procession, à la cha-
» pelle de Saint-Basile [1]. »

Ce passage ne présente aucune ambiguïté. L'empereur est entré de sa chambre à coucher dans la chapelle de Sainte-Marie du Phare pour y faire sa prière, et tous les grands de l'empire l'attendent à la porte de l'église pour aller à l'oratoire de Saint-Basile. L'Héliacon du Chrysotriclinium, où ils se tiennent si le temps est beau, ne peut être pris là pour la grande salle octogone qui reçoit quelquefois le nom d'Héliacon, comme on l'a vu dans le paragraphe précédent, puisque cet Héliacon est mis en opposition avec l'intérieur du Chrysotriclinium, qui n'est autre chose que la grande salle octogone. Ces mots « si le temps est beau » indiquent bien au surplus une cour qui touche à Sainte-Marie du Phare, où l'empereur est entré, et au Chrysotriclinium, où les grands de l'État l'attendent si le temps est mauvais.

La chapelle de Sainte-Marie du Phare (n° 106), ἐκκλησία τοῦ Φάρου [2], ναὸς τῆς Ὑπεραγίας Θεοτόκου τοῦ Φάρου [3], qu'on appelait aussi le Phare tout court, ὁ Φάρος [4], s'élevait sur l'Héliacon du Phare, ainsi qu'on l'a vu par plusieurs des citations précédemment faites à l'occasion de l'abside orientale du Chrysotriclinium [5], et que l'indique d'ailleurs son nom. Voici encore un passage du livre des Cérémonies qui ne peut laisser aucun doute à cet égard. Une dame patrice qui vient d'être promue à la dignité de zostès est reçue à sa sortie du triclinium de la Magnaure (n° 116) par les Cubiculaires et les Silentiaires. « Ceux-ci l'introduisent dans le palais par l'Éros et la galerie des
» Quarante-Saints (n°s 79 et 80); de là, passant par l'Héliacon du Chrysotriclinium
» (n° 105), elle entre dans le Phare, fait des prières pour l'empereur, dépose douze
» écus sur la sainte table, et après avoir allumé les cierges, elle s'en va dans sa
» maison [6]. »

La salle du trône n'était pas un lieu de passage, et l'expression « Héliacon du Chrysotriclinium », qui se trouve ici, ne peut s'appliquer à la salle octogone du Chrysotriclinium, mais bien à la cour qui se trouvait au-devant de Sainte-Marie du Phare et qui prenait aussi le nom d'Héliacon du Chrysotriclinium, comme nous venons de le prouver plus haut.

La zostès, après avoir traversé l'Héliacon, entrait dans le naos du Phare. Dans

---

[1] *De cer. aul. Byz.*, lib. I, cap. XXIV, p. 137.
[2] TheoPhanis *Chronogr.*; Paris, p. 374.
[3] *De cer. aul. Byz.*, lib. I, cap. X, XIX et XXXII, p. 71, 114, 177 et passim.
[4] *De cer. aul. Byz.*, lib. I, cap. LI, p. 261 et passim.
[5] Voyez plus haut, § XVI, p. 170.
[6] *De cer. aul. Byz.*, lib. I, cap. L, p. 261.

cette circonstance, l'auteur désigne ce naos par ces seuls mots : εἰς τὸν Φάρον; mais les actes que la zostès accomplit dans la localité où elle est entrée viennent établir qu'il s'agit en cette occasion de la chapelle de Sainte-Marie du Phare, et non de la station télégraphique qui était à côté.

On vient de voir, par une citation du livre des Cérémonies, que l'empereur entrait directement de la galerie qui précédait sa chambre à coucher (n° 101) dans le narthex de Sainte-Marie du Phare. Un passage de l'histoire de l'empereur Alexis Comnène, écrite par sa fille Anne, vient à l'appui de ce renseignement. « La chambre où l'em-
» pereur couchait alors touchait, du côté gauche, au lieu saint bâti dans l'enceinte
» du palais impérial et dédié sous le vocable de la Mère-de-Dieu. Beaucoup de gens
» croient à tort qu'il a été consacré sous le nom de Saint-Démétrius [1]. »

En entrant dans les appartements particuliers de l'empereur par l'abside méridionale (n° 95, c) du Chrysotriclinium, on trouvait en effet, à gauche, le naos de Sainte-Marie du Phare.

La chapelle de Saint-Démétrius (n° 107), ναὸς et ἐκκλησία τοῦ Ἁγίου Δημητρίου, touchait au naos de Sainte-Marie du Phare, et s'élevait également sur l'Héliacon du Phare. Cette situation est parfaitement indiquée par plusieurs passages du livre des Cérémonies. Ainsi, le jour de la fête de saint Démétrius, l'empereur, rentrant au palais par les Scyla, la grande galerie de Justinien, le Lausiacos et le Tripéton (n°s 110, 109, 92 et 94), « traverse le milieu du Chrysotriclinium et sort avec la
» procession par les portes orientales; les maîtres, les proconsuls, les patrices, restent
» en avant du naos de Saint-Démétrius, c'est-à-dire dans la partie gauche de l'Hé-
» liacon.... L'empereur, avec le patriarche, se tient dans le vestibule de l'église, et,
» après les cérémonies prescrites, ils entrent. Le patriarche pénètre dans le sanctuaire;
» l'empereur, passant par le milieu de l'église, s'avance et se tient dans le Tétraséron
» qui est là, afin d'entendre la lecture de l'Évangile [2]. »

Dans une autre circonstance, le Cérémonial dit que l'empereur « se tient dans le naos
» de Saint-Démétrius, devant l'image en émail de la Mère de Dieu, qui est près de la
» porte qui conduit à l'Héliacon ». Ensuite les sénateurs, les maîtres et d'autres dignitaires pénètrent dans l'église, puis « tous entrent, par une autre porte de Saint-Démétrius, dans
» le naos de la Très-Sainte Mère-de-Dieu du Phare [3] ».

Ainsi la chapelle de Saint-Démétrius s'élevait sur l'Héliacon du Phare et était unie à celle de Sainte-Marie, puisque les deux églises se communiquaient par une porte.

La première des deux citations parle d'un tétraséron qui aurait existé dans Saint-Démétrius. Reisk [4] pense que τετρασέρον est synonyme de τετραθύρον, un lieu à quatre

---

[1] Anna Comnena, *Syntagma rer. ab Alexio Comn. gest.*, lib. XII; Paris., p. 361.
[2] *De cer. aul. Byz.*, lib. I, cap. xxi, p. 124.
[3] *De cer. aul. Byz.*, lib. I, cap. xxxi, p. 170.
[4] *De cer. aul. Byz.*, Comment., t. II, p. 217.

portes. Le savant commentateur nous paraît se tromper; car l'auteur anonyme de la Vie de Théophile, en nous apprenant qu'on donnait le nom de Tétraséron à l'étage inférieur du Triconque, dont la forme était semblable à celle du Triconque (n° 73) qu'il supportait, nous a fait connaître ce qu'on entendait de son temps par le mot τετρασέρον[1]. C'était une construction composée d'une partie rectiligne sur laquelle s'appuyait un hémicycle pénétré par trois absides voûtées en cul-de-four. Le grand hémicycle oriental de Sainte-Sophie, avec ses trois absides, forme un immense tétraséron. L'abside supérieure du tétraséron de Saint-Démétrius renfermait l'autel; c'est dans ce lieu que le patriarche était entré; l'empereur se tenait en avant, entre les deux autres absides, pour entendre l'Évangile, que lisait le patriarche, du haut de l'estrade où l'autel était élevé.

La tour du fanal[2], qui était en communication avec un autre fanal situé sur la côte asiatique, s'élevait sur l'Héliacon du Phare, à côté des naos de Sainte-Marie et de Saint-Démétrius, ἐν τῷ μεγάλῳ παλατίῳ κατὰ τὸ ἡλιακὸν τοῦ Φάρου, dit l'auteur de la Vie de Théophile[3].

La porte de l'Héliacon du Phare, ouverte sur les jardins, donnait de ce côté une sortie au Palais-sacré. Elle était précédée d'un petit porche (n° 105, A). L'itinéraire de l'empereur, allant de Sainte-Marie du Phare à la Nouvelle-église-basilique (n° 128), est ainsi tracé : « L'empereur traverse dans son milieu le naos du Phare et sort par la » porte qui conduit à l'Héliacon... traverse avec la procession le milieu de l'Héliacon et » le petit porche de la porte à un battant, διὰ τοῦ Στενωποῦ τοῦ Μονοθύρου[4], et descend » la pente du Boucoléon[5].... »

Ainsi, on sortait du Palais-sacré par l'Héliacon du Phare. Les murs de cet Héliacon, ceux du fanal et de Saint-Démétrius, formaient donc l'extrémité orientale de ce palais.

Il faut revenir sur nos pas et nous occuper de la galerie des Quarante-Saints et de l'appartement particulier de l'empereur, qui, comme on l'a déjà vu, touchaient au Chrysotriclinium.

## XVIII
### LA GALERIE DES QUARANTE-SAINTS.

Nous avons déjà parlé plusieurs fois de la galerie des Quarante-Saints (n° 80), τὰ διαβατικὰ τῶν Ἁγίων τεσσαράκοντα[6]. Ainsi nous avons établi qu'elle avait son point de départ

---

[1] Voyez plus haut, § xi, p. 149 et 151.
[2] Voyez plus haut, chap. III, § viii, p. 80.
[3] De Michaele, ap. Script. post Theoph., lib. IV, § 35; Paris., p. 123; Bon., p. 197.
[4] Voyez chap. III, § ii, p. 58, et chap. IV, § iv, p. 122, ce que nous avons dit du Sténopos.
[5] De cer. aul. Byz., lib. I, cap. xix, p. 117.
[6] De cer. aul. Byz., lib. I, cap. x, p. 85 et passim.

au triclinium de l'Éros, qui possédait un escalier donnant accès dans le Palais-sacré [1]; et qu'elle communiquait au Triconque [2], au Lausiacos [3], au Tripéton [4] et au Chrysotriclinium [5]. Cette longue galerie aboutissait à l'Héliacon du Phare. En effet, il résulte du passage du livre des Cérémonies que nous avons rapporté dans le paragraphe précédent, qu'une dame zostès, introduite dans le Palais-sacré par l'Éros, avait parcouru la galerie des Quarante-Saints, d'où elle était passée dans l'Héliacon du Phare (n° 105), pour aller au naos de la Très-Sainte Mère-de-Dieu du Phare [6]. On lit encore dans le livre des Cérémonies : « Si la fête de l'Annonciation vient à tomber le jour même de » Pâques, on la célèbre ainsi : l'empereur sort avec la procession de son palais, protégé » de Dieu, en partant de la Très-Sainte Mère-de-Dieu du Phare et passant par la galerie » des Quarante-Saints et l'Abside (n° 60), il s'en va au naos de la Très-Sainte Mère-de-» Dieu dans Daphné (n° 45) [7]. » Ainsi la galerie des Quarante-Saints, commençant à l'Éros (n° 79), touchait au Triconque (n° 73), au Lausiacos (n° 92), au Tripéton (n° 94), au Chrysotriclinium (n° 95), et venait finir à l'Héliacon du Phare (n° 105); elle occupait donc évidemment tout le côté septentrional du Palais-sacré. Telle est la position que notre plan lui assigne.

## XIX

### LE CÉNOURGION.

Le nom de Cénourgion, τὸ Καινουργίον, appartenait particulièrement au salon qui faisait partie des appartements particuliers de l'empereur, mais ce salon avait transmis son nom au corps de logis, οἶκος (n°s 100 à 104) [8], qui renfermait ces appartements.

Nous avons donné, d'après Constantin Porphyrogénète et d'après l'auteur anonyme qui a écrit la vie de cet empereur, la description détaillée du salon, de la chambre à coucher et de son vestibule [9]. Nous n'avons rien à ajouter à cette description. Nous allons seulement emprunter quelques passages au livre des Cérémonies et à d'autres auteurs pour justifier la situation du Cénourgion et l'existence de la galerie (n°s 100 et 101) qui reliait les appartements principaux au Chrysotriclinium et au Tripéton (n° 94).

[1] Voyez chap. IV, § xiii, p. 154.
[2] Voyez plus haut, chap. IV, § xi, p. 149.
[3] Voyez plus haut, chap. IV, § xiv, p. 157.
[4] Voyez plus haut, chap. IV, § xv, p. 160.
[5] Voyez chap. IV, § xi, p. 138, 139 et § xvi, p. 170.
[6] Voyez § xvii, page 172.
[7] *De cer. aul. Byz.*, lib. I, cap. ix, p. 71.
[8] Constant. Porphyr., *De Basilio Maced.*, ap. *Script. post Theoph.*, lib. V, § 89; Paris., p. 204; Bon., p. 332.
[9] Voyez plus haut, chap. III, § viii, p. 78.

Nous avons établi que l'abside méridionale du Chrysotriclinium (n° 95, C) conduisait à l'appartement particulier de l'empereur[1]. Un grand nombre de passages du livre des Cérémonies justifient en effet la contiguïté du Chrysotriclinium et de cet appartement. Ainsi, l'on a vu plus haut que dès la première heure de l'ouverture du palais, les gens de la chambre déposaient le scaramangion de l'empereur sur un siége placé auprès des portes d'argent qui conduisaient du Chrysotriclinium à son coiton; le cérémonial continue ainsi : « Quand la première heure est passée, le Primicier des diétaires s'avance, et prenant » la clef de la serrure, il frappe trois fois cette porte d'argent; aussitôt, sur l'ordre de » l'empereur, les gens de la chambre apportent le scaramangion; l'empereur s'en revêt, » et, sortant, il entre dans le Chrysotriclinium et s'arrête dans l'abside qui regarde » l'orient, ἐν τῇ κατὰ ἀνατολὰς κόγχῃ.... offre à Dieu ses prières[2].... » Lorsque l'empereur doit aller à Sainte-Sophie, « sortant de la chambre sacrée, ἐξιόντων τοῦ ἱεροῦ κοιτῶνος, » revêtu du scaramangion, il fait sa prière accoutumée dans la conque du Chrysotri-» clinium », et à son retour de la Grande-Église, il entre dans le Chrysotriclinium avec les Préposés et les Cubiculaires, et après que ceux-ci se sont retirés, « il offre à Dieu » ses actions de grâces, faisant une prière dans la conque du Chrysotriclinium.... puis il » se rend dans sa chambre sacrée[3]. »

L'impératrice, après avoir reçu la princesse russe Elga dans le triclinium de Justinien (n° 109), « s'étant levée de son trône, traversa le Lausiacos et le Tripéton (n°s 92 et 94) » et entra dans le Cénourgion (n° 102), et de cette pièce dans sa chambre à coucher, καὶ » δι' αὐτοῦ εἰς τὸν ἑαυτῆς κοιτῶνα (n° 104); alors la princesse, avec ses parentes et les dames » de sa suite, alla par le Justinianos, le Lausiacos et le Tripéton, dans le Cénourgion et » s'y reposa; lorsque l'empereur se fut assis avec l'impératrice et leurs fils porphyro-» génètes, la princesse fut appelée du Cénourgion, et s'étant assise à l'invitation de » l'empereur, elle eut avec lui la conversation qu'elle voulut[4]. »

On voit, par ces citations, qu'on pénétrait dans les appartements particuliers de l'empereur non-seulement par le Chrysotriclinium (n° 95), mais encore par le Tripéton (n° 94). En entrant par le Tripéton, on arrivait d'abord dans le grand salon qui portait le nom de Cénourgion; au contraire, quand on venait du Chrysotriclinium, on trouvait la chambre à coucher. Le Cénourgion précédait donc cette chambre, comme notre plan l'indique. Voici, au surplus, un passage du livre des Cérémonies qui confirme la réalité de cette distribution de l'appartement particulier de l'empereur. Il est emprunté au cérémonial à observer lorsqu'il est né un fils à l'empereur : « Le huitième jour (après la naissance de l'enfant), le coiton de l'impératrice accouchée

---

[1] Voyez plus haut, § XVI, p. 167.
[2] De cer. aul. Byz., lib. II, cap. I, p. 519.
[3] De cer. aul. Byz., lib. I, cap. I, p. 7, 22 et passim.
[4] De cer. aul. Byz., lib. II, cap. XV, p. 596.

» est décoré avec les portières d'étoffe tissue d'or du Chrysotriclinium, et avec de
» grands lustres. L'enfant est rapporté de l'église dans ce coiton.... Les Préposés
» sont ensuite appelés par l'eunuque chargé de la table de l'impératrice. Alors les
» Préposés introduisent les chefs des Cubiculaires et tous les Cubiculaires [1]. Ensuite
» on fait venir du Cénourgion (où elles étaient réunies), les zostès, les maîtresses,
» les femmes des proconsuls, des patrices, des officiers protospathaires et celles des
» sénateurs.... Après la sortie des femmes, tous les sénateurs, les maîtres, les procon-
» suls, les patrices et les officiers sont amenés du Lausiacos par l'Horologion et le
» Chrysotriclinium [2]. »

Ainsi, avant d'entrer dans le Coiton (n° 104), les femmes admises chez l'impératrice étaient réunies dans le Cénourgion (n° 102); et quant aux hommes qui attendaient dans le Lausiacos (n° 92), on les introduisait par le Tripéton (n° 94) [3] et le Chrysotriclinium (n° 95).

Mais on comprend qu'on ne devait pas entrer directement, soit du Tripéton dans le magnifique salon qui portait le nom de Cénourgion, soit du Chrysotriclinium dans la chambre à coucher. En effet, le livre des Cérémonies nous révèle l'existence d'une longue galerie qui portait le nom de Macron du Coiton, ὁ Μάκρων τοῦ κοιτῶνος, ou tout simplement, ὁ Μάκρων. Cette longue galerie (n°s 100 et 101) était celle par laquelle l'empereur entrait directement de son appartement particulier dans le narthex de Sainte-Marie du Phare [4].

Aux citations précédemment faites, nous pouvons en ajouter d'autres. Ainsi, le jour de la fête de saint Élie, « le patriarche, étant entré par les galeries du Triconque,
» va s'asseoir dans l'abside du Chrysotriclinium, qui est près du Panthéon (n° 95, B);
» alors les Préposés entrent et annoncent à l'empereur l'arrivée du patriarche; l'em-
» pereur ordonne de l'introduire; les Préposés sortent et l'amènent. Après l'avoir salué
» selon l'usage, l'empereur traverse seul avec lui la galerie de sa chambre à coucher,
» διὰ τοῦ μάκρωνος τοῦ κοιτῶνος, entre dans la chapelle de la Très-Sainte Mère-de-Dieu
» du Phare et s'en va de là à l'oratoire de Saint-Élie [5]. » Il est évident que l'empereur n'était pas dans le Chrysotriclinium, puisque c'est après que le patriarche y est entré que les Préposés vont prévenir l'empereur de son arrivée; il se trouvait donc dans son coiton, et c'est là que le patriarche est introduit en sortant du Chrysotriclinium; l'empereur et le patriarche ne passent pas directement du coiton dans l'église Sainte-Marie; pour y parvenir, ils parcourent la galerie de la chambre, le Macron.

---

[1] Tous les Cubiculaires étaient eunuques : il ne faut donc pas s'étonner de les voir admis avec les femmes des grands seigneurs dans la chambre de l'impératrice.
[2] *De cer. aul. Byz.*, lib. II, cap. xxi, p. 618.
[3] On a vu plus haut que le vestibule du Chrysotriclinium portait les deux noms de Tripéton et d'Horologion.
[4] Voyez plus haut le § xvii, p. 171 et 173.
[5] *De cer. aul. Byz.*, lib. I, cap. xix, p. 116.

Ce Macron devait se trouver évidemment entre le Coiton et le Chrysotriclinium; car du Macron on entrait dans le vestibule de l'église qui s'élevait sur l'Héliacon du Phare (n° 106). On lit, en effet, dans un autre passage du livre des Cérémonies : « L'empereur (qui était dans le Chrysotriclinium), se levant, s'en va, sans cortége, » avec le patriarche, par le Macron de son coiton dans le naos de la Très-Sainte » Mère-de-Dieu du Phare et s'arrête dans le narthex [1]. » Une dernière citation fera encore bien mieux comprendre que le Macron existait en avant du Coiton. Le jour de la fête de saint Démétrius, l'empereur sort du naos de Saint-Démétrius (n° 107), qui était joint à la chapelle impériale de Sainte-Marie du Phare; « ensuite, passant » par les portes d'argent du Macron, il entre dans le Chrysotriclinium, où il s'assoit » suivant l'usage [2]. » Ainsi, du Macron, l'empereur était entré directement dans le Chrysotriclinium, et non dans son coiton; ce Macron touchait donc au Chrysotriclinium, et, par conséquent, précédait la chambre à coucher.

Cette longue galerie devait s'étendre sur toute la longueur du Chrysotriclinium et des appartements particuliers de l'empereur; car indépendamment de la partie de cette galerie (n° 101) qui précédait la chambre à coucher (n° 104) et conduisait au narthex de Sainte-Marie du Phare, nous trouvons, dans le livre des Cérémonies et dans Anne Comnène, la mention d'une salle à manger qui existait là et qui devait occuper, suivant nous, la partie de cette même galerie (n° 100) qui longeait le salon nommé Cénourgion (n° 102). Ainsi l'empereur étant sur son trône dans le Chrysotriclinium, donne l'ordre aux Préposés d'introduire un personnage auquel il veut conférer l'investiture des fonctions de recteur. Celui-ci étant entré, reçoit des mains de l'empereur le costume affecté à sa dignité. « Après cela, les Préposés le conduisent à » l'intérieur de la portière qui est du côté de la salle à manger, c'est-à-dire en avant » du coiton, εἰς τὸ βῆλον τὸ πρὸς τὸ ἀριστητήριον, ἤγουν ἔμπροσθεν τοῦ κοιτῶνος, et là ils » le revêtent de ce même costume [3]. » Il est évident qu'il s'agit là de l'abside méridionale du Chrysotriclinium (n° 95, C) qui conduisait à la chambre de l'empereur. La salle à manger dont il est question en était donc voisine. Elle ne pouvait exister dans la partie du Macron par où l'empereur allait à Sainte-Marie du Phare, et c'est nécessairement dans l'autre partie qui s'étendait entre le Cénourgion et le Tripéton (n° 94) qu'elle devait avoir été établie. On lit, dans Anne Comnène, un passage qui justifie cette supposition. Camytzès, l'un des généraux d'Alexis Comnène, ayant été envoyé d'Asie par l'empereur pour annoncer à l'impératrice sa victoire sur les Turcs, se transporta, dès qu'il fut arrivé à Constantinople, dans le Palais haut [4], où logeait

---

[1] *De cer. aul. Byz.*, lib. I, cap. xx, p. 119.
[2] *De cer. aul. Byz.*, lib. I, cap. xxi, p. 124.
[3] *De cer. aul. Byz.*, lib. II, cap. iv, p. 529.
[4] A l'époque d'Alexis Comnène (1118 † 1143), le palais du Boucoléon, bâti sur le bord de la mer et fortifié par Nicéphore Phocas, était fort souvent la demeure des empereurs. Par ces mots, le palais haut, l'auteur n'a

l'impératrice. « Celle-ci, fort joyeuse de son arrivée, le reçut en dehors de la porte
» de la chambre à coucher, dans le lieu qui était appelé autrefois la salle à manger [1].

La salle à manger touchait donc à la chambre à coucher, mais n'était pas toutefois
immédiatement en avant de cette chambre, puisque la partie de la galerie qui la
précédait était celle qui conduisait à Sainte-Marie du Phare.

Nous avons établi que le corps de logis qui renfermait les appartements particuliers
de l'empereur (n[os] 100 à 104) s'étendait depuis le Tripéton, par où l'on y entrait,
jusqu'à Sainte-Marie du Phare, et qu'il touchait, par son Macron, au Chrysotriclinium.

## XX

### LE TRICLINIUM DE JUSTINIEN ET SON HÉLIACON ; LE VESTIBULE DES SCYLA ET SA PHIALE.

Le triclinium de Justinien (n° 109), ὁ τρίκλινος τοῦ Ἰουστινιανοῦ [2], qu'on nommait
souvent le Justinianos, sans autre désignation, ὁ Ἰουστινιανός [3], était une vaste galerie
qui s'étendait de l'est à l'ouest depuis le Lausiacos (n° 92) jusqu'au vestibule des
Scyla (n° 110). Cette situation est justifiée par les auteurs. Quelques passages du livre
des Cérémonies établiront d'abord que la galerie de Justinien communiquait directement au Lausiacos et aux Scyla.

Le troisième jour de la fête de Pâques, l'empereur se rendait à l'église Saint-Serge,
située au delà de l'Hippodrome des courses sur le bord de la mer [4], et par conséquent au
sud-ouest du palais. Le Cérémonial s'exprime ainsi à cette occasion : « Tous les grands
» s'avancent revêtus de chlamydes blanches, chacun selon son rang et dans son costume,
» et la procession entre dans le triclinium de Justinien. Vers la troisième heure, l'ordre est
» donné de partir, et l'empereur, ayant revêtu le dibétésion blanc et le tzitzacion, traverse,
» accompagné des chefs des Cubiculaires, le Chrysotriclinium et le Tripéton (n[os] 93 et 94),
» s'arrête sur la porte par laquelle on sort du Tripéton dans le Lausiacos, ἐν τῇ ἐξαγούσῃ
» πύλῃ τοῦ Τριπέτωνος πρὸς τὸν Λαυσιακόν, tandis que les patrices et les généraux se tiennent
» à droite et à gauche de cette même porte jusqu'à celle par laquelle on sort dans le
» Justinianos.... Ensuite, accompagné de tous, l'empereur sort dans le triclinium de
» Justinien, s'arrête sur le premier omphalion [5] de cette galerie ; les patrices, les généraux

---

pu entendre que le palais bâti sur la colline, c'est-à-dire l'ancien palais impérial, celui dont nous faisons la
restitution.

[1] Anna Comnena, De reb. ab Alexio gestis, lib. XIV; Paris., p. 443.
[2] De cer. aul. Byz., lib. I, cap. II, p. 86; lib. II, cap. I, p. 518 et passim.
[3] De cer. aul. Byz., lib. I, cap. II et LXIV, p. 86, 286 et passim.
[4] Elle existe encore aujourd'hui. Voyez nos planches Ire et IIe.
[5] Dalle circulaire de marbre disposée dans le pavé du triclinium. Voyez chap. IV, § II, p. 114.

» et les autres sénateurs qui s'y sont réunis, se prosternent....» Après certaines cérémonies, « l'empereur, accompagné de tous, passe par les Scyla, » puis s'en va par l'Hippodrome du palais (n° 42) et le grand Cirque (n° 17) à Saint-Serge[1].

Le jour de la fête de saint Démétrius, l'empereur, devant aller à l'oratoire de Saint-Pierre (n° 143), a reçu le patriarche dans le Chrysotriclinium (n° 95). « Lorsque tout a » été convenablement disposé, les Préposés entrent l'annoncer à l'empereur; aussitôt » l'empereur se lève avec le patriarche; ils sortent de la manière qu'ils ont coutume, » traversent le Tripéton, le Lausiacos, le Justinianos, les Scyla, les galeries extérieures » de Marcien (n° 142), et vont dans l'oratoire du saint apôtre Pierre. Dans cette » occasion, les maîtres et les proconsuls se tiennent à l'intérieur des Scyla, c'est-à-dire » à l'extrémité du Justinianos, ἔνδον τῶν Σκύλων, ἤγουν εἰς τὴν ἄκραν τοῦ Ἰουστινιανοῦ[2]. »

Ces citations n'ont pas besoin de commentaires.

En allant du Chrysotriclinium au grand Cirque, il est certain qu'on marchait vers l'occident. Le vestibule des Scyla était donc à l'occident de la galerie de Justinien, qui y aboutissait. Ceci n'aurait pas besoin de preuves écrites; en voici cependant une que nous fournit le livre des Cérémonies. Une procession devant être organisée dans la galerie de Justinien, tous les dignitaires et les fonctionnaires sont réunis dans les Scyla. L'Acolouthos[3] se tient près de la porte du triclinium de Justinien. « Dès qu'il » est entré dans le grand triclinium de Justinien, il se prosterne chaque fois qu'il foule » aux pieds l'un des grands omphalion, s'arrête en haut et porte ses regards vers l'oc- » cident, c'est-à-dire vers les Scyla. » Puis il appelle successivement les différents ordres de dignitaires réunis dans les Scyla, et chacun des ordres entre à son tour dans le Justinianos[4].

Ainsi, l'Acolouthos étant entré par le vestibule des Scyla (n° 110), s'est tourné vers l'occident après avoir parcouru toute la longueur de la galerie de Justinien, et dans cette situation il regardait les Scyla. Ce vestibule était donc situé à l'extrémité occidentale de cette galerie.

L'extrémité orientale était tournée du côté de la Nouvelle-église-basilique (n° 128). Après un grand repas donné aux ambassadeurs sarrasins dans le Chrysotriclinium, « ils » sortent et vont s'asseoir dans le triclinium de Justinien, dans sa partie orientale » tournée vers le Mésocépion, ἐν τῷ ἀνατολικῷ μέρει τῷ πρὸς τὸ Μεσοκήπιον, sur des siéges » qui sont placés là[5]. » Le Mésocépion (n° 130) était un jardin[6] qui s'étendait entre deux

---

[1] *De cer. aul. Byz.*, lib. I, cap. II, p. 86 et 89.
[2] *De cer. aul. Byz.*, lib. I, cap. XXI, p. 122 et 123.
[3] L'Acolouthos, d'après Reisk, était le chef des Varanges, soldats de la garde de l'empereur. *De cer. Comment.*, t. II, p. 474.
[4] *De cer. aul. Byz.*, lib. II, cap. III, p. 524.
[5] *De cer. aul. Byz.*, lib. II, cap. XV, p. 585.
[6] Voyez chap. III, § XII, p. 90, et chap. IV, § XXIII.

galeries, à l'orient de la Nouvelle-église-basilique; on pouvait le voir des fenêtres qui devaient éclairer l'extrémité orientale du Justinianos.

On a appris par la première et la troisième de nos citations que le pavé du triclinium de Justinien était divisé en compartiments dont le centre était occupé par une dalle circulaire à laquelle on donnait le nom d'omphalion. Or, en sortant du Lausiacos (n° 92), l'empereur s'arrêtait sur le premier omphalion de la galerie de Justinien, tandis que tous les dignitaires se prosternaient. La porte de communication entre le Lausiacos et la galerie de Justinien se trouvait, comme on le voit, très-rapprochée du premier compartiment du pavé de cette galerie, c'est-à-dire dans la partie extrême, à l'opposite du vestibule des Scyla. Cette porte s'ouvrait dans l'angle nord-est de la galerie de Justinien, puisque le grand axe du Lausiacos, d'après la position que nous avons justifiée, était perpendiculaire au grand axe de la galerie de Justinien. Un passage de l'historien Pachymère, extrait de la vie d'Andronic, fait bien comprendre l'obliquité relative des galeries du Lausiacos et de Justinien. L'empereur, après avoir nommé Athanase à la dignité de patriarche (1289), « voulut que la cérémonie
» de l'investiture se fît au grand palais, dans le triclinium de Justinien, que Justinien
» le Jeune († 711) avait construit. Cette salle est remarquable, grande et magnifiquement
» ornée; elle est tout d'abord oblique pour ceux qui entrent par les portes, d'où l'on
» en voit toute l'étendue [1]. »

Près de l'extrémité occidentale de la galerie de Justinien, on sortait par une porte au midi, sur une vaste terrasse, τὸ Ἡλιακόν (n° 113), qui se prolongeait jusqu'aux murs du palais et du haut de laquelle on dominait tout l'Hippodrome. On établissait le trône sur cette terrasse lorsque l'empereur devait s'y rendre pour bénir le peuple réuni dans l'Hippodrome des courses. Le cérémonial prescrit en cette occasion sera suffisant pour justifier la situation de cet héliacon. L'empereur, après avoir été prendre la couronne dans l'abside de Saint-Théodore (n° 95, D), traverse le Chrysotriclinium accompagné des chefs des Cubiculaires et des eunuques protospathaires, passe par le Tripéton et le Lausiacos, où l'attendaient les patrices et les généraux, et entre avec tout son cortége dans la galerie de Justinien. « Escorté de tous et suivi des Spatharocandidats, qui
» portent des colliers et sont armés de boucliers et de haches, l'empereur s'avance, et
» quand le cortége est au moment de franchir la porte par laquelle on sort du Justi-
» nianos sur l'Héliacon, τὴν ἐξάγουσαν ἀπὸ τοῦ Ἰουστινιανοῦ πρὸς τὸ Ἡλιακὸν πύλην, le cu-
» biculaire grand chantre ouvre aussitôt le rideau, ἐραπλοῖ τὸ παρακυπτικόν [2], au-devant
» du trône, au-dessus de la partie supérieure de la balustrade. Le maître des cérémo-
» nies prenant l'extrémité de la chlamyde impériale, la dispose en forme de rose et
» la remet à l'empereur. Alors l'empereur se lève, et, debout devant le trône, il bénit

---

[1] Georg. Pachymeris *Hist. rer. ab Andron. sen. gest.*, lib. II, cap. xv; Romæ, 1669, p. 97.
[2] Voyez chap. IV, § xi, p. 146, l'interprétation que nous avons donnée au mot παρακυπτικόν.

» trois fois le peuple, qui crie de tous côtés : Saint, saint, saint; puis il se rassied sur
» le trône. Les chefs des Cubiculaires se tiennent à droite et à gauche; les patrices,
» avec les domestiques et le Sénat, se tiennent de même à droite et à gauche près des
» rideaux de la balustrade, ne se tournant pas vers ces rideaux, mais se tenant de
» face. Quand le peuple a entonné le chant du départ, le Préposé, sur l'ordre donné,
» fait un signe au maître des cérémonies, et le maître des cérémonies à son tour fait
» un signe aux grands domestiques des cohortes; alors ceux-ci descendent en bas dans
» la Phiale, κατέρχονται κάτω ἐν τῇ Φιάλῃ, et s'y tiennent suivant leur rang. » L'orgue
résonne dans la Phiale, et des chants se font entendre autour de l'empereur. « Le chant
» étant achevé, l'empereur se lève, et de nouveau l'orgue se fait entendre..... Alors
» les chefs des Cubiculaires, les patrices et les généraux se placent à droite et à gauche
» en avant de l'empereur et diagonalement, ἀπὸ πλαγίας, jusqu'à la porte par laquelle
» on entre, μέχρι τῆς εἰσαγούσης πύλης, dans le Justinianos..... » Tout étant achevé,
l'empereur s'en va par le triclinium de Justinien, le Lausiacos, le Tripéton et le Chrysotriclinium, jusqu'à l'abside de Saint-Théodore, où il dépose la couronne [1].

Il résulte évidemment du cérémonial que nous venons de transcrire, qu'après être
sorti du Lausiacos, l'empereur a parcouru la galerie de Justinien, et qu'il est sorti de
cette galerie sur un héliacon, espace à ciel ouvert où son trône était établi et d'où il
a béni le peuple réuni dans l'Hippodrome. Cette terrasse, de plain-pied avec la galerie
de Justinien, devait dominer les murs du palais, ou tout au moins être de niveau
avec le sommet des murs, puisque l'empereur du haut de son trône voyait le peuple
réuni dans l'Hippodrome et en était vu; elle était donc élevée sur un soubassement
et très-probablement sur des arcades, de même que la galerie de Justinien. Ce qui
démontre encore l'élévation de cette terrasse, c'est qu'il a fallu que les chefs des
cohortes prétoriennes en descendissent pour se rendre dans la Phiale (n° 112), qui était
au-dessous, comme dit le texte.

En revenant de l'Héliacon du haut duquel il avait béni le peuple, l'empereur avait
traversé le Justinianos au milieu des rangs des sénateurs, et était entré dans le Lausiacos (n° 92), mais seulement avec les officiers de sa maison. Les dignitaires et les
hauts fonctionnaires ne l'avaient pas suivi au delà; les portes de cette galerie avaient
sans doute été fermées, et ils étaient restés dans le Justinianos. Cependant ils devaient
être admis à la réception de l'empereur dans le Chrysotriclinium; au lieu de passer
par le Lausiacos, qui était la voie la plus courte, voici le chemin qu'ils suivirent
pour y arriver : « Les patrices, les généraux avec les sénateurs et les consulaires, dit
» le livre des Cérémonies, traversent la Thermastra, montent les degrés (n° 69), en-
» trent par la porte des Diétaires, et passant par l'abside qui est devant le Panthéon
» (n° 95, A), ils entrent dans l'héliacon (n° 95) » du Chrysotriclinium [2].

[1] De cer. aul. Byz., lib. I, cap. LXIV, § 3, 4 et 5, p. 285 et seq.
[2] De cer. aul. Byz., lib. I, cap. LXIV, § 6, p. 289.

## LE VESTIBULE DES SCYLA.

Ainsi, du triclinium de Justinien, les dignitaires descendaient dans la Thermastra, qui était, comme on l'a vu plus haut [1], l'étage de rez-de-chaussée existant au-dessous des galeries de Daphné (n° 44). Comme la galerie de Justinien était élevée au-dessus d'un soubassement, la communication entre cette galerie et la Thermastra ne pouvait avoir lieu que par un escalier. Nous l'avons placée (n° 114) en arrière du Baptistère qui existait dans les galeries de Daphné. Ce renseignement, en nous apprenant que la galerie de Justinien touchait à la Thermastra, justifie d'autant plus la situation que nous lui avons donnée dans notre plan.

On a vu, par les citations précédemment faites, qu'à l'extrémité occidentale de la galerie de Justinien, on trouvait le vestibule des Scyla, τὰ Σκῦλα (n° 110). C'était une vaste salle qui formait de ce côté l'entrée comme la sortie du Palais-sacré. A ces citations, nous en ajouterons deux autres, afin de justifier complétement sa situation, la forme que nous lui avons donnée et sa destination.

La veille de la fête de saint Élie, « le Sénat se réunit dans l'Hippodrome (n° 42), » et le concierge ayant ouvert, il entre par les Scyla, le Justinianos et le Lausiacos » dans le Chrysotriclinium [2]. »

Le président du Sénat, sortant de Saint-Étienne (n° 54), se rend dans le petit Hippodrome, ἐν τῷ Ἱπποδρομίῳ, où les maîtres et les juges étaient assis en l'attendant; « ensuite il entre par les Scyla, εἰσέρχεται διὰ τῶν Σκύλων, et il est accueilli par les » Silentiaires à l'entrée du triclinium de Justinien [3]. »

L'Hippodrome, dans lequel ces dignitaires se rendaient d'abord avant de pénétrer dans le Palais-sacré par le vestibule des Scyla, n'était point, nous le rappelons, le grand Cirque des courses, mais bien l'Hippodromios ou Hippodrome couvert (n° 42) qu'on trouvait au delà de la cour de Daphné.

Ainsi le vestibule des Scyla, situé à l'extrémité occidentale du Justinianos, était en communication avec l'Hippodromios (n° 42), et l'on voit déjà par là qu'il était très-rapproché de la porte de fer (n° 39), ouverte dans les murs occidentaux du palais qui faisaient face au grand côté oriental du Cirque [4]. D'un autre côté, on a appris que de la grande galerie de Justinien on passait sur un Héliacon (n° 113) qui s'étendait jusqu'à ces murs et qui dominait le Cirque. Le vestibule des Scyla, tout à fait à l'extrémité du Justinianos, se trouvait donc au delà de la porte par laquelle on entrait sur cet héliacon, et devait, par conséquent, lui être contigu et s'étendre aussi jusqu'aux murs du palais. Le cérémonial observé le jour de la fête de saint Démétrius, que nous avons transcrit plus haut [5], donne à cette conjecture le caractère de la cer-

[1] Voyez chap. IV, § vii, p. 134.
[2] *De cer. aul. Byz.*, lib. I, cap. xix, p. 114.
[3] *De cer. aul. Byz.*, lib. I, cap. xcvii, p. 440.
[4] Voyez chap. III, § vi, p. 65, et chap. IV, § vii, p. 130.
[5] Voyez plus haut, p. 180.

titude. L'empereur, en effet, en se rendant du Chrysotriclinium à l'oratoire de Saint-Pierre (n° 143) par les galeries extérieures de Marcien, διὰ τῶν ἔξω διαβατικῶν τοῦ Μαρκιανοῦ (n° 142), après avoir traversé le Justinianos, passait par les Scyla pour arriver à ces galeries [1] qui étaient adossées aux murs du palais. Des Scyla il passait donc sur l'Héliacon où les galeries extérieures de Marcien prenaient naissance [2].

La forme hémicirculaire que nous avons donnée aux deux extrémités des Scyla est indiquée par ce passage du cérémonial prescrit pour la promotion des assesseurs des juges : « Le Préposé sort (du Chrysotriclinium).... pour chercher l'Éparque dans » l'hémicycle des Scyla [3]. »

La qualification de vestibule appartient aux Scyla, puisque cette salle formait l'entrée du Palais-sacré ; elle est indiquée, au surplus, par la destination que lui assigne le livre des Cérémonies. Un repas étant donné aux maîtres, aux patrices et aux sénateurs dans la galerie de Justinien, « les patrices, sur l'invitation de l'empereur, quittent » leur chlamyde, et les généraux leur sagion ; les serviteurs de l'empereur, placés » dans la partie inférieure de la table, prennent ces vêtements et les portent dans les » Scyla à leurs domestiques [4]. »

Dans le règlement prescrit pour l'ouverture du palais, on voit encore « que les gens » de l'hétairie du second ordre peuvent s'asseoir dans les Scyla [5]. »

Divers passages du livre des Cérémonies rapportés plus haut établissent positivement que la salle des Scyla était de plain-pied avec la galerie de Justinien ; ainsi les Scyla formaient « l'extrémité du Justinianos [6] », et l'Acolouthos, après avoir parcouru toute l'étendue de la galerie de Justinien et se tenant près de la porte du Lausiacos, appelait de là les différents ordres de dignitaires réunis dans les Scyla [7]. Un escalier (n° 111) existait donc nécessairement pour arriver de la Phiale (n° 112) et de l'Hippodrome du palais (n° 42) au vestibule des Scyla. C'est donc au pied de cet escalier que nous avons placé la porte (n° 111, A) par laquelle on sortait dans l'Hippodrome du palais, espèce de cour couverte où se réunissaient d'abord, comme on l'a vu, les différents fonctionnaires qui devaient entrer en corps dans le Palais-sacré par les Scyla et la galerie de Justinien. Il est question de cette porte dans le règlement relatif à l'ouverture, chaque matin, du Palais-sacré : « Ensuite, accompagnés des Maglabites et des » Hétaires de semaine, le chef des Hétaires et le concierge ouvrent le triclinium de

---

[1] *De cer. aul. Byz.*, lib. I, cap. XXI, p. 122.
[2] Voyez ci-après le § XXVII.
[3] *De cer. aul. Byz.*, lib. I, cap. LVII, p. 273.
[4] *De cer. aul. Byz.*, lib. I, cap. LXI, p. 277.
[5] *De cer. aul. Byz.*, lib. II, cap. I, p. 518.
[6] *De cer. aul. Byz.*, lib. I, cap. XXI, p. 123.
[7] *De cer. aul. Byz.*, lib. II, cap. III, p. 524.

» Justinien, et les Scyla, et la porte par laquelle on sort dans l'Hippodrome [1]. » La tournure de la phrase n'indique pas une communication immédiate entre les Scyla et l'Hippodromios, et l'auteur n'emploie pas en cette occasion les termes dont il se sert en parlant de portes ouvertes entre deux pièces contiguës, comme de celles qui fermaient le Tripéton sur le Lausiacos ou la galerie de Justinien sur son Héliacon [2]. On peut se convaincre, par un autre passage, qu'il y avait une certaine distance entre l'entrée des Scyla et la porte par laquelle on sortait du palais dans l'Hippodromios. Les ambassadeurs sarrasins en quittant l'Augustéos (n° 48), « passent par les galeries inté-
» rieures de l'Augustéos et l'Abside (n°ˢ 44 et 60) dans l'Hippodrome (n° 42), et,
» de là, ils vont jusqu'aux Scyla, καὶ ἀπὸ τῶν ἐκεῖσε διῆλθον μέχρι τῶν Σκυλῶν [3]. » Ces mots : διῆλθον μέχρι, indiquent bien une distance à parcourir entre l'Hippodrome du palais et les Scyla; cette distance n'était autre que le grand escalier du Palais-sacré.

S'il pouvait rester quelque doute sur l'élévation de la galerie de Justinien et de son vestibule au-dessus d'un étage de rez-de-chaussée, on en acquerrait la conviction par le récit que fait l'historien Pachymère des causes de la destruction de cette galerie :
« Plus tard (après l'élection d'Athanase en 1289), comme cet édifice menaçait ruine
» par sa vétusté, et qu'à cause de l'ébranlement qu'il avait reçu pendant tant de
» siècles, il penchait d'un côté, il fut renversé par un vent violent du midi et ne
» présenta plus qu'une ruine immense, de sorte que ceux qui regardent aujourd'hui
» le lieu où il était, ne trouvent sur le sol ni restes ni vestiges d'une construction
» autrefois si remarquable [4]. » Pour que le vent pût renverser cette longue galerie, il faut bien qu'elle ait été isolée, comme l'indique notre plan, et élevée sur un soubassement composé d'arcades à jour, ainsi que nous l'avons supposé. L'historien Pachymère écrivait au commencement du quatorzième siècle, il mourut en 1310. De son temps, plus de cent trente années avant la prise de Constantinople par les Turcs, cette belle partie du grand palais avait donc disparu.

Nous avons terminé tout ce qui a rapport à ce palais; il nous reste à fournir quelques justifications au sujet des différents édifices construits dans l'enceinte de la demeure impériale.

## XXI

### LE GRAND TRICLINIUM DE LA MAGNAURE.

Les citations que nous avons faites en traitant du triclinium des Candidats, de

---

[1] *De cer. aul. Byz.*, lib. II, cap. I, p. 518.
[2] Voyez plus haut, p. 159, 179 et 181.
[3] *De cer. aul. Byz.*, lib. II, cap. xv, p. 584.
[4] G. Pachymeris *Hist. rer. ab Andronico sen. gest.*, lib. II, cap. xv; Paris., p. 97.

l'Église du Seigneur et de l'Éros, ont déjà justifié la situation que nous avons donnée au grand triclinium de la Magnaure (n° 116), ὁ μέγας τρίκλινος τῆς Μαγναύρας [1], ἡ Μαγναύρα [2] et Μαγναύρας [3]. On sait déjà que l'une des portes du triclinium des Candidats (n° 28) conduisait vers la Magnaure [4], que de l'Église du Seigneur (n° 35) on montait directement sur l'Héliacon de cet édifice (n° 115), et que l'empereur, étant sorti par la porte du Spatharicion (n° 66), traversait cette église et la Magnaure pour aller à Sainte-Sophie, lorsqu'il s'y rendait sans pompe [5]. On a appris également que de l'Éros (n° 79) on descendait sur le flanc de la Magnaure, et que, de là, pour sortir du palais, on passait par le Macron des Candidats, les Excubiteurs, les Scholaires et la Chalcé (n°ˢ 31, 27, 23 et 20) [6]. Ainsi le triclinium de la Magnaure était très-près du grand palais, « domus palatio contigua, » dit Luitprand [7]. Son héliacon touchait, en effet, à l'Église du Seigneur et avoisinait le triclinium des Candidats et l'Éros. Ces premiers renseignements montrent encore que la Magnaure était située au nord de l'Église du Seigneur, entre cette église et Sainte-Sophie.

Nous allons traduire quelques passages du livre des Cérémonies qui viendront confirmer les justifications déjà faites, et donner des renseignements assez précis sur les dispositions intérieures du triclinium de la Magnaure; ils présenteront aussi un autre intérêt à nos lecteurs, en leur faisant connaître une partie curieuse de l'étiquette de la cour byzantine. Le premier de ces passages est emprunté au cérémonial à observer « le second jour de la première semaine de carême, lorsque l'empereur doit prononcer » un discours devant l'assemblée des grands dignitaires réunis dans la Magnaure.

» Vers la troisième heure, on donne l'ordre d'organiser la procession; le Sénat tout » entier se met en marche et il s'arrête au bas des degrés de la Magnaure [8], c'est à » savoir les maîtres, les patrices, les officiers de la maison de l'empereur (et d'autres » fonctionnaires encore). Cependant l'empereur sort vêtu du scaramangion et du sagion » bordé d'or. Il passe par la galerie des Quarante-Saints, le Sigma et l'Église du » Seigneur (n°ˢ 80, 71 et 35), où il allume les cierges, et, de là, il passe par le » Trésor, l'Oatos et le petit porche, διὰ τοῦ στενωποῦ, par lequel on monte sur l'Hé-» liacon de la Magnaure (n°ˢ 35, A, B, C, et 115), et il entre dans le grand tricli-» nium accompagné du corps des Cubiculaires, des Maglabites et de l'Hétairic. Là, dans le

---

[1] *De cer. aul. Byz.*, lib. II, cap. xv, p. 566 et seq.

[2] Const., *De Basilio Mac.*, ap. *Script. post Theoph.*, lib. V, § 74; Paris., p. 195; Bon., p. 317. — Codin., *De originibus*; Paris., p. 9; Bon., p. 19.

[3] *De cer. aul. Byz.*, lib. I, cap. xxii et xxviii, p. 125, 157 et passim.

[4] Voyez chap. IV, § iii, p. 118.

[5] Voyez chap. IV, § iv, p. 121.

[6] Voyez chap. IV, § xiii, p. 154.

[7] *Antapodosis*, lib. VI, § 5, ap. Pertz, *Mon. Germ. hist.*, t. V, p. 338.

[8] Les degrés extérieurs qui conduisaient du grand portique dans le triclinium.

## LE TRICLINIUM DE LA MAGNAURE.

» grand triclinium, est placé un siége d'or au-dessous de l'abside latérale, κάτωθεν τῆς πλα-
» γίας καμάρας « (qui est), » à droite vers l'orient; l'empereur s'y assied jusqu'à ce que
» tout ait été disposé convenablement par le Préposé. Quand l'empereur est assis, le
» Préposé sort avec le maître des cérémonies afin d'organiser les différents corps « (qui
» sont réunis au bas des degrés de la Magnaure) » et tout ce qui se rapporte à la céré-
» monie. En haut des marches[1], et jusqu'à la dernière, un tapis est étendu, sur
» lequel se tient l'empereur. D'un côté et de l'autre, c'est-à-dire à droite et à gauche
» des marches, depuis la première jusqu'à la dernière, se tiennent les secrétaires et les
» notaires qui doivent recueillir les paroles de l'empereur. Sur la première marche,
» à droite vers l'orient, le Logothète, le premier secrétaire et le premier notaire. Il faut
» savoir que lorsque l'empereur est assis, tous les Cubiculaires, les Maglabites, les
» gens de l'Hétairie et ceux du Chrysotriclinium, sont placés auprès de lui. Tout
» étant bien disposé, le Préposé entre[2] et se prosterne en inclinant la tête et en soutenant
» légèrement de ses mains son sagion. Ensuite l'empereur se lève, et sortant en dehors de la
» balustrade « (qui devait se trouver en avant du trône), » se tient en haut de la première
» marche, où le tapis est étendu, et aussitôt, sur un signe du Préposé, l'assemblée
» tout entière, ἅπας ὁ λαός[3], s'écrie : Polychronion. Le silence s'étant rétabli, l'empe-
» reur commence à parler. Il faut savoir que quand l'empereur s'arrête ou termine son
» discours, l'assemblée, sur un signe du Préposé, s'écrie : Que Dieu accorde une
» longue vie à notre empereur[4]! Cela étant achevé, l'empereur donne trois fois sa
» bénédiction à l'assemblée, au milieu, à droite et à gauche. Ensuite il revient s'as-
» seoir sur le siége d'or où il était d'abord; alors les gens de l'Arithmos commencent à
» dire les louanges de l'empereur. Le Préposé, sortant de la salle, organise tout con-
» venablement. En effet, les maîtres, les patrices et les sénateurs s'arrêtent[5] dans le
» portique latéral, διὰ τοῦ πλαγίου ἐμβόλου, vers le couchant, du côté gauche, en atten-
» dant l'arrivée de l'empereur. Tout étant bien disposé, le Préposé rentre, se prosterne
» de la même manière que ci-dessus, et prévient l'empereur que tout est prêt. Alors
» l'empereur se lève, passe par le côté gauche des degrés et par le portique où se
» tiennent les maîtres, les patrices et les sénateurs, et il sort par les portes qui con-
» duisent vers le triclinium des Candidats; διὰ τῆς ἐξαγούσης πύλης εἰς τὸν τρίκλινον τῶν
» Κανδιδάτων (n° 33), et, de là, il traverse les Excubiteurs, les Scholaires et le Chytos

---

[1] Les marches de l'estrade où est placé le trône.
[2] Suivi bien certainement, quoique le texte ne le dise pas, des différents ordres de dignitaires et de fonctionnaires qu'il était allé organiser au dehors.
[3] Le livre des Cérémonies se sert souvent du mot λαός, peuple, foule, multitude, pour désigner la réunion des plus hauts dignitaires et fonctionnaires de l'État admis devant l'empereur. Ces mots ἅπας ὁ λαός ne peuvent pas se traduire dans ces circonstances par « omnis populus » comme l'a fait Reisk.
[4] C'est cette formule d'acclamation que l'on appelait Polychronion.
[5] Qui sont évidemment sortis également de la salle.

» de la Chalcé (n°ˢ 27, 23 et 20, B), et s'en va jusqu'au Puits-sacré (n° 1, L) ¹. »

Avant de tirer de cette partie du Cérémonial des conséquences à l'appui de notre plan, nous devons faire remarquer que le Cérémonial est écrit par un empereur, et qu'en arrivant au triclinium de la Magnaure par l'Église du Seigneur (n° 35), l'impérial auteur qui parle de lui-même entre par une porte particulière placée sur le flanc méridional de l'édifice, et non par le portique principal. Aussi quand il s'occupe de ce qui est à droite en entrant, c'est de sa droite à lui qu'il veut parler, et les mots : vers l'orient, qu'il ajoute, ne laissent aucun doute à cet égard. Pour l'auteur, le grand portique était à gauche.

Apprécions maintenant les renseignements que nous donne le Cérémonial. La marche suivie par l'empereur fait connaître d'abord avec certitude la situation du triclinium de la Magnaure relativement au grand palais. On voit ensuite qu'au delà de l'Église du Seigneur (n° 35), qui s'élevait au bout des Courtines (n° 29, B), il existait un Héliacon (n° 115) qui séparait cette église de la Magnaure et isolait ce triclinium. En y entrant de ce côté (n° 116, A), c'est-à-dire par le flanc méridional, on trouvait à droite, vers l'orient, une abside (n° 116, C) au-dessous de laquelle le trône était placé. Des marches se déployaient au-devant du trône. Le sol de l'abside était donc élevé au-dessus du sol de la salle. Un autre passage du livre des Cérémonies nous apprend que les degrés par lesquels on montait vers le trône étaient de marbre vert ². Le grand portique était tourné vers le couchant, du côté gauche, dit l'auteur du Cérémonial, qui prend ses points de direction de la porte méridionale par laquelle il est entré. Bien que le Cérémonial ne le dise pas positivement, on voit que les personnes qui allaient être admises devant l'empereur étaient réunies sous le portique occidental avant son arrivée ³, et, en effet, c'est seulement quand l'empereur est assis sur son trône que le Préposé sort de la salle pour organiser les différents ordres des dignitaires qui vont être admis ; or le texte dit qu'ils s'étaient arrêtés au bas des degrés de la Magnaure : on voit par là que pour arriver du portique dans la grande salle on montait plusieurs marches. Un autre passage du livre des Cérémonies qui donne des détails sur la réception des ambassadeurs sarrasins dans la Magnaure, parle également de ces degrés : « Vers l'occident, dans la réunion des » deux portières et dehors, se tenait, à droite, en haut des degrés du grand triclinium » de la Magnaure, le maître de la grande Hétairie.., et de chaque côté de ces degrés, en » dehors des portières, deux Protoélates portant les étendards d'or de l'empereur, et » ensuite après ceux-ci ⁴.... »

Ainsi le grand triclinium de la Magnaure avait son portique principal (n° 116, B) à l'occi-

---

¹ *De cer. aul. Byz.*, lib. II, cap. x, p. 545.
² *De cer. aul. Byz.*, lib. I, cap. xxvii, p. 155.
³ Voyez le cérémonial que nous transcrivons à la page suivante.
⁴ *De cer. aul. Byz.*, lib. II, cap. xv, p. 576.

dent, et le nom d'embolos qui est donné à ce portique nous indique une galerie ouverte qui couvrait toute la face occidentale de l'édifice. De ce portique, on montait par plusieurs degrés dans la grande salle de la Magnaure qui se terminait à l'orient par une abside (n° 116, C) élevée de plusieurs marches au-dessus du sol de la salle, et sous laquelle on plaçait le trône de l'empereur. Un portique élevé sur le flanc méridional de l'édifice, en face de l'Église du Seigneur (n° 116, A), servait d'entrée à l'empereur.

Transcrivons maintenant le cérémonial de « ce qui est à observer lorsque l'empereur » fait une réception dans le grand triclinium de la Magnaure, assis sur le trône de » Salomon ». Nous trouverons là d'autres renseignements sur les dispositions intérieures de ce triclinium.

Pour y venir du Palais-sacré, l'empereur suit l'itinéraire indiqué plus haut, « et il » entre dans le grand triclinium où est disposé le trône de Salomon. Là, vers l'orient, » au côté droit, au-dessous de l'abside, κάτωθεν τῆς κόγχης[1], sont placés les siéges d'or » et sont exposées les couronnes et les chlamydes. Cependant l'empereur entre dans le » Coiton qui est là à gauche.... Tout étant prêt, les Préposés entrent et en préviennent » l'empereur. Alors l'empereur sort » (du Coiton) « et s'en va à l'endroit où les » chlamydes et les couronnes sont déposées, et les ayant prises des mains des Préposés, » il monte sur le trône et s'y assied. Ensuite l'assemblée réunie en dehors des deux » portières qui se tirent et qui sont vers l'occident, dit à haute voix le Polychronion. » Ensuite les Préposés sortent et introduisent les Cubiculaires par les deux côtés, à » droite et à gauche, suivant l'usage. Dès que ceux-ci sont placés, le Préposé fait un » signe à l'ostiaire, qui sort tenant sa verge d'or et introduit le premier ordre, εἰσάγει » βῆλον α'[2], à savoir les maîtres; et de nouveau, sur un signe du Préposé, l'autre ostiaire » sort avec le même insigne et introduit le deuxième ordre, à savoir les patrices; de » nouveau, sur un signe du Préposé, le premier ostiaire sort avec son insigne et » introduit le troisième ordre, à savoir les sénateurs, et cela se fait ainsi successivement » jusqu'à ce que tous les ordres aient été introduits ». Ensuite on amène les ambassadeurs étrangers. « L'ambassadeur en entrant se prosterne à terre et adore l'empereur, et au » même instant l'orgue se fait entendre. Dès qu'il s'est relevé, il s'avance et se tient à

---

[1] Dans le cérémonial transcrit à la page précédente, notre auteur avait donné à cette abside le nom de καμάρα; on voit par là que les mots κόγχη et καμάρα sont synonymes.

[2] Les personnes admises à la réception de l'empereur n'étaient jamais introduites que lorsque l'empereur était monté sur son trône. Elles n'entraient pas toutes ensemble dans la salle où le trône était établi. Avant la réception, les Préposés les organisaient suivant leur rang, et composaient un certain nombre de corps qui n'étaient introduits que successivement. Chaque fois que l'un des corps entrait, on tirait la portière qui couvrait la porte d'entrée de la salle du trône, et on la refermait après l'introduction de chacun des corps. De cette coutume était venu le nom de βῆλον, voile, portière, qui était donné à chacun des différents corps distribués en groupes suivant le rang qu'ils occupaient à la cour; en sorte qu'on était du premier, du second, du troisième voile, etc. Nous avons traduit le mot βῆλον par ordre, qui rend mieux le sens en français. Dans la réception des ambassadeurs sarrasins, le premier voile était composé des maîtres, le second

» une certaine distance du trône impérial, et aussitôt l'orgue joue. Il faut savoir que
» l'ambassadeur ayant été introduit, les personnages les plus distingués de sa suite
» entrent, et après qu'ils se sont prosternés, ils se tiennent à l'intérieur des portières
» qui se tirent. Le Logothète fait à l'ambassadeur les questions d'usage, et aussitôt les
» lions d'or commencent à rugir, les oiseaux posés sur le trône et ceux qui sont sur
» les arbres d'or d'alentour font entendre un chant harmonieux. Les animaux qui sont
» au bas des marches du trône (les lions) se dressent sur leurs pieds. Pendant que ces
» choses se passent, le Protonotaire des courses apporte les présents offerts par
» l'ambassadeur au nom de son maître... A la sortie de l'ambassadeur, les orgues
» résonnent, les lions et les oiseaux se font entendre et les bêtes féroces se dressent
» au-dessus des degrés.... Il faut savoir que dès que les ambassadeurs sont sortis, le
» Préposé dit à haute voix : κελεύσατε (comme vous voudrez), et aussitôt les maîtres, les
» patrices et les sénateurs sortent en disant le Polychronion. Ceux-ci étant sortis, le
» Préposé dit de nouveau : κελεύσατε, et alors les officiers du Chrysotriclinium sortent
» en faisant entendre le Polychronion. Lorsque tout le monde est sorti, l'empereur
» descend du trône, et ayant retiré sa couronne et sa chlamyde, il revêt le sagion bordé
» d'or, et, accompagné des Cubiculaires, il se retire sans pompe dans le Palais-gardé-
» par-Dieu, en suivant le chemin qu'il avait pris pour venir [1]. »

Ce passage, en confirmant ce qu'on avait déjà appris par les premières citations de la situation occidentale du grand portique, nous fournit d'autres justifications, tant sur le trône et ses accessoires que sur les dispositions intérieures de l'édifice. Ainsi, par la manière dont les Cubiculaires sont introduits, on comprend que la salle principale possédait des bas côtés. On trouve en dehors de cette salle le Coiton (n° 116, D) ou chambre particulière [2] qui servit souvent de chambre nuptiale aux empereurs.

Les six colonnes qui, de chaque côté, séparaient la nef des bas côtés et formait ainsi sept travées, nous sont indiquées par le livre des Cérémonies, de même que les quatre grosses colonnes qui décoraient le fond de la salle, disposées deux par deux à droite et à gauche de l'abside. On lit, en effet, dans les détails que fournit ce livre

---

des patrices, et le troisième des sénateurs. Dans une autre circonstance, lors d'une réception qui avait lieu dans le Chrysotriclinium, voici quel était le rang des différents voiles ou ordres : le premier se composait des maîtres, le second des proconsuls, le troisième des patrices, le quatrième des sénateurs, le cinquième des comtes des scholaires, le sixième des candidats, le septième des domestiques, et le huitième des éparques (*De cer. aul. Byz.*, lib. I, cap. xlviii). Les femmes n'étaient jamais admises dans les cérémonies à côté des hommes; mais, dans certaines circonstances, elles étaient présentées à l'impératrice et organisées, à cette occasion, en différents ordres, βῆλα. Le premier ordre était composé des zostès, le second des maîtresses, le troisième des femmes des patrices, le quatrième des femmes des officiers protospathaires, le cinquième des femmes des autres protospathaires, le sixième des femmes des spatharocandidats, et le septième des femmes des spathaires, des écuyers et des candidats (*De cer. aul. Byz.*, lib. II, cap. xv, p. 596).

[1] *De cer. aul. Byz.*, lib. II, cap. xv, p. 567.

[2] *De cer. aul. Byz.*, lib. I, cap. xxiv, p. 137.

sur la réception faite aux ambassadeurs sarrasins par l'empereur Constantin VII : « On » avait suspendu dans le grand triclinium de la Magnaure, où est établi le trône de » Salomon, des chaînes de cuivre argenté provenant de l'église des Saints-Serge-et-» Bacchus-d'Hormisdas, savoir sept à droite et autant à gauche, et, entre les quatre » grandes colonnes, quatre chaînes venant de la même église.... A toutes ces chaînes » pendaient de grands lustres d'argent appartenant à la Nouvelle «(église)» .On avait encore » placé dans ce triclinium de la Magnaure, l'orgue d'or dans la partie droite[1], au milieu » des grandes colonnes, mais en dehors des rideaux qui y sont attachés ; en haut de » la salle, vers l'orient, l'orgue d'argent de la faction des Bleus, et aussi, dans la » partie occidentale, l'orgue d'argent de la faction des Verts[2]. » Les sept lustres placés de chaque côté de la salle indiquent bien, dans les bas côtés, sept espaces séparés par des piliers ou des colonnes. Quant aux quatre grandes colonnes, elles étaient à droite, c'est-à-dire à l'orient du côté de l'abside. C'est là que nous les avons placées. Le haut de la salle est encore désigné dans ce passage comme étant à l'orient.

On a vu, par la première de nos citations, que l'empereur, en descendant de son trône pour se rendre à Sainte-Sophie, était sorti, après avoir traversé le grand portique occidental, par une porte qui conduisait vers le triclinium des Candidats. Il ne s'agit pas là d'une porte qui aurait fait partie de ce portique. Le nom de ἔμβολος qui lui est donné indique déjà suffisamment que ce portique était ouvert, et n'avait pas, par conséquent, de portes. Il ne faut pas oublier d'ailleurs qu'autour du triclinium de la Magnaure régnait un vaste Héliacon qu'il fallait traverser en arrivant par l'église du Seigneur, et qu'en descendant de l'Éros (n° 79) on devait passer par le flanc de la Magnaure avant d'atteindre le Macron des Candidats (n° 31), qui s'élevait, comme nous l'avons établi, sur la cour des Courtines (n° 29). A ces notions déjà acquises, ajoutons un nouveau renseignement : L'empereur descendant du haut de l'estrade où était son trône, « s'en va par le côté gauche de la Magnaure, et passant par les » Excubiteurs, les Scholaires et les petites portes de la Chalcé (n°s 27, 23 et 20, E), » il entre dans le Puits-sacré (à Sainte-Sophie)[3]. » Descendant de son trône, où il avait la face tournée vers l'occident, et sortant par la gauche, l'empereur passait évidemment par la porte méridionale qui lui était propre, et au-devant de laquelle s'étendait l'Héliacon. Et cependant il va, de même qu'en sortant par le grand portique occidental, gagner les salles des gardes pour se rendre à Sainte-Sophie. La porte qui conduisait vers le triclinium des Candidats était donc indépendante du grand portique occidental, et fermait bien certainement l'Héliacon et non l'édifice de la Magnaure.

[1] Il ne faut pas oublier que l'empereur, auteur du texte cité, entre dans la Magnaure par le flanc méridional de l'édifice, et que pour lui l'abside est à droite et à l'orient, et que l'occident est à sa gauche.

[2] *De cer. aul. Byz.*, lib. II, cap. xv, p. 570.

[3] *De cer. aul. Byz.*, lib. I, cap. xxvii, p. 155.

Le chapitre du livre des Cérémonies qui raconte de quelle manière on avait décoré la Magnaure pour la réception des ambassadeurs sarrasins, en justifiant la distinction que nous établissons entre la porte de l'édifice et celle de son Héliacon, nous a fourni les renseignements qui nous ont engagé à donner, dans notre plan, la forme d'une construction hémicirculaire aux portes (n° 33) par lesquelles on montait de la cour des Courtines (n° 29, B) sur l'Héliacon de la Magnaure. « En dehors du triclinium, » dans la grande Tropicé, εἰς τὴν μεγάλην Τροπικήν [1], on avait placé une chaîne (de » cuivre argenté à laquelle un lustre était suspendu) venant de l'église des Saints-Serge-» et-Bacchus »; et quelques lignes plus bas, on lit : « Dans l'abside, εἰς τὸ φουρνικόν, » qui conduit dehors, τὸ ἐξάγον, vers le triclinium des Candidats, on avait placé une » autre chaîne et un grand lustre.... » Et plus loin, dans le même chapitre, on lit encore : « Il faut savoir que dans la porte qui conduit vers le triclinium des Candi-» dats, en dedans et en dehors, se tenaient les chefs de l'Arithmos, vêtus du scara-» mangion et portant leurs épées et leurs boucliers [2]. » Ainsi le livre des Cérémonies donne le nom de φουρνικόν à l'endroit par où l'on sortait de la Magnaure, ou, pour mieux dire, de son Héliacon, pour aller gagner le triclinium des Candidats (n° 28). Or nous avons établi que, pour notre auteur, φουρνικόν et καμάρα étaient synonymes [3]. La grande porte de l'Héliacon de la Magnaure qui s'ouvrait sur la cour des Cour-tines (n° 29, B), au-devant du triclinium des Candidats, devait donc offrir une construc-tion en forme d'abside. On comprend alors comment les chefs de l'Arithmos avaient pu se tenir tant en dedans de la porte qu'au dehors. L'hémicycle voûté, le Four-nicon, qui formait l'entrée, présentait un espace dans lequel plusieurs personnes pou-vaient se tenir.

La déclivité du terrain avait motivé quelques marches pour monter de l'église du Seigneur (n° 35) sur l'Héliacon de la Magnaure; nous avons pensé qu'il en existait également quelques-unes pour monter de la cour des Courtines, qui était de niveau avec l'église du Seigneur, dans le vaste Héliacon qui entourait ce triclinium.

Nous avons parlé plusieurs fois [4] d'un escalier de bois (n° 13) par lequel l'empereur arrivait de son palais dans les Catéchumènes supérieurs de Sainte-Sophie, c'est-à-dire à l'étage qui existait au-dessus des bas côtés de l'église; il nous faut donner sur ce point quelques renseignements qui nous sont fournis par le livre des Cérémonies. Dans deux circonstances, l'empereur, sortant du Palais-sacré par la porte du Spatharicion (n° 66), « passe par la Magnaure et par ses galeries supérieures, καὶ τῶν ἀνωτέρων

---

[1] L'auteur donne ici au grand portique, qu'il avait d'abord appelé ἔμβολος, le nom de grande Tropicé, nom nouveau par lequel on désignait un portique élevé au-devant d'une porte.

[2] *De cer. aul. Byz.*, lib. II, cap. xv, p. 570, 571 et 577.

[3] Voyez plus haut, chap. IV, § III, p. 116.

[4] Voyez chap. II, § I<sup>er</sup>, p. 30; chap. II, § VI, p. 40; chap. III, § IX, p. 84.

» αὐτῆς διαβατικῶν, et montant par l'escalier de bois, il entre dans les Catéchumènes
» de la Grande-Église [1]. »

A la suite d'une autre cérémonie qui avait eu lieu dans Sainte-Sophie, l'empereur, sortant de la Grande-Église, « entre dans le Métatorion (n° 1, M)...; puis, de là, il
» monte sans pompe par l'escalier tournant du Métatorion dans les Catéchumènes, et,
» par les galeries, διὰ τῶν διαβατικῶν, il entre sans pompe dans le Palais-protégé-par-
» Dieu, accompagné des Maglabites et de l'Hétairie [2]. » Ainsi le point de départ des galeries supérieures (n° 117), par lesquelles l'empereur se rendait à Sainte-Sophie, lorsqu'il y allait sans cérémonie et accompagné seulement de quelques gardes, était le grand triclinium de la Magnaure; mais il ne faudrait pas tirer de la première des deux citations cette conséquence que l'escalier de bois qui servait de passage entre le palais et les Catéchumènes de Sainte-Sophie touchât à la Magnaure. Le triclinium de la Magnaure était, comme nous l'avons établi, très-près du grand palais, qui était séparé de Sainte-Sophie par toute l'étendue du Forum. Nous supposons donc qu'au-dessus du portique de la Magnaure il existait une galerie ou une terrasse, et que de là partait un passage pratiqué sur le dessus de portiques qui se prolongeaient jusqu'à Sainte-Sophie et qui étaient appliqués contre les murs du palais. On remarquera, en effet, que notre auteur, en parlant du retour de l'empereur, ne donne pas le nom de galeries de la Magnaure à celles par lesquelles l'empereur entre dans le palais en quittant Sainte-Sophie, mais qu'il dit simplement les galeries; ce n'était donc qu'après un assez long parcours sur les galeries unies à Sainte-Sophie par l'escalier de bois qu'on arrivait à l'étage supérieur de la Magnaure. Codin confirme cette appréciation en donnant à ces galeries, qui servaient de passage, le nom de Galeries du palais; il nous apprend, en outre, qu'elles étaient couvertes. « Justinien, dit-il, construisit les bâtiments voisins du Méta-
» torion...; il fit, à partir de là, les galeries couvertes du palais, τὰ διαβατικὰ σκεπαστὰ
» τοῦ παλατίου, afin d'y passer chaque fois qu'il le voudrait [3]. »

Nous avons établi, d'une manière incontestable, la position du grand triclinium de la Magnaure, et l'on ne peut douter qu'il n'ait été situé dans l'enceinte de la demeure impériale, non loin des murs qui la fermaient sur le Forum, très-près du grand palais et sur la voie la plus courte pour aller de ce palais à Sainte-Sophie.

Cependant Du Cange [4], trompé par un passage de Théophanes, a placé ce triclinium, auquel il donne le nom de palais de la Magnaure, à l'extrémité nord-ouest de la ville, près du château des Blaquernes. Tous ceux qui ont écrit depuis Du Cange ont adopté son opinion sans examen, et sont tombés dans la même erreur. Comme il est très-

---

[1] *De cer. aul. Byz.*, lib. I, cap. XXII et XXVIII, p. 125 et 157.
[2] *De cer. aul. Byz.*, lib. II, cap. X, p. 548.
[3] Codin., *De S. Sophia;* Paris., p. 66; Bon., p. 135.
[4] *Constant. Christ.*, lib. II, § 5, n° 2, p. 127.

souvent question du triclinium de la Magnaure dans les auteurs byzantins, il était important de la relever.

Théophanes, dans la vie de Constantin Copronyme, avait dit que les Sarrasins débarqués dans la Thrace s'étaient approchés de Constantinople et en avaient occupé les abords « au couchant depuis l'extrémité de l'Hebdomon, c'est-à-dire depuis ce qui » est appelé Magnaure jusqu'à.... ἀπὸ τῆς πρὸς δύσιν ἀκρότητος τοῦ Ἑβδόμου, ἤτοι τῆς » λεγομένης Μαγναύρας, μέχρι [1].... » L'Hebdomon était un lieu situé originairement en dehors de la ville, à l'occident, et qui y fut réuni lorsque les Blaquernes furent enfermées dans l'enceinte des murailles. Un édifice dont les ruines subsistent encore aujourd'hui, et qui est situé près des murailles occidentales de Constantinople, portait le nom d'Hebdomon. Le passage de Théophanes ne constate qu'une chose, c'est que le lieu ou l'édifice nommé Hebdomon s'appelait également Magnaure ; mais ce n'était pas une raison pour que l'Hebdomon fût le même édifice que ce triclinium de la Magnaure situé près du grand palais, dans lequel les empereurs faisaient la réception des princes et des ambassadeurs étrangers, et où ils se plaisaient à rassembler les grands dignitaires pour leur adresser des allocutions sur des sujets qui intéressaient l'état ou la religion. Les empereurs qui régnèrent antérieurement au onzième siècle n'auraient pas choisi pour les réceptions un palais situé à l'extrémité de la ville, à une lieue de leur demeure.

Comme cette phrase de Luitprand, « domus palatio contigua », gênait Du Cange dans son opinion, il l'explique en appliquant le mot palatium au palais des Blaquernes situé sur le port de la Corne-d'or, à l'extrémité nord-ouest de la ville. Mais au dixième siècle, à l'époque où Luitprand écrivait, le palais des Blaquernes n'était pas la résidence des empereurs ; c'était au contraire, comme nous l'avons démontré, l'époque de la splendeur du grand palais ; c'est dans le grand palais que Luitprand fut reçu comme ambassadeur de Béranger, marquis d'Yvrée, car, après l'audience qu'il avait eue de Constantin Porphyrogénète dans le triclinium de la Magnaure, il fut admis à la table de l'empereur dans le triclinium des Dix-neuf-lits [2].

Un passage de la Chronique Pascale que cite Du Cange, et où il est question de la sédition des Victoriats sous Justinien, aurait pu l'éclairer. « Les factions révoltées » mirent, en fuyant, le feu à la Magnaure ; mais un grand concours (des défenseurs » du palais) étant survenu, il fut éteint aussitôt [3]. » Or les séditieux auxquels on donne le nom de Victoriats mirent le feu, d'après la Chronique Pascale, à la Chalcé, aux tricliniums des Scholaires et des Candidats (n[os] 20, 23 et 28), et au Sénat (n° 12), localités voisines du triclinium de la Magnaure, mais distantes d'une lieue du château des Blaquernes et de l'Hebdomon, qui n'eurent rien à souffrir des ravages du feu

---

[1] THEOPHANIS *Chronogr.*, ad an. v Copronymi, ap. DU CANGE, loc. cit.
[2] LUITPRANDI *Antapodosis*, lib. VI, ap. PERTZ, *Monum. Germ. hist.*, t. V, p. 338.
[3] *Chronicon Paschale,* ad an. v Justiniani; Bon., t. I, p. 621; et ap. DU CANGE, loc. cit.

allumé par les Victoriats. M. de Salzenberg, qui a relevé le plan et donné l'élévation de ce qui reste du palais de l'Hebdomon [1], pense que cette construction appartient au neuvième siècle. Cette raison suffirait au besoin pour qu'on ne la confondît pas avec le grand triclinium de la Magnaure bâti par Constantin, restauré par Justinien et embelli par Théophile. Nous nous sommes étendu longuement sur ce sujet; mais lorsqu'il s'agit de réfuter Du Cange, on ne saurait apporter trop de soin dans la discussion.

Nous n'avons rien à ajouter à ce que nous avons dit de la porte appelée Μονόθυρος (n° 118) qui s'ouvrait sur le Forum, du Péripatos dallé de marbre (n° 119) qui s'étendait de cette porte jusqu'à l'Héliacon du Phare (n° 105) et du Caballarios qui l'avoisinait, non plus que des édifices situés sur la colline, au nord du grand palais; les citations que nous avons faites suffisent pour justifier l'existence et la situation de ces localités.

## XXII
### LA NOUVELLE-ÉGLISE-BASILIQUE.

Nous avons quelques renseignements à ajouter à la description donnée par Constantin Porphyrogénète et par Photius [2] de la Nouvelle-église-basilique (n° 128), ἡ Νέα βασιλικὴ ἐκκλησία [3], qu'on appelait encore la Nouvelle-grande-église [4] et la Nouvelle tout court, ἡ Νέα [5]. On a pu remarquer combien l'auteur du livre des Cérémonies était porté à abréger les désignations; c'est ainsi qu'il appelle l'église Sainte Marie du Phare le Phare; lorsque l'empereur doit passer par le triclinium des Scholaires, des Excubiteurs et des Candidats, il se contente le plus souvent de dire qu'il traverse les Scholaires, les Excubiteurs et les Candidats, en supprimant le mot qualificatif de la localité.

Les passages des auteurs que nous avons cités ont établi que la Nouvelle-église-basilique s'élevait à l'orient du grand palais et que son narthex était tourné vers l'occident et regardait la mer. Pour aller du grand palais à cette église, l'empereur sortant par l'Héliacon du Phare (n° 105), suivait d'abord la pente, τὸ καταβάσιον (n° 127), qui conduisait au Boucoléon, puis tournant à droite il descendait vers le narthex de l'église. Cette dernière indication nous a appris que la Nouvelle-église était située dans la plaine étroite

---

[1] *Alt-Christliche Baudenkmale von Constantinopel*, s. 36, bl. 37 et 38.
[2] Voyez plus haut, chap. III, § xi, p. 88.
[3] Constant. Porphyr., *De Bas. Mac.*, ap. *Script. post Theoph.*, lib. V, § 76; Paris., p. 196; Bon., p. 319.
[4] *De cer. aul. Byz.*, lib. I, cap. xix, p. 117.
[5] *De cer. aul. Byz.*, lib. II, cap. xv, p. 571. — Const. Porphyr., *De Bas. Mac.*, lib. V, § 90; Paris., p. 206; Bon., p. 335.

qui s'étendait entre la mer et la colline sur laquelle le grand palais était bâti. La situation que nous avons donnée sur notre plan à cet édifice est donc parfaitement justifiée. Le nom de καταβάσιον[1] par lequel l'auteur du livre des Cérémonies désigne la voie qui conduisait au port et au palais du Boucoléon, indique bien un chemin qui du plateau de la colline descendait dans la plaine, et non un escalier. Au contraire, nous avons pensé que c'était par un escalier (n° 127 A) que l'on arrivait du haut de ce chemin au narthex de la Nouvelle-église. En effet, pour établir l'atrium de cette église qui s'étendait au-devant de son narthex et touchait au palais, comme nous allons en justifier, il avait fallu couper à pic la pente de la colline qu'on avait dû soutenir en cet endroit par un mur de terrasse. Pierre Gylli vient appuyer cette conjecture en nous apprenant que les versants du sud et de l'ouest de la première colline de Constantinople, sur laquelle s'élevait le grand palais, étaient plus rapides que ceux tournés au nord et à l'est, et que dans quelques endroits on les gravissait par des escaliers, « proniores ut alicubi gradibus ascendantur[2] ». On sait encore, par les passages précédemment traduits, qu'au-devant de l'église s'étendait un atrium auquel Constantin Porphyrogénète, dans la Vie de Basile, donne le nom de προαύλια, et qu'il appelle ἡλιακόν dans le livre des Cérémonies[3]. Ces dénominations indiquent un espace à ciel ouvert. Cet atrium était enrichi de portiques que Photius désigne sous le nom de προπύλαια. Le célèbre patriarche a vanté la beauté des marbres dont ils étaient enrichis, et nous a laissé dans l'ignorance de la forme qu'avaient ces propylées; mais un passage du livre des Cérémonies, que nous allons transcrire, nous apprend que le dessus de l'exonarthex de l'église offrait une terrasse à ciel ouvert, ἡλιακόν, par laquelle l'empereur pouvait rentrer dans son palais. Nous avons donc supposé que ces portiques se composaient de deux galeries (n° 128, B) touchant à l'exonarthex de l'église, et disposées en hémicycle de manière à enceindre l'atrium. Du côté de cet atrium, ces portiques devaient être ouverts et soutenus par une colonnade : le nom de propylées que leur donne Photius semble bien l'indiquer, et du côté opposé, fermés par un mur revêtu de plaques de marbre. Des portes ménagées dans ce mur, de distance en distance, vis-à-vis des entre-colonnements, permettaient l'accès des portiques à ceux qui arrivaient du palais par la pente du Boucoléon et l'escalier qui en partait (n° 127, A). Des terrasses étaient établies sur le dessus des portiques en prolongement de l'Héliacon supérieur de l'exonarthex. Celle du portique septentrional se trouvait de plain-pied avec l'Héliacon du Phare (n° 105), et l'empereur, comme on va le voir, pouvait rentrer dans son palais par cette terrasse, sans monter l'escalier de la pente du Boucoléon.

Voici le passage du livre des Cérémonies dont nous venons de parler; nous le transcri-

---

[1] Καταβάσιον signifie chemin qui conduit de haut en bas, pente.
[2] Petri Gyllii *De topogr. Constant.*, lib. I, cap. vii, ap. Banduri, *Imp. Orient.*, t. 1, p. 355.
[3] *De cer. aul. Byz.*, lib. II, cap. xv, p. 586.

vons presque en entier, parce qu'indépendamment de l'Héliacon de l'exonarthex qu'il signale, il nous fournit de nouveaux détails sur les dispositions intérieures de l'église.

Ce passage est emprunté au cérémonial à observer le jour de la fête de saint Élie; nous en avons déjà donné le commencement, qui a fait connaître le chemin suivi par l'empereur pour aller, en cérémonie, de l'église Sainte-Marie du Phare (n° 106) au narthex de la Nouvelle-église-basilique[1]; « c'est là (dans le narthex) que se tiennent tous les membres
» du Sénat et qu'ont lieu, suivant la coutume, les cérémonies ecclésiastiques de l'entrée.
» Quand l'empereur est arrivé, selon l'usage, avec le patriarche au sanctuaire de l'oratoire
» de Saint-Élie, situé dans cette Nouvelle-église, le patriarche entre le premier; l'em-
» pereur, s'arrêtant en dehors des portes saintes, prend un cierge des mains du Préposé,
» et après avoir trois fois fléchi le genou, il adresse ses prières à Dieu. Ensuite, entrant
» dans le sanctuaire, il baise, avant tout, les saintes portes, puis la couverture de la
» sainte table et le vêtement de peau de brebis du saint prophète qui s'y trouve, et après
» avoir déposé une offrande sur la sainte table, il passe par les Béma, allumant les
» cierges dans chacun des Béma, et baise, suivant l'usage, les couvertures des saintes
» tables. Traversant ensuite le gynécée de l'église, διὰ τοῦ αὐτοῦ γυναικίτου, il allume des
» cierges devant l'image du très-chrétien empereur Basile; aussitôt prenant congé du
» patriarche, il entre dans un oratoire qui est en cet endroit; de là descendant, ἐκβαίνοντες,
» dans le narthex qui est tourné vers la mer, εἰς τὸν πρὸς τὴν θάλασσαν νάρθηκα, et où des
» siéges sont placés et un rideau suspendu, il ôte sa chlamyde et se tient debout en
» attendant la lecture du saint Évangile; puis prenant un cierge des mains du Préposé,
» il écoute le saint Évangile.... Ensuite, l'empereur passant sans pompe par le même
» narthex et par l'escalier secret qui s'y trouve, rentre dans le palais par l'Héliacon
» supérieur du même narthex, διὰ τοῦ ἀνωτάτου ἡλιακοῦ τοῦ αὐτοῦ νάρθηκος[2]. »

Ce document, ainsi que les passages de Constantin Porphyrogénète et de Photius dont nous avons déjà donné la traduction[3], nous permettent de faire la restitution de la Nouvelle-église-basilique, édifiée avec tant de splendeur par Basile le Macédonien.

A l'imitation de Sainte-Sophie, ce temple possédait un exonarthex, sorte de péristyle auquel venaient s'unir les deux galeries qui enveloppaient l'atrium. Nous pensons que Photius comprenait dans ce qu'il appelait les propylées du temple, et cet exonarthex et les galeries adjacentes. La face antérieure de l'exonarthex, ouverte sur l'atrium, offrait donc une colonnade, et les murs de l'église qui en formaient le fond étaient revêtus de ces marbres dont Photius a vanté la beauté. De l'exonarthex on passait dans le narthex, vestibule fermé de l'église. On devait y pénétrer par trois ou cinq portes.

En laissant en dehors le sanctuaire, dont nous parlerons plus loin, le plan de l'église

---

[1] Voyez chap. III, § xi, p. 87.
[2] *De cer. aul. Byz.*, lib. I, cap. xix, p. 117.
[3] Chap. III, § xi, p. 88 et suivantes.

présentait une croix à branches égales, inscrite dans un carré. Au centre de la croix s'élevait la coupole principale; les quatre autres coupoles, plus petites, surmontaient les quatre chapelles formées dans les angles du carré par les branches de la croix. On a dû remarquer dans le cérémonial de la fête de Saint-Élie, que l'empereur, après avoir visité l'oratoire consacré sous l'invocation du saint prophète, était passé dans les Béma et avait allumé des cierges « dans chacun des Béma ». Il y avait donc plusieurs Béma ou sanctuaires, et cependant dans sa description de l'église, Constantin ne parle que d'un seul sanctuaire que fermait une magnifique clôture. Il y a tout lieu de penser dès lors qu'au delà du grand carré qui comprenait la nef et ses transepts, le sanctuaire offrait un espace en forme d'hémicycle dont le contour était pénétré par trois absides, formant trois Béma, c'est-à-dire trois sanctuaires : c'est ce qu'on appelait un tétraséron. Le préambule de la description faite par Constantin de la Nouvelle-église nous a appris qu'elle avait été dédiée par son aïeul Basile sous l'invocation de Notre-Seigneur, de la Vierge, de l'archange Gabriel, du prophète Élie et de saint Nicolas; il est donc probable, d'après les termes du cérémonial, que par dérogation aux usages ordinaires de l'Église grecque[1], Basile avait établi dans la Nouvelle-église-basilique autant d'autels qu'il y avait de personnes divines ou de saints patrons de l'édifice. L'autel de l'abside orientale aurait été consacré à Notre-Seigneur Jésus-Christ, et les autels des deux autres absides renfermées dans le sanctuaire dédiés à la Vierge et au chef des milices célestes. Les autels du prophète Élie et de saint Nicolas occupaient sans doute, à droite et à gauche de la nef, les deux chapelles des bas côtés qui avoisinaient le sanctuaire.

Le gynécée où s'en va l'empereur en sortant du Béma, afin d'allumer des cierges devant l'image de Basile, fondateur du monument, n'indiquerait pas absolument un étage supérieur au-dessus des bas côtés de l'église, parce qu'à une époque qui n'est pas éloignée de celle de Basile, les femmes furent admises au rez-de-chaussée des églises dans la nef latérale du nord, les hommes se réservant celle du midi ; mais l'empereur, après avoir honoré l'image de Basile, « descend du gynécée dans le narthex » ; l'existence d'un étage supérieur dans les bas côtés est donc incontestable. Revenu dans le narthex, l'empereur, après y avoir ôté sa chlamyde, monte « par un escalier secret qui s'y trouve » sur la terrasse à ciel ouvert, τὸ ἡλιακόν, du narthex. Il n'est pas probable que, dans un

---

[1] Dans le sanctuaire des églises grecques, il y avait trois tables; l'autel au centre sur lequel se faisait le saint sacrifice de la messe; à gauche, une table qui avait le nom de πρόθεσις, table des Propositions, où l'on déposait le pain, le vin, et tout ce qui est nécessaire à la célébration de la messe; à droite, une autre table nommée διακονικόν pour le service du culte; on y plaçait les offrandes et les livres saints (GOAR, Εὐχολόγιον, sive *Rituale Græcorum;* Lut. Par., 1647. — Du CANGE, *Const. Christ.*, lib. III, § 57 et 58, p. 59 et 60.) Constantin, dans la Vie de Basile, en parlant des tables saintes du sanctuaire, les désigne sous le nom de ἱεραὶ τράπεζαι, et dans le livre des Cérémonies il appelle ἁγία τράπεζα celle de l'oratoire de Saint-Élie. Photius donne à l'autel sur lequel on célébrait la messe le nom de θεία τράπεζα. En admettant qu'il y eût plusieurs autels dans la Nouvelle-basilique, la messe ne devait toujours être célébrée que sur l'autel principal, placé dans l'abside orientale.

édifice aussi splendide, le narthex n'ait pas reçu une élévation égale à celle de l'église elle-même, et qu'on ne lui ait donné que la hauteur de l'étage du rez-de-chaussée des bas côtés, en le couvrant en terrasse, ce qui laissait prise à l'infiltration des eaux pluviales. Nous avons donc pensé qu'en avant du narthex il y avait un péristyle ou exonarthex, et que c'était ce péristyle qui était couvert en terrasse. L'étage supérieur du narthex s'ouvrait sur cette terrasse; elle pouvait donc être appelée à juste titre «l'Héliacon » supérieur du narthex », comme le fait l'auteur du livre des Cérémonies.

Les vases sacrés et le mobilier de la Nouvelle-église-basilique répondirent à la magnificence de la construction. Les auteurs n'en ont pas laissé le détail; mais le cérémonial de la réception des ambassadeurs sarrasins nous a appris que pour décorer en cette occasion le triclinium de la Magnaure et d'autres salles du grand palais, la Nouvelle-église avait fourni soixante-deux de ces grands lampadaires d'argent auxquels on donnait le nom de Polycandélon[1].

## XXIII

### LES DEUX GALERIES EXTÉRIEURES DE LA NOUVELLE-ÉGLISE ET SON GARDE-MEUBLE; LE MÉSOCÉPION ET LE TZYCANISTÉRION.

On donnait le nom de Tzycanistérion, τὸ Τζυκανιστήριον, à un vaste emplacement à ciel ouvert (n° 131) qui servait aux exercices hippiques des empereurs. Deux Tzycanistérion furent établis à des époques différentes dans l'enceinte de la demeure impériale; le premier, fondé par Théodose II (†450), fut détruit par Basile le Macédonien, afin de faire construire la Nouvelle-église-basilique (n° 128) sur le terrain qu'il occupait; l'autre fut disposé par les ordres de ce prince pour remplacer le premier. L'auteur anonyme qui a écrit sur les antiquités de Constantinople, et Codin, qui a copié en partie son ouvrage[2], ont confondu les deux Tzycanistérion, et c'est à tort qu'ils ont dit que Basile avait agrandi le Tzycanistérion de Théodose. Constantin Porphyrogénète ne nous laisse aucun doute à cet égard et nous fournit en outre des renseignements sur les deux galeries extérieures de la Nouvelle-église (n° 129), sur les bâtiments destinés à lui servir de garde-meuble, et sur le jardin qui s'étendait au delà de son chevet à l'orient; il s'exprime ainsi : « En sortant de la porte septentrionale de l'église, on trouve une longue » galerie, μακρός τις περίπατος, dont la voûte est décorée de peintures en mosaïque[3], repré- » sentant les luttes et les combats des martyrs.... En sortant par la porte qui est tournée

---

[1] *De cer. aul. Byz.*, lib. II, cap. xv, p. 570 et seq.
[2] ANONYM., lib. II, ap. BANDURI, *Imp. Orient.*, p. 23. — CODIN, *De ædif.;* Paris., p. 42; Bon., p. 81.
[3] Le texte porte ἐξ ἐνύλων γραφῶν, de peintures matérielles, c'est-à-dire faites avec des matières. On ne peut voir là que des peintures en mosaïque. Nous serions tenté de croire que la leçon est mauvaise, et qu'au lieu de ἐνύλων il faudrait lire ὑέλων, et voir là des mosaïques de verre.

» vers le midi et la mer, si l'on s'achemine à l'orient, on trouve une autre galerie de la
» même longueur que celle du nord; elle se prolonge jusqu'au Carrousel impérial,
» ἄχρι τῆς βασιλικῆς αὐλῆς [1], où les empereurs et les personnages d'un rang élevé jouent
» à la paume montés à cheval. C'est ce même emplacement que notre glorieux empereur
» (Basile) a restauré et agrandi après avoir acheté les maisons qui se trouvaient aux
» alentours, et les avoir rasées pour niveler le terrain; faisant aussi construire, dans la
» partie de ce même emplacement qui est en face de la mer, les superbes édifices (n° 133)
» destinés à servir de décharge et de garde-meuble à l'église. L'acquisition de ces maisons
» et l'établissement de ce Carrousel étaient devenus nécessaires parce que le gymnase,
» γυμνάσιον, précédemment affecté aux exercices de la cour, avait été abandonné pour
» servir d'emplacement à l'église. Quant au terrain à l'est de l'église, compris entre
» les deux galeries, il en fit un jardin, nouvel Éden, planté à l'orient et embelli par des
» arbres et des fleurs de toute espèce et arrosé de sources abondantes. C'est ce jardin que
» nous avons coutume d'appeler, à cause de sa position, Mésocépion, Μεσοκήπιον [2]. »

L'auteur anonyme qui a écrit la Vie de Théophile (†842) confirme la destruction de l'ancien Tzycanistérion en disant que de la terrasse (n° 82) qui s'étendait au-devant du triclinium nommé la Perle, bâti par cet empereur, « on voyait l'ancien Tzycanistérion, » qui occupait alors l'emplacement où le célèbre empereur Basile a fait établir la » Nouvelle-église, les deux fontaines et le Mésocépion [3] ». Qu'on n'oublie pas que la terrasse de la Perle était élevée au-dessus d'un étage de rez-de-chaussée, et l'on comprendra que du haut de cette terrasse on devait voir l'emplacement où la Nouvelle-église était édifiée.

Dans la Vie de l'empereur Basile, Constantin Porphyrogénète avait désigné par le mot αὐλή le Carrousel impérial établi par son aïeul à l'extrémité des galeries extérieures de la Nouvelle-église; mais dans son ouvrage sur les cérémonies de la cour, qui confirme les renseignements déjà acquis, il rend à ce Carrousel son nom de Tzycanistérion. Les ambassadeurs sarrasins, après s'être reposés dans le triclinium de Justinien, à la suite d'une audience qu'ils avaient obtenue de l'empereur, « passant par le Lausiacos, l'Horo- » logion et le Chrysotriclinium, franchirent les portes orientales du Chrysotriclinium, » et sortant par l'Héliacon du Phare (n°s 92, 94, 95, 95 E, et 105 A), ils arrivèrent en » bas, κατῆλθον, par l'Héliacon de la Nouvelle-église (n° 128, A) et par le grand » triclinium (n° 134) dans le Tzycanistérion. Montant à cheval en cet endroit, ils s'en » allèrent à leur propre demeure [4]. »

Ces citations justifient complétement la situation que nous avons donnée sur notre

---

[1] Αὐλή signifie espace découvert, cour, et nous croyons rendre parfaitement le sens en traduisant par carrousel une αὐλή qui servait à des exercices et à des jeux hippiques.
[2] Const. Porphyr., De Basil. Mac., ap. Script. post Theoph., lib. V, § 86; Paris., p. 201; Bon., p. 328.
[3] Ap. Script. post Theoph., lib. III, § 43; Paris., p. 89; Bon., p. 144.
[4] De cer. aul. Byz., lib. II, cap. xv, p. 586.

plan aux deux galeries extérieures de l'église, au Tzycanistérion et au Mésocépion, dont le nom pourrait être traduit par jardin d'entre-deux, c'est-à-dire entre les deux galeries.

L'empereur Basile ayant été obligé d'acheter des maisons particulières pour établir le nouveau Tzycanistérion, on doit en tirer cette conséquence que l'enceinte de la demeure impériale se trouvait à peu de distance de ce Carrousel.

La dernière de nos citations établit qu'il devait exister près de là une porte par laquelle sortirent les ambassadeurs sarrasins. Un fait historique se rattache à cette porte (n° 132) et vient en confirmer l'existence en cet endroit. L'amiral Romain Lécapène, après s'être fait associer à l'empire (919) par son gendre Constantin Porphyrogénète, alors âgé de quinze ans, avait fait couronner ses propres enfants et s'était emparé du gouvernement de l'État, qu'il dirigea seul pendant vingt-cinq années. En 944, ses deux fils, Étienne et Constantin, voulant jouir seuls du rang suprême, se saisirent de leur père, devenu vieux et malade, le rasèrent, le revêtirent d'un habit de moine et le transportèrent la nuit dans un couvent de l'île de Proté, à l'entrée de la Propontide. Le bruit de cet événement se répandit bientôt dans Constantinople, et le peuple, craignant que les conjurés n'eussent assassiné Porphyrogénète, qu'il aimait beaucoup, accourut en foule au palais. Pour le rassurer, « Constantin, les cheveux déliés, se montra à travers les grilles, » dans cette partie du palais où s'étend le champ du Tzycanistérion, ex ea parte qua » Zucanistrii magnitudo portenditur, Constantinus crines solutus per cancellos caput » exposuit[1] ». La grille qui existait au delà du Tzycanistérion à l'époque de la déposition de Romain Lécapène fut sans doute remplacée par une poterne lorsque Nicéphore Phocas (963 † 969) fit fortifier l'enceinte du palais.

Il résulte des renseignements que nous venons de produire que le Tzycanistérion existait dans la plaine, au delà du grand palais vers l'est, à l'extrémité des galeries qui bordaient au nord et au sud le jardin planté derrière le chevet de la Nouvelle-église-basilique, et que ce Carrousel, très-près de la mer, avoisinait les murs d'enceinte et l'une des portes de la demeure impériale.

## XXIV

### LE PORT DU BOUCOLÉON.

Le port du palais impérial (n° 135), Λιμὴν περὶ τὰ ἀνάκτορα[2], ὁ κατὰ τὸν Βουκολέοντα λιμήν[3], était nommé plus fréquemment le Boucoléon tout court, ὁ Βουκολέων[4]. Il est

---

[1] LUITPRANDI *Antapodosis*, lib. V, § 21, ap. PERTZ, *Mon. Germ. hist.*, t. V, p. 333.
[2] ZONARAS, *in Theophilo*; Basileæ, 1557, p. 117.
[3] NICETAS, *De Manuele Com.*, lib. VII, § 7; Paris., p. 144; Bon., p. 289.
[4] *De cer. aul. Byz.*, lib. I, cap. XIX, et lib. II, cap. XVIII, p. 117 et 601. — ANNA COMN., *De reb. ab Alexio imp. gest.*, lib. III, § 1; Paris., p. 72; Bon., p. 137. — NICETAS, *De Manuele*, lib. III, § 4, p. 149.

d'autant plus important pour nous de justifier la situation que nous lui avons donnée, que nous allons nous trouver en contradiction avec Du Cange, qui a pensé que le Boucoléon était le même port que celui qu'on appelait Sophie, et précédemment Julien, du nom de son fondateur [1].

Du Cange semble vouloir s'appuyer de l'autorité de Pierre Gylli, car il ajoute : « Gylli nous apprend que le port nommé Julien, Sophie, et même Boucoléon, est » comblé et ensablé [2]. » Mais ce consciencieux voyageur parle seulement du port Julien ou Sophie, sans ajouter, comme Du Cange, que ce port s'était appelé Boucoléon. Voici le passage de Gylli, cité par Du Cange : « Le port Sophie, nommé antérieu- » rement Julien, paraît être ce port Nouveau qu'une ancienne description des quar- » tiers de la ville place dans le quartier de l'Hippodrome; mais ce port, qu'on l'ait » appelé Nouveau, Julien ou Sophie, est aujourd'hui comblé, soit qu'on veuille le » voir dans celui qui existe à l'occident du temple de Bacchus [3], enfermé dans des » murs, presque entièrement ensablé et dont la partie subsistante, semblable à un lac, » sert ordinairement aux femmes pour le lavage du linge (on dit qu'on y a vu des » galères submergées, et les modernes Byzantins l'appellent Caterga Limena [4]), soit qu'il » ait existé à l'orient du temple de Bacchus, près de la porte de la ville qu'on appelle » Porte du Lion, à cause d'un lion de pierre qui existe près de cet endroit, ou bien du » nom de l'empereur Léon qui avait là un palais, disent les Byzantins [5]. » Ainsi Gylli n'assimile pas le port Sophie ou Julien au port du Boucoléon; il hésite même sur l'emplacement du port Sophie. D'après lui, on devrait en trouver les restes, soit dans le petit port situé à l'occident de l'ancienne église de Saint-Serge-Saint-Bacchus, dans le quartier de Condoscale et qui porte encore aujourd'hui le nom de Kadeurga Limane, et plus ordinairement celui d'Échelle de Koum [6], soit dans une autre petite échelle appelée Tschatlade, qui est située près de la porte de ce nom, au-dessous et un peu à l'orient de Kutschuk-Aja-Sofia, l'ancienne église Saint-Serge-Saint-Bacchus. C'est près de cette porte, en effet, qu'on voit renfermés dans les murs le lion signalé par Gylli, et des

---

[1] Lebeau, en s'appuyant sans examen sur l'autorité de Du Cange, a confondu également les ports Sophie et Boucoléon (*Histoire du Bas-Empire*, livre XXI, p. 240). M. de Hammer adopte aussi l'opinion de Du Cange (*Constantinopolis und der Bosporos*, t. I, p. 119, 121 et 124). En parlant de Tschatlade-Capoussi, il avance, on ne sait quelle autorité, que cette porte, située au-dessous de l'ancienne église Saint-Serge-Saint-Bacchus, appartenait au palais du Boucoléon, qui touchait, dit-il, à cette église. Puis, en décrivant l'échelle de Kadeurga-Limane, il y reconnaît l'emplacement du port Julien ou Sophie, ajoutant que ce port avait pris en des temps moins anciens le nom de port du Palais et aussi celui de port du Boucoléon. Cependant, le Boucoléon ne pouvait exister tout à la fois à Kadeurga-Limane et auprès de la porte Tschatlade. Voyez notre planche I$^{re}$.

[2] *Constant. Christ.*, lib. I, § 19, n$^{os}$ 1, 2 et 3, p. 52 et 53.

[3] L'église Saint-Serge-Saint-Bacchus, convertie en mosquée sous le nom de Kutschuk-Aja-Sofia.

[4] Port des galères.

[5] *De topogr. Const.*, ap. BANDURI, *Imp. Orient.*, t. I, p. 380.

[6] Voyez notre planche I$^{re}$.

colonnes antiques [1]. En supposant que le port Julien ait existé auprès de Kadeurga-Limane, il se serait trouvé à plus de sept cents mètres de l'obélisque de granit, et à plus d'un kilomètre de l'endroit où s'élevait le Palais-sacré; en le plaçant auprès de Tschatlade-Capoussi, il aurait été encore à plus de sept cent cinquante mètres du Palais-sacré, résidence des empereurs.

Faisons connaître maintenant les autorités qui nous ont engagé à placer le port du Boucoléon à l'endroit où on le voit sur notre plan, à quelques pas du Palais-sacré.

Nous croyons avoir établi par des documents irrécusables la situation du grand palais. On sait maintenant que l'Héliacon du Phare (n° 105) terminait le Palais-sacré du côté de l'orient, et que la Nouvelle-église (n° 128), bâtie par Basile le Macédonien, s'élevait dans la plaine à l'orient du Palais-sacré, auquel elle touchait par les galeries supérieures de ses propylées (n° 128, B) [2]. Procédant du connu à l'inconnu, recherchons l'emplacement du Boucoléon. Un passage du livre des Cérémonies nous le fait connaître. Nous avons déjà cité ce passage; mais nous allons le transcrire de nouveau, à cause de son extrême importance dans la solution de la question qui nous occupe. Dans le cérémonial à observer le jour de la fête de saint Élie, l'empereur doit aller du naos de Sainte-Marie du Phare (n° 106) à l'oratoire élevé à saint Élie dans la Nouvelle-église (n° 128). Dans cette circonstance, sortant de Sainte-Marie du Phare par la porte qui conduit à l'Héliacon, « il traverse avec la procession le milieu de l'Héliacon (n° 105) » et le porche de la porte à un battant (n° 105, A), descend la pente du Boucoléon » (n° 127), et, tournant à droite, descend (n° 127, A) vers le narthex de la Grande-» église-nouvelle [3]. » Ainsi le chemin en pente qui, du plateau de la colline, où était bâti le Palais-sacré, descendait au port du Boucoléon, partait de l'Héliacon du Phare, et comme on quittait ce chemin à peu de distance de l'Héliacon, pour tourner à droite, si l'on voulait arriver au narthex de la Nouvelle-église qui était située à l'orient du grand palais, il est évident que le Boucoléon se trouvait plus loin du palais que cette église. D'un autre côté, nous avons établi que le Tzycanistérion (n° 131) s'étendait au delà du jardin (n° 130) planté à l'orient de la Nouvelle-église, et que ce Carrousel, qui avait des bâtiments élevés en face de la mer, touchait aux murs d'enceinte de la demeure impériale [4]. Ainsi il n'y avait, au delà du Tzycanistérion, ni édifice ni établissement quelconque appartenant au palais impérial. Le Boucoléon qui en formait, comme on le verra plus loin, l'entrée maritime, devait donc exister

---

[1] Gylli dit que ces murs dépendaient du palais de Léon Marcellus (lib. I, § 7, p. 357), et non pas du palais du Boucoléon, comme le veut M. de Hammer sans le justifier.

[2] Voyez chap. IV, § xvii et xxii, p. 171 et 195.

[3] De cer. aul. Byz., lib. I, cap. xix, p. 117.

[4] Voyez le paragraphe précédent.

entre la Nouvelle-église et le Tzycanistérion. Tel est l'emplacement qu'il occupe sur notre plan.

Ces justifications seraient suffisantes; nous y ajouterons cependant quelques passages d'auteurs grecs et latins qui viennent les confirmer en établissant que le Boucoléon était compris dans l'enceinte de la demeure impériale, et très-rapproché du Palais-sacré.

Guillaume, archevêque de Tyr, rend ainsi compte de la visite qu'Amaury, roi de Jérusalem, fit à l'empereur Manuel Comnène (1170), dans le but d'en obtenir des secours contre Saladin : « Le palais impérial, qui est appelé Constantinien, s'élève à
» l'orient, dans la ville même, sur le bord de la mer. Il a son entrée du côté de la
» mer par un superbe et admirable quai dont les escaliers de marbre descendent
» jusque dans la mer; ce quai a été enrichi, par un faste royal, de lions et de co-
» lonnes de la même matière. Cette entrée est exclusivement réservée à l'empereur pour
» arriver dans les parties supérieures du palais; mais dans le but de rendre un honneur
» particulier au roi, on accorda quelque chose en dehors des règles ordinaires, en
» sorte qu'on lui permit d'entrer par là. Il fut reçu en cet endroit par les grands
» officiers du Palais-sacré, qui étaient venus à sa rencontre,... De là il fut conduit
» par des galeries et des salles d'une admirable variété jusqu'au palais situé sur une
» éminence au-dessus du port, usque ad supereminentem regiam, dans lequel l'empereur
» l'attendait entouré des grands dignitaires [1]. »

Ainsi le Palais-sacré, d'où les grands officiers de l'empereur étaient descendus pour recevoir Amaury, était situé sur une éminence qui dominait le port; Guillaume de Tyr ne se serait pas servi de ces expressions : « supereminentem regiam », si le roi de Jérusalem, qu'il accompagnait, était débarqué dans un port placé à l'échelle de Koum ou même à l'échelle de Tschatlade-Capoussi, et qu'il eût eu à parcourir mille mètres ou même sept cent cinquante avant d'atteindre à la résidence de l'empereur; il n'aurait pas, dans ce cas, donné au quai du port la qualification d'entrée maritime du palais. En sortant du débarcadère, Amaury avait trouvé les belles galeries (n° 129) qui unissaient la Nouvelle-église au Tzycanistérion, en touchant au port et au palais du Boucoléon; puis il avait traversé, sans doute, différents kiosques élevés dans le Mésocépion avant d'atteindre à l'Héliacon du Phare (n° 105), par où il était entré dans le Palais-sacré.

Quelques faits empruntés à l'histoire byzantine viennent encore justifier la situation que nous avons donnée au Boucoléon.

Nous avons eu déjà l'occasion de citer [2] le coup de main que le général Constantin

---

[1] *Historia rer. in partibus transm. gest.*, apud BONGARS, *Gesta Dei per Francos*, lib. XX, § 25; Hanov., 1611, p. 989.

[2] Voyez chap. II, § x, p. 53, et chap. IV, § III, p. 120.

Ducas voulut tenter contre le palais impérial, à la mort de l'empereur Alexandre (912), afin de s'emparer de l'autorité souveraine au détriment de Constantin VII, alors âgé de sept ans. Suivi de ses partisans, Ducas chercha d'abord à arriver au palais par l'Hippodrome; mais son écuyer ayant été tué par un javelot lancé de l'intérieur, il regarda cette mort comme un mauvais augure de l'attaque qu'il dirigeait de ce côté et se porta vers la Chalcé (n° 20). Étant parvenu à en abattre les portes, il pénétra jusqu'à la porte de bronze des Courtines (n° 30). Il résulte de ce fait, confirmé par plusieurs auteurs, que Ducas et ses partisans étaient maîtres de la ville et des abords du palais. Le maître Jean Éladas, l'un des tuteurs du jeune empereur, surpris pendant la nuit et à l'improviste, ne put donc défendre le palais qu'avec les gens qui s'y trouvaient. « Ayant réuni les gens de l'Hétairie » et les rameurs, dit l'auteur anonyme de la Vie de Constantin VII, et les ayant armés, » il les lança contre Ducas [1]. » Si le port du palais avait été situé aux endroits où se trouvent aujourd'hui les échelles de Tschatladc-Capoussi et de Koum, Éladas n'aurait pu en tirer des rameurs pour la défense du palais, puisque Ducas, parvenu à l'Hippodrome, devait être maître de ces deux ports. Le port où se tenaient les rameurs qu'Éladas arma devait donc exister dans l'enceinte même de la demeure impériale. Il était situé, suivant l'expression de Cédrénus [2], au-dessous même du palais, κάτωθεν τοῦ παλατίου, et non pas à plus d'un kilomètre, ni même à sept cents mètres du Palais-sacré.

Nous avons déjà parlé du grand amiral Romain Lécapène, qui après avoir fait épouser sa fille au jeune empereur Constantin VII, s'était fait associer à l'empire par son gendre alors âgé de quinze ans, et s'était emparé du gouvernement de l'État. Avant d'en arriver là, il eut à combattre l'influence de Léon Phocas, général en chef de l'armée de terre, qui, lui aussi, avait l'intention de s'emparer du pouvoir. Théodore, gouverneur du jeune empereur, ayant fait savoir à Romain Lécapène, avec lequel il était lié d'amitié, qu'il était temps de se prononcer et de lever le masque, « l'engagea à entrer avec toute la » flotte dans le port situé auprès du palais dans le Boucoléon, πρὸς τὸ τοῦ παλατίου νεώριον » ἐν τῷ Βουκολέοντι. » Romain, après avoir hésité quelque temps, se décida à tenter l'aventure, et le jour de l'Annonciation (919), il pénétra avec sa flotte armée en guerre dans le Boucoléon, ἀφικνεῖται πρὸς τὸν Βουκολέοντα. A la vue d'un coup si hardi, les ennemis de l'amiral quittent le palais, et Romain s'étant engagé par des serments solennels, prononcés sur un morceau de la vraie croix, à ne former aucune entreprise contre l'empereur, « celui-ci lui accorde aussitôt la permission de monter au palais, ἀνελθεῖν ἐν τῷ παλατίῳ, » et comme, étant monté avec quelques-uns des siens, il se prosternait, l'empereur, lui » faisant bon accueil, le conduisit dans la chapelle du Phare [3] ». Il résulte évidemment de ce récit, que nous empruntons à Cédrénus, que le port du Boucoléon était le port du

---

[1] ANONYM., *De Constant. Porphyr.*, ap. Script. post Theoph., lib. VI; Paris., p. 236; Bon., p. 383.
[2] *Compend. hist.*; Paris., p. 662; Bon., t. II, p. 375.
[3] CEDRENUS, *Compend. hist.*; Paris., p. 616; Bon., t. II, p. 292.

palais, qu'il en était très-proche, et qu'en montant du port au palais, on arrivait à l'Héliacon du Phare et à l'église Sainte-Marie (n° 106), qui s'élevait sur cet Héliacon. Si le lecteur veut se reporter à notre plan, il verra que la situation donnée à ces localités est parfaitement en rapport avec le récit de notre auteur.

Voici encore un fait qui établit la proximité du Boucoléon avec l'église Sainte-Marie du Phare. L'empereur Manuel Comnène (†1180) avait fait venir d'Éphèse une pierre sur laquelle on disait que le corps du Sauveur avait été placé pour être embaumé. « L'empereur porta cette pierre sur ses épaules depuis le port du Boucoléon jusqu'au » naos du Phare, qui s'élève dans le grand palais [1]. » L'empereur, qui devait porter une si lourde charge, n'aurait pas fait débarquer ce fardeau à un kilomètre de Sainte-Marie du Phare, où la relique devait être déposée.

On a appris, par plusieurs passages du livre des Cérémonies que nous avons déjà cités, que les fêtes du Broumalion se passaient dans la Phiale du Triconque (n° 61). Après la cérémonie, chacun des corps qui y avaient figuré se retirait. Les grands dignitaires étaient admis à la table de l'empereur; les officiers et les gardes étaient traités dans divers endroits du palais. « Les rameurs de la garde, c'est-à-dire des galères impériales, » descendent dans le Boucoléon, et s'arrêtent à l'endroit où stationne la galère de » l'empereur; ils y disent les louanges de l'empereur et les chants impériaux du Brou- » malion [2]. » Qui ne comprend à ce récit que les rameurs n'ont eu que quelques pas à faire pour descendre de la Phiale (n° 61) dans les hangars du Boucoléon, où l'on conservait la galère impériale, et où ils finissaient la fête par un repas. Ces matelots de la garde devaient habiter dans l'enceinte de la demeure impériale pour être toujours à la disposition de l'empereur s'il voulait en sortir par mer, et l'on comprend que Jean Éladas les ait trouvés sous sa main pour défendre le palais lorsqu'il fut attaqué par Constantin Ducas.

Un autre passage du livre des Cérémonies fait mieux juger encore de la proximité du Palais-sacré et du Boucoléon. Il s'agit du cérémonial à observer lorsque l'empereur veut aller par mer à l'église de Saint-Pantélémon. « Tout le Sénat et les Cubiculaires » se rendent dès le matin dans les bâtiments du Caniclé (où s'élevait l'église) pour y » attendre l'empereur; l'empereur passe de son palais dans la galère impériale, εἰσέρχεται » ἀπὸ τὸ παλάτιον εἰς τὸν βασίλειον δρόμονα, avec les domestiques attachés à sa personne, » le Logothète, le protosecrétaire, l'officier chargé de recevoir les pétitions, et le droun- » gaire des gardes de nuit [3]. » Le nom de Boucoléon n'est pas écrit dans le Cérémonial; mais on a appris par la citation précédente que c'était dans ce port que stationnait la galère impériale. L'empereur passe, dit le Cérémonial, de son palais dans sa galère.

---

[1] Nicetas, *De Manuele Comn.*, lib. VIII; Paris., p. 144; Bon., p. 289.
[2] *De cer. aul. Byz.*, lib. II, cap. xviii, p. 601.
[3] *De cer. aul. Byz.*, lib. II, cap. xiii, p. 560.

Il n'avait en effet que quelques pas à faire pour s'embarquer. Du macron de sa chambre à coucher (n° 101) il entrait dans le narthex de Sainte-Marie du Phare et dans les galeries qui devaient entourer l'Héliacon du Phare (n° 105), et de cet Héliacon, il pouvait passer dans la Nouvelle-église par les galeries supérieures de son narthex (n° 128, B); traversant l'église, il en sortait par la porte méridionale dans une galerie (n° 129) qui le conduisait au Boucoléon. S'il avait fallu que l'empereur allât gagner pour s'embarquer le petit port situé au-dessous de l'église Saint-Serge-Saint-Bacchus (à la porte actuelle Tschatlade-Capoussi), il eût été obligé de traverser le grand Hippodrome, comme il le faisait lorsqu'il se rendait à cette église[1]. L'empereur alors aurait monté à cheval et ne serait sorti du palais qu'accompagné, suivant l'usage, des sénateurs et des Cubiculaires; notre auteur n'aurait pu, en ce cas, se servir de cette expression, εἰσέρχεται ἀπὸ τὸ παλάτιον εἰς τὸν δρόμονα.

Enfin, il ne faut pas oublier que le Boucoléon n'était pas un port naturel; il avait été entièrement créé par la main de l'homme, χειροποίητον[2]; et du moment qu'on l'avait construit pour l'usage exclusif des empereurs, on devait l'avoir placé dans une situation aussi rapprochée que possible du Palais-sacré où ils résidaient.

Au surplus, ce que Procope et l'auteur anonyme qui a décrit les monuments de Constantinople disent du port Julien, ne permet pas d'admettre l'identité de ce port avec le port du Boucoléon. Procope, en parlant de l'église dédiée sous l'invocation de sainte Thècle, la désigne comme « étant située auprès du port de la ville, ὁ παρὰ τὸν » τῆς πόλεως λιμένα ἐστίν, qui porte le nom de Julien[3] », et l'Anonyme dit que « sous » Justinien le forum des négociants qui s'occupaient d'affaires maritimes fut transporté » au port Julien, εἰς τὸν τοῦ Ἰουλιανοῦ λιμένα[4] ». Ainsi le port Julien était l'un des ports de la ville, et c'est là que se tenait la bourse des affaires maritimes; ce port Julien ne peut donc être le port du palais, qui était exclusivement affecté au service de l'empereur.

Nous n'avons pas choisi arbitrairement entre la Nouvelle-église (n° 128) et le Tzycanistérion (n° 131) l'emplacement que nous avons donné au Boucoléon; cet emplacement nous était indiqué par la disposition des lieux. En effet, un renfoncement artificiel du rivage, qui se prolonge en ligne droite sur une longueur de cent vingt mètres environ, et qui est bordé par les murs d'enceinte du sérail, existe non loin et à l'est de la porte de la ville nommée Akhor (ou Ahour) Capou, très-près de l'angle formé par les murs maritimes du sérail, et par ceux qui, partant de la porte Impériale (Bab-i Humaïoun), se prolongent au midi vers la Propontide et à quelques pas de la porte des jardins désignée sur la carte de Kauffer sous le nom de Kara-Capoussi. Ce renfoncement est signalé sur

---

[1] Voyez chap. IV, § I, p. 105. — *De cer. aul. Byz.*, lib. I, cap. II, p. 86.
[2] CEDRENUS, *Hist. Compend.*; Paris., p. 662; Bon., p. 375.
[3] *De ædificiis*, lib. I, § IV; Paris., p. 51; Bon., p. 190.
[4] Apud BANDURI, *Antiq. Const.*, lib. VI, p. 127.

cette carte par le nom du kiosque qui y touche, Ghadab-Keuchk, et sur les cartes de Hammer et autres, par celui de Balek chané ou khané (Baleukhaneh, maison du poisson), nom donné à un bâtiment voisin. D'après M. de Hammer, c'est dans cet endroit que les vizirs destitués s'embarquaient autrefois pour le lieu de leur exil[1]. Cette disposition rectiligne, faite de main d'homme, pourrait bien provenir du mur de soutènement du quai qui bordait le fond du Boucoléon; plus tard, lors de la destruction de ce port, on aura élevé sur cette fondation les murs actuels de l'enceinte.

Les deux jetées qui, sur notre plan, enferment le bassin du Boucoléon, ne sont pas non plus de notre invention. Dans le plan à vol d'oiseau que Bondelmonti a joint à sa description de Constantinople[2], on voit sur la Propontide, avec cette légende : Portus palatii, un port formé par deux jetées qui donnent à son bassin la forme d'un triangle, dont la base est au rivage. Ce port du palais est situé au-dessous d'une église que Bondelmonti indique sous le nom de Hodigitria. On doit reconnaître, sous cette dénomination, la célèbre église de Sainte-Marie d'Hodégétria, où l'on conservait une image de la Vierge peinte, disait-on, par saint Luc. Elle avait été reconstruite par Michel III auprès d'une source dont les eaux avaient rendu la vue à plusieurs aveugles, au dire de Codin[3]. Nous avons établi plus haut[4] que cette église, dont il ne reste rien aujourd'hui, était construite sur l'emplacement qu'occupe le kiosque des Perles, Indschouli-Keuchk[5], l'un des plus beaux du sérail, bâti sur la Propontide, et qu'elle s'élevait dans la ville à peu de distance de l'enceinte de la demeure des empereurs byzantins. La situation que nous avons donnée au Boucoléon est donc en rapport avec celle que lui assigne le plan de Bondelmonti.

Nous terminerons en disant quelques mots des ports Julien et Sophie. On a vu que Du Cange donnait à un seul et même port, qui aurait été celui du palais, les noms de Julien, de Sophie et de Boucoléon, et que Gylli appliquait les deux noms Sophie et Julien au même port, en hésitant seulement quant à sa situation entre les échelles de Kadeurga-Limane et Tschatlade-Capoussi. Nous croyons que les noms de Julien et de Sophie ne s'appliquaient pas au même port, mais qu'ils en désignaient deux différents, peu éloignés l'un de l'autre. Les auteurs nous paraissent apporter des renseignements assez concluants sur ce point. L'Anonyme du onzième siècle s'exprime ainsi : « Le lieu qu'on » appelait Hormisdas était un petit port près duquel le grand Justinien fit élever un » monastère sous les noms de Serge et Bacchus.... Il fut appelé port Julien parce que

---

[1] *Constant. und der Bosporos*, t. I, p. 237.

[2] Il a été reproduit par Du Cange dans sa *Constantinopolis christiana*, et par Banduri dans l'*Imperium orientale*. Voyez sur ce plan le § 1 de ce chapitre, p. 97.

[3] *De ædificiis*; Paris, p. 41; Bon., p. 80.

[4] Voyez chap. IV, § 1, p. 99.

[5] Voyez notre planche I<sup>re</sup>.

» son fondateur s'appelait ainsi [1]. » Codin ajoute un renseignement fort important à celui-là : « Le lieu dit Hormisdas était un petit port dans lequel les vaisseaux jetaient
» l'ancre avant la fondation du port Sophie. Ce petit port, abandonné depuis longtemps,
» s'était ensablé; Justinien le Grand habitait en ce lieu avant de régner; ce port prit le
» nom de Julien, qui l'avait construit, et s'appelle port Julien [2]. »

Ainsi le port Julien, fondé par l'empereur Julien (†363), serait celui qui, d'après Gylli, était situé au-dessous et un peu à l'orient de l'église Saint-Serge-Saint-Bacchus, près de la porte de la ville qu'on appelait de son temps porte du Lion : c'est celle qui aujourd'hui porte le nom de Tschatlade-Capoussi; l'emplacement du port Julien est donc celui de l'échelle qu'on appelle ainsi.

Le passage de Codin que nous venons de rapporter ne permet pas de confondre le port Julien avec le port Sophie; ce que cet auteur et l'Anonyme disent du port Sophie vient confirmer encore la distinction qu'il faut établir entre les deux ports. « Justin
» (Justin II, †578), dit l'Anonyme, fonda le port Sophie, du nom de sa femme Sophie [3]. »
Codin s'explique davantage : « Sophie, femme de Justin, jeta les fondements du
» port Sophie; c'est là qu'ensuite s'éleva son palais.... Ce port fut construit deux cent
» cinquante-deux ans après la fondation de Constantinople [4]. »

Ainsi le port Julien avait été fondé de 361 à 363, trente-six à trente-huit ans après que Constantin eut commencé la construction de Constantinople (325), et le port Sophie deux cent cinquante-deux ans plus tard, c'est-à-dire vers 577, sous le règne de Justin II.

Ne faut-il pas voir le port Sophie dans ce port situé, d'après Gylli, à l'occident du temple Saint-Serge-Saint-Bacchus, presque entièrement ensablé de son temps et auquel il donnait le nom de Caterga-Limena [5]? C'est là qu'est aujourd'hui l'échelle de Koum.

Il faut dire cependant que les auteurs anciens avaient déjà confondu sous le nom de Sophie les ports Julien et Sophie. Ainsi Théophanes [6], dans son récit de la sédition des Victoriats, s'exprime ainsi : « Ensuite le peuple descendit vers le port Julien, qu'on
» appelle Sophie, à la maison de Probus. » Comme Justin II, au diré des auteurs, avait nettoyé et réparé le port Julien, il est probable qu'à de certaines époques les deux ports prirent le nom de Sophie. Ainsi Léon le Grammairien [7], en parlant d'un incendie qui affligea Constantinople, dit qu'il prit naissance près des Sophies, πλησίον τῶν Σοφιῶν, et l'Anonyme, en décrivant les travaux de Constantin pour la construction des murs maritimes de la ville, rapporte qu'il fit jeter des rochers dans la mer, « depuis Sainte-

---

[1] *Antiq. Const.*, ap. BANDURI, lib. III, p. 45.
[2] *De ædificiis*; Paris., p. 44; Bon., p. 87. Voyez chap. IV, § I, p. 104.
[3] *Antiq. Const.*, loc. cit.
[4] *De ædificiis*; Paris., p. 44; Bon., p. 85.
[5] Voyez plus haut, p. 202.
[6] THEOPHANIS *Chronogr.*, ad an. V Justiniani.
[7] *Chronographia*; Paris., p. 475; ap. DU CANGE, *Const. Christ.*, lib. I, § 14, p. 59.

» Barbe jusqu'au palais et aux Sophies, μέχρι τοῦ παλατίου καὶ τῶν Σοφιῶν [1]. » Il est probable qu'on ajoutait alors un mot au nom de Sophie, donné à l'un et à l'autre port, pour les désigner quand on en parlait séparément; mais en aucun cas, cet usage de les désigner par la dénomination les Sophies, ne peut être un motif pour n'en faire qu'un seul et même port, lorsqu'il est établi d'ailleurs que les ports Julien et Sophie formaient deux ports différents.

## XXV
### LE PALAIS DU BOUCOLÉON.

L'Anonyme qui a décrit les antiquités de Constantinople, et Codin qui a copié cet auteur, rapportent que Théodose le Jeune (†450) édifia les palais du Boucoléon, τὰ παλάτια τοῦ Βουκολέοντος, qui s'élevaient auprès du port de ce nom, au-dessus des murailles [2]. Ce qui résulte de leur récit, c'est que Théodose II avait construit en cet endroit un palais; mais l'Anonyme s'est trompé en attribuant à cet empereur seul la construction des palais qui existaient près du Boucoléon au onzième siècle, époque à laquelle il écrivait. Le palais bâti par Théodose avait déjà cinq cents ans d'existence au temps de Constantin Porphyrogénète (†959), et il en est à peine question dans le livre des Cérémonies, où on lui donne le nom de grand triclinium [3]; d'après cela on peut supposer que ce palais n'était plus d'aucun usage pour la cour et qu'il avait été abandonné aux officiers attachés aux galères particulières de l'empereur. Mais Nicéphore Phocas, après avoir épousé l'impératrice Théophano, veuve de Romain II, et s'être fait proclamer empereur (963), éleva près du Boucoléon un château fort dans l'enceinte duquel il dut renfermer l'ancien palais de Théodose : nous trouvons dans plusieurs auteurs la preuve de ce que nous avançons. Léon Diacre, historien contemporain, commence par nous apprendre qu'on avait prédit à Nicéphore qu'il serait massacré par ses sujets dans l'enceinte même de la demeure impériale, et que, pour se soustraire, s'il était possible, au coup qui lui était réservé, il avait muni cette enceinte de hautes murailles et de fortifications [4]. Il paraît que Nicéphore ne se crut pas encore suffisamment en sûreté; car Cédrénus ajoute qu'après avoir détruit un grand nombre de beaux ouvrages d'art élevés dans l'enceinte du palais, il construisit une acropole, ἀκρόπολιν, afin de mieux opprimer les malheureux citoyens de Constantinople, et qu'il l'approvisionna d'armes, de munitions et de vivres [5].

[1] *Ant. Const.*, lib. III, ap. BANDURI, *Imp. Orient.*, p. 61.
[2] ANONYM., *Antiq. Const.*, ap. BANDURI, *Imp. Orient.*, lib. I, p. 9. — CODIN, *De ædif.*; Paris., p. 50; Bon., p. 100.
[3] *De cer. aul. Byz.*, lib. II, cap. XV, p. 586.
[4] LEONIS DIACONI *Historiæ*; lib. IV, § 6, *e recensione* C. B. Hasii; Bon., p. 64.
[5] CEDRENI *Compend. hist.*; Paris., p. 659; Bon., t. II, p. 369.

Ce mot acropole, employé par Cédrénus, a fait dire à quelques auteurs modernes que Nicéphore avait fait construire sur l'une des sept collines de Byzance une citadelle qui dominait toute la ville. C'est une erreur : la citadelle de Nicéphore n'était autre que le palais du Boucoléon, qu'il augmenta et convertit en château fort. Du Cange l'avait déjà dit [1], et plusieurs auteurs byzantins nous en donnent la preuve. Nous allons rapporter quelques-uns des faits qui la fournissent.

Les châteaux forts que l'on construisait au moyen âge étaient solides : on ne peut donc admettre que la citadelle élevée par Nicéphore Phocas ait péri de vétusté, ou ait été abandonnée après cent années. Eh bien, lorsque Alexis Comnène, général de l'armée byzantine, eut pénétré dans Constantinople à la tête de ses troupes (1081), afin de détrôner Nicéphore Botaniate et de s'emparer du trône, il ne dut avoir naturellement rien de plus pressé que d'occuper les forteresses qui pouvaient lui assurer la possession de la ville et du trône. Or, sa fille, Anne Comnène, nous apprend que c'est au palais du Boucoléon qu'il se porta tout d'abord et qu'il alla s'installer : « Alexis, mon père, » qui venait de prendre possession de l'empire, étant entré dans la demeure impériale, » laissa sa femme, âgée seulement de quinze ans, avec la mère de celle-ci, ses sœurs » et son aïeul paternel, dans le palais du bas, ἐν τῷ κάτω καταλελοίπει παλατίῳ, ainsi nommé » à cause de sa situation, et monta avec sa mère, ses frères et ceux qui lui étaient attachés » par des liens de parenté, dans le palais haut qu'on appelle Boucoléon, εἰς τὸ ὑπερκείμενον » παλάτιον ἄνεισιν, ὃ καὶ Βουχολέων ἐπονομάζεται [2]. » La citadelle qui existait dans l'enceinte de la demeure impériale était donc le palais du Boucoléon, bâti au bord de la mer, près du port.

Le récit d'Anne Comnène nous apprend encore que cette forteresse se composait de deux parties, le palais bas, qui était sans doute l'ancien palais de Théodose, et le palais haut, c'est-à-dire le donjon qui s'élevait au-dessus des murailles. On trouve là le motif qui avait conduit l'Anonyme à comprendre sous la dénomination plurielle de τὰ παλάτια l'ensemble des constructions qui prenaient le nom de Boucoléon, et ce qui lui faisait dire qu'elles s'élevaient au-dessus des murs d'enceinte, τὰ ἄνωθεν τοῦ τείχους.

Nous venons de raisonner par induction; mais un passage de Nicétas ne laisse aucun doute, parce qu'il vient démontrer que le palais haut, autrement dit le donjon du Boucoléon, était bien celui qui avait été construit par Nicéphore Phocas, et dans lequel ce prince avait établi sa résidence. Il s'agit dans ce passage d'une coupe de porphyre qui provenait du palais du Boucoléon. « Le Logothète, dit cet auteur, se fit fort, vis-à-vis de l'empereur » Manuel (1143 † 1180), de vider une coupe de porphyre pleine d'eau, qui se trouvait » primitivement couchée à terre dans l'atrium à ciel ouvert du coiton de l'empereur

---

[1] Constant. Christiana, lib. II, cap. IV, § 6.
[2] De rebus ab Alexio imp. gest.; Paris., p. 72; Bon., p. 137.

» Nicéphore Phocas, en haut du Boucoléon [1]. » Ainsi ce palais haut du Boucoléon est bien celui que Nicéphore Phocas avait construit, et dont il fit son habitation personnelle.

Le récit que nous ont laissé les auteurs byzantins de la fin tragique de cet empereur nous fournit encore une preuve plus positive. Nicéphore, soit par dégoût, soit par un effet de son indifférence naturelle, avait délaissé l'impératrice Théophano. Cette femme ardente forma une intrigue secrète avec Jean Zimiscès, l'un des plus vaillants et des plus habiles généraux de l'empire. Celui-ci, qui avait contribué plus que tout autre à l'élévation de Nicéphore, avait été payé de la plus noire ingratitude. Privé du commandement des troupes, il s'était vu exiler dans ses terres en Asie. Théophano n'eut donc pas de peine à le décider à tuer l'empereur et à s'emparer de la couronne.

D'après Léon Diacre, Jean Zimiscès envoya à l'impératrice de hardis soldats sur lesquels il pouvait compter; celle-ci les fit entrer dans le palais les uns après les autres, et les cacha dans une chambre obscure voisine de la sienne. Le soir du 10 décembre 969, un clerc du palais remit à Nicéphore un écrit qui portait que l'empereur devait être assassiné dans la nuit même, et que s'il faisait fouiller le gynécée, on y trouverait les gens armés chargés de le frapper. Nicéphore donna l'ordre à Michel, chef des eunuques, de faire une recherche exacte; mais celui-ci, soit par trahison, soit par négligence, visita tout, excepté la chambre où les meurtriers étaient cachés. « Cependant les agents de Jean » Zimiscès, que l'impératrice avait reçus chez elle, étant sortis avec leurs armes de la » chambre où ils étaient, attendaient l'arrivée de celui-ci, en se tenant en observation » sur les terrasses à ciel ouvert des parties les plus élevées du palais, περὶ τὰ ὕπαιθρα τῶν » βασιλείων ὑπερῴων. Déjà l'horloge marquait la cinquième heure de la nuit, un vent » glacé du nord agitait violemment l'air, et une neige abondante tombait, lorsque Jean » Zimiscès arriva avec les conjurés. Longeant le rivage dans une petite barque, il prit » terre dans l'endroit où le lion de pierre terrasse le taureau; on a coutume d'appeler ce » lieu Boucoléon. En sifflant, il se fit reconnaître de ses complices qui regardaient du » haut des plates-formes. Ceux-ci descendirent d'en haut un panier avec des cordes et » amenèrent à eux, un à un, tous les conjurés, et Zimiscès le dernier [2]. » Cédrénus dit que ce fut l'impératrice elle-même, aidée de ses femmes, qui descendit le panier dans lequel Zimiscès et ses complices furent élevés jusqu'au sommet des murailles [3]. Quoiqu'il en soit, il est constant, par les récits de Léon Diacre et de Cédrénus, que la forteresse qu'habitait Nicéphore s'élevait au bord de la mer et près du port, et que cette forteresse n'était autre que le palais du Boucoléon; on reconnaît facilement les plates-formes du donjon dans ces terrasses à ciel ouvert qui couvraient les parties les plus élevées du palais.

---

[1] NICETAS, *De Manuele Com.*, lib. III; Paris., p. 75; Bon., p. 149. Un autre manuscrit porte : « Dans lequel habitait l'empereur Nicéphore Phocas ».

[2] LEONIS DIACONI *Historiæ*, lib. V, § 6 et 7; Bon., p. 85 et seq.

[3] *Compend. histor.*; Paris., p. 662; Bon., p. 375.

Disons la fin de cette tragédie. Une fois que les conjurés furent tous réunis sur la plate-forme du château, ils se portèrent, l'épée à la main, vers la chambre à coucher de l'empereur. Ne le trouvant pas dans son lit, ils se crurent découverts et allaient prendre la fuite en se précipitant du haut des murs dans la mer, lorsqu'un petit eunuque, sortant de l'appartement des femmes, vint à leur rencontre et les conduisit dans la chambre où reposait l'empereur. Nicéphore dormait d'un profond sommeil et n'entendit pas entrer les conjurés. Zimiscès le réveille d'un coup de pied, et, comme il levait la tête, Léon Abalantios lui fend le crâne d'un coup d'épée; on le traîne aux pieds de Zimiscès, qui l'accable d'injures et de reproches. Comme au milieu des mauvais traitements qu'il endurait, Nicéphore invoquait Dieu et la Sainte Vierge, les conjurés lui brisent les mâchoires avec le pommeau de leurs épées; enfin, l'un d'eux l'achève d'un coup de lance à travers le corps.

Au commencement du treizième siècle, le palais du Boucoléon était encore une forteresse importante. Lorsqu'en 1204 les croisés français et vénitiens eurent escaladé les murs de Constantinople et pénétré dans la ville, l'empereur Murtzuphle se retira avec ses gens au château du Boucoléon [1]. C'était bien là, comme on le voit, la forteresse impériale, et Ville-Hardoin lui donne le nom de castel : « Li marchis Boni-
» faces de Monferrat chevaucha toute la marine droit vers le palais de Bouche-de-lion ; et
» quant il vint là, si li fu li palais rendus, sauves les vies de ceus qui dedans estoient.
» Là furent trovées les plus hautes dames dou monde qui estoient afuies ou chastel [2]. »
Le château des Blaquernes se rendit à Henri de Flandre. Ces deux châteaux sont les seuls qui soient mentionnés par les auteurs; aucun ne parle d'une citadelle qui aurait été située sur une éminence dans la ville.

## XXVI

### LE NAOS D'ÉLIE THESBITE ; LES ORATOIRES DE SAINT-CLÉMENT ET DU SAUVEUR ; LE PALAIS DE PORPHYRE.

Nous n'avons rien à ajouter à la description que nous avons donnée de ces édifices. Quant à leur situation, elle nous a été parfaitement indiquée par les auteurs. Ainsi, Constantin Porphyrogénète, en faisant l'énumération des constructions élevées par son aïeul l'empereur Basile, indique parfaitement la position du naos d'Élie Thesbite, ὁ ναὸς τοῦ Ἡλιοῦ τοῦ Θεσβίτου (n° 137) : « Il existe, dit-il, directement au-dessous du
» palais, vers l'orient, ἔστι εὐθὺς κατὰ τὸ πρὸς ἀνατολὰς τῶν ἀνακτόρων μέρος [3]. » Nous

---

[1] Du Cange, *Hist. de l'empire de Constantinople sous les Français*, liv. I; *Collect. des Chron. nat.*; Paris, 1826, t. I, p. 21.
[2] Joffroi de Ville-Hardoin, *De la conqueste de Constantinople*, § 107; Paris, 1838, p. 80.
[3] Constant. Porphyr., *De Basilio Mac.*, ap. *Script. post Theoph.*, lib. V, § 87; Paris., p. 203; Bon., p. 329.

avons donc placé cette chapelle au-dessous de la partie orientale du Palais-sacré, dans le prolongement du grand axe de ce palais, en face de l'extrémité des propylées de la Nouvelle-église, que nous avons supposés avoir dû lui servir d'accès. Il faut se rappeler que le grand axe du Palais-sacré, parallèle à celui de Sainte-Sophie, ne se dirigeait pas exactement à l'est, mais bien à l'est-sud-est. L'oratoire de Saint-Clément, ὁ εὐκτήριος τοῦ Κλήμεντος (n° 138), était annexé, συνημμένος, à cette chapelle, et quant au riche oratoire du Sauveur (n° 139), il en était voisin, γειτονεῖ τούτοις [1].

Le Porphyre, ἡ Πορφύρα, était, dit Anne Comnène, une habitation située au-dessous du palais, οἴκημά τί ἐστιν κατὰ τὰ ἀνάκτορα, et tournée vers la mer et vers le port où l'on voit des lions et des bœufs de marbre, ἀφορῶν ὡς πρὸς θάλασσαν πρὸς τὸν λιμένα [2]. L'auteur anonyme qui a écrit la Vie de Théophile nous apprend, en outre, que la sortie du triclinium isolé (n° 90), qui s'élevait entre le Mésopatos et le Lausiacos, était tournée vers la Maison de porphyre [3]. Nous avons donc placé ce pavillon dans la plaine, directement au-dessous de ce triclinium. Dans cette position, il a vue sur la mer et sur le port du Boucoléon, comme l'indique Anne Comnène.

## XXVII
### LE PENTACOUBOUCLON; LES GALERIES DE MARCIEN;
### LA CHAPELLE SAINT-PIERRE
### ET LES ORATOIRES DE SAINT-MICHEL ET DE LA MÈRE-DE-DIEU.

Constantin Porphyrogénète nous apprend que l'empereur Basile avait fait construire auprès des péridromes de Marcien, κατὰ τοὺς Μαρκιανοῦ περιδρόμους, le grand triclinium qui portait le nom de Pentacoubouclon, τὸ Πεντακούβουκλον [4]. Dans un autre passage de la vie de son aïeul, il s'exprime ainsi : « De même il fit bâtir à l'extrémité des » péridromes de Marcien, κατὰ τὸ ἄκρον τῶν Μαρκιανοῦ περιδρόμων, comme une dernière » tour, ὡς ἀκροπύργιον, le naos du bienheureux Pierre, prince des Apôtres, auquel est » joint l'oratoire du chef de l'armée céleste. Au-dessus, est celui de la Mère-de-Dieu, » τῆς Θεομήτρος; de quelle beauté, de quelle magnificence ne brille-t-il pas [5]! »

La situation des galeries de Marcien était donc importante à connaître. Le livre des Cérémonies nous la donne. Citons d'abord : nous tirerons ensuite les conséquences qui résultent des différents passages de l'auteur.

---

[1] Constant. Porphyr., *De Basilio Mac.*, ap. *Script. post Theoph.*, lib. V, § 87; Paris., p. 203; Bon., p. 329.
[2] Anna Comnena, *De reb. ab Alexio gest.*, lib. VII, § 2; Paris., p. 190; Bon., p. 334.
[3] Anonym., *De Theophilo*, ap. *Script. post Theoph.*, lib. III, § 44; Paris., p. 91; Bon., p. 147.
[4] *De Basilio Maced.*, ap. *Script. post Theoph.*, lib. V, § 90; Paris., p. 206; Bon., p. 335.
[5] *De Basilio Maced.*, § 88; Paris., p. 204; Bon., p. 331.

## LES GALERIES DE MARCIEN.

Le jour de la fête de saint Démétrius, l'empereur et le patriarche étant ensemble dans le Chrysotriclinium (n° 95), doivent se rendre à cette chapelle de Saint-Pierre qui existait à l'extrémité des galeries de Marcien. Voici l'itinéraire prescrit par le Cérémonial : « L'empereur et le patriarche se lèvent…. Ils passent par le Tripéton, » le Lausiacos, le Justinianos, les Scyla (n°ˢ 94, 92, 109 et 110) et les galeries exté- » rieures de Marcien, καὶ διὰ τῶν ἔξω διαβατικῶν τοῦ Μαρκιανοῦ (n° 142), et ils s'en vont » dans l'oratoire du saint apôtre Pierre qui est là [1]. »

Il faut remarquer d'abord que les galeries de Marcien sont composées de deux parties distinctes, les péridromes et les passages extérieurs. Le péridrome, ὁ περίδρομος, est l'espace couvert, servant de promenoir, qui existe entre les colonnes d'une galerie ouverte sur une place, une cour ou une rue, et le mur qui forme le fond de cette galerie; les diabatica extérieurs, τὰ ἔξω διαβατικά, ne pouvaient être autre chose que le dessus de la galerie converti en passage dallé, et probablement couvert. Ce n'est pas la première fois, au surplus, que nous trouvons des passages pratiqués au-dessus de certaines galeries et servant de communication entre différents édifices. On doit se rappeler qu'à la suite des galeries supérieures du grand triclinium de la Magnaure on trouvait, en prolongement de ces galeries, un passage (n° 117) qui conduisait jusqu'en face de la partie orientale de Sainte-Sophie, et que par ce passage, pratiqué certainement sur le dessus de galeries appliquées contre les murs du palais, l'empereur arrivait dans les Catéchumènes de la Grande-Église [2]. On n'a pas oublié non plus que de la terrasse supérieure qui couvrait l'exonarthex de la Nouvelle-église (n° 128) l'empereur pouvait rentrer dans le Palais-sacré par les galeries (n° 128, B) pratiquées au-dessus des propylées de l'atrium de cette église [3].

En tenant compte de ces observations, la marche suivie par l'empereur pour aller du Chrysotriclinium à la chapelle Saint-Pierre va nous expliquer la situation des galeries de Marcien, ainsi que celle de la chapelle et des oratoires qui se trouvaient au bout de ces galeries. En effet, le vestibule des Scyla (n° 110), où l'empereur arrive avant de s'engager dans les galeries extérieures, touchait aux murs du palais qui faisaient face au côté oriental de l'Hippodrome, et l'on se rappelle que du grand triclinium de Justinien et des Scyla, on sortait sur une terrasse (n° 113) s'étendant jusqu'à ces murs, et du haut de laquelle l'empereur, dans certaines circonstances, bénissait le peuple réuni dans le grand Cirque [4]. Au pied de l'escalier des Scyla, on trouvait, du côté du nord, la Phiale (n° 112), et à l'est, le petit Hippodrome du palais (n° 42). Les galeries de Marcien, auxquelles on parvenait en sortant des Scyla, ne pouvaient donc se trouver qu'au midi

---

[1] *De cer. aul. Byz.*, lib. I, cap. XXI, p. 122.
[2] Voyez ci-dessus, § XXI, p. 192.
[3] Voyez ci-dessus, § XXII, p. 196.
[4] Voyez plus haut, § XX, p. 181.

de ce vestibule. Il résulte évidemment de cette situation que ces galeries devaient être appliquées contre les murs du palais. Par les péridromes, qui étaient au niveau du sol des jardins, on arrivait à la chapelle Saint-Pierre, construite à leur extrémité, et à l'oratoire dédié au chef de l'armée céleste qui y était joint. Mais on a vu, par le passage de la Vie de Basile, que nous venons de transcrire, qu'au-dessus du naos de Saint-Pierre il existait un autre oratoire sous le vocable de la Mère-de-Dieu (n° 143). Cet oratoire devait donc se trouver au niveau des diabatica extérieurs, pratiqués au-dessus des galeries de Marcien. Pour arriver à ces diabatica en sortant des Scyla (n° 110), il n'y avait qu'à traverser la terrasse (n° 113) qui dominait le grand Hippodrome. De l'oratoire de la Mère-de-Dieu, l'empereur descendait sans doute dans le naos de Saint-Pierre; il y a même lieu de croire que cet oratoire était situé dans les Catéchumènes (l'étage supérieur) de ce naos, et que c'est de là que l'empereur entendait l'office célébré dans le sanctuaire de Saint-Pierre.

Il nous reste une dernière remarque à faire, c'est que ce naos de Saint-Pierre, d'après la qualification de ἀκροπύργιον [1] qui lui est donnée, devait avoir été disposé dans une des tours qui flanquaient les murailles de l'enceinte du palais, et que cette tour était la dernière du côté de la terre. Cette circonstance sert encore à établir que les galeries de Marcien, qui conduisaient à ce naos, étaient adossées à ces murailles.

Quant au Pentacoubouclon, il était, dit Constantin Porphyrogénète, auprès des galeries de Marcien. En entrant au palais par la porte de fer (n° 39), on traversait donc la cour de Daphné, l'Hippodromios et la Phiale des Scyla (n°[os] 41, 42 et 112); puis passant sous les arcades qui supportaient l'escalier des Scyla, sous ce vestibule et sous la grande terrasse du triclinium de Justinien (n°[os] 111, 110 et 113), on parvenait aux galeries de Marcien, et par ces galeries au Pentacoubouclon.

Le portique de ce palais devait être tourné vers les jardins et la mer, car on lit dans l'auteur anonyme de la Vie de Théophile que le triclinium (n° 89) qui formait retour en aile au couchant sur le bâtiment renfermant les appartements de l'impératrice [2], avait un vestibule qui conduisait vers le portique du Pentacoubouclon, πρὸς τὸν πόρτικα τοῦ πέμπτου κουβουκλείου [3]. On arrivait donc de ce triclinium au Pentacoubouclon en passant sous la grande galerie de Justinien.

[1] L'adjectif ἄκρος sert à marquer l'extrémité, l'un des points extrêmes; τὸ ἄκρον, extrémité, bout.
[2] Voyez chap. II, § VIII, p. 73.
[3] De Theophilo, ap. Script. post Theoph., lib. III, § 43; Paris., p. 91; Bon., p. 147.

# CONCLUSION.

Au milieu des détails qui précèdent, le lecteur n'a pu se faire peut-être une idée bien juste de l'étendue et de l'importance de la demeure des empereurs byzantins; résumons donc en peu de mots tout ce que les documents que nous avons rassemblés nous ont appris sur leur merveilleux palais.

Et d'abord, si l'on se reporte au plan d'ensemble le compas à la main, on verra que la demeure impériale couvrait un espace de près de 400,000 mètres de superficie, un peu plus grand que celui sur lequel s'étendent le Louvre et les Tuileries, bâtiments, cours, carrousel et jardins.

L'aspect, de tous les points de vue, devait être imposant. L'œil, à la vérité, ne s'arrêtait nulle part sur les lignes régulières d'une pompeuse façade, mais il embrassait une multitude de terrasses, de galeries, d'édifices, de colonnades et de coupoles dont, parmi les monuments de l'Europe moderne, le Kremlin seul peut donner une faible idée. C'est que le palais impérial de Constantinople n'avait pas été conçu d'un seul jet. Plusieurs empereurs, durant l'espace de sept siècles, à côté des anciens édifices, en avaient élevé de nouveaux; mais aucun d'eux n'avait pu atteindre à la gloire de Napoléon III, qui, guidé par une volonté persévérante et par l'amour des grandes choses, a su terminer le palais impérial de Paris et former un majestueux ensemble de diverses constructions appartenant à différentes époques et séparées par un vaste espace.

Dès que Constantin eut fait choix de Byzance pour y établir la nouvelle capitale de l'empire romain, il construisit, en dehors de la vieille ville, sur la Propontide, un grand palais qui comprenait les deux premières parties du palais du dixième siècle, Chalcé et Daphné. Il fit également élever le palais du Cathisma et l'église Saint-Étienne, qu'il relia au palais de Daphné par un péripatos. Le grand triclinium des Dix-neuf-lits et la Magnaure furent aussi des ouvrages du fondateur de Constantinople.

Le palais de Daphné devait être, dans l'origine, beaucoup plus considérable qu'à l'époque que nous avons choisie pour notre restitution ; il s'étendait, sans aucun doute, au delà de la terrasse à ciel ouvert de Daphné sur l'emplacement de ce bâtiment rectangulaire (n$^{os}$ 71 à 78) que fit reconstruire Théophile au neuvième siècle. Le palais se terminait alors au triclinium Lausiacos, qui ne devait pas dépasser les limites de ce bâtiment rectangulaire. C'est là qu'habitait Justinien, qui fit relever le vestibule de la Chalcé et les salles des gardes prétoriennes incendiés par les Victoriats.

Justin II, neveu et successeur de Justinien, éleva de nouvelles constructions vers l'est. C'est à lui que l'on dut le Chrysotriclinium, cette fameuse salle du trône entourée de huit absides et surmontée d'une majestueuse coupole.

La fréquence des cérémonies où l'empereur et sa famille, le sénat, le clergé, les dignitaires de l'État et les innombrables officiers de la couronne, se rendaient en procession soit à Sainte-Sophie, soit à l'Hippodrome, soit d'une partie à l'autre du palais, avait nécessité la construction de grandes galeries pour y organiser les différents corps. Justinien Rhinotmète, à la fin du septième siècle, dota le palais impérial d'une vaste galerie qui prit son nom ; on peut la comparer, pour l'étendue et la disposition, à la grande galerie du Musée du Louvre. Le Lausiacos dut être allongé à cette époque, afin de relier le Justinianos au Chrysotriclinium.

Dans le second quart du neuvième siècle, l'empereur Théophile apporta au palais impérial des modifications considérables, en séparant le Palais-sacré des anciennes constructions de Constantin. Après avoir établi la Phiale mystérieuse du Triconque pour servir de ce côté d'atrium au Palais-sacré, il reconstruisit en partie ce bâtiment rectangulaire où se trouvaient, antérieurement à lui, les appartements particuliers des empereurs. C'est là qu'il éleva ce fastueux péristyle qui prit le nom de Sigma, de la forme que l'architecte lui avait donnée, et, à la suite, un vestibule non moins riche, le Triconque. A droite et à gauche, il fit bâtir plusieurs tricliniums pour son habitation personnelle. L'ancien palais de Daphné ne renferma plus d'appartements particuliers et ne conserva que des salles appropriées aux réceptions.

Basile le Macédonien, l'un des souverains les plus remarquables du Bas-Empire, enrichit le palais d'un grand nombre d'édifices. Il joignit au Chrysotriclinium, pour en faire son habitation personnelle, un bâtiment considérable auquel il donna le nom de Cénourgion, et qu'il fit décorer avec une grande magnificence. En dehors du Palais-sacré, il construisit, entre autres édifices, la Nouvelle-église, splendide monument à cinq coupoles dont la description nous a été conservée par son petit-fils Constantin VII et par le patriarche Photius ; le Pentacoubouclon, palais aux cinq coupoles comme la Nouvelle-église ; le naos d'Élie Thesbite ; l'oratoire du Sauveur, qui était plutôt une œuvre d'orfèvrerie qu'une œuvre d'architecture ; l'Aétos ; le grand bain impérial ; le Trésor et le Garde-meuble. Il établit encore ce vaste carrousel, le Tzycanistérion, où les empereurs, depuis son règne, se livraient aux exercices hippiques.

## CONCLUSION.

Dans la seconde moitié du dixième siècle, Nicéphore Phocas fit fortifier l'enceinte de la demeure impériale et construisit la forteresse du Boucoléon. Aucun édifice de quelque importance ne fut élevé dans le palais à partir de cette époque.

Dans l'état de splendeur où notre restitution l'a représenté, le palais impérial comprenait sept péristyles ou vestibules; huit cours intérieures et deux phiales servant d'atrium aux deux entrées du Palais-sacré; quatre grandes églises : Saint-Étienne, le Seigneur, Sainte-Marie du Phare et la Nouvelle-église; neuf grandes chapelles ou naos; neuf oratoires et un baptistère : c'était, au total, vingt-trois édifices consacrés au culte; quatre salles des gardes; trois grandes galeries de réception : les tricliniums de Justinien, du Lausiacos et de l'Augustéos; cinq salles du trône : les Lychnos, le grand Consistorion, les Dix-neuf-lits, le triclinium de la Magnaure et le Chrysotriclinium; dix tricliniums destinés à l'habitation personnelle des empereurs et renfermant plusieurs salons et coitons; une bibliothèque; trois salles à manger; sept galeries (diabatica) servant de voies de communication entre les différentes parties du palais; trois péripatos ayant la même destination; trois terrasses à ciel ouvert élevées au-dessus d'un étage de rez-de-chaussée; deux bains; et en dehors du Grand-palais, huit palais particuliers ou grands édifices : la Magnaure, le Cathisma, le Boucoléon, le Porphyre, le Pentacoubouclon, l'Aétos, le Trésor, le Garde-meuble impérial et celui de la Nouvelle-église; enfin, un vaste carrousel et un port sur la Propontide.

Le système d'ornementation de tous ces édifices était encore emprunté à l'antiquité. Des colonnes de marbre précieux décoraient les péristyles, les vestibules, et formaient la principale ornementation des salons, des galeries et même des chambres à coucher. Les marbres de diverses couleurs et le porphyre découpés en tablettes de formes variées, mais régulières, assemblées avec beaucoup de soin, composaient le revêtement des murs et du sol. Les voûtes étaient enrichies de fines mosaïques de verre qui reproduisaient de grandes compositions. Procope, Constantin Porphyrogénète et Photius nous ont laissé la description de quelques-uns de ces tableaux que les Byzantins excellaient à faire. A ces merveilleux procédés d'ornementation venaient s'ajouter, principalement dans les églises et les oratoires, l'or, l'argent et les pierres précieuses, avec une profusion qui paraîtrait fabuleuse si l'on ne savait quelles richesses renfermaient les temples du paganisme que Constantin et ses premiers successeurs avaient dépouillés au profit de Constantinople.

Le sérail du Sultan et les mosquées de Stamboul renferment de magnifiques colonnes de marbre qui proviennent certainement des palais démolis des empereurs byzantins; Sainte-Sophie et quelques rares églises grecques, encore debout, offrent quelques spécimens de cette brillante décoration des murs et du sol en marbres découpés sous les formes les plus gracieuses et les plus variées; on y retrouve encore quelques tableaux en mosaïque cachés sous un badigeon grossier; mais pour ce qui est de ce grand palais Constantinien, des splendides monuments qui lui faisaient cortége dans l'enceinte de la demeure impériale, de ce forum Augustéon, véritable musée à ciel ouvert, et de ces magnifiques bâtiments joints à Sainte-Sophie et qui s'élevaient en face du palais, il n'en reste rien, absolument rien ; les ruines mêmes ont disparu et sont enfouies sous d'affreuses maisons turques. Nous espérons qu'à l'aide de nos recherches on saura se représenter par la pensée, tels qu'ils étaient à l'époque de leur splendeur, ces palais, ce Forum, cette Grande-église et cet Hippodrome dont il est si souvent question dans l'histoire. Notre travail pourra-t-il avoir un jour un autre but que de venir en aide aux études historiques? C'est ce que l'avenir décidera.

# TABLE DES DIVISIONS.

| | |
|---|---|
| INTRODUCTION. | 1 |
| CHAPITRE I<sup>er</sup>. — ÉLÉMENTS DU PLAN DE LA RESTITUTION. | 9 |
| § I<sup>er</sup>. Constantinople; plan de Kauffer; points de repère. | 9 |
| II. Dispositions générales du plan. | 12 |
| CHAPITRE II. — LES MONUMENTS SITUÉS AUX ABORDS DU PALAIS. | 23 |
| § I<sup>er</sup>. Église Sainte-Sophie. | 23 |
| II. Le forum Augustéon. | 31 |
| III. Le Sénat. | 37 |
| IV. La chapelle Saint-Constantin. | 38 |
| V. Sainte-Marie du Forum. | 39 |
| VI. Sainte-Marie Chalcopratiana. | 40 |
| VII. Saint-Alexis. | 40 |
| VIII. Galeries de l'Achilleus et portes de l'Augustéon. | 41 |
| IX. Thermes de Zeuxippe. | 43 |
| X. L'Hippodrome. | 44 |
| CHAPITRE III. — DESCRIPTION DU PALAIS IMPÉRIAL. | 55 |
| § I<sup>er</sup>. Sa situation; son étendue | 55 |
| II. Dénomination donnée aux divers édifices, salles et emplacements de la demeure impériale. | 56 |
| III. Division du palais impérial en trois parties. | 59 |
| IV. Première partie. — Chalcé. | 61 |
| V. Partie intermédiaire entre Chalcé et Daphné. | 63 |
| VI. Deuxième partie. — Daphné. | 65 |
| VII. Atrium du Palais-sacré. | 68 |
| VIII. Troisième partie. — Le Palais-sacré. | 69 |
| IX. Le grand triclinium de la Magnaure. | 83 |
| X. La porte dite Monothyros; le Péripatos et les édifices divers de la partie septentrionale de la demeure impériale. | 86 |
| XI. La Nouvelle-église-basilique. | 87 |
| XII. Le Tzycanistérion; le Mésocépion et le garde-meuble de la Nouvelle-église. | 90 |
| XIII. Le port et le palais du Boucoléon. | 91 |
| XIV. Le naos d'Élie Thesbite et les oratoires de Saint-Clément et du Sauveur. | 92 |
| XV. Le palais de Porphyre. | 93 |
| XVI. Le Pentacoubouclon. | 93 |
| XVII. Les galeries de Marcien, la chapelle de Saint-Pierre et les oratoires de Saint-Michel et de la Mère-de-Dieu. | 94 |

## TABLE DES DIVISIONS.

CHAPITRE IV. — PREUVES ET ÉCLAIRCISSEMENTS A L'APPUI DE LA DESCRIPTION DU PALAIS IMPÉRIAL. . 95
§ I⁰ʳ. Situation et étendue du palais. . . . . . . . . . . . . . . . . . 95
II. Le vestibule de la Chalcé; l'oratoire du Sauveur; les Nouméra. . . . . . . . 109
III. Les salles des gardes prétoriennes; le naos des Saints-Apôtres; le tribunal des Lychnos; les Courtines. . . . . . . . . . . . . . . . . . . . . . . . . . 115
IV. L'église du Seigneur; la porte du Spatharicion. . . . . . . . . . . . . . 121
V. Le grand Consistorion; la salle à manger. . . . . . . . . . . . . . . 124
VI. L'Onopodion; l'Exaéron et le triclinium des Dix-neuf-lits. . . . . . . . . . 127
VII. L'entrée de Daphné; l'Hippodromios; la Thermastra; le palais de Daphné. . . . . . 130
VIII. L'église Saint-Étienne et le Péripatos du palais. . . . . . . . . . . . . 138
IX. Le palais du Cathisma. . . . . . . . . . . . . . . . . . . . . 140
X. La Phiale mystérieuse du Triconque et son Abside; les bains de Théoctistos; la chapelle Saint-Jean. . . . . . . . . . . . . . . . . . . . . . . . . . . 142
XI. Le Sigma et le Triconque; le Sigma inférieur et le Tétraséron. . . . . . . . . 144
XII. Les galeries du Triconque et les pièces adjacentes; la porte du Trésor dite Monothyros; les degrés du Lausiacos. . . . . . . . . . . . . . . . . . . . . . 151
XIII. Les tricliniums au nord et au sud des galeries du Triconque. . . . . . . . . 152
XIV. Le triclinium Lausiacos. . . . . . . . . . . . . . . . . . . . . 157
XV. Le Tripéton ou Horologion. . . . . . . . . . . . . . . . . . . . 158
XVI. Le Chrysotriclinium. . . . . . . . . . . . . . . . . . . . . . 161
XVII. L'Héliacon du Phare; les chapelles de la Très-Sainte-Mère-de-Dieu du Phare et de Saint-Démétrius; le Phare. . . . . . . . . . . . . . . . . . . . . . 171
XVIII. La galerie des Quarante-Saints. . . . . . . . . . . . . . . . . . . 174
XIX. Le Cénourgion. . . . . . . . . . . . . . . . . . . . . . . . 175
XX. Le triclinium de Justinien et son Héliacon; le vestibule des Scyla et sa Phiale. . . . . 179
XXI. Le grand triclinium de la Magnaure. . . . . . . . . . . . . . . . . 185
XXII. La Nouvelle-église-basilique. . . . . . . . . . . . . . . . . . . . 195
XXIII. Les deux galeries extérieures de la Nouvelle-église et son garde-meuble; le Mésocépion et le Tzycanistérion. . . . . . . . . . . . . . . . . . . . . . . 199
XXIV. Le port du Boucoléon. . . . . . . . . . . . . . . . . . . . . 201
XXV. Le palais du Boucoléon. . . . . . . . . . . . . . . . . . . . . 210
XXVI. Le naos d'Élie Thesbite; les oratoires de Saint-Clément et du Sauveur; le palais de Porphyre. 213
XXVII. Le Pentacoubouclon; les galeries de Marcien; la chapelle de Saint-Pierre et les oratoires de Saint-Michel et de la Mère-de-Dieu. . . . . . . . . . . . . . . . . 214
CONCLUSION. . . . . . . . . . . . . . . . . . . . . . . . . . 217

# TABLE DES MATIÈRES.

ABALANTIOS (Léon), l'un des assassins de Nicéphore Phocas, 213.
ABSIDE (l'), hémicycle recouvert d'une demi-coupole qui précédait la Phiale du Triconque; — sa situation, 68, 149, 133, 135, 136, 140, 142, 143, 149, 151, 155, 158, 170, 175; — sa destination, 68.
ABSIDES DIVERSES DANS LE PALAIS: celle de la Chalcé, 12, 64, 112, 139; — celle des Lychnos, 62, 116; — celles du Triconque, 69, 149, 150, 153; — celles d'un triclinium bâti par Théophile, 74; — celles du Tétraséron, 151; — celles du Chrysotriclinium, voyez *Chrysotriclinium*; — celle de la Phiale mystérieuse du Triconque, voyez l'*Abside*; — celle du triclinium de la Magnaure, 187, 188, 189; — celle des portes de l'héliacon de la Magnaure, 192; — celle du coiton de la Magnaure, 86.
ACACIA, petit sac d'étoffe de soie rouge ayant la forme d'un volumen et rempli de terre; l'empereur le portait à la main en signe d'humilité, 129.
ACHILLEUS (galeries de l'), portiques occidentaux du forum, 41, 42, 43.
ACHMET (Mosquée du sultan), 45, 107.
ACOLOUTHOS (l'), chef des Varangues, 180, 184.
ACROPOLE (l'ancienne) de Constantinople, 98, 99; — celle construite par Nicéphore Phocas n'est autre que le château du Boucoléon, 210.
AGINCOURT (D'); son *Histoire de l'art par les monuments*, citée 48, 49.
AIGLE (l'), édifice élevé dans l'enceinte de la demeure impériale, 86.
AKOR ou ABOUR-CAPOU, l'une des portes actuelles de Constantinople, 207.
ALEXANDRE, empereur, 53, 111, 120, 204.
ALEXIS Ier COMNÈNE, empereur, 94, 98, 172, 211.
ALEXIS II COMNÈNE, empereur, 33, 35, 44, 86.
ALEXIS III COMNÈNE, empereur, 99.
AMAURI, roi de Jérusalem, vient à Constantinople, 3, 204.
AMBASSADEUR DU ROI DES PERSES; réception que lui fait l'empereur, 125.
AMBASSADEURS SARRASINS auprès de Constantin VII, 43, 100, 112, 113, 116, 159, 161, 165, 180, 185, 188, 194, 199.
ANASTASE, empereur, 45, 47.

ANDRONIC LE VIEUX, empereur, 181.
ANÉTHAS (la porte), l'une de celles de l'Augustéon, 43, 101, 113.
ANNE COMNÈNE; son Histoire de l'empereur Alexis Ier, citée 94, 93, 94, 99, 173, 179, 201, 211, 214.
ANONYME (auteur grec); son ouvrage sur les antiquités de Constantinople, cité 18, 26, 27, 29, 31, 33, 35, 37, 44, 45, 49, 50, 51, 53, 66, 96, 102, 104, 105, 111, 112, 114, 138, 139, 141, 199, 207, 209, 210.
ANONYME (historien grec), continuateur de Théophanes, auteur de la Vie des empereurs depuis Léon l'Arménien jusqu'à Michel III, citée 56, 58, 59, 70, 71, 72, 73, 74, 84, 85, 93, 94, 104, 115, 124, 128, 143, 144, 145, 149, 151, 153 à 157, 171, 174, 200, 214, 216.
ANONYME (auteur); sa Chronographie faisant suite à l'historien Théophanes, et commençant à la Vie de Constantin Porphyrogénète, citée 53, 64, 75, 77, 79, 91, 94, 111, 115, 117, 120, 128, 205.
ANTHOLOGIE GRECQUE; recueil de poésies, cité 29, 44.
APPARTEMENTS PARTICULIERS DE L'EMPEREUR; ceux bâtis par Théophile, 61, 152; — ceux bâtis par Basile le Macédonien, 61, 175.
ARCADIUS, empereur, 45.
ARCADIUS (les thermes d'); leur situation, 96, 97.
ARCHITECTURE BYZANTINE, 86, 162, 164.
ARGENTERIE DE LA TABLE DE L'EMPEREUR; celle des repas donnés dans les Dix-neuf-lits, 64; voyez *Orfévrerie des empereurs*.
ARITHMOS (les chefs et les gens de l'), cohorte militaire, 187, 193.
ARMURE; celle d'Alexis, gendre de l'empereur Théophile, 42.
ATHANASE, patriarche de Constantinople, 184, 185.
ATHYR, vestibule du baptistère de Sainte-Sophie, 31.
AT-MEÏDAN, place de Constantinople, l'ancien Hippodrome, 10.
AUGUSTÉON (le forum); la direction qui lui est donnée dans le plan, son étendue, sa délimitation, sa forme, 12, 13, 18, 31, 32, 51, 64, 96, 109, 115; — ses portiques reconstruits par Justinien, 32, 38, 114; — la statue de ce prince y était élevée, 13; — son sol pavé de marbre, 32; — statues, colonnes et objets d'art qui s'y trouvaient, 32, 33, 37; — monuments qui y étaient élevés,

voyez *Milliaire, Saint-Jean l'Évangéliste*; — ses portes, 41, 42, 43, 401; — ce qu'on doit entendre par l'atrium de l'Augustéon, 41; — encore cité 42, 43, 65, 102, 106, 113.

AUGUSTÉOS (le triclinium de l'), dépendant du palais de Daphné; sa situation, ses communications, 63, 64, 65, 66, 108, 118, 120, 125, 126, 134, 135, 137, 138, 140, 142, 143, 149, 155, 158, 185; — sa destination, 66; — encore cité 124; voyez *Daphné (galeries de), Main-d'or, Octogone* et *Coiton de Daphné.*

BAD-I HUMAÏOUN, voyez *Porte Impériale.*

BAIN DU PALAIS, bâti par Basile le Macédonien, 87.

BAINS, près de l'Abside, 68, 136, 143.

BALEK-KHANÉ, bâtiment sur la Propontide, dans les jardins du sérail, 208.

BALUSTRADE entourant le trône de l'empereur, 146, 147, 187.

BANDURI, savant helléniste, auteur de l'*Imperium orientale*, cité 23, 46, 208; voyez *Anonyme (auteur) d'un ouvrage sur les antiquités de Constantinople.*

BAPTISTÈRE (le); celui de Sainte-Sophie, 28, 33, 34; — celui du palais, 60, 66, 108, 134.

BASILE LE MACÉDONIEN, empereur, ajoute d'importantes constructions au palais impérial, 3; — notice sur ce prince, 6; — son entrée triomphale à Constantinople, 34, 39, 43; — fait construire Sainte-Marie du Forum, 307; — fait restaurer Sainte-Marie Chalcopratiana, 40; — édifices et Tzycanistérion qu'il fait élever et établir dans le palais impérial, 71, 72, 77, 86, 87, 90, 92, 94, 100, 101, 109, 198, 199, 200, 201, 203, 214.

BASILE II, empereur; ses victoires donnent de l'éclat à la couronne impériale, 7.

BASILICA, cadeau de l'empereur aux dignitaires et officiers du palais, 170 et à la note.

BASILISCUS, usurpateur de la dignité impériale, 74.

BATISSIER (M.), auteur de l'*Histoire de l'art monumental*, citée 23.

BAUDOUIN II, dernier des empereurs français, habitait les Blaquernes, 4.

BÉLISAIRE, général sous Justinien, combat les Victoriats, 14, 51, 52.

BÉMA, nom donné au sanctuaire des églises grecques; dispositions adoptées pour ce sanctuaire, 198; voyez *Sainte-Sophie* et *Nouvelle-église.*

BÉNÉDICTION DU PEUPLE PAR L'EMPEREUR, 54, 82, 184.

BENJAMIN DE TUDÈLA visite Constantinople au douzième siècle; relation de son voyage sous le titre de *Itinerarium*, 3.

BÉRANGER, marquis d'Ivrée, 194.

BIBLIOTHÈQUE DU PALAIS, 72.

BLAQUERNES (le quartier des), renfermé dans l'enceinte de Constantinople par Théodose II, 10.

BLAQUERNES (le palais des); Manuel Comnène en fait une forteresse, 3; — Isaac l'Ange, tiré de prison, y est conduit, 3; — habité par les empereurs français, 4; — par Baudouin II sous le nom où il fut chassé de Constantinople, 4; — Paléologue l'habitait lorsque Cantacuzène s'empara de Constantinople, 4; — habité par Alexis III, 99, 100; — encore cité 78, 94, 194, 213.

BONDELMONTI (Christophe de) visita Constantinople au commencement du quinzième siècle, 4; — son ouvrage *Descript. urbis Constantinopoleos*, cité 4, 13, 16, 32, 36,

45, 47, 48, 50, 51, 67, 102; — vit debout la statue de Justinien dans le Forum, 13, 36; — des divers manuscrits de son ouvrage, et des fautes qui s'y rencontrent, 26, 36 not.; — grave erreur de typographie dans la publication que Du Cange a faite de sa description de Constantinople, 36; — plan qu'il a joint à sa description de Constantinople, 97, 208.

BONIFACE DE MONTFERRAT, l'un des chefs de la croisade en 1204, s'empare du palais du Boucoléon, 213.

BORILE (l'eunuque), 98.

BOSPHORE DE THRACE (le), joignant le Pont-Euxin à la Propontide, 10, 95, 96, 97, 100.

BOUCOLÉON (le port du); sa situation, sa description, 91, 204 et suiv., 211; — à l'usage exclusif des empereurs, 91, 204; — compris au plan de Bondelmonti sous le nom de Portus palatii, 98; — entièrement créé par la main de l'homme, 207; — son quai, 204; — c'était l'entrée maritime du palais, 204; — encore cité 93; voyez *Pente du Boucoléon.*

BOUCOLÉON (le palais du); Baudouin de Flandre y fait sa résidence, 4; — sa situation, sa description, 94, 210 et suiv.; — bâti par Théodose le Jeune, 94, 210; — Nicéphore Phocas en fait une forteresse, 94, 209; — nommé Grand-Triclinium dans le *Livre des cérémonies*, 100, 209; — encore cité 78; voyez *Descente du Boucoléon.*

BOUILLET (M.); son *Dictionnaire des sciences*, cité 49, 56.

BROUMALION (les fêtes du); elles se célébraient tant à la cour que dans les familles de la ville; ces fêtes qui commençaient à la fin de novembre (le 24, d'après Reisk), duraient autant de jours qu'il y a de lettres dans l'alphabet grec; chacun choisissait pour faire la fête le jour correspondant à la première lettre de son nom, 69, 125, 135, 136, 145, 159, 206.

BRUNET DE PRESLE (M.); sa *Notice sur les tombeaux des empereurs de Constantinople*, citée 2, 50.

BUREAUX (les) dans le Palais-sacré, 61, 152.

BYZANCE, notice sur cette ville, 9; — choisie par Constantin pour la nouvelle capitale de l'empire romain; agrandie et embellie par ce prince, 9; — sa situation et son étendue, 95.

BYZAS, fondateur de Byzance, 9.

CABALLARIOS, emplacement près de la porte Monothyros, 86, 106, 107.

CAMARA, nom donné aux absides; justification de cette interprétation, 117, 162, 163.

CAMÉLAUCION, le dais ou le dôme élevé au-dessus du trône de l'empereur, 126, 146, 164.

CAMILAS (le coubouclion ou appartement); sa situation, sa description, 72, 152, 153, 155, 156.

CAMPTOS (los), extrémités de la Spina de l'Hippodrome, 48, 49.

CAMYTZÈS, général grec, 178.

CANDIDATS, soldats de l'une des cohortes de la garde de l'empereur, 72, 105, 117.

CANDIDATS (triclinium des), salle des gardes qui portaient ce nom; sa situation dans le palais, 42, 60, 62, 108, 112, 115, 117, 118, 135, 185, 186; — brûlé pendant la sédition des Victoriats, 14, 194; — l'une de ses portes faisait face à celle de l'atrium de la Magnaure, 32, 84, 118; — dôme abritant une croix, élevé dans ce triclinium, 62, 108, 117; — l'une de ses portes ouvertes sur l'atrium

# TABLE DES MATIÈRES.

des Dix-neuf-lits, 62, 128, 129; — l'une de ses portes donnait accès dans le grand Consistorion, 62, 117, 123; — donnait par son macron sur les Courtines, 118, 119; — macron de ce triclinium, voyez *Macron*.

CANICLÉIOS (le), l'un des officiers de l'empereur, 108 et not.

CARIEN (le triclinium); sa situation, 72, 153; — sa destination, 72, 162.

CATÉCHUMÈNES (les); ceux de Sainte-Sophie, 28, 30, 31, 40, 192, 193, voyez *Escalier de bois* et *Didascalios*; — ceux de Saint-Serge-Saint-Bacchus, 148; — ceux du naos de Saint-Pierre, 216.

CATERGA LIMENA, voyez *Kadsurga Limane* et *Échelle de Koum*.

CATHISMA (le), tribune du haut de laquelle l'empereur présidait aux jeux de l'Hippodrome, 42, 44, 45, 46, 47, 48, 49, 60, 82, 103, 130, 137, 141; — la Stama qui en faisait partie, 47.

CATHISMA (le palais du), voyez *Hippodrome (le palais de l')*.

CÉDRÉNUS, historien grec, cité 16, 33, 37, 44, 46, 53, 74, 80, 104, 106, 114, 120, 124, 138, 205, 207, 210, 212.

CÉNOURGION, corps de logis bâti par Basile le Macédonien pour l'habitation des empereurs, 75, 77, 175 et suiv.; — ce nom est particulièrement celui du salon des appartements, 175; — distribution de ce corps de logis, 176, 177; — description du salon, de la chambre à coucher et de son vestibule, 78, 79; — situation et communications du Cénourgion, 75, 134, 160, 161, 167, 175, 176, 177; — habité par Romain Lécapène, 80; — encore cité 73; — sa longue galerie ou macron, voyez *Macron*; — la salle à manger qui en dépendait, voyez *Salle à manger*; — son coiton, voyez *Chambre à coucher*.

CÉRÉMONIES DIVERSES DE LA COUR BYZANTINE; hommages rendus par les prisonniers de guerre à l'empereur dans le forum, 38; — triomphe dans l'hippodrome sur les ennemis vaincus, 54; — à l'occasion d'un discours que l'empereur prononçait dans la Magnaure, 186; — à l'occasion d'une réception des ambassadeurs dans la Magnaure, 189; — le jour de la fête de saint Élie, 197; voyez *Bénédiction du peuple* et *Marche de l'empereur*.

CHALCÉ, nom donné à la première partie du palais; de quoi elle se composait, 60; — sa description, 61, 142.

CHALCÉ, vestibule du palais sur l'Augustéon; bâti par Constantin, brûlé par les Victoriats, relevé par Justinien, 13, 142; — sa situation, ses communications, sa description, 12, 13, 14, 34, 42, 43, 61, 106, 109, 111, 112, 113, 149, 155; — grilles aux portiques du Forum en avant de la Chalcé, 112, 113, 148; — son atrium, 61, 106, 107, 110, 111, 118, 124; — sa grille sur l'atrium, 109, 110, 111; — le chytos de la Chalcé, 61, 110, 111, 115, 119, 120, 187; — la porte de fer sur le Forum, 61, 109, 114, 115, 120; — sa grande porte de bronze et ses communications avec le triclinium des Scholaires, 64, 109, 110, 115, 135; — sa coupole, 61, 109, 110; — son abside, 12, 61, 112, 139; — sa décoration intérieure, statues, 113, 140; — donne son nom à la première partie du palais, 60; — réceptions faites par l'empereur dans la Chalcé, 12, 109; — encore citée 66, 67, 113, 116, 123, 124, 126, 138, 139, 149, 186, 205.

CHAMBRES A COUCHER IMPÉRIALES; celle nommée l'Harmonie, 73; — celle dépendant du triclinium de la Magnaure, 85; — celle du triclinium la Perle, 74; — celle

dépendant du Cénourgion, dite Chambre sacrée, 108, 109, 152, 176, 177, 178, 179.

CHLAMYDE, vêtement supérieur; il faisait partie du costume impérial et de celui de certains fonctionnaires, 108, 125, 126, 137, 141, 162, 167, 179, 181, 184, 189, 190, 197.

CHRONIQUE PASCALE, *Chronicon paschale*, citations tirées de cette chronique, écrite par deux auteurs anonymes du septième siècle, 13, 17, 37, 44, 45, 137, 194.

CHRYSOTRICLINIUM (le), salle du trône du Palais-sacré; description de cette salle, sa situation, ses communications, 75, 121, 133, 134, 143, 147, 149 à 152, 154, 158, 164 à 171, 173, 175, 178 à 183; — sa coupole et sa galerie établie sur l'entablement, 75, 162; — l'abside occidentale servant d'entrée, et ses portes, 75, 164, 165, 166, 182; — l'abside à droite de celle-ci, 75, 166, 168, 177; — l'abside méridionale, 75, 77, 78, 167, 178; — l'abside de Saint-Théodore, 76, 167, 168, 181, 182; — l'abside orientale et ses portes, 76, 80, 100, 152, 162, 165, 166, 168, 169, 171, 176, 200; — l'abside à la suite au nord-est, 77; — l'abside septentrionale, 77, 170; — l'abside à gauche de celle d'entrée au nord-ouest, 77, 170; — escaliers pour monter à la coupole, 77; — écoinçons (ou colla) du grand carré dans lequel était inscrit le Chrysotriclinium et ses absides, 75, 76, 78, 82; — son pavé, ses murs, 77; — construit par Justin, 44, 160; — bâti sur terre-plein, 84; — sa destination, 75, 77, 161, 171 et passim; — la grande salle octogone reçoit quelquefois le nom d'Héliacon, 164, 172, 182; — serviteurs particuliers attachés au Chrysotriclinium, 187; — encore cité 82, 123, 157, 158, 172, 184, 200. Voyez *Panthéon, Portes du palais, Portières*.

CHYTOS, courte galerie qui précédait la coupole de la Chalcé, voyez *Chalcé*.

CIBORIUM, sorte d'édicule élevé au-dessus de l'autel dans les églises, 26, 89; — et aussi au-dessus du trône de l'empereur, 63, 69, 124, 126, 145, 147, 148, 150, 153; voyez *Procymma, Paracupticon, Camélaucion* et *Poulpiton*.

CIRQUE (le grand), voyez *Hippodrome*.

CLIBANION, sorte de brigandine à écailles, 41.

CLÔTURE DU SANCTUAIRE dans les églises grecques, 89.

CODINUS, écrivain grec, cité 16, 32, 40, 65, 99, 101, 104, 115, 134, 140, 152, 199, 208, 209, 210; — son livre *De originibus*, cité 16, 44, 45, 50, 62, 84, 96, 112, 114, 124, 123, 128; — son livre *De structura S. Sophiæ*, cité 26, 28, 30, 193; — son livre *De officialibus palatii Constantinopolitani*, cité 26, 30; — son livre *De signis*, cité 32, 33, 59, 111, 114, 139.

COITON, signification de ce mot, 57; — coiton de Daphné ou de l'Augustéon, 54, 66, 126, 128, 129, 133, 137, 138; — coiton de la Magnaure, voyez *Magnaure*; — Coiton-sacré, voyez *Cénourgion*; voyez *Chambres à coucher*.

COLONNE SAINT-CONSTANTIN, portant une croix, élevée dans l'Augustéon, 33, 34, 36.

COLONNE DES SERPENTS, dans l'Hippodrome, 3, 44, 50.

COLONNE THÉODOSIENNE, à Constantinople, 3.

COMBÉFIS, traducteur d'auteurs byzantins, 4.

CONCIERGE DU PALAIS, voyez *Portier (le grand)*.

CONQUE, nom souvent donné par les Byzantins aux absides

de leurs églises, 69; — conque ou abside orientale du Chrysotriclinium, 108, 163, 169, 176; — conques du Triconque, voyez *Triconque*.

Consistorion (le grand), salle qui dépendait de la première partie du palais; sa description, sa situation, ses communications, 60, 63, 108, 115, 117, 118, 119, 120, 121, 124, 125, 126, 134, 135, 138, 139; — sa destination, 63; — ses escaliers, 126; — encore cité 67, 126, 131.

Constantin le Grand, empereur, choisit Byzance pour la nouvelle capitale de l'empire, l'agrandit et lui donne le nom de Constantinople, 9; termine l'Hippodrome, 16; — sa statue dans le Milliaire, 33; — enrichit l'Hippodrome de statues, 53; — ne détruit rien de l'ancienne Byzance pour construire son palais qu'il élève en dehors de l'enceinte de la ville, 95, 96; — édifices divers qu'il construit dans l'enceinte de la demeure impériale, 16, 44, 65, 66, 94, 93, 112, 116, 123, 128, 137, 141, 142; — bâtit Sainte-Irène, 12.

Constantin Monomaque, empereur, 98.

Constantin VII Porphyrogénète, empereur; notice sur ce prince, 7, 204; — ses travaux d'orfévrerie, 75, 80; — fait exécuter sur ses dessins le plafond des Dix-neuf-lits, 64; — établit la bibliothèque du palais dans le Camilas, 173; — fait exécuter sur ses dessins le pavé du Chrysotriclinium, 77; — et aussi le bassin de porphyre de la chambre à coucher, 78; — fait décorer le Pentacoubouclon de figures et d'ornements d'or, 93; — encore cité 100, 116, 120, 159, 194, 205, 210; — son écrit sur la Vie de Basile le Macédonien, cité 35, 58, 59, 77, 78, 79, 85, 87, 88, 89, 90, 92, 94, 100, 160, 175, 186, 195, 200, 213, 214; — son livre sur les *Cérémonies de la cour*, cité 5, 13, 25, 28 à 31, 33, 34, 36, 38, 39, 40, 42, 45, 47, 48, 49, 52, 57, 58, 60, 62, 63, 65, 66, 67, 74 à 77, 80 à 83, 85, 86, 87, 100, 103, 104, 105, 106, 108, 109 à 113, 115, 117 à 123, 125 à 144, 146 à 152, 154, 155, 157 à 180, 182 à 186, 188, 190 à 193, 195 à 201, 203, 206, 210, 215; — l'auteur abrége souvent dans ce livre le nom des localités, 195.

Constantinople, nom donné à la ville de Byzance, agrandie par Constantin, 9; — sa situation, 10; — la première des sept collines sur lesquelles Constantinople est bâtie comprenait dans sa partie méridionale le Palais impérial, 56.

Construction antique (ruine d'une) existant dans les jardins du sérail, 87.

Corne-d'or (golfe de la), port de Constantinople, 3, 10, 95, 96, 97, 99, 100, 102, 194.

Cosmétès (le grand) du Chrysotriclinium, 163.

Coubouclion; ce que signifie ce mot, 57; voyez *Camilas*, *Mésopatos* et divers coubouclions signalés, 72, 74.

Couronne impériale, 107, 189, 190; — la couronne était posée sur la tête de l'empereur par le Préposé, en présence seulement des Cubiculaires, 108, 125, 129, 137, 140, 150, 167.

Couronnes votives, suspendues dans les églises au-dessus de l'autel, 162.

Courtines (la cour des) dépendait de la première partie du palais, sa situation, ses communications, 60, 62, 83, 114, 115, 118, 119, 121, 123, 137, 192; — porte de bronze séparant en deux les Courtines, voyez *Portes du palais*; — encore citées 68, 106.

Croisés (les) français et vénitiens à Constantinople, 3, 102, 213.

Croix signalées dans le palais, 108, 114, 117.

Cubiculaires, officiers du palais, eunuques, 106, 108, 140, 141, 147, 149, 150, 154, 158, 159, 163, 165, 166, 168, 169, 172, 176, 177, 179, 181, 182, 186, 187, 189, 190; — le Primicier-cubiculaire, 168.

Cuisines du palais, 61, 74, 152.

Curopalate (le), l'un des officiers du palais, avait son siége dans les Lausiacos, 74.

Cyrille d'Alexandrie (Saint); son Lexique cité 163.

Dalles de porphyre placées dans le sol au-devant du trône de l'empereur, 126, 168.

Daphné, nom de la seconde partie du palais, 60, 130, 142; — sa description, 65, 66, 130 et suiv.; voyez *Cour de Daphné*, *Palais de Daphné*, *Terrasse de Daphné*, *Coiton de Daphné*, *Octogone*, *Sainte-Marie de Daphné*, *Sainte-Trinité*, *Baptistère*; — conciergerie de Daphné, 65; — prenait ce nom d'une statue de la nymphe Daphné qui était dans ses galeries à ciel ouvert, 66.

Daphné (cour de), entrée de la deuxième partie du palais; sa situation, 60, 65, 82, 130, 131.

Daphné (palais de); sa situation dans l'enceinte du palais impérial, sa description, 12, 14, 60, 63, 65, 82, 107, 127, 137, 140; — bâti par Constantin, 137; — son coiton, voyez *Coiton*; — son triclinium nommé l'Augustéos, voyez *Augustéos*; — son salon, voyez *Octogone*; — son rez-de-chaussée, voyez *Thermastra*; voyez aussi *Daphné* (terrasse ou galeries).

Daphné (galeries de), désignées le plus souvent sous le nom de Daphné tout court; leur situation et leurs communications, 60, 66, 67, 84, 126, 132, 133, 134, 136, 137, 140, 142, 143, 145, 155, 170; — désignées quelquefois sous le nom de galeries de l'Augustéos, 133, 135; — lieu de réunion des dignitaires et des officiers de l'empereur lorsqu'il doit sortir du palais par l'Augustéos et la Chalcé, 106, 107; — encore citées 153; — rez-de-chaussée de Daphné, voyez *Thermastra*; — on y voyait une statue de la mère de Constantin, 137.

Daugîtès (les) du Chrysotriclinium, 163.

Démarque, l'un des chefs des factions du Cirque, 185.

Desjardins (M.), sa *Topographie du Latium*, citée 20.

Dezobry (M.), sa *Description de Rome au temps d'Auguste*, citée 3.

Diabatica, signification de ce mot, 57; — diabatica du Triconque, de l'église du Seigneur, des Quarante-Saints, des tricliniums de Théophile, des galeries de Marcien, voyez à ces mots et *Galeries*.

Dibétésion, vêtement que met l'empereur en quittant la chlamyde impériale, 137, 165, 179.

Didascalios, salle auprès du narthex de Sainte-Sophie, 28.

Diétaires, gens de service du palais, 107, 152; — le primicier des diétaires, 169, 176.

Diippion, nom donné à un certain endroit du forum Augustéon, 35.

Dion Cassius, auteur latin, cité 95.

Dix-neuf-lits (le grand triclinium des), édifice dépendant du palais; sa situation, 12, 17, 60, 64, 117, 127, 128, 129, 130; — sa description, 64, 129, 130; — origine de son nom, 64; — son portique, 128, 129, 130; — son

## TABLE DES MATIÈRES.

accoubiton, 64, 128, 129, 130; — repas qui s'y donnaient, argenterie employée dans ces repas, 64; — communiquait avec les péripatos du palais, 64, 128, 129, 139; — et ce péripatos avec le coiton de Daphné et Saint-Étienne, 66, 129; — sa destination, 64, 128; — son plafond exécuté sur les dessins de Constantin VII, 64, 130; — son atrium, voyez *Exaéron*.

DOMESTIQUE (le), titre du chef de chacune des cohortes de la garde prétorienne; le domestique des Scholaires, 145; — le domestique des Excubiteurs, 145.

DROUNGAIRE DES GARDES DE NUIT, l'un des officiers du palais, 206.

DU CANGE traduit en latin plusieurs auteurs byzantins; son *Historia byzantina*, 2, 5; — son *Histoire de l'empire de Constantinople sous les empereurs français*, citée 4, 213; — sa *Constantinopolis christiana*, citée 5, 12, 23, 25, 29, 30, 32, 37, 40, 42, 44, 50, 58, 59, 95, 96, 97, 98, 99, 104, 115, 122, 124, 134, 137, 148, 164, 194, 198, 202, 208, 214; — son *Glossarium ad scriptores mediæ et inf. Græcitatis*, cité 39, 58, 105, 118, 163; — son *Commentaire sur l'histoire d'Alexis I<sup>er</sup>*, écrite par Anne Comnène, cité 124; — conteste à tort le récit de l'Anonyme sur le Puits sacré, 29; — a confondu en un seul port les ports Julien, Sophie et Boucoléon, 202; — place à tort la Magnaure auprès du château des Blaquernes, 193; — erreur de transcription dans la publication qu'il a faite du manuscrit de Bondelmonti, 36.

DUCAS (le général Constantin) veut s'emparer du trône, 53, 144, 120, 204.

ÉCHELLE DE KOUM, l'un des ports de Constantinople sur la Propontide, 202, 204, 205, 209.

ÉCHELLE DE TSCHATLADE-CAPOUSSI, petit port de Constantinople, 202, 204, 205, 207, 208, 209.

ÉGLISE; à quels édifices religieux du palais ce nom est-il donné, 59.

ÉLADAS (Jean), l'un des tuteurs de Constantin VII Porphyrogénète, défend le palais contre Constantin Ducas, 120, 205, 206.

ELGA, princesse russe reçue par l'empereur Constantin VII, 160, 176.

ÉLIE THESBITE (le naos d'), bâti par Basile le Macédonien, 92, 213; — autel dédié sous l'invocation de ce prophète dans la Nouvelle-église, dont il était l'un des patrons, 88, 197.

ÉMAUX, ouvrages d'orfévrerie en émail du Trésor impérial, 162; — image en émail de la Vierge, 173.

ÉPARQUE (l'), préfet de Constantinople, 44, 112, 119, 157.

ÉQUIPEMENT DU CHEVAL DE L'EMPEREUR THÉOPHILE, 64.

ÉROS, triclinium touchant au Sigma, 69, 71, 153, 154, 155, 157, 158, 170, 172, 175, 186, 194.

ESCALIER DE BOIS faisant communiquer le palais et Sainte-Marie Chalcopratiana avec Sainte-Sophie, 30, 31, 40, 43, 68, 84, 104, 122, 192, 193.

ESCALIERS DANS LE PALAIS; escaliers du grand Consistorion, 63, 126; escaliers pour monter à la Phiale au Sigma, 69, 150; — escalier entre les galeries du Triconque et le Lausiacos, 71, 74, 144, 149, 154, 157, 158, 167; — escalier secret de Saint-Étienne dans le palais du Cathisma, 14, 67, 140; — escalier de la cour de Daphné au Péripatos du palais, 66, 130; — Styrax, petit escalier du Sigma au Sigma inférieur, voyez *Sigma*; — de l'Éros, 71, 153, 175; — de la descente du Boucoléon au narthex de la Nouvelle-église, 87; — escalier en arrière de la porte d'ivoire, allant de l'Hippodromios à la terrasse de Daphné, 132; — de la terrasse de Daphné à la Phiale du Triconque, 132, 136; — escalier du Justinianos à la Thermastra, 183; — grand escalier allant de la Phiale des Scyla et de l'Hippodromios au vestibule des Scyla, 184, 185.

EUCTÉRION, signification de ce mot, 59.

EUNUQUES, 177; — logés dans le Mésopatos, 73; — les eunuques protospathaires, 44, 159, 181; — Michel, chef des eunuques sous Nicéphore Phocas, 212.

EXAÉRON, signification de ce mot, 58; — atrium des Dix-neuf-lits; sa situation, ses communications, 64, 117, 148, 128, 129, 130; — reçoit le nom d'Héliacon, 129; — ce nom est quelquefois donné à la Phiale du Triconque, 128.

EXCUBITEURS, soldats de l'une des cohortes de la garde prétorienne, 62.

EXCUBITEURS (triclinium des), salle des gardes qui portaient ce nom; sa situation dans le palais, ses communications, 12, 60, 62, 108, 115, 116, 117, 118, 119, 120, 135, 155, 186, 187; — brûlé pendant la sédition des Victoriats, 14; — encore cité 106.

FACTIONS DU CIRQUE, 13, 87, 108, 112; — les gradins qu'elles occupaient dans l'Hippodrome, 14, 15.

FORUM (le), voyez *Augustéon*.

GABRIEL (archange), chef des milices célestes; l'un des patrons de la Nouvelle-église, 88, 198.

GALERIES ou DIABATICA; ce que c'était que ces galeries, 57; — du Triconque, 64, 70, 71, 133, 140; — des Quarante-Saints, voyez *Quarante-Saints*; — de Daphné, dite Daphné, voyez *Daphné (galeries de)*; — des Lychnos, 62, 146, 147, 120; — de Marcien, 82, 94, 214, 215, 216; — galeries du palais au-dessus des portiques conduisant du palais de Magnaure à Sainte-Sophie, 84, 104, 193, 215; — de l'église du Seigneur, voyez *le Seigneur*.

GARDE-MEUBLE IMPÉRIAL (le), 87; — de la Nouvelle-église, 90, 91, 199, 200.

GARDE PRÉTORIENNE, 12, 13.

GEORGES (le moine), historien grec, 42, 65, 85, 143.

GIADAD-KEUCHK, kiosque dans le sérail, 208.

GIBBON, auteur de l'*Histoire de la décadence et de la chute de l'empire romain*, 2.

GIGUET (M.), traducteur d'Homère, d'Hérodote et de la Bible des Septante, 6.

GOAR, traducteur d'auteurs byzantins, 4.

GRETSER, traducteur d'auteurs byzantins, 4.

GUILLAUME DE TYR (arch.), historien, cité 3, 204.

GYLLI (Pierre), voyageur et archéologue, visite Constantinople en 1550, 4; — son ouvrage sur Constantinople: *De topographia Constantinopoleos*, cité 4, 15, 19, 21, 22, 36, 44, 45, 49, 50, 51, 56, 104, 103, 104, 105, 196, 202, 203, 208, 209; — par le mot *pas*, il n'entend point parler d'une mesure itinéraire, mais bien du pas de marche; de la longueur de ce pas, 21, 103.

HAMMER (M. de), auteur de l'ouvrage *Constantinopolis und der Bosporos*; a eu tort de dire que le palais des empereurs grecs était plus vaste que le sérail, 95, 104, 106; — a eu tort de placer le palais du Boucoléon auprès de Tschatlade-Capou, 202; — son ouvrage cité 44, 54, 99, 208.

HARMONIE (l'), chambre à coucher de l'impératrice dans un coubouclion bâti par Théophile, 73, 153, 155, 156.
HASE (M.), traducteur et commentateur de Léon Diacre, 3.
HEBDOMON (l'), ancien palais à Constantinople, 3, 194, 195; — localité qui portait ce nom, 194.
HÉLÈNE, mère de Constantin le Grand; sa statue dans le Milliaire, 33.
HÉLIACON, signification de ce mot, 58; — héliacon du Phare, 76, 80, 86, 87, 94, 100, 154, 160, 169, 170, 171, 173, 175, 195, 203, 206, 207; il reçoit quelquefois le nom d'héliacon du Chrysotriclinium, 164, 172; — héliacon du Justinianos, 82, 83, 94, 147, 181, 183, 184, 185, 216; le trône de l'empereur y était élevé lorsqu'il devait bénir le peuple réuni dans le grand Hippodrome, 82, 103, 147; — héliacon de la Magnaure, voyez *Magnaure;* — héliacon de la Nouvelle-église, voyez *Nouvelle-église;* — héliacon des Dix-neuf-lits, voyez *Exaéron;* — la salle octogone du Chrysotriclinium reçoit quelquefois le nom d'héliacon, 164, 172; — héliacon de la Perle, voyez *la Perle et terrasses.*
HENRI DE FLANDRE, l'un des chefs de la croisade, s'empare, en 1204, du château des Blaquernes, 213.
HÉRACLIUS, empereur, renferme le quartier des Blaquernes dans la ville de Constantinople, 10; — encore cité 34, 67.
HÉRITZÉ, édifice de Constantinople, 98.
HÉTAIRES, gens de service, 74, 108, 184; — le chef des hétaires ou Grand-hétaire, 74, 152, 184.
HÉTAIRIE (l'), le corps des hétaires, gens de service du palais, 120, 184, 186, 187, 205; — le chef de l'hétairie, 188.
HIPPODROME (le grand), 44 et suiv.; — commencé par Septime Sévère, hors des murs de Byzance, terminé par Constantin, 15, 16, 44, 95; — son étendue, 18; — son centre indiqué par l'obélisque de granit, 44; — son grand axe déterminé par deux obélisques, 12, 16, 44; — son établissement sur des voûtes dans sa partie méridionale, 15, 45; — obélisques qui subsistent encore, 10, 44, 18, 49; — sa forme, 45; — ses gradins, 45, 141; — la Sphendoné, 45, 49; — son Péripatos ou galerie supérieure, 45; — sa Spina, 16, 48, 49, 50; — sa Phiale, 50; — les camptos ou bornes, 48, 49; — le Manganon, 45, 48; — l'Euripe, 53; — statues qui s'y trouvaient, 51, 53; — ses portes, 51, 52, 53; — le Cathisma, tribune de l'empereur, 45 à 48; — état du terrain aux alentours, 19, 105; — son mur septentrional servait de défense au palais, 56, 103; — on le traversait pour entrer au palais par la cour de Daphné, 52, 60, 65; — son grand côté oriental faisait face aux murs du palais à une petite distance, 103, 104; — était dominé par ces murs, 105, 181; — le peuple s'y réunissait pour acclamer l'empereur; lieu où se tenait l'empereur dans ces occasions, 82, 147; — encore cité 82, 102, 104, 106, 128, 131, 135, 136, 137, 179, 180, 207.
HIPPODROME DU PALAIS ou Hippodrome couvert, voyez *Hippodromios.*
HIPPODROME (le palais de l') ou ou Cathisma, bâti par Constantin, 141; — sa situation, 12, 15, 45, 56, 60, 82, 140; — occupé par Hypatius pendant la sédition des Victoriats, 14, 15; — escalier servant de communication avec Saint-Étienne, 14, 67, 140; — pièces principales qui s'y trouvaient, 67, 140, 141.

HIPPODROMIOS ou Hippodrome du palais, cour couverte; sa situation, sa description, ses communications, 52, 65, 67, 75, 82, 130, 131, 132, 133, 134, 135, 136, 138, 165, 180, 183, 184, 185; — sa destination, 52, 65, 106, 132; — lieu de réunion des dignitaires et officiers du palais quand l'empereur sortait à cheval de ce côté, 106; — encore cité 100.
HODÉGÉTRIA (l'église d'), voyez *Sainte-Mère-de-Dieu conductrice.*
HORMISDAS (le palais et le lieu dit), 104, 105, 208, 209.
HOROLOGION (l'), vaste salle dans les bâtiments annexés au mur méridional de Sainte-Sophie, 28, 34, 39, 43, 408.
HOROLOGION, nom donné au Tripéton, vestibule du Chrysotriclinium, voyez *Tripéton.*
HYPATIUS, proclamé empereur par les Victoriats, 14, 54.
IGNATIOS, poète grec; des vers de ce poète étaient gravés sur les murs du Sigma, 145.
ILE DU PRINCE; l'impératrice Zoé y est reléguée, 46, 106.
INCENDIE DE CONSTANTINOPLE EN 1203, 102.
INDJOULI ou INDSCHOULI-KEUCHK, le kiosque des perles, dans le sérail, sur la Propontide, à l'entrée du Bosphore, 99, 208.
IRÈNE (impératrice), sa statue dans la Phiale de l'Hippodrome, 51; encore citée 65, 139.
ISAAC L'ANGE, empereur, 3, 102, 110.
ISAAC COMNÈNE, frère de l'empereur Alexis 1er, 98.
JARDINS DU PALAIS, 68, 81, 83, 90; — voyez *Mésoæpion.*
JEAN (le césar), sous Nicéphore Botaniate, 98.
JEAN (le césar), époux de la princesse Marie, fille de Manuel Comnène, 33, 35, 41, 86, 113.
JEAN LE GROS, de la famille des Comnène, 99.
JOFFROI DE VILLEHARDOUIN, son ouvrage de la *Conqueste de Constantinople,* cité 4, 213.
JULIEN, empereur, 209.
JUSTIN II, empereur, 11, 29, 161, 162, 209.
JUSTINIANOS (triclinium ou grande galerie du), nommé aussi triclinium de Justinien; sa situation dans le Palais-sacré, sa description, ses communications, 64, 74, 81, 82, 83, 130, 133, 135, 147, 152, 157, 158, 160, 165, 170, 173, 179, 180, 181, 182, 183, 184, 185, 215; — sa destination, 82, 83; — bâti par Justinien Rhinotmète, 83; — sa terrasse, voyez *Héliacon;* — encore cité 73, 94.
JUSTINIEN, empereur, bâtit Sainte-Sophie, Saint-Serge-Saint-Bacchus et autres édifices, restaure le palais, 3, 43, 96, 104, 112, 142, 164, 193, 195, 208; — sa statue équestre dans le forum Augustéon, 13, 35; — encore cité 105, 137, 207, 209.
JUSTINIEN II, empereur, ajoute d'importantes constructions au palais impérial, 3, 184.
JUSTINIEN (le triclinium ou grande galerie de), voyez *Justinianos.*
KADEURGA LIMANE, échelle de Constantinople, désignée par Gylli sous le nom de Caterga Limena, aujourd'hui échelle de Koum, 202, 203, 208, 209; — voyez *Port Sophie.*
KARA-CAPOUSSI, l'une des portes de l'enceinte du sérail, 107, 207.
KAUFFER, ingénieur; le plan de Constantinople dressé par lui sert à établir le plan de la restitution du palais impérial et de ses abords, 10; — l'original de son plan

# TABLE DES MATIÈRES.

existe au dépôt des cartes de la marine, 11; — son plan encore cité 86, 87.

KUTSCHUK AÏA SOFIA, nom donné à Saint-Serge-Saint-Bacchus converti en mosquée, 12, 104, 202; — voyez *Saint-Serge-Saint-Bacchus.*

LABARTE (Jules), ses *Recherches sur la peinture en émail dans l'antiquité et au moyen âge*, citées 26.

LAUSIACOS (le triclinium) dépendait du Palais-sacré; sa description, sa situation, ses communications, 64, 74, 74, 81, 82, 108, 133, 144, 147, 149, 150, 154, 152, 154, 155, 156, 157, 159, 160, 164, 165, 166, 167, 170, 173, 175, 176, 177, 179, 180, 184, 182, 183, 184, 185, 200, 245; — sa destination, 74, 76; — on y célébrait l'office le dimanche, 74; — élevé au-dessus d'un étage de rez-de-chaussée dans sa partie méridionale, 81; — sa Tropicé, voyez *Tropicé;* — les degrés par où on y arrivait en venant des galeries du Triconque, voyez *Escaliers;* — encore cité 74.

LEBEAU, auteur de l'*Histoire du Bas-Empire*, 2; — s'est trompé en plaçant une rue entre le palais et le Cirque, 15; — fait une place publique d'une dalle de porphyre appelée Omphalion, 144 — a confondu en un seul les ports Julien, Sophie et Boucoléon, 202.

LENOIR (M. Albert), son mémoire sur l'architecture byzantine, 2.

LÉON L'ISAURIEN, empereur, cité 12, 138.

LÉON V, DIT L'ARMÉNIEN, empereur, 74; — sa fin tragique, 123.

LÉON LE PHILOSOPHE, empereur, 73, 93, 136, 156.

LÉON, célèbre orfévre de Constantinople, 85.

LÉON DIACRE, historien grec, cité 3, 105, 144, 210, 212.

LÉON LE GRAMMAIRIEN, historien grec, cité 80, 209.

LEVEIL (M.), auteur du plan de la restitution de Rome au temps d'Auguste, 3.

LOGOTHÈTE (le), l'un des grands officiers de la cour, 108, 152, 159, 165, 190, 206; — le logothète des courses, 159.

LORUM, partie du costume impérial, 129.

LUITPRAND, évêque de Crémone, ambassadeur du marquis d'Ivrée auprès de Constantin VII; admis à la table de l'empereur, 64; — citations de ses ouvrages, 64, 80, 85, 87, 93, 101, 105, 128, 186, 194, 204.

LUSORIUM (le), édifice situé dans le premier quartier de Constantinople, 96.

LUSTRES (grands) d'argent, voyez *Polycandélon.*

LYCHNOS (le tribunal des) dépendait de la première partie du palais; sa situation; description de cette salle, 60, 62, 108, 115, 116, 147, 120; — ce nom était quelquefois donné à un coiton, 57.

MACRON, signification de ce mot, 57; — Macron du triclinium des Candidats, 63, 118, 119, 120, 124, 125, 155, 186, 194; — Macron de la chambre à coucher du Cénourgion, 78, 171, 173, 177, 178, 179, 207.

MAGLABITES, soldats de la garde intérieure du palais, 74, 108, 152, 159, 184, 186, 187.

MAGNAURE (le grand triclinium de la); description de cet édifice, sa situation dans le palais impérial, 83, 121, 123, 155, 185 à 195; — était en dehors de l'enceinte actuelle du sérail, 107; — bâti par Constantin, 84; — son grand portique, 84, 187, 188, 190, 194; — sa porte méridionale pour l'empereur, 84, 188, 189, 191; — son héliacon, 63,

83, 84, 85, 124, 122, 157, 186, 188, 191, 192; — les portes de son héliacon, 32, 84, 187, 191, 192; — son coiton, 84, 85, 189, 190; — ses galeries supérieures en communication avec les galeries qui s'étendaient jusqu'à Sainte-Sophie, 68, 84, 122, 123, 192, 193, 215; — sa destination, 84, 85, 122, 186; — encore cité 154, 172.

MAIN-D'OR, portique du triclinium de l'Augustéos, 66, 108, 125, 126, 138.

MAÎTRE DES CÉRÉMONIES, l'un des officiers du palais, 117, 120, 125, 160, 184, 182, 187.

MAÎTRES, hauts dignitaires de la cour byzantine, 124, 126.

MANDATORÈS, officiers de l'empereur, 165.

MANGANON (le), lieu où les chevaux et les chars étaient renfermés avant les courses, 45, 48, 54.

MANUEL COMNÈNE, empereur, construit le château des Blaquernes, 3; encore cité 206, 211.

MARCELLINUS COMES, historien latin; sa chronique citée 16, 48, 49.

MARCHE DE L'EMPEREUR allant du palais à Sainte-Sophie par la Chalcé et le Forum, 27, 34, 38, 107, 143, 126, 142; — de Sainte-Sophie au palais, 30, 33, 60, 66, 112, 115; — du forum Augustéon au palais de Daphné par l'Hippodrome, 52; — du Palais-sacré au Cathisma pour présider aux courses de l'Hippodrome, 82, 140; — du Palais-sacré à Saint-Serge-Saint-Bacchus, 105, 132; — du Palais-sacré à la Nouvelle-église, 195; — du Palais-sacré à Sainte-Sophie par la porte du Spatharicion et la Magnaure, 122; — de l'Hippodrome des courses au Palais-sacré, 149; — revenant de Saint-Étienne au Palais-sacré, 151, 167; — du vestibule des Scyla à sa chambre à coucher du Cénourgion, 173; — allant de son appartement particulier à la Magnaure, 186.

MARCIEN (galeries de), touchant aux murs du palais, 82, 94, 103, 180, 184, 214, 215, 216.

MARINA (maison de la noble), 96.

MARMARA (mer de), voyez *Propontide.*

MAZOIS, le *Palais de Scaurus*, cité 14.

MÉLÉTION (porte), l'une de celles de l'Augustéon, 42, 43.

MELLING, le plan qu'il joint à son *Voyage de Constantinople*, 40, 87.

MÉRIDIEN ET PARALLÈLE DE SAINTE-SOPHIE, voyez *Sainte-Sophie.*

MÉSOCÉPION, jardin au levant de la Nouvelle-église, 90, 92, 180, 200, 204, 204.

MÉSOPATOS, étage inférieur d'un coubouclion bâti par Théophile, 73, 153, 155, 156.

MÉTATORION (le), vaste salle dépendant de Sainte-Sophie, 29, 30, 193; — ce nom est quelquefois donné à un coiton, 57.

MEURSIUS (les deux), traducteurs d'auteurs byzantins, 1.

MICHEL RANGABÉ, empereur, 80.

MICHEL II DIT LE BÈGUE, empereur, 123, 124.

MICHEL III, empereur, fils de Théophile, 73, 77, 85, 99, 208.

MICHEL IV, empereur, 46.

MICHEL V DIT CALAVATE, empereur, 46, 65, 106.

MILLIAIRE (le), monument élevé au centre de l'Augustéon; sa situation, sa forme, ses arcades, les statues qui s'y trouvaient, 33, 96; — traversé en allant du palais à Sainte-Sophie, 34, 43; — traversé en allant de Sainte-Sophie au palais, 112; — réceptions faites par l'empereur sous ses voûtes, 34, 142; — le cortège de l'empereur descend de cheval sous ses voûtes, 42; — traversé dans le parcours de Sainte-Marie du Forum à Sainte-Sophie, 39; — occupé par le césar Jean pour attaquer le palais, 35, 44, 86; — encore cité 112.

MONOTHYROS, porte à un seul battant; nom donné à diverses portes dans le palais; voyez *Portes dans le palais*.

MOSAÏQUE (tableaux en), à Sainte-Sophie, 24; — dans la Chalcé, 113; — dans le Lausiacos, 74; — dans le Chrysotriclinium, 77; — dans le triclinium la Perle, 74; — dans le triclinium Camilas, 72, 73; — au premier étage du Mésopatos, 73; — dans le Cénourgion, 78 et suiv.; — du triclinium de Justinien, 83; — de la Nouvelle-église, 89 et suiv.

MOSAÏQUES DE MARBRE décorant les murs et le pavé des édifices; — à Sainte-Sophie, 24; — dans la Chalcé, 113; — dans la Perle, 74; — dans le Triconque, 70; — dans le triclinium Camilas, 72; — de l'Harmonie, 73; — de l'oratoire Sainte-Agnès, 73; — du Chrysotriclinium, 77; — de la chambre à coucher du Cénourgion, 79; — du Justinianos, 83; — de la Nouvelle-église, 89 et suiv.; — du palais de Porphyre, 93; — du Pentacoubouclon, 93; voyez *Omphalion*.

MOSQUÉE appartenant aux Sarrasins dans l'enceinte de Constantinople incendiée par les croisés, 102; voyez *Achmet* et *Kutschuk aja Sofia*.

MUNDUS, général sous Justinien, combat les Victoriats, 44, 52.

MURTZUPHLE, empereur, 213.

MYSTÈRE (le), nom de la partie rectiligne du Tétraséron; motifs de cette dénomination, 70, 151.

NAOS, signification de ce mot, 59.

NAPOLÉON III termine le palais impérial de Paris, 217.

NARSÈS, général sous Justinien, combat les Victoriats, 44, 51.

NÉOTÉRIUS, consul, 49.

NICÉPHORE BOTANIATE, empereur, 98, 214.

NICÉPHORE CALLISTE, historien grec, cité 44, 115.

NICÉPHORE GRÉGORAS, historien grec, 4.

NICÉPHORE PHOCAS, empereur, fait fortifier le palais impérial, 3, 204; — ses victoires font respecter l'empire, 7; — il fait une forteresse du palais du Boucoléon, 94, 210, 211, 212; — fait fortifier l'enceinte du palais, 210; — sa fin tragique, 211; — encore cité 39.

NICÉTAS, historien grec, cité 24, 30, 33, 35, 44, 100, 102, 110, 113, 204, 206, 214, 212.

NOTAIRES, officiers chargés de recueillir les paroles de l'empereur, 187; voyez *Protonotaire*.

NOUMÉRA (les), bâtiment élevé sur le Forum et faisant partie du palais, 32, 60, 64, 112, 114; — brûlés pendant la sédition des Victoriats, 43, 15, 115; — touchaient aux bains de Zeuxippe, 32, 114.

NOUVELLE-ÉGLISE-BASILIQUE bâtie par Basile le Macédonien, sa situation, sa description, 81, 87, 88, 180, 195, 199, 203, 207; — son atrium ou héliacon, 88, 100, 170, 196, 198; — ses propylées, 89, 196, 207, 214; — ses galeries extérieures s'étendant jusqu'au Trycanistérion, 90, 92, 180, 199, 204, 207; — son orfèvrerie, 191, 199; — ses deux fontaines, 88, 200; — l'oratoire de Saint-Élie qui s'y trouvait, 81, 197, 198; voyez *Pente du Boucoléon*.

OATOS, voyez *Seigneur* (*église du*).

OBÉLISQUE DE GRANIT ÉGYPTIEN, élevé au centre de l'Hippodrome à Constantinople, 3, 10, 16, 44, 49; — l'un des points de repère pour la restitution, 10, 41; — les bas-reliefs de son piédestal, 48, 49; — inscription sur le piédestal, 49.

OBÉLISQUE DE PIERRE, dans l'Hippodrome, 10; — l'un des points de repère pour la restitution, 11; — sur la même ligne que l'obélisque de granit, 12, 16, 44; — était revêtu de bronze, 50; — son piédestal, son état au sixième siècle et actuellement, 50.

OCTOGONE (l'), salon du palais de Daphné, 66, 107, 130, 137, 138, 139, 142.

OFFICIERS DE LA CHAMBRE IMPÉRIALE, 108.

OFFICIERS DU PALAIS PRÉPOSÉS AUX COSTUMES IMPÉRIAUX, 107.

OMPHALION, dalle circulaire de marbre ou de porphyre placée dans le pavé de certaines salles; — les omphalions du pavé du Justinianos, 83, 179, 180, 181; — l'omphalion de la Chalcé, 114; voyez *Porphyre* (*pierres de*).

ONOPODION (cour de l'), sa situation, ses communications, 63, 64, 66, 108, 120, 124, 125, 126, 127, 128, 129, 135, 137, 138, 155; — nommée aussi Onopos, 138; — encore citée 108, 130.

ORDRES (LES DIFFÉRENTS) DE DIGNITAIRES A LA COUR, auxquels on donnait le nom de βῆλα, 128, 160, 187, 188, 189 et à la note; — indication des différents ordres, 125, 189, 190.

ORFÈVRERIE (pièces d') appartenant aux empereurs, 85, 162, 165; voyez *Émaux*, *Orgues d'or*, *Trône de Salomon*, *Trônes et siéges d'or*, *Argenterie de table*.

ORGUES D'OR de l'empereur, 159, 189, 190; — d'argent des factions du Cirque, 159.

ORIENTATION du palais impérial, 18, 156; — des constructions élevées par Théophile, 156.

OROPHÉ (l'), le dais en forme de voûte, partie du Ciborium qui s'élevait au-dessus du trône de l'empereur, 145, 148.

OSTIAIRES, officiers du palais chargés d'introduire auprès de l'empereur, 108, 144, 160, 168, 189.

OVIDE, poëte latin, cité 95.

PACHYMÈRE, historien grec, cité 4, 35, 181, 185.

PALAIS IMPÉRIAL OU GRAND PALAIS, sa destruction antérieure à la prise de Constantinople par les Turcs, 3; — il n'en restait plus rien au commencement du quatorzième siècle, 4; — le dixième siècle est l'époque de sa splendeur, 6; — était nommé palais Constantinien, 204; — direction qui lui est donnée dans le plan de la restitution, 15, 17, 214; — sa situation, son étendue, détermination de son enceinte, 19, 54, 95 et suiv., 204, 217; — son entrée maritime, 204; — état du terrain sur lequel il s'étendait, 56, 81, 83, 192; — noms donnés aux différentes localités du palais, 56; — division du palais en trois parties, 60; — composition de chacune des parties, 60; — description de la première partie, ou Chalcé, 64; — description de la partie intermédiaire entre Chalcé et Daphné, 64; — description de la seconde, ou Daphné, 65; — description de la troisième, le Palais-sacré, 69; — description de l'atrium du Palais-sacré, 68; — différentes issues pour la sortie de l'empereur, 106; — originairement bâti par Constantin, restauré par Justinien, 59; — augmenté par plusieurs empereurs, 217 et suiv. et passim; — fortifié par Nicéphore Phocas, 210; — description des édifices et localités diverses en dehors du palais Constantinien, 83 à 94; — résumé de ce qu'il comprenait, 249.

# TABLE DES MATIÈRES.

Palais-sacré, nom donné à la troisième partie du palais impérial; il reçoit seul le nom de palais dans le livre des Cérémonies de la cour, 60; — de quoi il se composait, 61; — sa situation, sa description, 69, 142 et suiv., 204; — nommé encore Palais gardé (ou protégé) par Dieu, 142, 175, 190; — nommé Palais-haut, 178; — consigne prescrite pour son ouverture chaque matin, 152, 167, 171, 184; — cité 66, 100, 117, 119, 121, 122, 130, 131, 132, 133, 134, 139, 143, 144, 147, 158, 183, 192, 203.

Paléologue (Georges), 98.

Paléologue (Nicéphore), 99.

Panthéon (le), portière de l'abside occidentale du Chrysotriclinium, 75, 107, 108, 164, 165, 166, 174; — avait donné son nom à l'abside occidentale du Chrysotriclinium, 166.

Pantocrator (église et monastère du); le monastère habité par les empereurs français, 4.

Panvinio (Onuphre), savant antiquaire; sa restitution du Circus maximus de Rome, 45; — son ouvrage *De ludis circensibus*, cité 46, 54; — le plan qu'il a publié de l'Hippodrome de Constantinople, 46.

Paracupticon, rideaux qui fermaient les entre-colonnements du ciborium dans lequel le trône était placé, 145, 146, 147, 148; — ce mot est quelquefois employé pour désigner l'ensemble du ciborium, 148.

Paragaudion, vêtement insigne de la dignité de certains fonctionnaires, 168.

Patriarche (le), évêque de Constantinople, chef de la religion dans l'empire d'Orient, 28, 30, 38, 39, 75, 123, 129, 151, 158, 166, 173, 177, 180, 245.

Paucton, sa *Métrologie*, citée 20, 56.

Paul le Silentiaire, poëte grec, cité 23, 24, 25, 26, 27, 29.

Peintures murales dans le salon au-dessus de la chambre de l'impératrice dite l'Harmonie, 73.

Pentacoubouclon (le), vaste triclinium; ses divers noms; sa situation; sa description, 93, 107, 214, 215, 216; — l'empereur Alexis Ier y mourut, 94; — encore cité 73.

Pente ou descente de Boucoléon, chemin descendant de l'Héliacon du Phare et allant au port et au palais du Boucoléon, 84, 87, 94, 195, 203.

Péripatos, signification de ce mot, 59; — péripatos au haut des gradins de l'Hippodrome, 45; — péripatos du palais, 12, 14, 17, 60, 64, 65, 66, 82, 128, 129, 130, 134, 139; — péripatos à ciel ouvert établi depuis la porte Monothyros sur le Forum jusqu'à l'héliacon du Phare, 84, 86, 87; — péripatos, les deux galeries extérieures de la Nouvelle-église, 90, 92.

Perle (triclinium la), sa situation, sa description, 74, 153, 155, 200.

Phare (le) du palais, sa situation et sa destination, 80, 174; voyez *Sainte-Marie du Phare*.

Phiale, signification de ce mot, 58; — Phiale au pied de l'escalier des Scyla, 81, 82, 182, 184, 216; — Phiale mystérieuse du Triconque; voyez à ces mots.

Phiale mystérieuse du Triconque, atrium du Palais-sacré; d'où elle tirait son nom, 70, 143; — nommée aussi Phiale du Sigma, 136; — et Phiale du Triconque, 136, 144; — reçoit quelquefois la qualification d'Exaéron, 128; — était à ciel ouvert, 169; — sa description, sa situation, ses communications, 60, 62, 68, 69, 71, 82, 109, 121, 132 à 136, 142 à 145, 149, 150, 153 à 155, 157, 170, 206; — son bassin de bronze, 69, 142, 143; — les escaliers pour monter au Sigma, 69, 142, 145, 146; — sa destination, 125.

Phocas, empereur, 34, 35.

Phocas (Léon), général en chef de l'armée de terre sous Constantin VII, 205.

Photius, patriarche de Constantinople; sa description de la Nouvelle-église, citée 89, 90, 195, 197.

Pi (le), voyez *Stama*.

Placidie (maison de l'impératrice), 96.

Placidien (le palais), 96.

Plan de la restitution, établi sur celui dressé géométriquement par Kauffer, 10; — ses dispositions générales, 12.

Points de repère dont l'auteur s'est servi pour établir la restitution du palais impérial et de ses abords, 11.

Polycandélon, grand lustre portant un grand nombre de lumières, 162, 177, 194, 199.

Polychronion, formule d'acclamation, 187, 189, 190.

Pont-Euxin (le), ou Mer noire, 10, 95.

Porche ou petit portique; celui de l'héliacon du Phare, 80, 174, 203; voyez *Tropicé*.

Porphyre (le palais de), bâti par Constantin : d'où lui vient son nom; sa destination, sa situation, 93, 107, 214.

Porphyre (pierres de), placées au-devant du trône de l'empereur, 126, 164, 168; voyez *Omphalion*.

Port Julien (le), au-dessous de Saint-Serge-Saint-Bacchus, 104, 105, 202, 203, 207, 208, 209, 210.

Port du palais, voyez *Boucoléon (le port du)*.

Port Sophie, sur la Propontide, 202, 208, 209, 210.

Porte Anéthas, voyez *Anéthas*.

Porte dorée, l'une de celles ouvertes dans les murs occidentaux de Constantinople, 41, 42.

Porte impériale du sérail ou Bab-i-Humaïoun, 107, 207.

Porte des Juifs, l'une des portes de Constantinople sur la Corne-d'or, 97, 102.

Porte du Lion, ancienne porte de Constantinople, aujourd'hui Tschatlade-Capou, 202, 209; voyez *Tschatlade-Capou*.

Porte Mélétion, 43.

Portes dans le palais impérial; porte de fer de Daphné, 65, 82, 83, 106, 216; — de fer de la Chalcé sur le Forum, 64; — de bronze de la Chalcé, 64; — du chytos de la Chalcé, 64, 124; — d'ivoire de Daphné, 66, 67, 123, 132, 133, 136, 145; — de bronze des Courtines, 62, 106, 119, 120, 121, 205; — du Spatharicion, 68, 106, 121, 122, 123, 143, 144, 186, 192; — portes d'entrée du Palais-sacré entre le Sigma et le Triconque, 69, 72, 126, 145, 148, 149, 150; — porte du Triconque sur la galerie des Quarante-Saints, 70, 149, 150; — porte dite du Trésor privé ou Monothyros entre les galeries du Triconque et le Lausiacos, 71, 74, 109, 144, 149, 151, 152, 153, 157, 158, 167; — petite porte de l'héliacon du Phare, 84, 87; — porte dite Monothyros sur le Forum, 35, 81, 86, 106; — porte de l'escalier des Scyla sur l'Hippodromes, 81, 185; — les trois portes d'ivoire et les trois portes de bronze du Consistorion, 124, 125, 126; — porte au delà du Tzycanistérion, 90, 100, 107, 201; — de la Thermastra sur l'Abside, 136; — du Triconque sur les galeries du Triconque, 150; — porte d'argent du Chrysotriclinium sur le Tripéton, 165, 166; — porte de bronze entre le Lausiacos et le Tripéton, 159; — porte

232   TABLE DES MATIÈRES.

d'argent du Chrysotriclinium aux appartements de l'empereur, 167, 169, 176; — porte d'argent ouvrant de l'abside orientale du Chrysotriclinium sur l'héliacon du Phare, 169, 170, 173; — porte d'argent du macron de la chambre à coucher sur le narthex de Sainte-Marie du Phare, 178; — porte des Diétaires (98, A) ouverte de la galerie des Quarante-Saints sur la pièce irrégulière de l'écoinçon nord-ouest du Chrysotriclinium, 182.

Portier (le grand) du palais, 107, 143, 152.

Portière du Panthéon, voyez le *Panthéon*. — Portières des absides du Chrysotriclinium, 75, 165, 167, 168, 169, 171, 177, 178.

Portiques de différentes sortes; noms qui leur sont donnés, 57, 58.

Poulpiton (le), estrade sur laquelle est placé le trône de l'empereur, 126, 148. (Voyez encore *De cer. aulæ Byz.*, lib. I, cap. I, p. 14.)

Préposés (les), premiers officiers du palais, 47, 87, 106, 107, 108, 119, 126, 128, 129, 136, 137, 144, 149, 150, 157, 158, 159, 160, 165, 166, 167, 168, 176, 177, 180, 182, 187, 189, 190, 197; voyez *Couronne impériale*.

Procope, historien grec; son ouvrage *De ædificiis*, cité 13, 23, 27, 32, 36, 37, 38, 44, 77, 104, 105, 109, 110, 114, 207; — son histoire *De bello Persico*, citée 44, 45, 51, 52, 53, 77; — son histoire *De bello Vandalico*, citée 124.

Procymma, estrade élevée au-dessus de quelques marches, sur laquelle reposait le trône de l'empereur, 148; — ce nom est souvent appliqué à l'ensemble de l'édicule du Ciborium où était disposé ce trône, 145, 146; voyez *Ciborium, Poulpiton* et *Paracupticon*.

Propontide (la) ou mer de Marmara, 10, 19, 56, 95, 96, 98, 104, 107, 207.

Protoélates, porte-étendards de l'empereur, 188.

Protonotaire (le), l'un des officiers de l'empereur (chef des notaires), 108, 146, 159, 187; voyez *Notaires*.

Protonotaire du drome (le), 39, 190.

Protosecrétaire (le), officier de l'empereur, 108, 159, 187.

Protovestiaire, premier valet de chambre de l'empereur, 135.

Puits-sacré (le), vaste salle des bâtiments annexés au mur méridional de Sainte-Sophie, 29, 34, 42, 111, 113, 188.

Puits sacré, celui auprès duquel le Christ avait conversé avec la Samaritaine, 29.

Pyxités (le triclinium), 72, 153, 154, 155.

Quai du Boucoléon; le quai du port de ce nom; voyez *Boucoléon (le port du).*

Quarante-Saints (la galerie des); sa situation, ses communications, 61, 70, 71, 74, 75, 77, 121, 122, 133, 143, 149, 150, 154, 155, 157, 158, 160, 161, 170, 172, 174, 186.

Rameurs ou Matelots des galères de l'empereur, 120, 205, 206.

Reisk, traducteur et commentateur du livre *De cerimoniis aulæ Byzantinæ*, 6, — sa traduction, citée 147; — son commentaire, cité 124, 136; — erreurs dans sa traduction du texte, 87, note; — s'est trompé sur l'interprétation du mot τετράσερον, 139.

Romain Lécapène, empereur, 7, 100, 144, 204, 205.

Sagion, vêtement qui se portait par dessus le scaramangion, 108, 121, 140, 186, 190.

Saint-Alexis, chapelle élevée sur l'Augustéon, 40, 143.

Saint-Basile (le naos ou oratoire de) s'ouvrait sur le Lausiacos, 74, 171, 172.

Saint-Clément (oratoire de), bâti par Basile le Macédonien, 92, 214.

Saint-Constantin (chapelle de), sur le forum Augustéon, 36, 37.

Saint-Démétrius (chapelle de), dépendant du Palais-sacré, sa situation, 64, 80, 171, 172, 178; — son tétraséron, 173; — communiquait avec Sainte-Marie du Phare, 173; — église dans la ville sur le Bosphore, 97.

Saint-Étienne (église), sa situation, 42, 46, 60, 65, 82, 107, 108, 128, 130, 131, 133, 134, 137, 138, 139, 140, 141, 167, 183; — porte ouverte sur un escalier montant dans le palais du Cathisma, 14, 67, 140; — bâtie par Constantin, 66, 139; — sa destination, 67; — ses différents noms, 139; — encore citée 125.

Saint-Georges de Mangana, église de Constantinople sur le Bosphore, 98, 99.

Saint-Jean, chapelle près de la Phiale du Triconque, 68, 144, 149.

Saint-Jean l'Évangéliste, oratoire élevé dans le forum Augustéon, 34, 35; — recevait le nom de Dippion, 35.

Saint-Jean-de-Studios, ancienne basilique à Constantinople, 3.

Saint-Marc de Venise; les chevaux de bronze qui décorent sa façade provienrent de l'Hippodrome, 53.

Saint-Martin (M. de) revoit et corrige l'histoire du Bas-Empire de Lebeau, 2.

Saint-Michel archange, oratoire dépendant du Camilas, 72; — oratoire joint au naos de Saint-Pierre, 94, 214, 246; — église de Constantinople, 110.

Saint-Mocius ou Mocien, église de Constantinople, 42, 119.

Saint-Pantéléimon, église de Constantinople, 206.

Saint-Paul (oratoire de), dans le Pentacoubouclon, 93.

Saint-Pierre (chapelle de), à l'extrémité des galeries de Marcien, 82, 94, 170, 180, 184, 214, 215, 216.

Saint-Pierre-Saint-Paul, église près du palais Hormisdas, 104.

Saint-Serge-Saint-Bacchus, église bâtie par Justinien, 3, 104; — l'un des points de repère pour la restitution, 11; — convertie en mosquée, 12; — sa situation, 13, 132, 179, 202, 207, 209; — n'était pas comprise dans l'enceinte du palais impérial, 104, 105; — sert de modèle pour la construction du Chrysotriclinium, 161, 162; — encore citée 191.

Saint-Théodore, oratoire dans le Chrysotriclinium, 76, 107, 168, 169.

Sainte-Agnès (oratoire de), auprès de l'Harmonie, 73, 156.

Sainte-Barbe (oratoire de), près du Pentacoubouclon, 94.

Sainte-Irène, église, 3; — l'un des points de repère pour la restitution, 11; — brûlée et rebâtie au huitième siècle, 12, 97; — comprise dans le deuxième quartier de Constantinople sous Théodose le Jeune, 96; — encore citée 101, 102.

Sainte-Marie Chalcoprátiana, église élevée sur le Forum entre Sainte-Sophie et le Sénat, 34, 40, 43, 54, 104.

Sainte-Marie de Daphné, désignée dans le livre des Cérémonies sous le nom de l'ancien naos de la Sainte-Mère-de-Dieu, 60, 66, 83, 108, 109, 133, 170, 175.

## TABLE DES MATIÈRES.                                              233

SAINTE-MARIE DU FORUM, chapelle élevée sur le Forum, 34, 39.

SAINTE-MARIE DU PHARE, chapelle impériale, 61, 80, 87, 132, 154, 160, 171, 172, 175, 177, 178, 179, 203, 205, 206, 207 ; — communiquait avec Saint-Démétrius, 173 ; — son héliacon ou atrium, voyez *Héliacon*.

SAINTE-MÈRE-DE-DIEU (la), oratoire dépendant du Camilas, 72 ; — chapelle de l'édifice appelé l'Aigle, 86 ; — oratoire d'un bâtiment en forme de pyramide, 87 ; — oratoire dépendant du naos de Saint-Pierre, à l'extrémité des galeries de Marcien, 94, 214, 216 ; voyez *Sainte-Marie de Daphné, Chalcopratiana, du Forum, du Phare*.

SAINTE-MÈRE-DE-DIEU CONDUCTRICE, OU D'HODÉGÉTRIA (la), église de Constantinople sur le Bosphore, 98, 99, 100, 208.

SAINTE-MÈRE-DE-DIEU DE LIPS (la), église de Constantinople, 3.

SAINTE-SOPHIE, église bâtie par Constantin, agrandie par Constance, brûlée sous Arcadius, réparée par Théodose le Jeune et incendiée par les Victoriats, 13, 17, 23, 96, 97, 112.

SAINTE-SOPHIE, église bâtie par Justinien, 3 ; — l'un des points de repère pour la restitution, 11 ; — le forum Augustéon servait d'atrium aux bâtiments adossés à son mur méridional, 12, 13 ; — son grand axe forme un angle droit avec le grand axe prolongé de l'Hippodrome, 17 ; — motifs de cette disposition, 17 ; — de l'orientation donnée à l'église, 17 ; — système de construction adopté par Justinien, 23 ; — description de ce temple, 24 et suiv. ; — l'Atrium et ses portes, 24, 43, 143 ; — l'Ambon, 25 ; — le Béma et sa clôture, 26 ; — l'autel et son ciborium, 26 ; — trône du patriarche et siéges des prêtres, 27 ; — restitution des bâtiments annexés au mur méridional, 27 ; — vestibule du Narthex, 28 ; — le Didascalios, 28 ; — escaliers conduisant aux Catéchumènes supérieurs occidentaux, 28, 30 ; — passage conduisant du Narthex au Baptistère et à l'Horologion, 28 ; — l'Horologion, 28 ; — horloge faite par ordre de Justin II, 29 ; — le Puits-sacré, 29, 34, 38 ; — le Métatorion, 29, 30 ; — le triclinium Thomatès, 30 ; — les Catéchumènes, 28, 30, 31, 40 ; — portiques sur le Forum au-devant des bâtiments méridionaux, 30 ; — le Baptistère, 30, 33, 34 ; — ses mosaïques, ses marbres, 113 ; — communiquait au palais et à Sainte-Marie Chalcopratiana par un escalier de bois, 30, 31, 40, 104, 121, 122, 123 ; — son parallèle et son méridien, cités 56, 102, 107 ; — l'emplacement depuis le milieu de l'église jusqu'à l'extrémité du Béma acheté par Justinien à des particuliers, 101, 112 ; — quartier général du césar Jean pour attaquer le palais, 44 ; — encore cité 102, 119, 126, 154, 155, 157, 162, 164, 186.

SAINTE-THÈCLE, église de Constantinople, 105, 207.

SAINTE-TRINITÉ (oratoire de la), sa situation dans le palais, 60, 83, 108, 134.

SAINTS-APÔTRES (le temple des), près du palais Hormisdas, 4.

SAINTS-APÔTRES (la chapelle des) dépendait du triclinium des Scholaires, 60, 61, 108, 115, 116.

SALLES A MANGER ; — celle dépendant de la première partie du palais près du Consistorion ; sa situation, ses communications, 60, 67, 83, 125, 126, 134 ; — celle dépendant du coubouclion Camilas, 72, 152 ; — celle dépendant du Cénourgion, 178, 179.

SALLE DU TRÔNE, voyez *Chrysotriclinium*.

SALLES DES GARDES, voyez *Candidats, Excubiteurs et Scholaires (triclinium des)* et *Spatharicion*.

SALZENBERG (M. de), son ouvrage sur les vieux monuments de Constantinople, *Alt-Christliche Baudenkmale von Constantinopel*, cité 2, 24, 28, 29, 30, 35, 161, 195.

SAUVEUR (oratoire du), dans la Chalcé, 60, 61, 114 ; — autre oratoire du Sauveur, au-dessous du palais, 92, 214.

SCARAMANGION, vêtement, 106 et note, 108, 121, 167, 169, 176, 186.

SCHOLAIRES, soldats de l'une des cohortes de la garde prétorienne, 61, 116.

SCHOLAIRES (triclinium des), salle des gardes qui portaient ce nom ; sa situation dans le palais, ses communications, 12, 60, 61, 62, 108, 110, 115, 116, 119, 120, 135, 155, 186, 187 ; — brûlé pendant la sédition des Victoriats, 14, 194.

SCRIBES ; ils accompagnaient l'empereur, 105.

SCYLA (le vestibule des), l'une des entrées du Palais-sacré, sa situation, ses communications, 64, 81, 130, 134, 132, 133, 134, 135, 139, 152, 160, 165, 173, 179, 180, 184, 183, 184, 185, 215, 216 ; — sa destination, 184 ; — élevé au-dessus d'arcades, 84, 82 ; — son escalier, 81, 82, 216.

SECRÉTAIRES, officiers de l'empereur, 187 ; — le protosecrétaire, 206.

SEIGNEUR (l'église du) dépendait de la première partie du palais ; sa situation, sa description, 60, 83, 111, 117, 119, 121, 122, 123, 124, 143, 149, 186, 187, 189, 191, 192 ; — avait été la chapelle impériale du palais jusqu'au temps de Basile I<sup>er</sup>, 62, 123 ; — ses galeries extérieures conduisant à la Phiale, atrium du Palais-sacré, 62, 121, 122, 143 ; — sa sacristie ou trésor, 62, 121, 122, 186 ; — salle en dépendant nommée l'Oatos, 62, 121, 122, 186 ; — porche ou sténopos au-devant de l'Oatos, 62, 83, 121, 122, 186 ; — l'une des sorties du palais pour l'empereur quand il montait à cheval, 106 ; — bâtie par Constantin, 132.

SÉNAT (le), édifice élevé sur le Forum près du palais, 34, 37, 86, 101 ; — brûlé par les Victoriats et rebâti par Justinien, 37, 194.

SEPTIME SÉVÈRE, empereur, abat les murs et détruit les monuments de Byzance, et peu après les rétablit, 9 ; — commence l'Hippodrome, 14, 44, 95.

SÉRAIL (le) du Grand-Seigneur à Constantinople ; occupe l'emplacement de l'ancienne Byzance, 95, 96, 97 ; — son enceinte, ses murs, quelques-uns de ses bâtiments et quelques-unes de ses portes, citées 97, 99, 107, 207, 208 ; voyez *Balek-Khané, Bab-i Humaioun, Ghadab-Kouchk, Indjouli-Kouchk, Kara-Capoussi, Top-Capoussi*.

SIGMA (place du) à Constantinople, 42.

SIGMA, péristyle du Palais-sacré ; sa description, sa situation, ses communications, 64, 69, 108, 109, 124, 122, 135, 143, 144, 145, 146, 148, 149, 155, 156, 157, 186 ; — d'où lui vient son nom, 144 ; — escaliers par lesquels on y montait de la Phiale, 69, 145, 154 ; — son ciborium, 69, 145, 147, 148, 153 ; — le Styrax, petit escalier par lequel on descendait du Sigma inférieur, 69, 70, 135, 145, 146, 150 ; — sa vasque, 69, 145 ; — encore cité 153, 164.

SIGMA INFÉRIEUR, rez-de-chaussée du Sigma ; sa description, sa situation, 69, 70, 135, 150, 151, 154 ; — petit porche ou tropiée qui abritait son entrée sur la Phiale, 69, 70, 150.

30

# TABLE DES MATIÈRES.

SILENTIAIRES, officiers du palais, 119, 141, 154, 165, 172, 183.
SIMÉON MAGISTER, historien grec, cité 120, 124.
SOPHIE, impératrice, femme de Justin II, 209.
SOURCE réputée miraculeuse auprès de Sainte-Marie d'Hodégétria, 99.
SPATHAIRES, gardes du corps de l'empereur, 107, 108, 126.
SPATHARICION (le), corps de garde des Spathaires, 69, 144; voyez *Porte du Spatharicion*.
SPATHARICION (porte du), s'ouvrant sur la Phiale du Triconque, 68, 86, 106.
SPATHAROCANDIDATS, gardes du corps tirés de la cohorte des Candidats, 126, 184.
SPATHAROCUBICULAIRES, 150 et à la note, 163, 165, 168.
SPHENDONÉ, partie en hémicycle de l'Hippodrome, 45, 49.
SPINA (la), plate-forme qui occupait en longueur le centre de l'Hippodrome, 12; — on y éleva les deux obélisques, 16, 48, 49, 50; — était appelée Camptères à Constantinople, 49; — sa Phiale, 50; — les statues qui s'y trouvaient, 51; — les deux extrémités ou bornes, 48.
SPON, son ouvrage *Voyage d'Italie, de Grèce et du Levant*, cité 24, 48, 50.
STAMA, partie inférieure de la tribune de l'empereur à l'Hippodrome, 47, 48; — portait aussi le nom de Pi, 47.
STATUES ; celle de Justinien élevée dans le forum Augustéon, 35; — de Théodose I<sup>er</sup>, en argent, 36; — de Constantin et d'Hélène, au bas de la colonne portant une croix, 37; — d'Apollon à laquelle on donne le nom de Constantin, 37; — statues qui décoraient l'Hippodrome, 53; — de Théodose, équestre, 53; — de Valentinien, 53; — de Gratien, 53; — de la nymphe Daphné, 66; — de Bélisaire et autres dans le Chalcé, 114.
STÉNON ou STÉNACION; signification de ces mots, 58, 122; — sténon du portique de l'Augustéos, 122, 138.
STÉNOPOS; signification de ce mot, 58, 122; — Sténopos de l'église du Seigneur, voyez *Seigneur (église du)*; — Sténopos de l'héliacon du Phare, 122.
STYRAX ou STYRACION, petit escalier du Sigma, voyez *Sigma*.
SUIDAS, lexicographe grec, cité 134, 137.
TERRASSES A CIEL OUVERT, élevées au-dessus d'un rez-de-chaussée, 58; — celle de Daphné, 60, 82; — celle de la Perle, 72; — celle auprès du Carion, 72; — celle du Justinianos, voyez *Héliacon et Galeries*.
TESSÉRAIRE (le), l'un des officiers chargé de la direction des courses, 47.
TÉTRACONQUE, nom donné à l'oratoire de Saint-Paul dans le Pentacoubouclon, 93.
TÉTRASÉRON, étage inférieur du Triconque; sa description 70, 174; — le tétraséron de Saint-Démétrius, 173.
TEXIER (M. Charles), auteur d'un ouvrage sur l'Asie Mineure, 2.
THÉOCTISTOS, ministre de l'impératrice Théodora pendant la minorité de Michel III; travaux qu'il fait exécuter dans le palais, 65, 66, 136, 143.
THÉODORA (l'impératrice), femme de Justinien, 14.
THÉODORA (l'impératrice), femme de Théophile, mère et tutrice de Michel III, 65, 143.
THÉODOSE LE GRAND fait élever l'obélisque égyptien de l'Hippodrome, 16, 48, 49.
THÉODOSE II, empereur, agrandit Constantinople, 10; — fait apporter de Chio des chevaux de bronze, 53; — bâtit un palais près du port du Bouccoléon, 94, 210; — description de Constantinople écrite sous son règne, 96, 101.
THÉOPHANES, historien grec, cité 52, 67, 83, 109, 110, 114, 128, 138, 139, 172, 194, 209.
THÉOPHANO, impératrice, femme de Romain II et de Nicéphore Phocas, 210, 212.
THÉOPHILE, empereur; importantes restaurations ou constructions qu'il fait faire dans le palais impérial, 3, 71, 72, 77, 83, 152, 195; — notice sur ce prince, 6; — son entrée triomphale à Constantinople, 34, 41, 43, 52; — son costume militaire, 41; — pièces d'orfévrerie qu'il fait exécuter, 85; — encore cité 72, 74, 123, 152.
THERMASTRA (la), étage de rez-de-chaussée au-dessous des galeries de Daphné; sa situation; ses communications, 67, 68, 69, 71, 82, 83, 126, 130, 134, 135, 136, 139, 145, 146, 151, 182; — sa destination, 136; — encore citée 164.
THEVET, voyageur français; sa *Cosmographie du Levant*, citée 50.
THOMAÏTÈS, triclinium dépendant de Sainte-Sophie, 30.
TONDU, astronome; détermine par des observations astronomiques le méridien de Sainte-Sophie, 10.
TOP CAPOUSSI, porte près de la pointe du sérail, 97.
TRÉSOR IMPÉRIAL (le), édifice construit par Basile le Macédonien, 87.
TRÉSOR PRIVÉ (l'ancien), 71, 148, 149, 152.
TRIBUNAL des Lychnos, des Dix-neuf-lits, voyez à ces mots.
TRICLINIUM; signification de ce mot, 56; — ceux bâtis par Théophile, 71, 74, 72, 73, 74, 152, 153, 154, 155, 156, 216; — voyez *Scholaires, Excubiteurs, Candidats, Dix-neuf-lits, Magnaure, Thomaïtès, Lausiacos, Justinianos ou de Justinien, Augustéos, Éros, la Perle, Pyxitès, Carien, Pentacoubouclon*.
TRICONQUE (le), vestibule du Palais-sacré; sa description, sa situation, ses communications, 61, 69, 109, 120, 121, 143, 144, 147 à 152, 154, 155, 156, 157, 170, 175; — d'où lui vient son nom, 149; — encore cité 153.
TRICONQUE (les galeries du) dépendant du Palais-sacré; leur situation, leurs communications, 63, 109, 149, 151, 152, 157, 158, 166, 177.
TRIPÉTON (le), nommé aussi Horologion; vestibule ou portique du Chrysotriclinium; sa situation, ses communications, 74, 75, 108, 154, 152, 158, 159, 160, 164, 165, 166, 167, 168, 170, 173, 175, 176, 177, 179, 180, 181, 182, 185, 200, 215; — son horloge, 74, 158; — ses portes, 75; — sa destination, 75, 76, 160.
TRÔNE (la salle du), voyez *Chrysotriclinium*.
TRÔNE DE SALOMON (le), grand trône impérial, 85, 189, 191.
TRÔNES ET SIÉGES IMPÉRIAUX, 85, 146, 152, 169, 171, 184, 187, 189; — salles et emplacements où le trône était placé, 47, 63, 64, 69, 76, 82, 84, 124, 125, 126, 128, 145, 147, 150, 152, 160, 167, 169, 171, 181, 187.
TROPICÉ, signification de ce mot, 58; — celle qui servait d'entrée au Sigma inférieur, 59, 142, 143, 144, 145, 150; — celle qui donnait entrée au Lausiacos, 74, 154, 157, 158; — le portique de la Magnaure est dénommé une fois grande Tropicé, 58, 192.
TSCHATLADE-CAPOU, l'une des portes actuelles de Constantinople, 104, 106, 202, 203, 209.

TZITZACION, vêtement faisant partie du costume impérial, 165, 179.

TZYCANISTÉRION, sorte de carrousel pour les exercices équestres des empereurs; l'ancien Tzycanistérion établi par Théodose, 90, 499; — celui établi par Basile le Macédonien, 65, 90, 94, 400, 470, 499, 200, 204, 204, 207; — situé près des murs d'enceinte du palais, 106, 203; — lieu de réunion des officiers et dignitaires quand l'empereur sortait à cheval de ce côté, 406; — marche suivie par les ambassadeurs sarrasins du Justinianos au Tzycanistérion, 200.

VALENTINIEN, consul, 49.

VALETS DE CHAMBRE DE L'EMPEREUR, 407, 408, 437, 450, 467.

VALOIS (Henri de), traducteur d'auteurs byzantins, 4.

VERGE DE MOÏSE, conservée dans le palais, 407, 408.

VESTIAIRE DE L'IMPÉRATRICE, au-dessus de l'Harmonie, 73.

VÊTEMENTS IMPÉRIAUX, 407; voyez *Scaramangion*, *Chlamyde*, *Sagion*, *Tzitzacion*.

VICTORIATS (sédition des), 43, 47, 32, 37, 54, 96, 438, 494.

VIERGE (la sainte); églises, chapelles et oratoires élevés dans le palais et dédiés à la sainte Vierge, voyez *Sainte-Mère-de-Dieu* et *Sainte-Marie*.

VILLEHARDOUIN (Joffroy de), son histoire de la *Conqueste de Constantinople*, citée 4.

VOGÜÉ (M. de); son ouvrage *les Églises de la Terre Sainte*, 2.

WELLER, auteur d'un voyage en Grèce et au Levant, cité 48.

ZEUXIPPE (les Bains ou Thermes de), 43; brûlés pendant la sédition des Victoriats, 43, 45; — étaient situés en dehors du Forum et touchaient aux Nouméra, 32, 44; — près de l'Hippodrome, 44; — pour aller de l'Augustéon à l'Hippodrome on longeait Zeuxippe, 42; — cités encore 52.

ZIMISCÈS (Jean), empereur, ses victoires font respecter l'empire, 7; — son tombeau, 64; — il assassine Nicéphore Phocas, 212.

ZOÉ, impératrice, petite-fille de Constantin Porphyrogénète, 46, 106.

ZONARAS, historien grec, cité 35, 36, 37, 85, 204.

ZOSIME, écrivain grec, cité 32, 95.

ZOSTÈS, la plus haute dignité accordée aux dames patrices, 454, 457, 458, 460.

ZURULE, ville de Thrace, 98.

# TABLE DES MOTS GRECS

dont l'interprétation est donnée dans l'ouvrage et de ceux qui sont venus à l'appui des dissertations de l'auteur.

Ἁγία Σοφία (ἡ), 17.
Ἅγιον Φρέαρ (τὸ), 29.
Ἀετός (ὁ), 86.
Ἀθύρ (τὸ), 31.
Ἄκανθα (ἡ), 27.
Ἀκκούβιτα (τὰ δεκαεννέα), 128.
Ἀκροπύργιον, 214, 216.
Ἀραία (ἡ), 128.
Ἀσκεπές (τὸ), 134, 137.
Αὐλαία (ἡ), 41.
Αὐλή (ἡ), 200.
Ἁψίς (ἡ), 33, 110, 142, 143, 163.
Βεστήτορες (οἱ), 107.
Βεστιάριον (τὸ), 87.
Βῆλον (τὸ), 165, 166, 167, 178, 189, 190.
Βῆμα (τὸ), 89.
Δαυγίτης ou plutôt Διαυγίτης (ὁ), 162, 163, 164.
Δάφνη (ἡ), 132, 133.
Δέλφιξ (ὁ), 124.
Διαβατικά (τὰ), 57, 121; 133, 151, 174, 193.
Διαβατικά (τὰ ἔξω), 215.
Διακονικόν (τὸ), 198.

Δρύμακτα (τὰ), 26.
Ἐκκλησία (ἡ), 59, 121, 160.
Ἔμβολος (ὁ), 58, 187, 189, 192.
Ἐνύλαι γραφαί (αἱ), 199.
Ἐξάερον (τὸ), 58, 128, 143.
Ἐξκουβίτα (τὰ), 117.
Ἐξκουβίτορες (οἱ), 117.
Ἐπινικιάριοι (οἱ), 54.
Ἕρκος (ὁ), 26.
Ἔρως (ὁ), 54.
Εὐθύς, 14.
Εὐκτήριον (τὸ), 59.
Εὐκτήριος οἶκος (ὁ), 92.
Ἐφαπλόω, 147.
Ἡλιακόν (τὸ), 58, 164, 171, 172, 181, 196, 198.
Θάλασσα (ἡ), 87, 197.
Θέρμαστρα (ἡ), 134, 135, 136.
Θόλος (ὁ), 109.
Θόλος ὀκτακίονος (ὁ), 117.
Ἱππικόν (τὸ), 44, 142.
Ἱππόδρομος (ὁ ἀσκέπαστος), 131.
Ἱππόδρομος (ὁ σκεπαστός), 131.

## TABLE DES MOTS GRECS.

Ἱπποδρόμιος (ὁ), 131, 132, 183.
Κάγκελλος (ὁ), 112, 147.
Κάθισμα (τὸ), 45.
Καμάρα (ἡ), 33, 43, 117, 162, 163, 165, 167, 169, 187, 192.
Καμελαύκιον (τὸ), 108, 126, 147, 148.
Καμπτῆρες (οἱ), 49.
Καμπτός (ὁ), 48, 49.
Κανδιδάτοι (οἱ), 117.
Καταβάσιον (τὸ), 81, 195, 196.
Κελεύσατε, 190.
Κιβώριον (τὸ), 124, 126, 148.
Κιγκλίς (ἡ), 26, 89.
Κλιβάνιον (τὸ), 41, 42.
Κόγχη (ἡ), 86, 149, 150, 151, 163, 169, 176, 189.
Κοιτών (ὁ), 57, 141, 167, 176, 177, 178.
Κορτίναι (αἱ), 118.
Κοσμήτης (ὁ), 162.
Κουβούκλειον (τὸ), 57, 155.
Κρεμάμενος, 147.
Κύριος (ὁ), 121, 153.
Λαός (ὁ), 187.
Λύχνοι (οἱ), 115, 116.
Μάγγανον (τὸ), 45.
Μάκρων (ὁ), 57, 171, 177.
Μεσοκήπιον (τὸ), 180, 200, 201.
Μητατώριον (τὸ), 29, 57.
Μονόθυρος (ὁ), 150, 151, 157, 174, 195.
Μουσικός (ὁ), 78.
Μυστήριον (τὸ), 151.
Ναός (ὁ), 59.
Ὀμφάλιον (τὸ), 114.
Ὀροφή (ἡ), 145.
Παλάτιον (τὸ ἱερὸν), 60.
Παλάτιον (τὸ Θεοφύλακτον), 60.
Πάνθεον (τὸ), 166.
Παρακυπτικόν (τὸ), 145 à 148, 181.
Πέμπτον κουβούκλειον (τὸ), 93, 206.
Πεντακούβουκλον (τὸ), 93, 216.
Πεντόροφος (ὁ), 93.
Περίπατος (ὁ), 45, 59, 90, 139, 199.
Πῖ (τὸ), 47.
Πόδες (οἱ), 156.
Πόρτηξ (ὁ), 58, 128, 138.
Πόρτικος (ὁ), 58.
Πόρτιξ (ὁ), 58.
Πούλπιτον (τὸ), 108, 126, 148.
Πραιπόσιτος (ὁ), 47.
Προαύλια (τὰ), 196.
Προαύλιον (τὸ), 35.
Πρόθεσις (ἡ), 198.
Πρόκυμμα (τὸ), 145, 146, 148.
Προκύπτω, 146.
Πρόκυψις (ἡ), 146.
Προπύλαια (τὰ), 89, 196.
Προπύλαιον (τὸ), 28, 109, 116.
Ῥάχις (ἡ), 17.
Σακέλλη (ἡ), 121.
Σκῦλα (τὰ), 81, 180, 183, 185.
Σπαθαρίκιον (τὸ), 122.
Στάμα (τὸ), 47.
Στενάκιον (ὁ), 58.
Στενόν (τὸ), 58, 122.
Στενωπός (ὁ), 121, 122, 174, 186.
Στυράκιον (τὸ), 145.
Στύραξ (ὁ), 145.
Σχολαί (αἱ), 115.
Σχολάριοι (οἱ), 116.
Τετράθυρον (τὸ), 173.
Τετράσερον (τὸ), 151, 173, 174.
Τράπεζα (ἡ ἁγία καὶ ἡ θεία), 198.
Τράπεζαι (αἱ ἱεραὶ), 198.
Τριβουνάλιον (τὸ) τῶν Λύχνων, 116.
Τρίθυρον (τὸ), 124.
Τρίκλινον (τὸ), 56.
Τρίκλινος (ὁ), 56.
Τρίχογχος (ὁ), 148.
Τροπική (ἡ), 58, 143, 150, 157, 192.
Ὕπαιθρα τῶν ὑπερῴων (τὰ), 212.
Φιάλη (ἡ), 58, 142, 182.
Φορνικόν καὶ Φουρνικόν (τὸ), 111, 116, 192.
Χεὶρ (ἡ χρυσῆ), 138.
Χρυσοτρίκλινος (ὁ), 161.
Χυτός (ὁ), 110.
Ὡρολόγιον (τὸ), 28, 158.

# EXPLICATION DES PLANCHES II ET III.

Les traits fins indiquent les localités situées sur le sol ou au rez-de-chaussée; les traits doubles, celles élevées au-dessus d'un étage de rez-de-chaussée et les murs d'enceinte du palais. La teinte jaune foncée a été donnée aux cours à ciel ouvert existant sur le sol, et aux allées des jardins; la teinte jaunâtre claire indique les héliacon, cours ou terrasses à ciel ouvert élevés au-dessus d'un soubassement et se trouvant au niveau du premier étage des bâtiments; la teinte verte figure les jardins, et la teinte bleue les eaux.

1. Sainte-Sophie.
    A L'atrium.
    B L'exonarthex.
    C Le narthex.
    D La nef inférieure.
    E Le naos, au-dessous de la grande coupole.
    F La nef supérieure ou Soléa.
    G Le Béma ou sanctuaire.
    H Bas côtés ou Catéchumènes.
    Bâtiments annexés au mur méridional.
    I Vestibule du narthex.
    J Passage et petite cour.
    K L'Horologion.
    L Le Puits-sacré.
    M Le Métatorion.
    N Le triclinium Thomaïtès.
    O Le Baptistère.
    P Le Didascalios et l'escalier descendant des Catéchumènes supérieurs méridionaux au vestibule du narthex.
2. Le forum Augustéon.
3. Le Milliaire.
4. La statue équestre de Justinien.
5. Colonne de Constantin portant une croix.
6. Oratoire de Saint-Jean l'Évangéliste.
7. Colonne portant une ancienne statue d'Apollon à laquelle on donnait le nom de Constantin.
8. Chapelle de Saint-Constantin.
9. Sainte-Marie du Forum.
10. Portes du forum Augustéon.
    A Porte Mélétion.
    B Porte Anéthas, à l'angle nord-est du Forum, conduisant à la vieille ville par une voie en arrière du chevet de Sainte-Sophie.
11. Sainte-Marie Chalcopratiana.
12. Le Sénat.
13. Escalier de bois faisant communiquer Sainte-Marie Chalcopratiana et le palais impérial avec les Catéchumènes supérieurs de Sainte-Sophie.
14. Chapelle Saint-Alexis.
15. Les Thermes de Zeuxippe.
16. Maison entre ces Thermes et l'Hippodrome.
17. L'Hippodrome.
    A Obélisque de granit au centre.
    B Obélisque de pierre revêtu de bronze.
    C Colonne des Serpents.
    D Borne des Bleus au nord.
    E Borne des Verts au midi.
    F Porte nord-ouest.
    G Porte nord-est, du côté de Daphné.
    H Porte sud-ouest, du côté de la ville.
    I Porte sud-est, dite de la Mort.
    J Cours du Manganon au-dessous des terrasses du palais du Cathisma; on y entrait de l'Hippodrome par des arcades ouvertes dans le mur septentrional.
18 et 19. Tribune des jeux: n° 18, le Cathisma; n° 19, le Stama.
    A Tribunes dépendant du Cathisma, à droite et à gauche de l'estrade sur laquelle était établi le trône de l'empereur.
    B Galeries sur les terrasses du palais du Cathisma.
20. Le vestibule de la Chalcé; la salle circulaire surmontée d'une coupole.
    A L'atrium terminé en hémicycle.
    B Galerie d'entrée, dite Chytos.
    C Galerie postérieure terminée en abside.
    D Grande porte de bronze.
    E Petite porte du Chytos.
21. L'oratoire du Sauveur renfermant le tombeau de Jean Zimiscès.
22. Les Nouméra.
23. Le triclinium des Scholaires.

## EXPLICATION DES PLANCHES II ET III.

24. La chapelle des Saints-Apôtres.
25. Les Lychnos, tribunal terminé par une abside.
26. Galerie ou vestibule des Lychnos, entre les Scholaires et les Excubiteurs.
27. Le triclinium des Excubiteurs.
28. Le triclinium des Candidats.
    A Dôme porté par huit colonnes sous lequel était une grande croix d'argent.
    B Porte de sortie sur l'Exaéron, atrium du grand triclinium des Dix-neuf-lits.
    C Porte de communication avec le grand Consistorion.
    D Porte sur le Macron n° 31, faisant face à l'une des portes de l'Héliacon de la Magnaure.
29. Les Courtines, longue cour.
    A Première partie.
    B Deuxième partie au delà de la porte de bronze.
30. Porte de bronze séparant les Courtines en deux parties.
31. Le Macron des Candidats.
32. Le grand Consistorion.
    A Les trois portes d'ivoire.
    B Estrade où était le trône.
    C Escaliers au-devant des portes de bronze.
    D Les trois portes de bronze.
    E Porte de communication avec la salle à manger n° 34.
33. Degrés et portes de l'Héliacon de la Magnaure.
34. Grande salle à manger.
    A Porte de communication avec la Thermastra, étage de rez-de-chaussée au-dessous de la terrasse de Daphné (n° 44).
35. L'église du Seigneur.
    A Sacristie ou Trésor.
    B L'Oatos, pièce à coupole.
    C Petit porche, avec escalier montant à l'Héliacon de la Magnaure.
    D Galeries extérieures conduisant à la porte n° 66.
36. L'Onopodion, cour supérieure entre l'Augustéos n° 48 et le grand Consistorion n° 32.
37. L'Exaéron, atrium du triclinium des Dix-neuf-lits.
38. Grand triclinium des Dix-neuf-lits.
    A Le portique.
    B Le triclinium.
    C L'accoubiton.
    D Porte de sortie sur le Péripatos du palais.
39. Porte de fer de la cour du palais de Daphné ; entrée du palais du côté de l'Hippodrome.
40. Conciergerie du palais de Daphné.
41. Première cour du palais de Daphné.
42. L'Hippodromios ou l'Hippodrome du palais, nommé encore l'Hippodrome couvert.
43. Porte d'ivoire et escalier conduisant aux
44. Galeries ou terrasse supérieure de Daphné.
    A et B Cours (compluvium) au-dessous, au niveau de l'étage de rez-de-chaussée nommé Thermastra.
45. Sainte-Marie de Daphné, ancien naos.
46. L'oratoire de la Sainte-Trinité.
47. Le Baptistère.
48. Le triclinium Augustéos.
    A Porte sur la terrasse de Daphné.
49. Le portique de la Main-d'or.
50. Le salon octogone.
51. Le Coiton de Daphné. (*Ce Coiton, qui est de plain-pied avec l'octogone, est indiqué par erreur par des traits fins au lieu de l'être par des traits doubles.*)
52. Le Péripatos du palais conduisant du palais de Daphné à Saint-Étienne.
53. Escalier montant de la cour de Daphné sur le Péripatos n° 52.
54. L'église Saint-Étienne.
55. Escalier secret pour monter dans le palais du Cathisma.
56. Palais du Cathisma ou de l'Hippodrome. (*Ce palais, élevé au-dessus de voûtes, a été tracé par erreur par des traits fins au lieu de l'être par des traits doubles.*)
57. Terrasse de ce palais.
58. Portes de la Thermastra.
59. Escalier descendant de la terrasse de Daphné dans l'Abside.
60. L'Abside, partie en hémicycle de la Phiale.
61. Phiale mystérieuse du Triconque, atrium du Palais-sacré.
62. Courcelle au midi du mur hémicirculaire de l'Abside.
    A Portes d'entrée dans la Thermastra, rez-de-chaussée au-dessous de la terrasse n° 44.
    B Porte d'entrée des bains de Théoctistos.
63. Les bains de Théoctistos.
64. Le triclinium Pyxitès.
65. Le naos de Saint-Jean.
66. La porte du Spatharicion.
67. Courcelle au nord du mur hémicirculaire de l'Abside.
    A Spatharicion, corps de garde des Spathaires, gardes du corps.
    B Porte par où l'on entrait dans la Thermastra, rez-chaussée au-dessous de la terrasse de Daphné n° 44.
68. Bassin de la Phiale du Triconque.
69. Escaliers de marbre pour monter de la Phiale au Sigma.

# EXPLICATION DES PLANCHES II ET III.

70. Porche ou tropicé donnant entrée à l'étage de rez-de-chaussée du Sigma.
71. Le Sigma, péristyle du Palais-sacré.
    A Ciborium dont le dôme était porté par quatre colonnes.
       C'est là qu'on plaçait le trône de l'empereur quand il assistait aux jeux qui se passaient dans la Phiale.
    B Vasque qui recevait l'eau de deux gueules de lion en bronze.
    C Porte par laquelle on entrait dans l'Éros, n° 79.
    D Porte d'argent ouvrant sur le Triconque.
    E Portes de bronze de chaque côté de la porte d'argent.
72. Le Styrax, petit escalier en limaçon par lequel on descendait dans le Sigma inférieur.
73. Le Triconque.
    A Porte de communication avec la galerie des Quarante-Saints, n° 80.
    B Cella en arrière des absides septentrionale et méridionale.
74. Les galeries du Triconque.
    A Branche orientale.
    B Branches septentrionale et méridionale.
75. Porte de l'ancien trésor dite Monothyros.
76. Degrés pour descendre au Lausiacos.
77. A L'ancien trésor.
    B Les bureaux.
    C Cour intérieure au niveau du rez-de-chaussée et des jardins.
78. Les cuisines et les dépendances pour le service de l'empereur.
79. L'Éros, triclinium, cabinet d'armes.
    A Escalier descendant au jardin.
80. Galerie des Quarante-Saints.
81. La Perle, triclinium.
    A La chambre à coucher.
    B Les galeries donnant des entrées au corps de logis et conduisant à
82. La terrasse de la Perle.
83. Le Carien, triclinium.
84. Terrasse communiquant à la cella méridionale en arrière du Triconque.
85. Le coubouclion Camilas.
    A Pièce d'entrée.
    B Oratoire.
86. Le coubouclion Mésopatos.
87. Le Vestiaire, et au-dessous, au rez-de-chaussée, l'Harmonie, chambre à coucher de l'impératrice sous Théophile et Michel III.
88. Bâtiment dans la hauteur du rez-de-chaussée, divisé en deux pièces, dont l'une est occupée par l'oratoire de Sainte-Agnès.
89. Bâtiment en aile en retour de celui-ci et du Vestiaire, n° 87.
    A Escalier servant de communication avec l'Harmonie.
    B Portique.
90. Triclinium isolé entre les bâtiments ci-dessus et le Lausiacos, n° 92.
91. Tropicé ou porche du Lausiacos.
92. Triclinium Lausiacos.
    A Porte conduisant aux cuisines.
    B Entrée des bureaux.
93. Oratoire de Saint-Basile.
94. Le Tripéton ou Horologion, vestibule du Chrysotriclinium.
    A Portes d'argent sur le Chrysotriclinium.
95. Le Chrysotriclinium, salle du trône ; grande salle octogone avec huit absides rayonnant autour de la salle.
    A Abside occidentale; entrée sur le Tripéton.
    B Abside servant de vestiaire au patriarche.
    C Abside méridionale conduisant aux appartements particuliers de l'empereur.
    D Abside de Saint-Théodore.
    E Abside orientale.
    F Abside donnant entrée à l'escalier de la coupole.
    G Abside septentrionale donnant entrée sur la galerie des Quarante-Saints.
    H Abside destinée au concierge du palais.
96. Oratoire de Saint-Théodore.
97. Escalier pour monter à la galerie de la coupole du Chrysotriclinium.
98. Pièce irrégulière dans l'écoinçon nord-ouest du grand carré qui renfermait le Chrysotriclinium. On y entrait par (A) la galerie des Quarante-Saints ; de cette pièce on pouvait passer dans l'abside occidentale du Chrysotriclinium.
99. Escalier dans l'angle sud-ouest du grand carré du Chrysotriclinium.
100. Salle à manger du Cénourgion avec entrée sur le Tripéton et communication avec
101. Le macron du Coiton, galerie communiquant avec l'abside C, avec la chambre à coucher n° 104, et avec le narthex de Sainte-Marie du Phare.
102. Le Cénourgion, grand salon dont la voûte était portée par seize colonnes.
103. Vestibule de la chambre à coucher.
    A et B Petites pièces pour le service.
104. Le Coiton-sacré, grande chambre à coucher impériale.
105. Héliacon du Phare.
    A Petit porche au-devant d'une porte de sortie du palais.

# EXPLICATION DES PLANCHES II ET III.

106. L'église de Sainte-Marie du Phare.
107. Le naos de Saint-Démétrius.
108. Le Phare.
109. Le grand triclinium de Justinien ou Justinianos.
110. Le vestibule des Scyla.
111. Escalier par lequel on arrivait de la Phiale, n° 112, et de l'Hippodromios, n° 42, au vestibule des Scyla.
    A Porte de communication avec l'Hippodromios.
112. La Phiale des Scyla.
113. Terrasse élevée au-dessus d'arcades et communiquant avec le triclinium de Justinien, n° 109, et le vestibule des Scyla, n° 110.
114. Escalier par lequel on descendait du triclinium de Justinien, n° 109, dans la Thermastra, étage de rez-de-chaussée au-dessous de la terrasse de Daphné, n° 44.
115. Héliacon ou cour s'étendant devant la façade occidentale et sur le flanc méridional du
116. Grand triclinium de la Magnaure.
    A Entrée particulière de l'empereur.
    B Grand portique.
    C Abside.
    D Coïton.
    E Escalier pour arriver à l'étage supérieur.
117. Galeries partant de l'étage supérieur de la Magnaure et se prolongeant jusqu'en face du mur oriental de Sainte-Sophie. C'est au bout de ces galeries que se trouve l'escalier de bois, n° 43, par lequel l'empereur passait du palais dans les Catéchumènes supérieurs de Sainte-Sophie.
118. Porte dite Monothyros ouvrant sur le Forum.
119. Péripatos, passage dallé de marbre, allant de cette porte jusqu'à l'Héliacon du Phare, n° 105.
120. Caballarios, endroit où l'on gardait les chevaux.
121. L'Aétos, palais sur le sommet de la colline.
122. Constructions en forme de pyramide, dont une renfermait un riche oratoire dédié à la Mère-de-Dieu.
123. Le Trésor impérial.
124. Le Garde-meuble.
125. Le bain des empereurs.
126. Ruine antique existant dans les jardins du sérail du Sultan.
127. La descente du Boucoléon.
    A Escalier qui conduisait de cette descente au narthex de la Nouvelle-église.
128. La Nouvelle-église-basilique.
    A Son atrium avec deux bassins.
    B Galeries ou propylées ayant une terrasse supérieure; par la terrasse supérieure de la galerie du nord, l'empereur pouvait rentrer dans le Palais-sacré.
129. Les deux péripatos couverts, galeries s'étendant au nord et au midi de l'église, et renfermant
130. Le Mésocépion, jardin à l'orient de l'église.
131. Le Tzycanistérion, carrousel à ciel ouvert pour les exercices hippiques des empereurs.
132. Porte ouverte dans les murs de l'enceinte et fermée par une grille.
133. Bâtiment au bout du Tzycanistérion, sur la mer, servant de garde-meuble à la Nouvelle-église.
134. Le palais du Boucoléon, château fort.
135. Le port du Boucoléon.
136. Le quai du Port.
137. Chapelle d'Élie Thesbite, à laquelle était joint
138. L'oratoire de Saint-Clément.
139. L'oratoire du Sauveur.
140. Le palais de Porphyre.
141. Le Pentacoubouclon, édifice à cinq coupoles.
142. Les galeries de Marcien.
143. Le naos de Saint-Pierre, à l'extrémité du péridrome des galeries de Marcien, et au-dessus, au niveau de la terrasse qui surmontait ces galeries, l'oratoire de la Mère-de-Dieu.
144. L'oratoire du chef de l'armée céleste, joint au naos de Saint-Pierre.

# ERRATA.

Page 30, ligne 7, au lieu de : *à l'extrémité orientale*, lisez : *à l'extrémité occidentale*.
Page 58, ligne 8, au lieu de : *du tropicé*, lisez : *de la tropicé*.
— ligne 10, au lieu de : *le*, lisez : *la*, et au lieu de : *édifié*, lisez : *édifiée*.
— ligne 13, au lieu de : *grand*, lisez : *grande*.

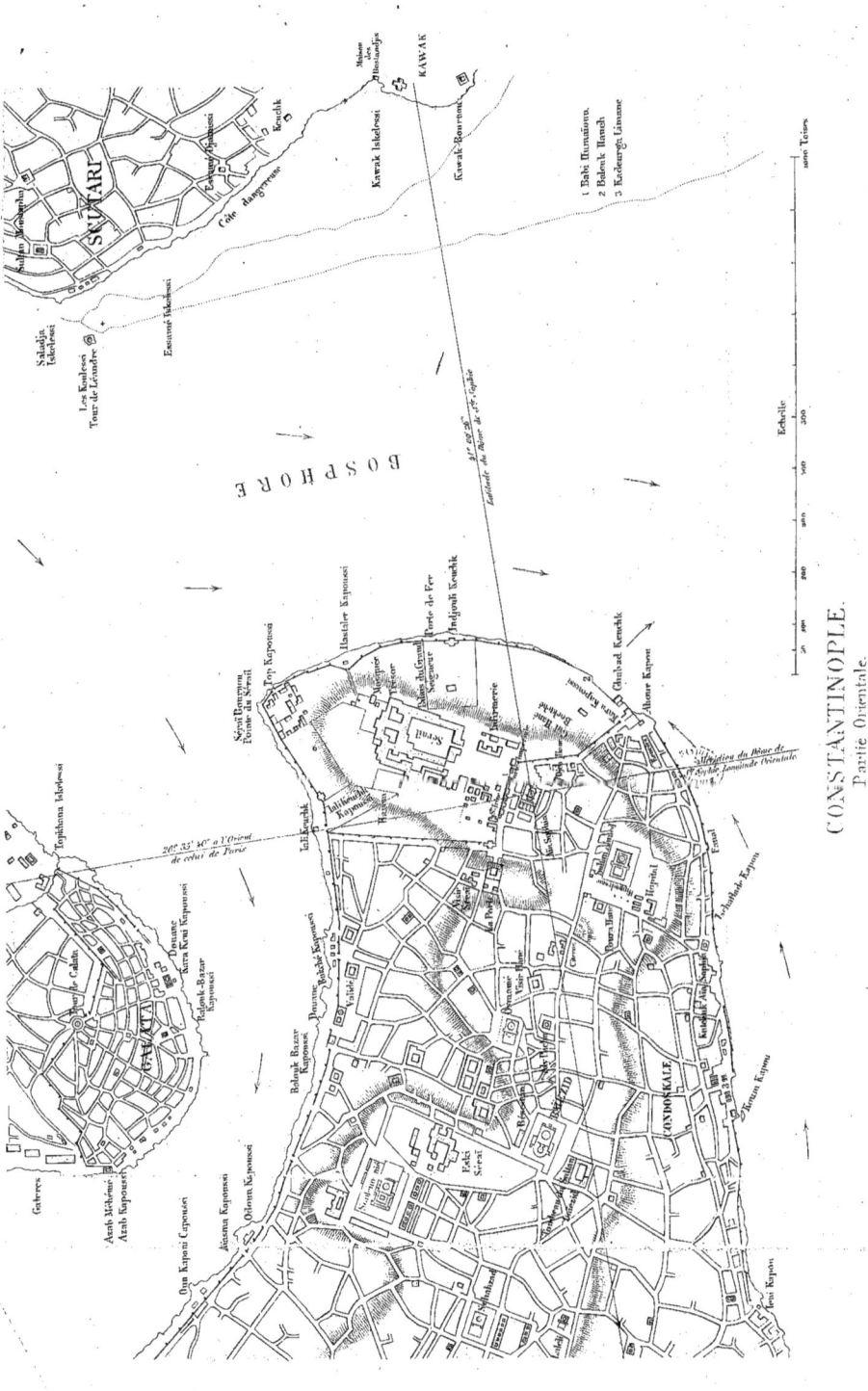

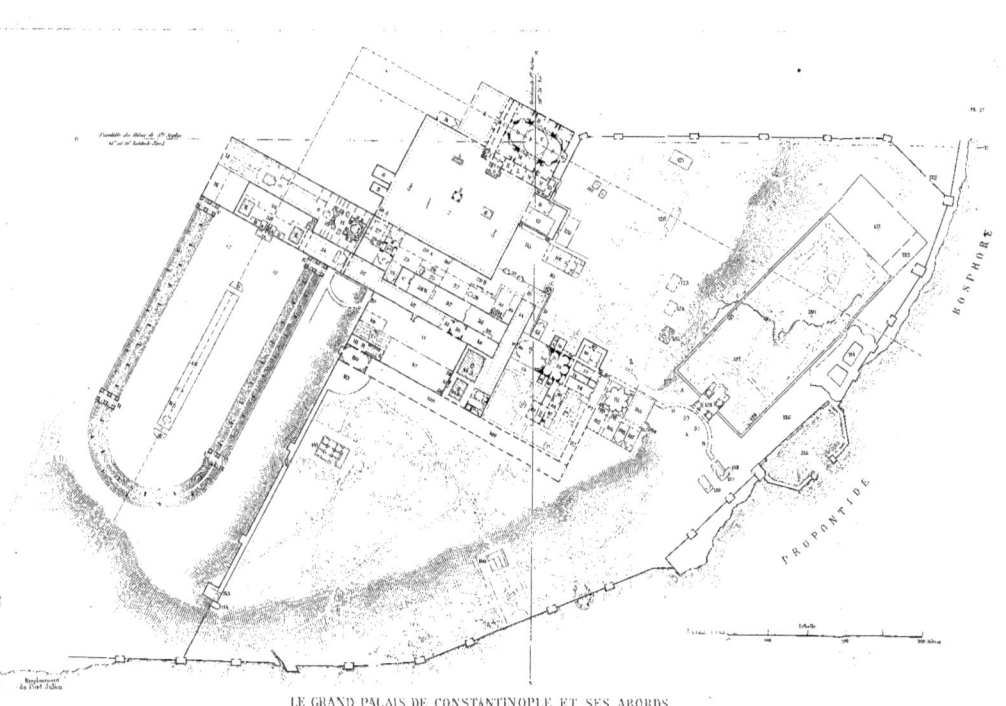

LE GRAND PALAIS DE CONSTANTINOPLE ET SES ABORDS,
Ste Sophie, le Forum Augustæon et l'Hippodrome.

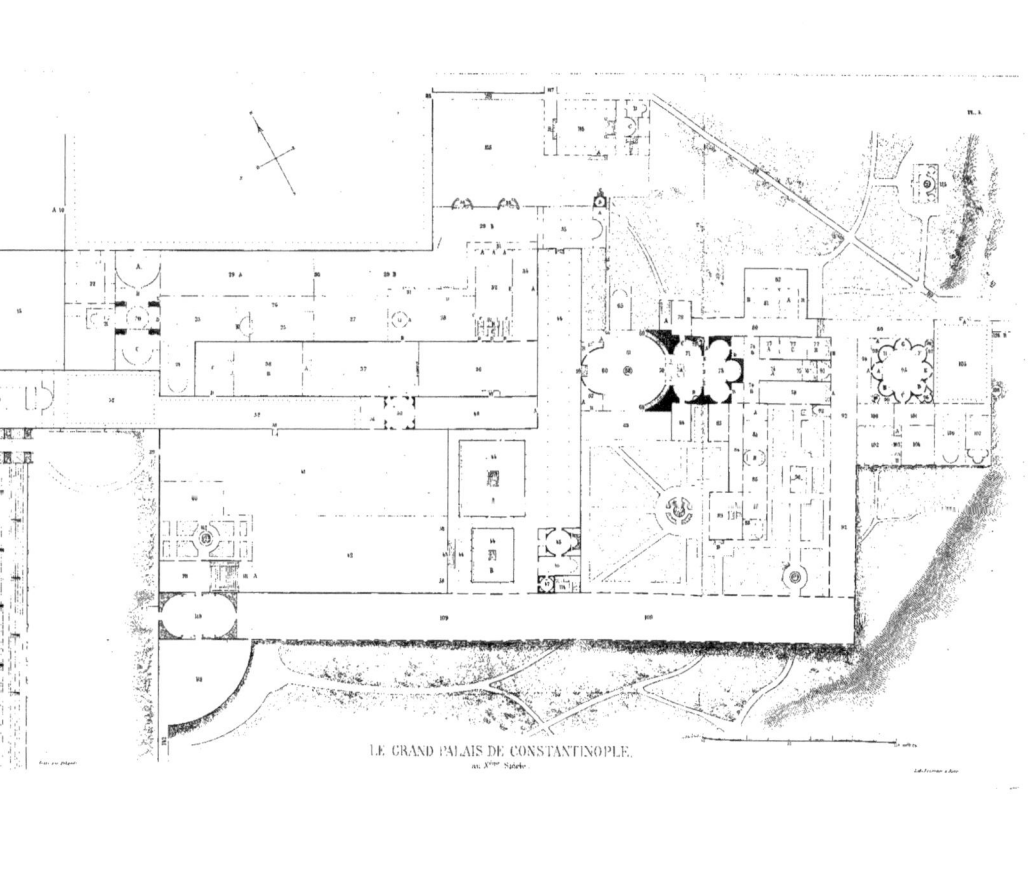

LE GRAND PALAIS DE CONSTANTINOPLE
au X<sup>me</sup> Siècle

PARIS. TYPOGRAPHIE HENRI PLON, IMPRIMEUR DE L'EMPEREUR, RUE GARANCIÈRE, 8.

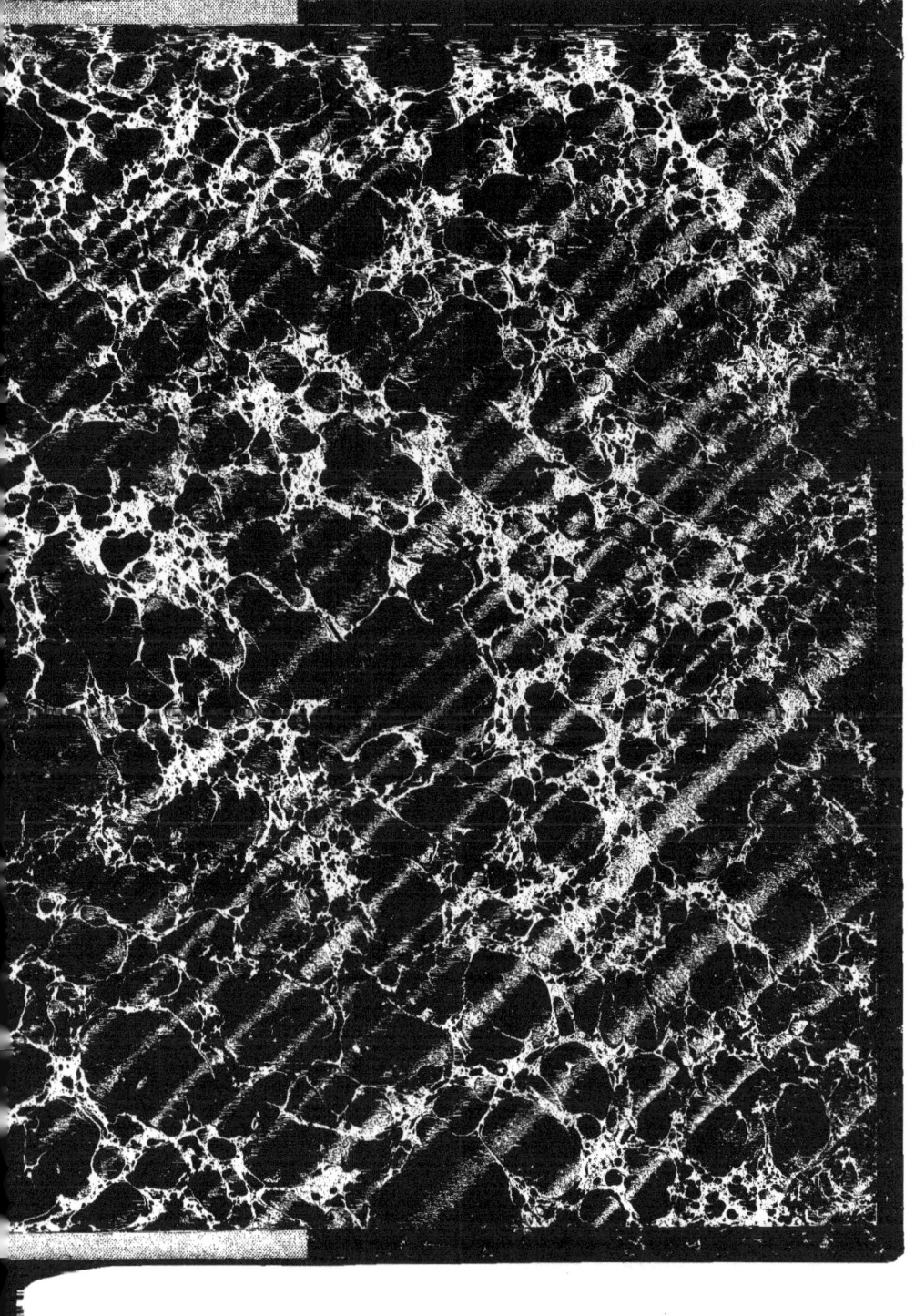

www.ingramcontent.com/pod-product-compliance
Lightning Source LLC
Chambersburg PA
CBHW050333170426
43200CB00009BA/1569